KB130425

장애인 직업재활 방법론

| 이달엽 저 |

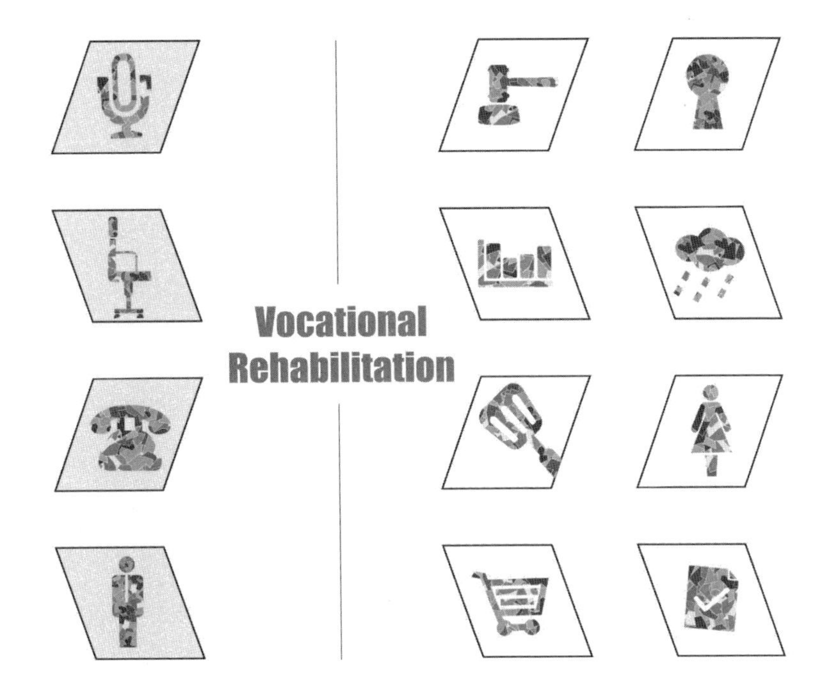

학지사

머리말

지금까지는 우리나라에서 장애인의 직업이 큰 사회적 쟁점으로 다루어진 적이 없다. 하지만 장애를 지닌 시민은 자기 주장과 자신의 고유한 몫을 보장받지 못하고 여러 가지 이유와 형태로 억제당한 채 제한된 제도적 틀 속에서 살아오고 있다. 예를 들면, 기초생활 수급의 틀 속에 갇혀 근로권을 박탈당하는 것과 같은 불리한 사회 환경이다. 따라서 이들의 삶과 권리는 분명히 지금보다 나아져야 한다. 이들에게 '근로권' '노동권' '전망 있는 직업' '곧 사라질 직업군' 등의 표현은 다른 세상의 이야기 같아 보인다. 따라서 그럴듯한 사회철학, 사회정의에 관한 논의보다는 더 시급하게 해결되어야 할 현안이 중증장애인의 직업이다.

우선 장애란 규정하기도 어렵지만 구별도 쉽지 않다. 특히 장애가 사회문제로 인식되는 것은 실업이나 가난, 질병과 같은 파생적인 부수 조건 및 현상 때문이다. 이러한 맥락에서 보면 우리 사회는 아직도 장애인을 차별하며 격리하고 있다. 차별은 잘못된 행동의 문제이고 편견은 의식과 사고의 차원에서 발생하는 것이므로 장애인은 직업을 통해서 참여하고 인간 존엄성과 영적 회복을 성취해야 한다.

흔히 명예나 권력, 재력 등으로 평가가 이루어지는 사람들의 성공과 인생은 자기에게 부과된 운에 따라 좌우되는 경우가 대부분이다. 따라서 장애를 지닌 시민이 더 이상 보호시설이나 복지시설과 같은 한정된 공간에 속박된 채 외롭게 지내서는 안 된다. 발전을 위해 많은 사람이 기회라고 명명하는 운을 만나려면 사회 활동에 적극 참여하고 나아가야 한다. 이들은 더불어 살아가는 복잡다단한 사회 속에서 여러 가지 기회와 행운을 만나야 한다.

과학적으로도 독거하지 않고 사회적으로도 활발한 사람들은 평균 수명이 높게 나타난다. 그러므로 가정과 시설 밖으로 뛰쳐나올 수 있는 모든 방법과 수단을 동원해야 하고, 이런 노력은 장애인 당사자와 그 가족뿐 아니라 대중의 관심과 이해가 함께 이루어져야 한다.

이 책의 제1부에서는 장애인 직업재활의 배경이 되는 장애와 가족에 관련된 여러 가지 현상, 철학적 담론, 사실을 중심으로 한 객관적 분석 논리를 제시하였고, 제2부에서는 장애인구의 특징, 공동체적 처우, 역량강화의 원리를 구체적 직업재활 방법론에 연결할 수 있는 상황 등을 정당성과 이론의 맥락에서 다루었다. 그리고 제3부는 직업재활 실천상의 역사적 배경, 세부 과정을 포함하는 구체적 개별 방법론을 담고 있다. 앞으로 개정을 통해 내용을 발전시키고 다듬을 계획이다.

이 책은 30년 가까이 같은 주제로 장애를 지닌 시민의 직업에 관한 고민, 연구와 실천을 해 오면서 경험한 저자의 개인적 동기와 한국연구재단의 인문사회저술사업의 일환으로 이루어진 3년간의 작은 결실이다. 이 책을 통해 장애인 직업과 관련된 많은 쟁점과 실천상의 방법을 다루고자 하였지만 여전히 부족함을 느낀다.

책을 출간하기까지 많은 도움을 준 대학원생 박미량 선생과 홍혜민 선생, 그리고 학부의 최혜원 학생과 장민지 학생에게 감사를 전한다.

2014년 3월

저자 이달엽

차 례

제14장 프로그램 평가와 슈퍼비전 317

제15장 전환교육과 직업재활 355

제1부 장애와 사회의 상호작용

최근에는 장애의 개념을 점차 의료적 측면보다 주요 일상생활(daily living, day-to-day) 활동이라는 기능적 측면에서 다루는 추세다. 따라서 대중의 의식이나 태도 같은 장애에 수반하는 외적 현상을 분석하고, 나아가 개인의 자아상과 지각 과정 같은 심리 기능에 영향을 미치는 요소를 심층 분석해야 한다. 사회 소수집단이 주류 문화(mainstreaming culture)에 편입하고 동화하는 과정은 학자 및 전문가에게 매우 중요한 시사점과 사고 틀을 제공하는데, 이는 장애인이 지닌 욕구와 다양한 경험을 주류 사회의 문화적 전제나 가치와 같다고 보기 어렵기 때문이다.

실천적 맥락과 장애의 문화적 해석에 있어서 재활 관련 전문가의 사고와 가치는 크게 사회 중류 계층의 보편적 사고를 반영하기 때문에, 장애상태를 있는 그대로 존경하거나 가치부여하기는 쉽지 않다. 언어는 사람들에게 흔히 의사소통과 더불어 집단소속감, 이미지, 상징, 정체성을 함께 전달한다. 소수집단의 입장은 마치 언어, 관습, 생활방식이 상이한 이들의 경우와 흡사한데, 예를 들자면 이민자들은 일반적으로 투표나 납세 등의 시민권 행사에 있어서 소극적이고 배제되기 쉽다. 이런 환경을 개선하기 위해서는 전도성(conductive) 사회 분위기, 팀접근, 다양성의 존중과 고무, 개인차의 인정(diversity management) 등이 필요하다.

인간이 지닌 특성 혹은 현상 중 하나인 장애로 인해 개인이 성취할 수 있는 모든 종류의 덕에 있어서 동등한 기회를 얻지 못한다면 세상은 더 이상 평등하지 않게 된다. 개인은 모두 평등하게 대우받아야 한다는 일반론적 당위성의 맥락에서, 장애인이 사회에 특별한 배려를 요구하는 것은 그러한 배려가 제공될 때 비로소 훌륭한 삶을 누릴 수 있는 기회를 어느 정도 동등하게 누릴 수 있기 때문이다(황경식, 1996). 불평등 양식은 교육, 고용, 주택 등 모든 사회적 생활영역에서 나타나는데, 장애를 지닌 사람과 그렇지 않은 사람 사이에서 중요한 간격(disparity)이 나타난다. 장애인의 권리를 규정하고 선언하는 법이 존재하더라도 그것을 구현할 수단이나 실제적 절차가 결여되어 있다면 장애인의 사회평등은 결코 이루어질 수 없다. 그러므로 장애인의 직업재활과 교육에 필요한 자원이 지역사회에 존재하지 않는다면 정부가 반드시 예산을 지원해야 한다.

제1장

장애의 구분

장애는 관찰 가능성 및 측정 가능성 기준에서 볼 때, 선진국인 미국의 경우 전체 인구의 20% 전후인 4,500만 명을 장애인으로, 세계보건기구(WHO)는 전 세계 인구의 10%를 장애인으로 추산하고 있다. 우리나라의 전국 장애인 수는 2011년 12월 말 현재 실제 등록된 장애인이 251만 1,159명에 이르고 있으며, 〈표 1-1〉과 같이 추정된 유형별 장애인 수와는 다소 상이한 결과를 보이고 있다. 우리나라에서는 1988년부터 장애인 등록제도를 시행하고 있다.

표 1-1 추정 및 등록 주요 장애인 수와 비율 (단위: 명, %)

분류	전체	지체	뇌병변	시각	청각 언어	정신 지체	진폐성 장애	정신 장애	신장	심장
추정수	2,008,932	1,132,117	218,971	220,061	222,485	140,079	12,329	84,779	48,285	14,605
추정 비율	100	56.4	10.9	1.6	12.1	7.5	0.9	5.0	1.7	3.1
등록수	2,370,745	1,284,394	251,515	243,422	258,580	155,339	13,956	94,013	54,071	15,455
등록 비율	100	54.2	10.6	10.3	10.9	6.5	0.6	4.0	2.3	0.6

* 카이제곱 = 78.7(p 〈 0.1)
출처: 한국보건사회연구원(2008).

장애통계는 한 국가의 각종 장애정책을 계획 · 수립하고 그 결과를 평가하는 데 필수 불가결한 것이며, 지역사회중심 재활 프로그램 등 구체적인 장애인 대상 서비스 프로그램을 이행하기 위한 기준 및 지침이 된다. 장애통계의 필요성은 국가의 경제수준이 높아지고 선진화될수록 증대하고, 그 역할이 더욱 중요해진다. 우선 장애인 등록 동기를 살펴보면, 학교의 요구 또는 진학을 위해(31.0%), 스스로 원해서(27.0%) 등의 순으로 나타나 사람들이 대부분 이차적 이득을 얻기 위해 장애등록을 한다는 점을 알 수 있다. 따라서 장애정책의 적용 대상을 생활 수준별, 장애 급수별로 획일적으로 규정하기보다는 신청주의에 의한 방향으로 전환하여 개인을 동기부여하고 보호 수준을 높여야 한다. 이러한 맥락에서도 여전히 서비스를 스스로 주장하는 사람과 서비스를 제공하는 직원의 태도 사이에는 간격이 생길 수 있다.

일부 국가에서는 정부 차원의 복지 실천을 위해 장애인 등록을 실시하고 있지만, 미국이나 스웨덴 등의 국가에서는 실시하지 않고 있다. 그 이유 중 하나는 장애가 워낙 다양하고 복잡해서 전문가에게 의존하더라도 일률적 기준을 적용하기가 어렵기 때문이다. 스웨덴의 경우는 장애인만을 대상으로 하는 별도의 법률이 제정되어 있지 않으며, 장애인 복지를 위한 단일 전문기관도 비현실적이고 차별적이라 하여 설치하지 않고 있다. 즉, 장애인 등록제도는 단순히 실태를 파악하기 위한 것이 아닌 재활의 기회를 제공하기 위한 매개적 수단이기 때문에 장애 판정을 종합적으로 이해하고 실질적 혜택이 돌아갈 수 있게 하기 위한 목적으로 실시해야 한다. 예를 들면, 등록장애인의 이차적 이득인 정부 혜택이 많아 보이지만 실질적으로 장애인은 필요한 서비스를 적절하게 받지 못하고, 이곳저곳에서 상담해야 하는 부담을 지닌다. 또한 장애를 비장애와 구분하는 장애인 등록에 따른 정책은 물론 긍정적 측면도 있겠지만, 그것의 낙인 효과에도 초점을 맞춰서 가능한 한 부정적 영향을 줄일 수 있도록 해야 한다. 가령, 무료입장이나 무료이용과 같은 과시적 방식보다는 근로를 통한 생애문제의 해결로 방향을 전환하게 해야 한다.

우리나라 장애인복지법 제2조에서 '장애인'이라 함은 신체적 · 정신적 장애로 오랫동안 일상생활이나 사회생활에서 상당한 제약을 받는 자를 말한다. 즉, 장애란 일반적으로 신체의 어떤 부분에 결함이 있거나 정신기능과 생활지능이 결여되어 사회에 적응하기 어려운 경우를 말하는데, 이러한 신체적 · 정신적 · 지적 결함은 치료, 교육, 훈련 등으로 많은 개선 효과를 거둘 수 있다. 따라서 장애인을 판정하고 구분하는 기준도 과거 신체적 · 지적 결함의 정도에 두던 것을 일할 수 있는 능력과 가정생활 및 사회생활의 불편 정도 등으로 바꾸는 것이 타당할 것으로 보인다. 장애인인권법의 초기 형태 격인 1973년 미국 재활법(Rehabilitation Act)의 제5장에서 규정하고 있는 '장애인(handicapped individual)'은 ① 개인의 주요한 생활 활동을 한 가지 이상 크게 제한하는 신체적 혹은 정신적 손상을 가진 사람, ② 그러한 손상을 가진 기록을 지닌 사람, ③ 그러한 손상을 가진 것으로 고려되는 사람이다(Laski, 1979). 따라서 장애는 스스로에 의해서, 혹은 다른 사람들에 의해서 구별될 수 있다.

표 1-2 과거의 단차원적 장애 구분과 전문 영역

전문 영역 / 장애 구분	내용	의학과 공학	교육	직업	사회복지
impairment (손상)	심리, 인체구조, 해부학적 결손	합병증의 예방/재활치료와 회복/재활간호와 재활/ 교육훈련	지적 발달 · 사회성 발달 · 정서적 발달 촉진	적성직종개발/직업훈련/직업상담	사회보장급여/의료보험
disability (기능장애)	기능제약으로 인한 활동저하	보철구 · 보장구 처방/ 가구 · 가옥 개조/상담과 심리치료	의사소통/치료교육	직업평가/작업장 조정/직업재활공학	가족상담/사회재활/레크리에이션/스포츠
handicap (사회적 장애)	일상생활 · 사회활동 제약	장애운동/사회적 계몽	통합교육/교육시스템 개방/진로지도	통합고용/기본권 보장/고용제도 확립	사회교육과 홍보/대중계몽/사회행동

출처: 이달엽(1998).

이와 같이 장애 구분은 근본적으로 의료적 성격을 지니며, 개인의 건강상 특징을 전제로 한다. 따라서 최중도 장애인과 건강한 사람 사이에는 무한히 분할될 수 있는 연속 단계가 존재한다. 장애인과 비장애인은 모두 인간이라고 하는 공통의 본질적 특성을 지니지만, 장애인은 비장애인을 전제로 해서만 그 존재 성립이 가능하며, 이러한 이분형은 어디까지나 관념적이고 상대적인 구분 혹은 현상에 지나지 않는다. 예를 들면, 특수교육서비스를 받기 위해 장애 관련 검사를 하거나 교통사고 등의 사고 시, 그리고 연금을 수령하기 위해 필요한 장애 판정을 받는 것이 있다. 어떤 측면에서 장애의 개념 정의는 법률 및 사회적 · 문화적 문제와 관계된 사람, 영구 장애를 지닌 사람, 일시적 장애를 지닌 사람을 포함할 수 있도록 충분한 융통성을 지녀야 한다(Acton, 1972).

1. 장애 관련 용어

1) 개념 정의상 정밀성의 필요와 해석 관점

장애 관련 토론만을 위해서가 아니라 보건 영역의 다른 복잡한 쟁점과도 관련하여 정밀한 용어학(terminology)의 사례는 지금까지 매우 중요하게 다뤄졌다. 의학 용어의 사용에 있어서 정밀성은 관련 전문가와 의료전문가 사이의 지적 커뮤니케이션을 가능하게 하는 데 필요하다. 따라서 정밀한 용어의 사용은 현학적이라고 무시할 것이 아니라 특수 목적의 치료와 원조 제공에 필요한 유자격자를 식별하는 것 같이 효율적 행정을 위해서 필요한 것으로 인식해야 한다. 예를 들면, '중증의 선천성 핸디캡'을 지닌 가족을 돕기 위해 정부에서 기금을 조성하였다면, '핸디캡' '중증', 그리고 '선천성'이 무엇인가 하는 의문이 생긴다.

사람들 사이의 잘못된 이해를 피하기 위해서는 정확하게 표현된 용어학이 필수다. 이런 용어를 적절히 규정하지 않으면 정부 기금과 서비스를 의도하지 않은 사람들에게 제공하게 될 수 있고, 오히려 서비스가 가장 필요한 사람들을 위해서는 적절히 사용하지 못할 수 있다. 만약 정부기관이 장애와 관련한 회의를 개최한다면, 경제학자들은 장애 관련 재정에만 관심이 있기 때문에 장애와 핸디캡을 구분하기 위한 세세한 논의를 인내하기 어려울 것이며, 의학자들은 진단과 분류, 원인 요소에만 관심이나 초점을 집중할 것이다. 따라서 손상, 장애 혹은 핸디캡의 효과적이고 조작적인 정의에 대한 조심스러운 구별과 적절한 이해는 매우 중요하다. 신체 결함이나 표면적인 기능손상에 대한 초점이 손상이나 결함을 지닌 개인을 보상하는 문제에 항상 공정한 해결책을 제공할 수는 없다. 왜냐하면, 이러한 것은 상이한 사람들에게 똑같은 행동상의 영향을 미치지 않기 때문이다.

〈표 1-3〉은 1980년 국제장애분류 방식을 나타내는데, 여기서 장애를 분류할 수 있

는 각 차원은 소위 신체, 개인 또는 사회 영역의 중요성을 경험하는 수준을 의미한다. 국제장애분류에서는 이들 장애의 4가지 차원을 다음과 같이 인식하였다.

표 1-3 1980년 국제장애분류의 기초 모델

차원	기능	내용
1	어떤 비정상적인 것이 개인에게 발생한다.	• 병적 변화: 징후(증상이나 표시) • 건강 조건(health condition)
2	누군가 사건과 같은 것을 인식한다.	• 표시는 외면화된 것이다(임상적 병은 눈에 띈다). • 손상(impairments) • 신체 수준
3	개인에 의해 활동수행이 달라질 수 있다.	• 객관화된 활동 제한 • 병적 행동/병 • 현상 • 장애(disability) • 개인적 수준
4	개인은 다른 사람과 관련하여 단점에 놓이게 된다.	• 개인적 경험에의 사회적 반응(즉, 참여의 제한) • 불이익(handicap) • 사회적 수준

먼저 'impairment' 'disability' 'handicap'이라는 3가지 차원으로 장애를 분류한 1980년의 국제장애분류는 이러한 차원이 갖는 상호관계를 적절히 설명하지 못했다. 즉, '질병 → 손상 → 불능'이나 '기능제약 → 불리'라는 단순한 도식은 이 3가지 차원을 인과모형이나 반복적 변화를 겪는 고정 방식으로 인식하게 만들었다. 또한 이는 단일 경로만을 인정하였으며, 사회적 · 물리적 환경 변인이 장애에 미치는 영향은 충분히 반영하지 못했다. 따라서 건강 이상과 배경요인 간의 관계, 즉 환경적 · 개인적 요인 간의 상호 복합관계의 역동성을 설명할 수 있는 다차원적 접근이 필요하게 되었다. 그러한 역동성이란 한센환자, 정신과 퇴원환자에게서 발견할 수 있다. 즉, 신체 손상은 있으나 활동상의 제약이 없는 경우, 활동 제약은 있으나 가시적 손상이 없는 경우, 참여 문제는 있으나 손상 혹은 활동 제약은 없는 경우다. 따라서 근육 활동의 정지상태로 인해 근위축(atrophy)이 초래되고 사회적 기능을 상실한 경우에는 종래의 인과모형적 국제장애분류로 설명하기 힘들다.

손상, 장애, 핸디캡의 의미는 동일하지 않지만 검정되지 않은 전제가 이러한 특성을 획일적으로 덮어 버리고 표준화시킨다. WHO의 손상, 장애, 핸디캡 분류와 관련하여 자문교수인 Philip Wood 박사는 정확하고 논리적인 방식으로 이 세 용어의 사용을 합리적으로 규정하는 용어 체계를 개발하였다. Wood 박사는 이러한 세 용어를 포괄하는 질병이 초래하는 결과에 대한 광의의 개념이 필요하다고 느껴, 또 다른 용어 'disablement'의 사용을 권장하였다. 또한 미국의 1998년 개정 재활법에서는 'handicap' 대신 'impediment'를 채택하고 있다.

UN은 장애인의 재활에 필요한 사회서비스 및 사회보장의 기여에 관한 세미나를 1973년 바르샤바에서 개최하였다. 장애의 현상을 둘러싸고 있는 개념의 명료화가 매우 중요했기 때문이다. 일반적으로 의료전문가에게 질병(illness, sickness), 손상, 핸디캡, 그리고 장애와 같은 용어의 사용은 '건강이 나쁜 증거로서의 특정 증상이나 증후군'으로 규정되지만, 다른 사람들에게는 '사회적 기능과 관련하여 규정된 상태 혹은 사회적 본질(entity)'로 고려된다. 종종 장애를 의료적 조건은 아닌 것으로 특징짓지만, 의료적이거나 기능적인 것이 아니라 하나의 행정적인 평가로 고려하기도 한다. Nagi(1969)는 장애의 의료적 분류와 행정적 분류 사이의 구분을 시도했을 때 혼란의 가장 큰 이유, 즉 사람들이 용어를 다르게 사용할 뿐 아니라 상이한 유형의 정의를 혼동하고, 그 용어가 의도하지 않은 자신의 관심 영역에까지 적용된다는 사실에 주의를 기울였다.

2) 개념 정의 유형의 특성

우리는 장애와 관련하여 사회적 · 의료적 · 법률적 목적에 따른 3가지 정의를 고려할 수 있다. 여러 학자가 장애의 효과적인 정의를 규정하는 일반적인 방식에 대한 문제의 근원을 살피면서, 효과적인 정의는 '사용되는 연구의 독특한 목적의 관점'에서 이루어져야 하고, 조작적 정의와 관련하여 더욱 세분화될 필요가 있다는 점을 지적하였다. 하나의 조작적 개념 정의라는 것은 특정 유형의 최선의 정의라기보다는 간접적인 특정 개념을 기술하는 데 필요한 경험적 준거(reference)의 연구 과정을 위한 출발점으로 간주할 수 있다. 따라서 장애의 조작적 정의를 규정하기 위해서는 장애 설정을 위한 현상이 실제 존재하는지의 여부에 대한 결정 사실을 살펴야 하며, 이런 노력은 관련된 연구

활동을 개괄적으로 기술하는 데 필요하다.

장애와 같은 용어의 조작적 정의를 내리기 위한 필수 부분은 효과적인 정의를 사용할 수 있는 다양한 맥락을 상세히 구체화하는 일이다. 법률적 · 객관적 · 사회적 · 의료적 그리고 경제적 부분에 초점을 둔 본질적이면서도 기본적으로 사용될 수 있는 6가지 관련 용어는 다음과 같다.

① 주관적 정의
② 행동적 정의
③ 중요한 다른 사람들에 의한 정의
④ 전문 의료적 정의
⑤ 법률적 정의
⑥ 지역사회 정의

이들 중 지역사회 정의는 자조나 이동 같은 활동 제한과 연관된 장애에 초점을 두는데, 용어의 사용과 관련하여 짐작할 수 있는 것은 정의를 조작하는 수단이 제한된 배경 맥락(context)에 명료하게 초점을 두지 않으면 혼동이 일어날 수 있다는 사실이다. 예를 들면, WHO가 규정한 병적 상태(morbidity)의 과거 개념은 생리학적 복지상태와는 다른, 특정의 주관적이거나 객관적인 이탈상태(departure)였다. 여기서 한 걸음 더 나아간 보다 일반적인 장애의 정의는 질병(illness) 혹은 손상으로 인한 개인의 활동상의 모든 제한이라는 것이다. 이런 정의는 경우에 따라서 대소 질병 및 손상과 관련한 사회적 삶의 보건지표(health indicators)와 같이 장애를 규정하는 지표의 기초로서 사용될 수 있다고 보았다. 따라서 지금까지의 논의를 통해 개념화의 다른 차원에서든, 동일한 차원이지만 매우 다른 목적 및 맥락에 적용된 것이든 간에 장애 용어의 상이한 개념들 사이의 혼돈은 추가 문제를 야기한다고 볼 수 있다. 효과적인 정의는 다양한 맥락에서 잘못 사용되지 않도록 정밀해야 하지만, 사용되는 용어는 조건과 맥락이 명료하게 구체화되는 조작적 정의 이상으로 규정될 수 없다.

'불이익' 혹은 '장애가 유발한 조건'으로 규정하는 핸디캡의 개념에다가 가장 중요한 장애 측면으로 고려되는 '활동 제약'의 개념을 포함함으로써 장애의 용어를 수정한

WHO의 장애 개념에서는 개인적 · 사회적 요인이 수행하는 역할을 강조하고 있다. 여기서는 핸디캡을 손상, 장애 (혹은 모두) 그리고 환경, 특히 사회적 요인과의 상호작용에 따른 사회적 불이익으로 간주하는 것을 강조한다. 핸디캡을 이러한 방식으로 지각한다면, 이것은 '장애' 'disablement' '손상'의 동의어나 완곡한 표현의 범위를 넘어서 보다 유용한 의미를 지니게 된다.

핸디캡의 중요한 특성은 그 상대적인 의미에 있다. 즉, 개인의 성취나 신분, 그리고 그가 속한 집단의 기대 사이의 부조화가 그것이다. 만약 공학적 개입을 통해서 장애 상태가 완화된다면, 그 제약은 변화할 것이기 때문에 부조화 속의 다른 요소를 고려해야 한다. 핸디캡은 사회적 가치와 장애인의 자아상 및 자기충족에 있어서 그것에 잠재적 영향을 미치는 다른 사람들의 반응들 사이에 존재하는 하나의 작용이다. [그림 1-1]에서 알 수 있듯이, 가령 휠체어를 타고 다니면서 전문의 역할을 훌륭히 소화해 내는 자신만만한 사람이 있다면 그 사람의 장애 조건이 심각하다고 할지라도 단순히 자신의 지각을 변화시키는 노력만으로 사회적 핸디캡은 크게 감소할 수 있다.

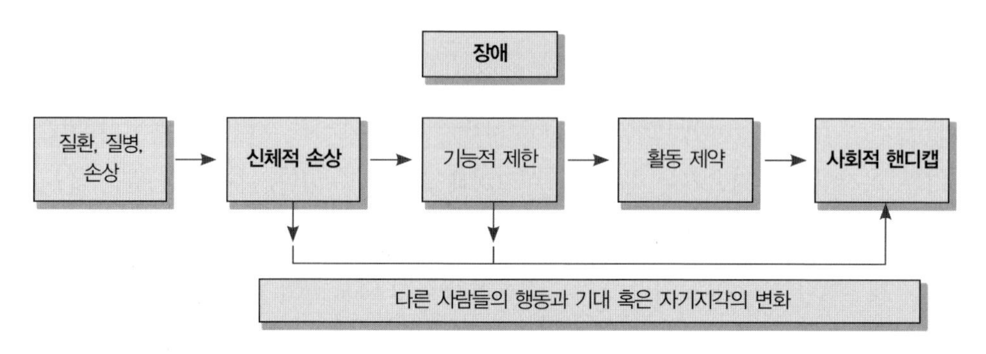

[그림 1-1] **손상과 장애의 핸디캡 경로**

현존하는 상황이 어떻게 그릇되었는지에 대한 지각은 어렵지 않으나, 그것을 유감으로 생각하는 것은 이롭지 않다. 장애 연구를 제약하는 용어학적 상이점은 감소한 동시에, 장애를 기능적 제한, 질환 과정과 손상으로 인한 행동상의 결과로 해석하려는 관점은 증대되었다.

특히 손상과 장애를 핸디캡으로 이행하게 하는 하나의 대안적 경로로 봄으로써 장애인과 다른 사람의 지각을 모두 포함하여 사회적 규범과 개인적 규범의 관계에서 핸디캡을 규정하는 것이 중요하다는 사실에 주의를 기울여야 한다. WHO의 개념에서 드러난 장애는 손상의 결과로서, 자신이 속한 집단의 행동규범과 일치하지 않는 개인의 불능(inability)이라고 나타난다. 이때 손상은 개인적 수준에서의 불이익으로, 'disablement'의 역동적 개념화에 주된 줄기를 두고 있다고 명료하게 요약할 수 있다. 'disablement'는 미국의 1998년 개정 재활법이 채택한 단어인 'impediment'와 마찬가지로 장애를 가치중립적으로 표현하려는 하나의 시도다. 'disablement 모형'은 장애를 손상과 질환 과정에서 야기된다는 방식으로 공식화하였다. 장애, 병적 상태(sickness), 질병(illness)은 모두 행동 경향이지만, 여기서 장애만이 유독 손상과 기능적 제한의 결과에 해당한다.

3) 장애 규정에서 맥락의 영향

핸디캡의 개념은 아동 자신의 독특한 환경적 상황에서 요구되거나 기대되는 것으로, 장애와 관련지을 수 있다. 장애와 핸디캡의 관계에서 장애를 상황과 관련된 핸디캡으로 고려할 때, 그 정도를 결정하기 위해서는 전체 상황을 고려해야 한다. 핸디캡 정도를 평가함에 있어서는 환경적 요인의 중요성을 강조하는 한편, 각 아동은 독특한 환경에서 장애를 경험하기 때문에 모든 장애아동이 핸디캡을 지니게 되지는 않는다. 이때

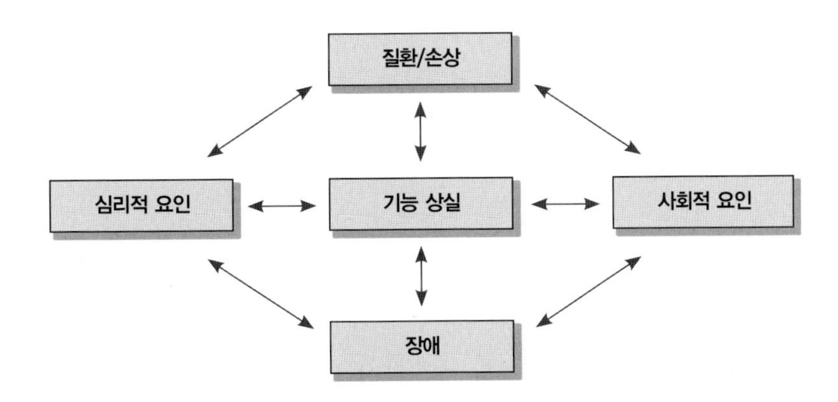

[그림 1-2] 장애 요인의 상호관계 수준 모형

핸디캡은 단순히 장애의 동의어이거나 장애의 결과는 아니며, 환경적 요인에 좌우됨으로써 필수적으로 일어나는 하나의 결과도 아니다. 예를 들면, 신체구조나 기능에서의 손상을 지닌 특정 아동에게 잘 대처하는 방법을 아는 교사가 있는 작은 규모의 교실에 배치되면 교육적 핸디캡을 지니지 않는다.

하나의 설명 모형은 단지 용어와 개념이 어떻게 관련되어 있는지 보여 주는 데 그치지 않고, 실제 생활상의 맥락에서 개념을 다룬다. 환경과 숙주 요인을 중요시한 직업적 장애의 역학 모형은 장애 유발 요인이 어떻게 상호작용하며, 서로 영향을 미치는지 잘 보여 준다. 반면, 재활 과정과 그 맥락을 중요시하는 상호관계 수준 모형도 있다.

이 '수준 모형'의 목적은 재활 과정에 영향을 미치는 개인적 · 사회적 · 환경적 요인에 대한 명확한 준거를 제시하는 것이다. 이 모형은 특히 묘사된 모든 장애 측면과 함께 사회적 · 심리적 요인 사이의 상호작용으로 특징지을 수 있다. 여기서 일반의나 적절한 의료전문가의 관심은 수평면 위쪽으로 모아지고, 재활전문가의 관심은 아래쪽으로 모아진다. 즉, 이 개념구조는 심리적 · 사회적 요인을 배제한 채 순수의료, 재활의학으로 치우치게 된다. 따라서 이 개념구조는 관련 요인을 포함함으로써 심리적 · 사회적 요인이 장애 과정에 미치는 중요한 영향뿐만 아니라 재활과제에 필요한 개념화의 역동적 본질을 강조할 수 있게 된다.

2. 장애의 발견과 평가

1) 조작적 맥락에서의 평가

장애를 발견하고 평가하는 데 있어서는 먼저 '무엇이 장애인지 알 수 있는가'와 '장애의 정도를 평가할 수 있는가'의 2가지 요소가 중요하다. 일반적으로 동의하는 장애 규정 방식을 이해함으로써 장애의 정의와 용어가 지니는 다양한 개념구조를 살필 수 있다. 사람들이 혼동할 수 있는 주된 이유는 'disablement'라는 용어가 매우 상이한 목적과 맥락에 적용되면서, 이에 따른 정의 역시 상이하게 존재하기 때문이다. 이 경우 조작적 맥락이나 장애인과 그 장애인을 평가하는 사람 사이의 상호작용을 문제의 출발점으로 본다면, 사람들이 생각하는 장애 개념 간 차이점의 실제 결과를 점검하는 것이 효과적이다.

(1) disablement의 신체적 · 기능적 측면에 따른 장애와 손상의 평가

손상(impairment)은 일반적으로 나타나는 정신이나 신체 문제를 기록하는 것으로서, 상당히 단순한 방식으로 평가할 수 있는 의학적 현상이다. 이것은 일반적으로 직접 관찰이나 검사를 통해 이루어질 수 있다. 예를 들면, 사지기능 상실에 따른 이동 체계의 손상 정도나 신체 내인력을 파악하기 위해서는 검사가 필요할 것이다. 이런 검사는 종종 기능적 장애를 다루기 때문에, 산업재해(산재)와 보상에 따른 평가 체계가 상당히 손상 지향적이다. Vash(1981)는 손상과 관련된 장애상태의 4가지 결정요소를 ① 장애에서 직접 기인한 요소, ② 장애인이 된 사람과 관련된 요소, ③ 개인과 밀접한 환경에서 나타나는 요소, 그리고 ④ 광범위한 문화적 맥락의 부분이 되는 요소로 구분하였다. 예를 들면, 배가 고픈 휠체어 이용자는 식당 계단 때문에 식당 이용이 불가능하며, 안내견을 이용하는 시각장애인은 대부분의 식당에서 환영받지 못하기 때문에 내쫓길 수도 있다.

한편으로, 성장하면서 점차 자신이 대부분의 사람과 다르다는 인식을 하게 되고 부정적으로 평가받으면서 자란 장애아동의 예를 들면, 사회에서 규정된 일정한 행동규범에 도달할 수 없는 경우 심리발달에 영향을 미치는 자극이나 장애상태에 대한 반응은 부분적으로 언제, 그리고 어떻게 그것이 발생하였는지에 영향을 받는다. 이런 경우 대부분 정서적 · 행동적 특성을 수반하게 되며, 장애유형 및 정도, 안정성, 성별, 내적 자원, 기질, 자아상, 자기존중감, 사회적 지지망, 소득, 공학의 유용성 등과 같은 요소의 영향을 받게 된다. 따라서 사회가 장애를 말소시키는 방안은 ① 장애인을 규준 집단으로부터 격리시키는 일을 없애고, ② 진단 과정이 성공적 치료 방법에까지 연결될 수 없는 경우에는 그 진단 과정을 없애고, ③ 하나의 치료 방법이 성공적임을 증명할 수 없으면 그 치료 방법을 전적으로 피하는 것이다(이태영, 1984).

여기서 중요한 것은 장애의 평가문제에 직면하는 방식이 어떻든지 간에 사람들은 여러 가지 당황스러운 상황에 빠질 수 있다는 것이다. 기능적 제한부터 활동 제약에 이르기까지 장애의 많은 측면이 있지만, 이 범위는 장애가 무엇인지에 관한 논란의 많은 이유 중 단지 한 가지일 뿐이다. 어떤 집단의 사람들은 장애를 기능적 제한과 관련하여 고려하지만, 또 다른 집단의 사람들은 장애가 일상 활동의 문제를 반영하는 활동 제약에 초점을 두는 경향이 있다. 따라서 상이한 관심 집단의 사람들은 같은 단어를 사용하는 경우일지라도 일반적인 문제의 상이한 측면을 의미할 수 있다.

기능적 제한은 손상과 거의 동의어로 사용될 수 있다. 시력을 상실한 경우는 손상에 속하는 반면, 그에 따른 활동 제약은 개인이 처한 인접 환경 및 그 개인이 수행해야 할 과업에 관련되어 있다. 활동 제약은 손상과 기능적 제한의 매우 복잡한 결과이며, 정상적인 활동의 곤란을 초래하는 방식으로 나타난다. 매우 중요한 유형의 활동 제약은 걷기, 앉기, 일어서기와 같은 보편적 활동에 관련되며, 자조(self-care)와 같은 다른 일상 활동에 있어서의 능력과 관계된다. 이러한 활동 제약 유형이 일반적으로 일상생활 동작(activities of daily living: ADL)의 수행평가 영역을 구성한다. 직업의 맥락에서는 일상생활 동작 및 이동과 관련된 기본적 활동 제약을 고려할 수 있다. 이러한 요소는 작업장에 출퇴근하거나 비교적 자기충족적으로 행동하는 것과 같은 고용에 필요한 능력을 손상시킨다. 뿐만 아니라 특별한 직업에 따르는 적절한 활동에도 제한을 발생시킬 수 있다.

장애를 평가하는 대부분의 접근방법은 하나 혹은 그 이상의 극단적 요소를 이루는 경향이 있다. 예를 들면, 생물역학적 접근방법은 장애의 의료적 평가에서처럼 기능 제한적 요소에 초점을 둔다. 일상생활 동작 수행과 연금 및 수당 등에 대한 적격성 판정 같은 것이 이런 요소의 활동 제약 목적에서 이루어지는 경향이 있다. 특별한 직업과 관련된 매우 복잡한 활동을 구체화하는 것이 어려울 때는 직업적 장애와 관련하여 대부분의 평가가 기능 제한적 요소에 초점을 맞춘다.

(2) 손상, 기능적 제한, 활동 제약, 그리고 직업적 장애의 상호관계

장애 관련 요소가 어떻게 상호작용하며, 어떻게 활동 제약을 초래하는지 면밀히 살펴보기 위해서는 특별한 직업을 수행하는 능력에 초점을 두어야 하지만, 무엇보다 평가에 있어서 불능(inability)의 존재 이유를 이해하는 것이 직업적 장애평가에 중요하다. 특히 보조공학이나 직업배치 계획 수립과 재훈련 혹은 직무수정에 있어서 손상과 장애 사이의 연결은 환경적 · 사회적 영향을 정확하게 평가하도록 만드는 명료화가 필요한 복합 과정이다. 예를 들어, 류머티즘 관절염 환자에게 일상생활 동작의 장애를 초래하는 영향을 관절 손상의 경향성과 관련하여 생각해 볼 수 있다. 상지 사용을 요하는 활동은 부분적으로 관절염에 손상을 미치는 것으로 설명될 수 있다. 이와 유사하게, 사람들이 받는 도움이나 기능적 문제 사이에는 하나의 인과적 혹은 예언적 관계가 있을 것이다. 이런 이론적 전개 방식은 특정한 활동과 관련하여 하나의 직업에 대해 복합적이고 소모적인 진술을 피할 수 있는 간단한 설명 수단을 제공한다.

(3) 평가의 맥락 및 범주화에서의 고려점

평가는 그것이 수행되는 맥락에서 살펴볼 때, 본질적으로 독특한 환경이나 장소에서 정보를 교환하는 평가와 평가자가 중요한 역할을 수행하는 명칭 부여(assignment)의 2가지 단계로 구성된다. 평가자는 발견한 내용을 요약하고 피평가자를 독특한 범주로 지정하기 위해 유용한 정보를 선별 · 평가함으로써 그 상황에 대한 특정 범주화를 시도해야 한다.

범주화의 목적은 취할 수 있는 행동을 가리키는 것이므로 이상적으로는 평가받는 개인의 문제를 반영해야 한다. 결과가 표준화된 방식으로 나타나서 공식적 기록이 유지되는, 공식적으로 범주화된 문서가 하나의 비공식적 과정이 될 수도 있다. 어느 것이든 그것은 추후 행동에 필요한 기제로 기능하는 상호작용의 목적생산물이 된다. 환자와 의사 사이의 상호작용에서 평가 단계는 임상력 검사, 그리고 엑스레이나 혈액검사와 같은 적절한 검사 수단에 의한 증상과 증후의 진술로 구성된다.

명칭 부여 단계에는 진단과 관련하여 최종 범주화에 이르게 되는 적절한 정보의 선별과 변경이 일어난다. 환자의 문제를 의료 지식 체계에서 다루어 치료에 필요한 처방을 내리는 의사의 행위가 진단에 의한 범주화에 속한다. 직업적 장애와 관련해서는 지능, 시력 혹은 자조 능력의 측정과 같은 다른 유형의 영역들이 함께 평가된다. 여기서 종종 생략되는 단계는 이러한 정보로 개인의 상황과 행동을 평가의 목적에 맞게 범주화시키는 것이다. 단순하게 표현하면 한 개인이 특별한 직무를 수행할 수 있는지 여부를 유목으로 분류하려는 노력이다.

손상, 기능적 제한, 그리고 활동 제약의 관계에 대한 이해가 불분명할 때 평가와 최종 범주화 사이에서 문제가 발생한다. 분리된 평가, 명칭 부여, 범주화 과정은 일반적으로 직업적 장애의 맥락에서, 그리고 일반적인 '평가' 용어 내에서 포함되거나 혼동될 수 있고, 이러한 다양한 측면을 포괄하기 위해 상호교환적으로 사용되는 경향이 있다. 이것은 평가에 있어서 가치판단의 문제와 소위 객관적 측정 자체에 의해 잘못될 위험을 낮출 수 있지만, 여기서 혼란은 평가 방법과 기술 개선의 노력에 집중된다.

평가가 일어나는 환경은 피평가자와 평가자의 상호작용 결과에 영향을 미칠 수 있다. 예를 들면, 의료재활의 맥락에서 이루어진 일상생활 동작 평가의 결과는 환자 자신의 가정에서 일어나는지, 아니면 병원의 물리치료실에서 일어나는지에 따라 다양하게 나타날 수 있다. 이처럼 실제 작업장에서 실시되는 직업평가와 다른 장소에서 실시되는 직업평가 사이에서는 차이점을 발견할 수 있다. 종종 간과되는 또 다른 영역이 평가자의 특성이다. 평가자에게 부과되는 질문을 다루기 위한 평가 목적으로 수행되는 검사와 측정은 평가자의 전문 영역과 훈련 배경, 그리고 평가를 수행하는 기능이나 요령에 크게 영향을 받을 것이다. 예를 들면, 의사는 증상이나 증후에 초점을 두지만 사회복지사는 개인력, 가족력, 그리고 성격에 초점을 맞출 것이다. 뿐만 아니라 명칭 부여를 위한 행정적 조건이나 여타 조건은 순수하게 전문 용어로 표현되는 방식으로 인해 평가와 양립되거나 모순될 수 있다.

제한된 관심 영역 내에서 평가자는 자신의 이전 경험, 선입견, 그리고 다른 검사나 객관적 측정 수단에 의해 영향을 받을 수 있으며, 측정할 수 있는 것을 측정하는 집중 경향이 나타난다. 이와 같은 방식으로 사람들은 자신이 인식하는 것을 조망할 수 있고, 평가자는 그 자신이 아는 것만을 평가할 수 있을 것이다. 평가자의 지각력 및 감정이입 능력과 관련된 개인적 특성 또한 평가에 소요되는 시간의 유용성과 같이 중요한 역할을 할 것이다.

앞서 제시한 많은 요소는 장애의 명칭 부여 과정에 있어서 중요하다. 평가자의 분류나 유목은 자신의 훈련 및 전문적 배경의 산물이기 때문에 어떤 의사는 한 개인을 진단적 집단과 관련하여 구별하며, 심리학자는 성격 유형과 관련하여 구별한다. 따라서 최종 범주화는 특별한 분야의 지식 정도를 반영할 것이다. 여기에 필요한 범주화 체계는 한 개인을 상황 속에 지정하고 평가하는 과정에서 경험적으로 도출될 수 있다. 확립된 준거 내의 공식적 과정이 되는 이 범주화는 실패나 성공 혹은 유사한 다른 기준이 설정되어 있는 채택 가능한 객관적 검사에 기반을 둘 수 있다. 아니면 대안적으로 도출된 이론에 기본을 둘 수도 있는데, 이러한 요소들이 범주화 체계의 개발에 있어서 중요한 역할을 한다. 진단은 어떤 면에서는 범주화 과정이며, 문제를 단순화하여 치료를 용이하게 만든다.

장애인 직업재활 분야의 쟁점 중 하나는 장애인이 지닌 문제와 적절한 행동을 평가하는 데 사용할 수 있는 인정할 만한 장애의 범주 체계가 없다는 점이다. 예를 들면, 부정적 함의에도 불구하고 뇌병변(brain lesion) 장애와 같은 용어를 복지 영역에서 채택하는 것처럼, 정의상의 용어에 있어서 무엇이 장애인지 결정하기 위한 사회적 · 전문적 합의에 많은 어려움이 있었으며, 이러한 요소에 대한 고려가 부족하였던 것으로 보인다. 특히 이상적 상황에서도 진단적 용어는 문제의 유형이 무엇인지 결정하는 지표와 적절한 행동 과정, 심지어 그 조건의 원인과 진단을 가능하게 하므로 그것을 대체하기란 쉽지 않다.

장애분류는 특히 직업적 요인과 조건을 다루지만, 장애의 복합적 본질로 인해 장애 경험의 상이한 모든 영역을 적절히 반영하는 단일 분류 체계는 가능할 것으로 보이지 않는다. WHO 분류 자체가 다영역적이기 때문에 평가의 이유와 관련하여 피평가자의 문제를 반영하기 위해서는 평가의 최종 결과에 초점을 두어야 한다. 달리 말하면, 문제를 반영할 뿐만 아니라 문제해결을 위해 취해야 할 행동을 잠정적으로 제시할 필요가 있다는 것이다. 이것은 어떠한 행동을 취해야 할 것인지에 관한 결정에 도달하는 것에서 시작하고 변화하며, 선별되는 방식과 수집된 정보의 보다 진지한 평가에 이르게 만든다. 따라서 장애인이 지닌 문제와 욕구에 밀접하게 관련되어 있는 경험 영역의 범위 및 기타 관련 정보의 적절성을 함께 다룰 필요가 있다.

2) disablement의 사회적 측면

여기서는 사회정책의 경향, 손상과 장애 결과를 개선하는 데 있어서 그것이 보건 및 복지서비스의 전달에 미치는 영향에 주된 관심을 둔다. 핸디캡을 감소시키기 위해 개인, 가족, 작업장 혹은 보다 넓은 지역사회 수준에서 많은 노력이 이루어질 수 있지만 결국 적절한 정책을 통해 조성하고 마련한 가능한(enabling) 환경이 중요하게 된다. 핸디캡과 관련된 복합성은 단순한 해결방법의 처방이나 적절한 정책으로 규정하기가 용이하지 않다.

사회정책은 장애의 결과에 대한 정확한 평가(appraisal) 및 사회적 · 문화적 환경 내

개인의 지위와의 관계를 반영하는 한 적절할 수 있다. 특히 핸디캡은 불이익을 의미하며, 이런 불이익은 독특한 상황과 우월한 가치에 따라 상대적이고 다양하게 나타난다. 장애인의 욕구와 관련한 논의는 이러한 관점에서 불이익의 현실적 조건과 상태를 밝히고 표출하는 데 종종 실패하였고, 장애 그 자체는 사람들이 이해할 필요가 있는 모든 것을 제공할 수 있다고 전제하였다. 문제의 일부는 disablement가 다양한 요소와 상호 관련되는 방식에 기인한다. 대부분의 경우 손상은 핸디캡에 이르는 장애를 유발하는 직접적인 과정이라고 전제할 수 있다. 몇몇 경우에는 이것이 사실이지만 손상과 장애의 경우에는 그 순서가 종종 바뀐다.

표 1-4 질환 결과와 두 가지 조건 사이의 상호관계

손상	본질적(intrinsic) 상황, 외적 · 기능적 제한을 둠. 장애 활동 제약으로 객관화됨.
핸디캡	불이익으로 사회화됨(socialized).

〈표 1-4〉는 손상과 장애의 상호관계를 나타내며, 문제의 본질을 잘 보여 준다. 안경을 착용해야 한다고 해서 자신이 손상을 지녔다고 생각할 사람은 거의 없으며, 장애인이라고 생각하는 사람도 거의 없다. 반면, 안면기형(disfigurement)은 기능적으로는 장애를 야기하지 않을 것이지만 사회적 상황에서는 매우 심각한 불이익을 가져온다. 이처럼 종종 장애 그 자체를 하나의 동질적인 현상으로 다뤄 오긴 했지만 장애가 일어나는 특별한 상황이나 배후 원인을 고려하지 않음으로써 사회에서 보다 공정한 반응을 얻을 수 없게 된다.

그러나 기대는 포괄적으로 보편적 범위에서 사회정책이 그러할 것이라고 생각해 온 것에 지나지 않는다. 사회집단들 사이에 경계를 두지 않은 방식은 특별히 장애인 집단들 사이의 공평하지 않은 처우와 삶의 질 향상을 시도하는 데 있어서 매우 바람직하다. 하지만 그러한 목적은 원인과 결과에 예민한 평가 방법을 고집하지 않게 만든다. 오히려 배후 원인이 더욱 중요하며, 다소 행동주의적인 관점에서 누락될 수 있는 특수한 현상에 직접적인 주의를 기울여야 한다.

disablement를 구성하는 요소들은 선형 관계도 아니고 그 정도가 유사하지도 않기 때문에 단적으로 핸디캡에 대해 그 자체의 현상으로 접근해야 하며, 손상이나 질환의 예측이 함께 이루어져야 할 것이다. 전쟁, 산재 혹은 교통사고로 인한 손상은 고정되었다기보다는 상대적으로 예측할 수 없는 만성 조건에 의해 나타난다.

앞서 물리적 환경이 disablement의 경험에 중요한 영향을 미친다는 점을 지적하였지만, 또한 상이한 소득 경향, 주택, 기타 자원도 장애인의 삶의 질과 사회적 · 공간적 이동성(mobility)에 중요한 영향을 미친다. 가정에서든 공공장소에서든 물리적 환경은 장애인의 직업재활과 적응 방식에 있어서 구체적이고 실제적인 장벽이 될 수 있다. 이러한 조건을 개선하지 않고는 처치와 중재(treatment and intervention)의 진보가 잘 일어날 수 없다. 예를 들면, 환자는 장애를 입음으로써 필요한 가족적응이나 단순히 그 개인을 원조하는 데 도움이 되지 않는 환경으로 되돌아갈 수 있다. 따라서 손상 정도나 이동과 같은 문제들 사이에 명확한 관계가 항상 존재하지는 않는다.

3) 핸디캡

disablement의 경험 수준과 규준적 측면을 통합하려면 관습적 행동 혹은 효과적 활동과 같이 특수한 문화적 맥락과 사회적 장면을 고려해야 한다. 대중교통 수단의 이용이 편리한 도시지역과 그렇지 않은 농촌지역의 차이점은 이차적인 직업적 핸디캡을 초래할 수 있으며, 같은 방식으로 이동 수단의 제약은 레크리에이션이나 경제적 자

표 1-5 핸디캡의 영역

영 역	영향을 받는 능력
1. 오리엔테이션 핸디캡	심리적 · 물리적 환경과 관련하여 자신을 지향하는 능력
2. 신체의존 핸디캡	관습적으로 효과적인 독립 존재를 유지하려는 능력
3. 이동 핸디캡	자신의 환경에서 효과적으로 이동하는 개인의 능력
4. 직업적 핸디캡	자신의 성별, 연령, 문화에 일치하는 방식으로 역량과 시간을 사용하는 능력, 생활방식
5. 사회적 통합 핸디캡	각종 관습적 사회관계에 참여하고 유지하는 능력
6. 경제적 자기충족	소비생활 등 관습적인 사회경제적 활동과 독립을 유지하는 능력

기충족 활동을 방해할 수 있다. 〈표 1-5〉는 핸디캡의 영역에 따라 영향을 받는 개인의 능력을 보여 준다.

종종 이러한 핸디캡은 심리적 자존의 준거에 기초한 전반적인 장애평가의 한 부분으로 나타난다. 따라서 측정 가능한 여러 가지 지표를 주요 생활영역이나 심리 상태를 표현하기 위해 사용할 수 있다.

표 1-6 핸디캡의 지표와 빈도

지표	내용	빈도
독립성	화장실을 이용할 수 없음 목욕을 할 수 없음	3% 22%
이동	침대나 의자에 제한됨 재택	3% 10%
직업	조기 퇴직	24%
사회적 통합	고립되어 생활함	21%
경제적 자기충족	중간 수준의 임금	일반 인구의 5%

〈표 1-6〉에 따르면, 손상인구의 5명 중 한 명은 스스로 목욕을 할 수 없고 10명 중 한 명은 재택 상태에 있으며, 5명 중 한 명은 고립되어 살아간다. 직업에 있어서 손상과 장애의 효과 및 그로 인한 재정상태 또한 나타나 있는데, 대상자의 1/4은 거의 조기 퇴직을 해야 했고 장애로 인한 추가 비용이 발생함에도 임금은 일반 인구의 절반에 그쳤다.

이와 같은 사회적 불이익을 초래하는 구체적 문제 분석 방법은 매우 용이하며, 개념적 명료성과 적절한 측정 수단의 개발 및 적용 또한 중요하다. 그러나 순수하게 양적 방식만으로 핸디캡을 평가해서는 disablement의 현실극복 수단을 마련하거나 공평한 사회정의를 결코 실현할 수 없을 것이다. 개인 경험의 다양성을 고려하는 것이 필수적이며, 특히 disablement에 대한 문화적 맥락의 강조는 보다 조심스러운 주의를 요한다.

장애를 유발하는 질병의 발생은 정상적인 관계를 와해시키고 물질적 · 사회정서적 조건에 있어서 개인의 가능한 자원 유용성을 크게 경감시킨다. 나아가 장애는 개인의 생계와 소득을 위협하며, 동시에 가족관계 및 다른 사람들과의 정상적 상호작용도 위협한다. 이런 disablement의 사회적 측면은 한 사람이나 다른 사람들에 의해 쉽게 완화될 수 없다. 그것은 핸디캡에 대한 주의가 가져다주는 경험 수준들 사이의 작용이다.

장애인이 직업적 장면에서 경험하는 불이익과 곤란을 해결하기 위한 접근의 주된 요점은 개인의 입장에서는 의료적 문제와 크게 다르지 않지만, 다음의 두 가지 사례를 살펴보면 그리 단순하지만은 않다. 첫 번째는 공장의 석면지붕을 교체하고 바닥에 타일을 까는 회사에 고용된 비숙련 근로자의 사례다. 그는 고용 기간 중에 류머티즘 관절염이 심화되었고 손상이 일어났다. 3개월 정도의 시간이 경과하자 옷을 입을 수 없게 되고 다리에 상당한 통증을 느꼈으며, 자신의 아침 일과를 수행할 수 없었다. 이어서 자아존중감에 전반적인 손상이 일어났고, 이후 경제적 측면과 관련된 심각한 불안이 일어났다. 비록 자신은 일하고 싶고 통증에 굴복하기 싫었지만 퇴직을 하지 않을 수 없었다. 하지만 곧이어 직면한 단기적 재정문제는 생각했던 것보다 크지 않아 놀랐다. 저임금과 비교했을 때 자신에게 해당하는 모든 기초생활 급여와 장애수당, 그리고 의료보호 혜택이 실직한 자신의 기본임금에 가까운 수준이었기 때문이다. 따라서 질병의 초기 몇 주간은 비교적 재정 곤란을 겪지 않았지만, 점차 장기 실업의 상황에 직면하게 되었고, 6개월 이후에는 자신의 상황에 대한 조언을 받지 못한 상태로 의료계와 정부의 재정지원이 급격하게 감소하여 어려움을 겪었다. 직장으로 복귀하기 위해서 급성 통증을 인내하는 데는 엄청난 노력이 필요했다. 이 과정은 그 자체로서 가족 내 자신의 질병과 그에 따른 문제로 인해 심각한 영향을 초래하였다. 12개월 이상 질병이 지속되는 동안 이 사람은 결국 정부를 통해 아무런 조언이나 도움을 받지 못했으며, 외래 진료를 통한 일부 기본적 치료만을 받았다.

두 번째는 10명 내외의 근로자를 고용한, 앞서의 사례와 유사한 중증 관절 손상 및 간헐적 급성 통증을 경험하고 있는 작은 생산 공장 소유주의 사례다. 그는 전국적으로 생산품을 판촉하는 일을 하였다. 질병의 발생 시기에는 사실상 휴식을 취할 수 있었음에도 이전보다 더 많은 시간을 일했다. 그에 따라 가정과 직장에서의 피로나 과민성은 문제를 악화시키기만 할 뿐이었다. 이후 입원 당시의 주문 감소와 경제 불황은 자신의 회사 존립 자체를 위협하였을 것이다.

어떤 이유로든 장기 실업의 위협은 더 클지 모르지만 두 번째 사례에서 작용하는 단기 요소는 앞의 사례보다 심하지 않다. 여기서의 주된 요점은 만성 질병이 직업이나 수입에 미치는 영향과 관련하여 자영업을 하는 사람과 공장 근로자의 입장을 비교하는 복잡성에 있다. 뿐만 아니라, 사회집단들 사이의 유사성은 관련된 사람들의 지각과 경험에 직접 반영되지 않는다. 정부연금과 각종 혜택에 대한 자영업자 및 공장 근로자 사이의 관계는 매우 상이한 문제를 초래할 수 있다. 자영업자는 자신과 비교되는 근로자보다 상대적으로 나은 입장에 있다. 이런 요소가 보다 높은 수준의 전문직과 관리자 집단을 직업상 구별하게 한다. 따라서 장애로 인한 직업적 불이익은 육체노동자와 육체노동자가 아닌 사람들 사이의 구분으로 단순하게 관련지을 수 없다.

만성 질병과 장애에 있어서 중요한 쟁점 중 하나는 증상을 표현하거나 숨기는 방식에 있다. 통증 호소 여부에 따른 결과와 그 조건으로 야기되는, 일을 할 수 없는 것에 기대되는 반응은 모두 부정적 결과를 최소화하기 위한 시도 속에서 이루어진다.

직장에서 두 손을 사용해야 하는, 류머티즘 관절염을 앓는 두 여인을 다룬 다른 연구의 사례를 들어 보자. 한 사람은 소프트웨어 회사에서 그래픽 작업을 하고 있고, 다른 한 사람은 지방의 대규모 신문사에서 사무원으로 일하고 있다. 손가락과 팔목의 부종 및 경직이 증가함에 따라 두 사람이 처한 직장환경은 크게 변화할 수 있고, 질병을 다루기 위해 사용한 전략에 대한 평가는 예민해질 수 있다. 따라서 컴퓨터 그래픽 근로자의 사례에서는 고용주가 나타날 때마다 자신의 질병을 숨기는 것이 주된 관심이고, 같은 부서의 다른 근로자들과 같은 속도를 유지하는 일이 일차적인 중요성을 지닌다. 여러 가지 이유를 들어 병원을 찾았고, 점점 질병이 악화된다는 것을 동료 근로자들이 알게 됐지만 그렇게 동정적이지 않다는 것을 느꼈다. 그 근로자가 택한 전략의 주된 문제나 근심은 자신의 직무가 요구하는 조건을 충족시키지 못하는 점이 고용주에게 드러날 것 같은 두려움이다. 노동조합이 설립되지 않은 회사와 특히 실업률이 높은 해당 분야에서 이 사람은 일자리를 잃을까 봐 걱정하는 동시에 자신의 부서에서 다른 사람들과 똑같이 다루어지기를 원하는 것이다.

한편, 또 다른 사례인 신문사 사무원의 경우에는 다른 동료 근로자들이 자신의 질병을 어떻게 보는지가 더욱 중요하다. 여기서 고용주와의 관계는 실제적 문제가 되지 않지만, 자신이 속한 직종별 노동조합은 병가나 출산휴가와 관계된 사항에 대한 상세한 합의를 고용주와 이루어 놓았다. 비공식적으로 야기된 실제적 부담은 근무 장소 그 자체 내에서 생긴다. 다른 5명의 근로자와 함께 일하는 데 있어서 한 사람의 결근은 출근한 다른 사람들에게 과중한 업무 부담을 지우게 될 것이다. 따라서 이런 직장 분위기는 은연중 질병의 어떠한 징후나 심지어 기침 혹은 코를 훌쩍거리는 일, 조퇴나 휴식 등을 금하도록 경고한다. 이런 비공식적 사회통제는 질병을 앓는 근로자가 증상을 인식할 때마다 매우 힘들게 만들고, 손 기민성 역시 손상되며, 사무처리 속도와 전화 메시지를 받는 속도 또한 손상된다. 앞의 사례와는 대조적으로 다른 사람들과 보조를 같이 하는 능력 및 정상으로 간주되고 싶은 욕망은 그 직업의 다른 특성과 관계되고, 따라서 그 직장에서 받는 압력도 다르게 된다.

4) 장애와 환경의 복합 상호작용과 고용정책

손상, 질환, 그 결과, 그리고 개인의 사회적 상황이 지니는 역동성 사이에는 복합 상호작용이 존재한다. 물론 장애인의 삶의 질은 이러한 수준 전체 혹은 한 가지에서 야기되는 행동에 의해 손상될 수 있다. 기대이론에서처럼 환경과 타인의 반응으로 장애를 인식하고 수용하는 과정에서는 자아에 대한 개념이 장애 때문에 부정적으로 형성될 가능성이 높다. 이처럼 그 개인의 상황에 대한 평가는 또한 평가를 실시하는 사람에게 달려 있고, 나아가 이것은 중재에도 영향을 미친다. 의료적 중재는 약물치료와 여타의 치료 및 보건 수단을 통해 증상을 완화하는 데 중점을 둔다. 기능적 수행을 극대화하기 위해 사용하는 보조기기와 장비의 제공에 의해 가능한(enabling) 환경으로 강화될 수도 있다.

사회적 서비스나 각종 수당과 같은 촉진적 사회정책은 장애인과 가족에게도 크게 이로울 수 있다. 따라서 여러 요소의 내적 관계에 주의를 기울일 필요가 있다. 또 다른 대안은 의료적 관점에서 혹은 행동주의 관점에서 보는 disablement에 대한 환원주의 접근이다. 직업적 불이익과 같은 문제에의 접근에 있어서 개인에 대한 평가는 다음과 같다.

① 현재 모든 구인 중인 직업에 대한 완전하고 공정한(fair) 고려
② 직장에서 장애를 입은 근로자에게 재활 혹은 훈련을 받은 후 가능한 한 계속 일하게 하는 일
③ 훈련, 진로개발, 승진에 있어서의 평등한 기회
④ 장비의 수정, 특수 고용 보조 장치가 적절하다면 직무 재구조화

⑤ 필요시 가옥의 개조
⑥ 재활상담사와의 긴밀한 협력

1975년 겨울 미국연방의회는 인적자원서비스위원회(Manpower Service Commission)에 보다 많은 장애인을 고용시키도록 촉구하였다. 이에 따라 개발된 장애인 고용 지침을 많은 상황과 조건을 고려하여 고용주와 장애인 근로자들의 이익을 증대시킬 수 있도록 장애인의 기술과 능력, 잠재력을 우선 보장하기 위해 실행하였다. 이 지침서는 '장애인은 가벼운 일과 손쉬운 일만 수행할 수 있다.'는 오해를 불식시키기 위해 마련되었는데, 그 주요 영역은 다음과 같다.

① 장애인의 직무수행 능력
② 유자격자에게 동등한 기회 제공
③ 구인에 적합한 실업상태의 유자격 장애인이 있는지 여부(자발적으로 등록한 장애인의 수)의 탐구
④ 경기 불황기에 장애인을 배려하기 위해 시간과 비용을 고용주에게 요구하는 것이 합리적인지 여부
⑤ 공공부문에서 고용할당제를 충족하는지 여부

또한 고용주에게 필요한 노력은 법률과 지침서를 관계자와 함께 검토하고, 장애인이 기여하기 어려운 부분을 탐구하며, 재활상담사와 협력관계를 유지하는 것이다.

제2장

장애분류 패러다임의 변화와 가족적응

1. WHO의 새로운 장애분류 노력

최근 WHO는 1980년에 공포한 국제장애분류 체계(International Classification of Impairments Disabilities and Handicaps: ICIDH)를 질적으로 개선하려는 노력을 구체화하였다. 1999년까지 현장 전문가와 이용자의 체계적인 검정 및 충분한 노력을 통해 새로운 장애(disablement)분류 체계를 정립하였는데, 여기서 장애는 손상, 활동, 참여의 3가지 영역 및 환경과 개인이라는 2가지 차원의 상황적 요인 속에서 복합적으로 분류된다(WHO Geneva, 1997). 이에 따라 ICIDH는 책의 발간 목적을 통계, 연구, 임상, 사회정책, 교육적 도구 활용으로 설정하였고, 2001년 WHO가 승인한 기능, 장애, 건강에 관한 국제 분류(International Classification & Functioning, Disability, and Health: ICF)는 건강과 장애에 대한 통합 과정을 도입하였다. ICF는 전통적인 개별모형과 사회모형을 통합하는 보편주의를 반영한다. 362개 항목의 ICF 2단계 분류는 WHO의 권고에 따라 Disability Assessment Schedule(DAS) II를 함께 임상적용과 연구에 활용하고 있다. DAS II(활동과 참여)의 6개 영역은 ① 이해와 의사소통, ② 주위 돌아다니기, ③ 자기관리, ④ 사람과 어울리기, ⑤ 생활 활동, 그리고 ⑥ 사회참여다.

1) 분류 영역

장애의 영역(domains)에서 ① 손상과 ② 활동은 개인 수준에서의 기능수행 범위와 본질을 의미하는 것으로 기간, 본질, 그리고 질적 측면에서 제한될 수 있다. 또 새로운 장애 영역 중 하나가 ③ 참여이며, 참여는 손상, 활동, 보건 및 상황 요인과 관련된 생활 상황 속에서의 개인의 관여 정도와 본질을 의미한다. 참여는 기간, 본질(내용), 그리고 질적 측면에서 역시 제한될 수 있다. WHO가 1997년에 제안한 제2차 국제장애분류개정안(International Classification of Impairments, Disabilities, and Handicaps: ICIDH-2)은 지금까지 세계적으로 통용되고 있는 국제장애분류의 한계를 인식하고, 보다 생태학적인 관점에서 접근하고자 하였다. 먼저 1980년 국제장애분류의 한계에 따른 새로운 개정 목적은 다음과 같다.

① 건강 이상의 결과나 파급 효과를 이해할 수 있도록 과학적 기초 및 근거를 제공한다.
② 다제학적 전문가의 의사소통이나 장애인 간의 의사소통 증진을 위한 공통어를 제정한다.
③ 장애가 개인생활이나 사회참여에 미치는 결과 혹은 파급 효과를 이해할 수 있도록 기초나 근거를 제공한다.
④ 장애인의 사회참여를 향상시키는 데 필요한 보호와 서비스를 제공하기 위해 건강 이상에 따른 결과나 파급 효과를 정의한다.
⑤ 국가 간 혹은 전문 영역 간, 시대 간의 자료를 비교할 수 있는 토대를 마련한다.
⑥ 보건 정보를 위한 체계적 코딩 근거를 제공한다.
⑦ 건강 이상에 따른 결과나 파급 효과에 관한 연구를 촉진한다.
⑧ 장애인의 사회참여에 영향을 미치는 사회 내의 촉진제 혹은 장벽에 관한 정보나 자료를 수집한다.

개정 목적은 크게 장애 분야 내에서의 효과적인 의사소통, 서비스와 연구 촉진, 행정 효율성이라는 측면에 초점을 두며, 이런 노력은 비록 장애라는 현상을 규정하려는 시도가 쉽지는 않지만 문제해결을 위해 꼭 필요하다는 점을 시사한다. WHO는 질병, 기능저하, 사회적 핸디캡 모형을 설정하여 질병과 그 후유증이 사회생활에 미치는 영향을 측정하고 대책을 평가하려고 하였다.

1980년에 제정된 국제장애분류(ICIDH-1)에서는 국제질병분류가 여러 건강상의 제조건을 지닌 사람들의 다양한 경험을 포괄하고 있지 못한 점을 지적하고, 장애를 손상, 불능이나 기능제약, 사회적 불리라는 3가지 차원으로 정의하였다. 그러한 노력 이후 20년 이상 시간이 흐르면서 의료서비스는 물론 장애 이해에 커다란 변화가 필요하게 되면서 국제적 합의를 토대로 이를 개정하게 되었다. 제2차 국제장애분류개정안은 장애와 핸디캡이 내포하고 있는 부정적 이미지(connotation)를 제거하고 건강조건 그 자체보다는 건강조건의 결과나 파급 효과를 설명하기 위한 통합적이고 표준적인 준거를 제시한다.

건강 이상의 조건과 관련한 기능변화라는 관점에서 신체 · 개인 · 사회 차원의 모든 불편을 포괄하며, 국제장애분류와 마찬가지로 국제질병분류 방식과는 달리 질병이나 질환을 분류 내용으로 삼지는 않고 있다(International Classification of Diseases: ICD 참조). 여기서는 의료적 모형이나 접근을 사회적 모형과 대립적으로 이해하지 않고, 통합된 형태인 생물사회심리학적(biopsychosocial) 입장으로 이해하며, 생체의학적 접근과 태도적 · 이념적 접근을 포괄한다. 따라서 disability와 handicap이라는 용어의 사용을 제한하고 disablement라는 중립적 표현을 채택한다. 특히 disablement와 functioning의 큰 틀을 기준으로 분류하게 된다.

UN의 사회적 분류 기준의 하나로 인정하는 1980년의 국제장애분류는 손상을 9가지 하위 분류로 규정하고 있지만, 새로운 장애분류는 손상을 기능과 구조의 2가지 하위 차원으로 분류하며, 동시에 손상, 행동, 참여, 배경요인이라는 다양한 용어를 사용한다. 또한 종래의 9가지 범주를 개정안에서는 20가지의 하위 분류에 의해 총 1,596가지로 구분하며, 여기서 다시 손상(873개), 활동(617개), 참여(106개)로 나눈다. 새로운 WHO 국제장애분류를 이해하기에 앞서, 향후 다룰 용어의 개념을 간략하게 살펴보면 다음과 같다.

① 장애(disablement): 관습적 행동 혹은 효과적 활동과 같은 특수한 문화적 맥락과 사회적 장면을 고려해야 한다.

② 손상(impairment): 장애를 경험하는 수준이나 차원의 하나로서, 신체구조 혹은 생리적 · 심리적 기능에 손실이나 이상이 있는 것이다.

③ 활동(activity): 하나의 차원으로서 기능제약(disability)을 말하며, 개인 수준의 특질과 기능 전반에 해당한다. 기간, 본질, 그리고 질적 측면에서 제한될 수 있다.

④ 참여(participation): 하나의 차원으로서 불리(handicap)를 가리키고, 손상, 활동, 건강조건 및 전후 관계의 요소와 관련 있는 개인 생활 상황과 관련되며, 본질, 기간, 그리고 적용에서 제한될 수 있다.

⑤ 배경요인(contextual factors): 생활의 총체적 배경으로 환경과 개인이 갖는 요인을 고려해야 한다.

⑥ 장애차원(dimension): 장애에 따른 결과나 파급 효과의 수준을 말하는 것으로, 즉 어느 정도의 제한을 경험하는지 구분하기 위해 신체, 개인, 사회를 이용한다.

이러한 분류 개정안은 장애분야, 범위와 범주, 분류 단위, 그 조직, 그리고 상호관계를 구조화함으로써 장애를 구분하고 있다. 즉, 건강상태와 관련하여 ① 과거에 기관이라는 용어로 사용된 신체구조의 기능(기능의 손상과 구조의 손상), ② 개인행동(활동), ③ 사회참여(참여)라고 하는 3가지 차원을 포함하는 포괄적 용어로 분류한다. 이것은 병, 장애, 재해, 그리고 다른 건강 관련 문제와 관계된 신체, 개인, 그리고 사회의 수준에서 기능하는 건강의 3가지 측면을 설명하려는 건강 분류로서 모든 사람을 대상으로 하며, 어떤 사람이라도 장애를 입을 수 있거나 장애를 가질 수 있다는 점을 전제로 한다. 따라서 새로운 국제장애분류에 따르면 장애의 문제는 다른 사람과 집단을 표시하는 특성이 아니라 보편적인 인류의 경험이다.

새로운 국제장애분류는 한편으로는 사람들의 특성/경험을, 그리고 다른 한편으로는 사람들이 스스로 찾는 상황/환경을 분류하였다. 즉, 이것은 크게 개인적 요인과 환경적 요인으로 분류할 수 있는데, 환경적 요인이란 개인에게 외부적인 것, 다시 말하면 사회의 태도나 건축, 법적 체계 등을 들 수 있다. 반면, 개인적 요인이란 장애를 경험하는 것에 영향을 미치는 성, 나이, 건강, 생활습관, 양육, 대처양식, 사회적 배경, 교육, 직업, 과거나 현재의 경험, 전체적인 행동유형과 특성유형, 개인적 · 심리적 자산 등을 포함한다. 따라서 사람들 그 자체가 분류의 단위가 아니라는 점이 중요하다.

표 2-1 새로운 국제장애분류 방식의 차원별 기본 개요

내용 \ 영역	손상	활동	참여	전후 맥락 요소
기능 수준	신체 부위	개인 (전체로서의 사람)	사회 (사회와의 관계)	환경 요인 (기능상 외부영향) 개인 요인 (기능상 내부영향)
특성	신체 기능 신체 구조	개인의 일상 활동	상황과의 관계	신체적 · 사회적 · 태도적 특징
긍정적 측면	기능과 구조의 통합	활동	참여	촉진제
부정적 측면	손상	활동 제한	참여 제한	장벽
적용	등급 부위 기간	곤란도 보조 기간 전망	참여 범위 환경의 장벽과 촉진제	없음

한편, 국제장애분류 개정안은 자세히 살펴보면 [그림 2-1]과 같이 손상(I), 활동(A), 그리고 참여(P)의 3가지 영역에 따른 구조화된 평행적 분류를 하고 있다. 이것은 장애의 기능에 대한 설명으로, 조직은 중요하고 상호관계되며, 쉽게 접근할 수 있는 방법을 제공하기 위한 구조를 지닌다.

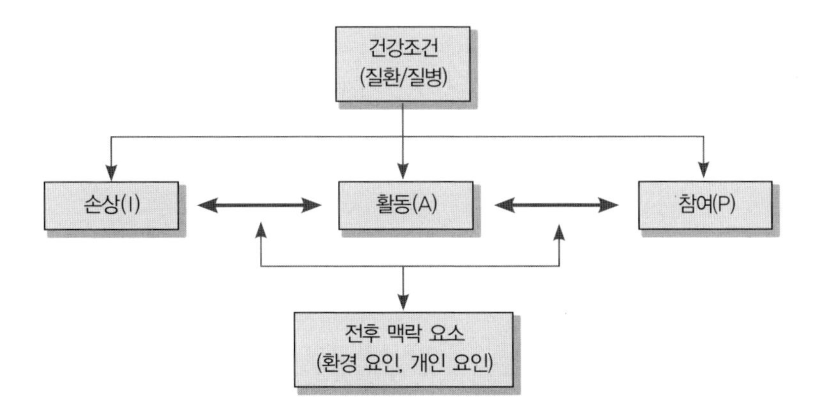

[그림 2-1] 국제장애분류에서 각 차원 간 상호작용

2) 분류 차원

[그림 2-1]에서 분류 차원은 수평적 부분이 해당한다. 장애 영역과 차원을 고려한 기능적 손상, 구조적 손상, 활동, 참여, 상황적 환경요인 목록을 구체화하여 살펴보면, 각각 다음과 같이 나뉜다.

기능적 손상의 10가지 영역은 다음과 같다.

제1장: 정신 기능
제2장: 음성, 말하기, 듣기, 전정 기능
제3장: 보기 기능
제4장: 기타 감각 기능
제5장: 심장 혈관 및 호흡 기능
제6장: 소화 · 영양 · 신진대사 기능
제7장: 면역 및 내분비 기능
제8장: 비뇨생식 기능
제9장: 신경 근육 골격 및 운동 관련 기능
제10장: 피부 및 관련 구조의 기능

구조적 손상의 10가지 영역은 다음과 같다.

제1장: 뇌, 척수 및 관련 구조
제2장: 음성 및 말하기 관련 구조
제3장: 귀 및 전정기관 관련 구조
제4장: 눈 및 관련 구조
제5장: 혈액순환 구조 및 호흡 체계
제6장: 소화 체계 및 신진대사 관련 구조
제7장: 면역 관련 구조 및 내분비 체계

제8장: 비뇨생식 체계, 배설 억제, 생식 작용 관련 구조
제9장: 운동 관련 구조
제10장: 피부 및 관련 구조

활동의 10가지 분류는 다음과 같다.

제1장: 보고 듣고 인식하기
제2장: 학습, 지식의 적용, 과제 성취하기
제3장: 의사소통하기
제4장: 동작(movement), 운동 활동
제5장: 주변 이동하기
제6장: 일상생활 활동
제7장: 욕구 충족과 가사 활동
제8장: 대인관계 행동
제9장: 특별한 상황에 대한 반응과 처리하기
제10장: 보조기기, 공학기구 및 기타 활동

참여의 7가지 분류는 다음과 같다.

제1장: 신변독립과 관리의 참여
제2장: 이동의 참여
제3장: 정보교류의 참여
제4장: 사회적 관계의 참여
제5장: 교육 · 직업 · 여가 · 영적 영역의 참여
제6장: 경제생활의 참여
제7장: 시민생활과 지역사회의 참여

6가지 흥미로운 상황적 환경요인 목록은 다음과 같다.

제1장: 생산품, 도구와 소비재

제2장: 개인 지지 및 옹호

제3장: 사회적 · 경제적 · 정치적 체계

제4장: 사회문화, 구조, 법규, 규범

제5장: 인간이 만든 물리적 환경

제6장: 자연환경

이들 범주로 배치할 수 있는 1,596개의 세부 장애는 종종 기술, 과제, 그리고 환경에 대해 보다 구체적일 필요가 있다. 그러나 이러한 장애와 관련한 삶의 질 개선 노력은 그 이상, 그리고 사회적 구조와 관계의 중요한 영향을 강조하는 보다 폭넓은 준거로 다루어야 한다.

3) 법률적 측면의 장애평가와 각종 정책

장애의 평가에 대한 법률적 목적은 사회보장 체계와 같은 공공영역이나 상해보험과 같은 민간 영역에 있어서의 금전적 보상과 주로 관련된다. 장애문제에 대한 접근은 직업뿐만 아니라 사회복지, 교육, 노동, 소득보장, 주택, 의료 등 각종의 법령, 규정 등에 기초하고, 교육적 조치를 종합적이고 신속하게 행하도록 만든다. 개인이 입은 상처를 평가하기 위해 고려하는 일차적 관찰에는 순서가 있다. 첫째는 손상인(원고)이 사고에 대한 책임이 있는 사람(피고)에게 정당한 청구를 해야 평가과정이 이루어질 수 있다. 둘째는 소송이 완료되는 법원의 결정이다. 이와 같은 법률적(forensic) 측면의 장애평가는 항상 개별 정책이 지향하는 목적에 따라 결정되는데, 외국의 장애 관련 정책을 먼저 살펴보아야 한다.

(1) K. P. Darke 고용서비스과(the Employment Service Division)

영국의 장애인(고용)법은 1946년부터 시행되었고, 수십 년간 전국 장애인 고용자문협의회(the National Advisory Council on the Employment of Disabled People)와 의회 주정부 장관 자문위원회 같은 기구가 면밀히 검토하였다. 장애인구의 실업률이 일반

인구의 실업률을 2배 이상 상회하는 상황에서, 이 법이 요구하는 등록장애인의 3% 의무고용률을 충족하지 못하는 회사에 강력한 제재 조치를 취하지 않는다는 비판은 영국이 장애인 고용 지침을 발간하는 배경이 되었다. 이 지침은 6가지 주요한 요점을 담고 있고, 개인의 특질인 손상(impairment), 이로 인한 기능제약인 능력장애(disability), 그 능력저하의 결과인 사회적 불리(handicaps)를 구분하였다. 하지만 영국은 여러 가지 부정적 결과로 인해 결국 장애인 의무고용제도를 폐지하였다.

(2) 일본의 소득보장 관계법(연금 급부)

우리나라와 유사하게 일본의 장애 관련 입법 내용은 주로 경제적 분배 및 보상에 많은 비중을 두고 있다. 공동체의 가치를 개인의 자유와 가치에 우선하여 질서를 유지하려는 정신은 이런 정책에 그대로 나타나 있다. 개인의 생애주기별, 그리고 장애발생 영역별 치밀한 그물망이 그 특징이라고 볼 수 있다.

- 국민연금의 장애후생연금
- 후생연금의 장애후생연금
- 각종 공제조합의 장애공제연금
- 노동재해의 장애(보상)연금
- 공해건강피해보상법의 장애보상비
- 상이군인 등에 대한 증가은급, 상병연금
- 심신장애인 부양공제 제도
- 공해건강피해 보상 제도
- 생활보호의 장애인 가산
- 특별 장애인 수당 제도
- 특별 아동부양 수당 제도
- 신체장애인 재활자금 제도
- 세제상의 장애인 공제
- 지방자치단체의 각종 장애인 수당

2. 장애의 의료적 · 법률적 분류의 의미

1) 의의와 우리나라 법적 장애의 특징

장애의 의료적 측면에 관한 지식은 교육자와 함께 재활전문가가 가장 많이 배치된 장소나 기관의 프로그램, 각종 사업에서 여전히 중요한 역할을 한다. 이러한 지식은 서비스 체계에서 의학적 상태나 장애를 증명하고 서류화하는 재활서비스의 적격성 단계 중 가장 중요하다. 따라서 일부 재활교육 교과내용의 목적은 장애조건과 상태를 최대한 폭넓게 설명하는 데 있다. 이것은 장애편람 등 종합 참고서나 논문을 인용하여 의학 용어 혹은 재활서비스를 제공할 때 건강 관련 전문가와의 협조 등의 역할을 잘 이행하게 한다. 여기에는 관련된 의학 용어의 이해와 장애조건에 대한 특정 범주가 지닌 의학적 요인의 특징, 진단 절차, 병인, 치료 방법, 예후, 심리사회적 및 직업적 의미, 의뢰 고려점(referral consideration) 등을 포함해야 한다. 예를 들면, 다음과 같은 지식영역이나 정보 체계를 항상 다루게 된다.

① 신체 생리 및 기능과 장애의 관계에 대한 이해
② 광범위한 건강관리 서비스 규정 조건의 주제 및 재활서비스와 의학적으로 관련된 사례관리에서 의미하는 것의 이해
③ 다양한 장애조건의 제한점을 최소화하는 데 있어서 일반적인 처방 약물에 대한 지식
④ 장애의 범주와 특성, 진단 절차, 의학 용어, 치료 방법, 예후, 전형적인 약물, 기타 조건과 관련된 심리사회적 및 직업적 의미에 대한 지식
⑤ 특정한 의학적 전문성과 건강 관련 전문가(예를 들면, 정형외과의, 심장병 전문의, 비뇨기과의, 작업치료사, 물리치료사, 기공사, 청각사 등)의 기능과 관계에 대한 이해
⑥ 장애에 의한 기능적 제한점을 분석하고 설명하는 능력 및 의료보고서를 읽고 해석하는 능력
⑦ 재활상담사, 장애검사자, 기타 재활전문가와 서비스 전문 인력 등이 실무에 사용

하는 의학적 지식에 대한 역할

⑧ 재활계획 및 능력을 결정하는 데 있어서 도움을 주는 가상 사례연구를 통해 의학적 정보를 이해하고 해석하는 능력

장애는 관련 국가 법률과 전문가가 결정한다. 1999년 2월 8일 개정된 우리나라 장애인복지법 제2조에서는 장애유형을 크게 신체적 장애와 정신적 장애로 분류하고 있으며, 동법 시행령 제2조에서는 장애인의 종류를 지체장애인, 뇌병변장애인, 시각장애인, 청각장애인, 언어장애인, 지적장애인, 발달장애인, 정신장애인, 신장장애인, 심장장애인으로 분류하고 그 기준을 규정하고 있다. 이후 2000년 1월에 10개로 1차 장애 범주 확대가 이루어졌으며, 2003년 7월에 2차 장애 범주 확대가 이루어져 현재는 장애인복지법상 6등급으로 구분되는 총 15종의 법정 장애유형이 존재한다.

(1) 신체적 장애

① 외부 신체기능의 장애

- 지체장애: 절단장애, 관절장애, 지체기능장애, 변형 등의 장애
- 뇌병변장애: 중추신경의 손상으로 인한 복합적인 장애
- 시각장애: 시력장애, 시야결손장애
- 청각장애: 청력장애, 평형기능장애
- 언어장애: 언어장애, 음성장애
- 안면장애: 화상, 사고, 유전적 장애

② 내부기관의 장애

- 신장장애: 투석 치료 중이거나 신장을 이식받은 경우
- 심장장애: 일상생활이 현저히 제한되는 심장 기능 이상
- 간장애: 간 기능이 떨어져 일상생활에 지장을 주는 경우
- 호흡기장애: 호흡기 기능
- 장루 · 요루장애: 장루 · 요루가 일상생활에 큰 지장을 초래하는 경우

- 간질장애: 간질로 인해 일상생활에 큰 지장을 초래하는 경우

(2) 정신적 장애

- 지적장애: 사회적응이 어렵고 지능지수가 70 이하인 경우
- 정신장애: 정신분열병, 분열 정동장애, 양극성 정동장애, 반복성 우울장애
- 자폐성장애: 자폐증과 발달장애

다음 〈표 2-2〉는 신체장애를 구성하는 외부 조건과 관련된 신체 부위를 나타낸다.

표 2-2 외부장애의 분류

주요 장애	신체장애의 구성
운동장애	환경에 있어서의 이동 곤란(손상)
	자세이동의 손상(신체 다른 부분과의 관계)
	손으로 하는 능력의 손상, 운동 내성 감소
시각장애	시야의 전체적인 손실
	시야의 (회복할 수 없는) 격심한 손상
	시야의 손상, 지각적 결손
의사소통장애	듣기 손상, 말하기 손상
	읽기 손상, 쓰기 손상
내장장애	섭취의 장애
	생리(배설물)의 장애
	외부 개방, 생명(구조) 기계에 의존
지적장애	지적장애(선천적인)
	지적장애(후천적인, 획득한)
	학습기술의 손실
	학습능력의 손상, 기억 손상
	공간 또는 시간에서의 적응 손상, 의식 손상
정서장애	정신병(정신장애)
	신경증(노이로제)
	행동장애

(계속)

주요 장애	신체장애의 구성
정서장애	약물(마약) 장애(알코올중독 포함)
	반사회적 장애, 감정적 미성숙
비가시적 장애	영구 치료를 요하는 신진대사 장애(예: 당뇨병, 낭포성 섬유증)
	간질, 그리고 예측이 어려운 의식 손실
	특별한 외상에 대한 감염(예: 출혈성 장애, 뼈의 허약, 상처 압박에 의한 감염)
	간헐적인 쇠약(예: 편두통, 천식, 현기증)
	작열통과 기타 동통 장애
혐오장애 (혐오스러운 신체장애)	보기 흉한 만곡 또는 신체 부분 결함
	보기 흉한 피부 장애와 흉터
	신체의 비정상적 운동(안면경련, 찌푸린 얼굴 등)
	사회적으로 받아들이기 어려운 후각, 시각 또는 음성
노화장애	노화의 적응성 감소, 노화로 인한 회복력 감소
	노화의 신체적 또는 정신적 기능의 둔화

2) 장애를 다루는 사회적 방식과 처치 수단

(1) 정상화이론의 한계와 함의점

지금까지 살펴본 것처럼 장애의 정의는 누가 어떤 특정한 상황에서 활동의 단점이나 제한을 초래하게 되는지의 문제를 다룬다. 따라서 신체미(beauty)와 마찬가지로 사회적 성격을 지닌 무형의 장애(handicap)는 보는 사람의 관점에 따라 달라질 수 있다. 안경을 착용하는 사람에게 안경이 중요하듯이 청력 향상을 돕는 기구를 사용하는 사람들도 그렇다. 하지만 대부분의 경우에 휠체어나 보청기를 사용하는 사람은 즉각적인 낙인 효과를 지닌다. 환경은 손상(impairment)의 영향을 제한할 수도 있고, 증대시킬 수도 있다. 따라서 기능상의 장애(disability)라고 할지라도 폭넓게 환경적 문제로 보는 안목이 필요하다. 장애나 재활을 이해하는 패러다임은 지금도 계속 변화하고 있다.

종종 통합된 작업환경은 대부분의 근로자가 장애를 지니지 않은 사람들로 구성된 직장을 가리키며, 따라서 장애인을 격리하는 것이 아니라 정상화(normalization)의 철학적 기저를 바탕으로 장애인 근로자의 보편적 직장생활을 추구하는 것을 의미한다. 이것은 지역적으로나 사회적으로 분리된 보호작업장과 장애인 수용시설 내의 근로 프로그램과는 달리 규범적 직업생활의 추구를 그 본질로 한다.

사회통합에 관한 과거의 관점은 정상성(normality)을 강조하여 장애를 지닌 사람들의 욕구에 대해서 억압하고 수용하거나 인내를 요구하였고, 따라서 사회적 접근방식은 대중 교육에 강조를 두게 된다. Oliver(1996)에 따르면, 소위 이 정상성은 다양성이 존재하는 현실에 부과된 하나의 구성체(a construct)에 지나지 않기 때문에 장애인 스스로가 균등 정책의 주요 수단을 강구해야 하며, 권리에 기반을 둔 도덕적 헌신이 사회통합을 위해 필요하다고 보았다. 나아가 그는 사회통합이 정치인이나 주요한 정책 결정자 혹은 전문가가 아니라 역사 속에서 권한을 지닌(empowered) 장애인 스스로의 통합을 위한 투쟁 과정에 의해 가능하다고 보았다. 또한 궁극적으로 선언적 참여보다는 장애를 지니지 않은 사람들이 설정한 사회와 규범, 그리고 행동 준거에 동화시키거나 수용하려는, 기회균등을 보장하는 적극적 포함(inclusion) 정책이 바람직하다고 보았다(Olive, 1996).

정상화이론은 일탈에서 야기된 문제와 낙인 효과, 그리고 사람들의 태도와 가치에 강조를 둔 것이다. Wolfensberger는 'normalization'이라는 용어를 사회적 가치절하의 위험에 놓인 사람들의 가치 있는 사회적 역할을 창조하고, 지지하며, 방어하기 위한 중심 개념으로 정의했고, 추후 'social role valorization'으로 바꾸었다. normalization의 개념은 당시로서는 혁신적이었고, 그 전제는 기능주의였으며, 상호작용주의의 내용을 담고 있지만 전문가에 의한 서비스 통제라는 쟁점은 효과적으로 다루지 못했다(Fulcher, 1996). Nirje는 지적장애인의 normalization에 필요한 8가지 조건을 다음과 같이 개념화했다(Fulcher, 1996). ① 일상의 생활리듬, ② 일상의 주간리듬, ③ 일상의 인간리듬, ④ 생활주기에 따르는 정규 발달 경험의 기회, ⑤ 지적장애인의 선택, 희망, 욕구의 존중, ⑥ 양성으로 구성된 사회 속에서의 생활, ⑦ 정규 경제적 기준의 충족, ⑧ 물리적 환경조건이 비장애인의 것과 동일해야 한다. 이런 조건은 경우에 따라서 주류 사회의 기준이나 다양성이 배제된 규범적 생활양식이라는 오해로 나타나기도 한다. 하지만 장애 쟁점을 다루거나 문제를 해결하는 데 의료적 진단이 중요한 것처럼, 장애로 인해 실제적으로 야기되는 사실을 직시할 필요가 있다.

(2) 뇌손상 장애인의 직업재활 연구

뇌손상 장애인의 직업적 제한점이나 잠재력과 관련한 평가에는 어려움이 많다. 외상성 뇌손상을 입은 사람들은 개인과 생활의 변화를 위한 다양한 준비단계에서 재활을 시작한다. 어떤 사람은 자신의 결함에 대한 합리적 인식을 지니고 있을 수도 있고, 이 경우에는 결함을 교정하고 재활하려는 준비가 비교적 갖추어진 상태라고 볼 수 있다. 변화를 위한 준비가 되어 있을 때 자신에 대한 이해를 높이는 치료 조치가 좌절감을 떨쳐 버리고 행동을 취할 수 있도록 하는 동기를 부여할 수 있다. 또 다른 사람들은 자신에게 아무런 문제가 없다고 생각하고 행동변화를 위한 어떠한 필요도 달가워하지 않을 수 있다. 이들은 장기간 많은 비용이 드는 재활서비스의 적극적인 수혜자가 될 수 없다. 따라서 재활계획은 내담자의 실제적 준비 단계에 초점을 맞추어야 한다.

변화를 위한 준비성과 일치하는 중재전략의 목표를 인식함으로써 재활에 필요한 모든 측면에 대한 이해를 높이고 준거를 설정하는 일이 필요하다(Lam, Chan, & McMahon, 1991). 내담자 자신과 재활전문가를 당황하게 만드는 것은 뇌손상 장애인이 경험하게 되는 결함의 조합적 특성에 있다. 중증 뇌손상 장애인에 대한 조사연구는 뇌손상 후 일정 기간이 경과하고 나서도 대부분의 사람이 실업상태에 있다는 것을 보여 주었으며, 직업적응과 가장 밀접한 관계가 있는 요인은 신체상태, 사고 능률, 주의집중 능력, 그리고 운동협응력으로 나타났다(Wehman et al., 1988). 또한 뇌손상 장애인은 장기기억 문제, 우울, 발작 증상의 문제를 각기 88%, 78%, 15%씩 나타내는 것으로 보고하고 있고, 한국전쟁 동안 미국에서 파병되었다가 복귀한 864명의 퇴역군인에 대한 15년간의 전후 손상연구에서 하루 이상의 의식불명(coma) 상태에 있던 사람은 55%의 고용률을 보인 반면, 의식불명의 상태를 거치지 않은 뇌손상 장애인의 고용률은 85%에 이르는 것으로 보고하고 있다(Wehman et al., 1988). 결국 직업재활의 개입이 지연될수록 삶의 질은 물론이고 뇌손상의 잔여효과와 충격은 증가한다고 볼 수 있다(Kosciulek, 1991).

최근 재활의학 분야, 특히 심리학 영역에서 행동수정의 현격한 진보는 중증의 뇌손상 장애인에게 지원고용의 방법이 충분히 적용되도록 만들었으며, 전통적인 심리치료는 뇌손상 장애인의 행동변화에 크게 도움을 주지 못하는 것으로 나타났다(Musante, 1983; Wehman et al., 1988). 행동수정 훈련은 지역사회 내에서 제공될 수 있는 효과적인 기술훈련이며, 이때 강화계획은 전 과정에 걸쳐 주의 깊게 계획되고 수행되어야 한다. 기술

유지 및 일반화는 재활전문가들 사이에서 뇌손상 장애인의 재활을 위한 중요한 요소로 인식되며, 언어장애를 지닌 내담자를 위한 효과적인 의사교류 방법의 탐구도 필요하다.

침묵의 전염병이라고 불리는 뇌손상의 신경행동학적 결과는 사회적 · 신체적 · 인지적 · 언어적 · 정서적 · 행동적 기능에 큰 영향을 미치며, 이것은 내담자의 생활뿐만 아니라 가까운 가족구성원에게도 심각한 정신적 혼란과 분열을 야기할 수 있다(Rape, Bush, & Slavin, 1992). 따라서 뇌손상 장애인의 직업재활을 저해하는 주요 요인으로 판명되는 가족의 거부(denial) 또한 적절히 이해하고 재활 과정에서 다뤄야 하며, 지원고용에 있어서 가족의 참여는 필수적이고 본질적이다. 뇌손상 장애인을 대신하여 이루어지는 가족의 의사결정 과정으로 인해 지원고용은 가족의 헌신 없이는 성공할 수 없다. 뇌손상 장애인 가족구성원의 적응을 개념화시킨 발달단계 모형은 심한 뇌손상 장애인에게 필요한 몇 가지 명제를 제공하는데, 먼저 뇌손상 장애인의 가족이 장애의 본질과 결과를 이해해야 하며, 이들이 내담자에게 구조화된 반응을 제공해야 한다는 것이다. 효과적인 가족중재를 위해서는 가치 재구조화(value restructuring), 스트레스 대처, 가족상담 등의 노력도 필요하다.

한편, 뇌손상 장애인의 기능 수준을 높이기 위한 적절한 환경수정이 필수 불가결하게 되는데, 이를 위해 메모 및 전자수첩과 같은 보조기억 장치의 마련이 필요하기도 하다. 뇌손상 장애인의 직업재활을 위해 일하는 사람들은 관찰, 문제해결, 그리고 창조성에 탁월한 능력을 보여야 한다. 뇌손상 장애인은 각기 다르게 장애의 영향을 받기 때문에 개별적으로 원조를 제공해야 한다는 점에서 직업 전 준비라든지 직업 전 훈련과 같은 측면, 그리고 창의적인 직업적 기회와 지역사회참여를 필요로 한다. 뇌손상 장애인은 종종 예측 불가능한 장애특성과 불확실성 때문에 직업재활이 가장 곤란한 인구 중 하나이며, 정서적 불안정뿐만 아니라 다양한 행동적 · 인지적 결함을 함께 지니는 경향이 있고, 장애상태의 개선은 매우 느린 속도로 이루어진다.

중증의 폐쇄성(closed) 뇌손상 장애인의 문제해결 전략을 위해 Goldstein과 Levin (1991)은 그림을 이용한 20개의 질문을 제시하고 탐구하였다. 특히 추론이나 문제해결력과 같은 관리기능(executive functions)에 대한 연구를 위해 연구대상자들의 복잡한 행동자료를 조직화하고 반응패턴을 전환시켰으며, 피드백을 효과적으로 사용하고 자기수행을 평가할 수 있는 능력을 점검하였다. 이들의 지능은 정상 범위로 회복되지만 융통성 있는 문제해결력, 행동의 수정, 계획력 등과 같은 관리기능에 손상을 입게 되는 것으로 나타난다. 문제해결적 행동을 파악하기 위해서는 심리적 동기, 분석 능력, 전략의 선택, 그리고 자기평가를 포함해야 하며, 광범위한 추론화 기술을 포함할 뿐만 아니라 질문의 형태를 조사함으로써 질적 분석도 시행해야 한다.

이들은 Glasgow Coma Scale에서 8점 이하의 점수를 받은 32세 이하의 성인 13명을 조사하여 나이와 교육수준을 고려해 짝짓기한 다른 성인 10명의 통제군과 비교하였다. 여기서는 42개의 일반 색채 물건 그림이 범주화된 영역과는 무관한 순으로 나열되어 있고, 최대 30가지 질문을 던질 수 있다. 질문은 3가지로 분류할 수 있다. 첫 번째는 직접 "말이에요?"와 같이 묻는 질문이다. 그리고 두 번째 항목은 "비 올 때 쓰는 것이에요?"와 같이 속성을 묻는 질문이고, 마지막에는 "동물이에요?"와 같은 범주를 묻는 질문을 한다. 이 실험에서 장애인 집단은 통제군 집단보다 더 많은 수의 질문을 요구하였으며, 문제해결에 있어서 전략의 부족을 나타냈다. 두 번째 질문 형태에서도 역시 유사한 결과를 나타냈다. 문제해결의 전략으로 범주형 질문에서 준제한형(pseudo-constraint) 질문은 더 적게 사용한 데 반해, 제한형(constraint) 질문은 더 많이 사용하였다. 결국 문제해결 능력은 뇌손상 후에 크게 저하되는 것을 보여 주었기 때문에 능동적 사고능력, 세련된 문제해결 책략, 반응의 전환 등의 관리기능에 대한 기법을 개발하여 치료와 직업재활에 이용해야 할 것이다.

외부의 물리적 힘에 의한 뇌의 상처로 정의할 수 있는 외상성 뇌손상은 퇴행적인 것이나 질병 과정의 결과가 아니며, 선천적이지도 않다. 충격을 받은 뇌반구는 흔히 몸의 반대편에 마비를 초래하기 때문에 우뇌손상은 신체 왼쪽 편마비, 좌뇌 손상은 오른쪽 편마비가 생기게 한다. 이런 사람은 옷 입는 일을 올바르게 수행할 수 있도록 단순한 과제를 빈번하게 시행할 필요가 있다.

우뇌손상을 지닌 개인은 언어 기능은 남아 있지만 대체로 공간 시각 결함을 지니며, 의사소통 능력은 손상되지 않기 때문에 남아 있는 다른 기술과 능력 면에서 과대평가될 수 있다. 또 종종 시각적 신호와는 다른 반응을 보일 수 있기 때문에 환경의 단순화와 좋은 조명이 능력 발휘에 중요한 역할을 할 수 있다. 특별히 우뇌손상 개인은 질병부인 상태를 경험할 수 있다. 또한 청결하던 개인이 외모에서 지저분하게 보이면, 보통 그것을 신체 징후로 보기보다는 게으름, 무관심, 비협동적인 것으로 오해할 수도 있다. 신경학적 결손은 일시적이지만, 치료를 통해 잠재적 위험상태를 통제하지 않으면 장차 개인에게 큰 결손을 초래할 가능성이 있으므로 미리 주의해야 할 것이다. 반면, 뇌손상 후 초기 발병은 두개골 내(intracranial) 압력의 증가와 관련된 결과 혹은 부상의 직접 결과로서 간질을 발생하게 한다. 그리고 이후에 나타나는 발병은 뇌 반흔 조직의 기능에 영향을 받으며, 뇌척수액을 여과하고 전환시키는 뇌혈관을 우회하게 하는 외과수술로 치료한다.

3. 생애과정별 적응과제

발달심리학자들은 인간의 삶을 사계절에 비유하거나 기승전결과 같은 전개 방식으로 수많은 스펙트럼을 몇 가지 시간적으로 진행되는 단계로 설명한다. 이런 개별 단계가 담고 있는 세부 내용을 장애의 발생에서 사망에 이르기까지 살펴보자.

1) 단계별 특징

생애주기 변화는 광범위한 사회적 구조의 이해와 요구, 그 의미를 이해하는 일과 관련된다. 일반적으로 아동기는 치료와 교육에 따른 밀접한 활동을 필요로 하게 되며, 성인기는 직업과 사회 사이의 관계 속에서 사회통합적 재활을 추구하게 된다. 이처럼 생

[그림 2-2] 인생의 춘하추동

애주기 변화 과정은 개인의 재활 노력과 사회적 변화에 영향을 미치고 있음을 인식해야 한다. 사회가 내적으로는 스스로가 지닌 가치에 따라 형성되기 때문에, 장애, 성별, 출생과 같은 개인이 지닌 특성에 반응하는 방법은 정치, 정책, 사회서비스에 있어서 나타나는 여러 가지 특성을 통해 유추할 수 있다. 이런 맥락에서 장애발생 시기를 개인의 생애(lifespan)와 관련지어 고찰하고, 그 단계별 시기에 장애인이 극복해야 할 과제와 노력을 살펴볼 필요가 있다. 사실상 중증장애인 직업재활의 기초는 가정과 학교에서부터 출발해야 하기 때문이다.

종종 학령기 아동의 진로 및 직업 교육은 교육 개혁의 핵심 주제가 되었다. 미국의 장애아동위원회는 1973년 국가 세미나를 통해 장애아동의 진로교육을 천명하였다(Kokaska & Brolin, 1985). 생애중심진로교육(The life-centered career education: LCCE)은 역량, 경험, 그리고 진로개발의 3가지 차원에서 장애아동이 장차 직업을 위해 습득해야 할 22개 영역의 102개 과제를 세부적으로 설정하고 있다.

(1) 1단계

시작하는 가족으로, 결혼은 하였지만 자녀가 없는 가족 혹은 이혼 · 재혼 가족 등을 포함한다. 이 생활단계의 과제인 관계 형성, 갈등과 차이점의 협상 및 절충은 서로의 책임을 기초로 성립한다. 장애인의 경우에도 예외는 없다. 즉, 2가지 현실을 하나의 관계로 재정립해야 하는 일로 인해 상호이해와 교감, 그리고 성격 특성을 강조하게 된다. 부부역할이 막 나타나는 이 생활단계에서 장애의 출현은 부가적 갈등을 초래할 수 있다. 따라서 두 부부의 관계 기원에서 결혼으로의 전이가 훌륭하게 일어나야 한다. 배우자가 실망할 수도 있으므로 친밀감의 발달이 정지되는 문제가 발생할 경우에 대처 방법을 생각해 보아야 한다. 부부라는 새로운 경험과 배우자가 겪게 되는 장애 발생 과정, 부부 사이에서 태어나는 장애자녀로 인해 전혀 새로운 세계가 전개된다. 이때 부부는 자신의 아이가 지니게 된 장애에 대해 다양한 반응을 보이고, 여러 단계를 거쳐 혼란스러운 의문의 해답을 구하려고 한다. 그들은 진단적 검사 시기에 불안해하며, 특히 진단명이 내려졌을 때 큰 스트레스를 경험한다. 이런 심리적 충격은 임종을 앞둔 불치의 환자가 경험하는 단계와 유사하다. 종종 부모들은 장애자녀를 정상으로 만들기 위해 교육기관과 치료기관을 전전하며, 모든 시도를 통해 온전한 아이로 만들려고 한다.

(2) 2단계

영아 양육 가족으로, 3세까지의 어린 자녀를 가진 가족 내 배우자는 장애자녀의 치료 욕구와 필요에 민감하게 반응해야 하고, 서로 유용한 도움을 나눌 수 있어야 한다. 신생아의 출현이 가족관계의 변화를 요구하는 이 시기는 탈환상의 시기로, 어머니의 관심과 주의가 남편에게서 자녀에게로 이동하는 시기다. 신생아를 보살피는 데 투입되는 시간과 주의력이 부부관계나 다른 에너지를 소모하기 때문에 두 배우자는 가족생활 내에서 부부관계를 유지하기 위해 의도적으로 서로 시간을 보낼 필요가 있다. 이때 장애자녀를 돌보거나 부부 중 어느 한쪽이 장애를 입게 되면 아이와 배우자의 욕구를 동시에 충족하기가 어렵게 되고, 부부관계의 만족스러운 유지도 곤란하게 된다.

자녀에 대한 몰입과 주의는 정신적 · 신체적 소모와 함께 장애를 입은 배우자를 분노하게 만들기도 하고, 장애가 자녀에게 발생할 때는 어머니의 주의가 모두 자녀에게 집중되면서 남편, 아버지에게 소외감을 느끼게 할 수도 있다. 장애의 초기 인식단계는 충격, 균형상실, 무기력, 대체능력 상실과 같은 방식으로 나타나기 쉽다. 아동초기에 있어서는 언어와 운동 영역의 지체로 인한 보호책임이 뒤따르게 된다. 또한 자녀가 느끼는 비일상적인 것에 대한 공포, 진단, 치료방법을 발견하고 다른 가족구성원에게 장애에 관해 이야기해야 하는 과제가 있다. 자신의 장애자녀를 노출하기 꺼리는 부모들은 종종 스스로를 외부 세계와 단절하려고 하는 철회와 격리의 형태를 보인다.

(3) 3단계

유치부 아동이 속한 가족으로, 심리적 충격에 대한 대처 단계에서 부모는 장애자녀의 미래 성장 패턴의 불확실성, 양육에 대한 부담, 경제적 악화, 장애와 동반되는 문제, 장애아동이 가족에게 어떠한 영향을 미칠 것인가에 대한 여러 가지 모호성으로 인해 정신적 스트레스를 받게 된다. 가정에서의 몸부림은 장애자녀를 교육하고자 할 때 어려움에 직면하게 된다. 따라서 보건이나 교육과 같은 기본적인 서비스와 자원에 대한 접근은 장애자녀의 삶을 변화시키기 위해 필수적이다. 최근에는 특수교육지원센터가 상담에 중요한 역할을 하고 있다.

시간의 경과와 함께 부모는 서서히 장애자녀와 함께 살아야 하는 생활에 적응해 간다. 그러나 이 경우에도 장애자녀를 전적으로 잘못 받아들이거나 올바른 이해가 부족하여 장애 자체의 완치 혹은 온전한 원상회복에 대한 비현실적 기대감을 지니게 되어 생활의 균형을 상실하기가 매우 쉽다. 부부 두 사람 사이의 친밀감을 유지하기 위한 부담을 가지면서 양육을 제공하는 부모는 이 부담의 효과적 균형 유지를 필요로 한다. 자녀의 양육과 보호, 부모-자녀 사이의 권위적 관계의 유지, 애정의 표현, 성적 관계의 만족 등이 중요한 과제가 되고, 기타 가족변화에 적응해야 한다. 특히 직업적으로 고찰한다면, 자녀가 초기 학업에 필요한 기초 기술과 지식을 형성해야 하는 중요한 시기지만 치료와 입원으로 인해 학업 결손과 시간 손실이 발생한다.

(4) 4단계

학령기 아동을 가진 가족으로, 충격이나 부정적 감정에서 벗어나 보다 양호한 적응 상태를 보여 주기도 하며, 새로운 환경과 적응에 어려움을 보이기도 한다. 아이를 다루는 데 있어서 전문가와 부모는 서로 긴밀한 협조를 통해 중심 역할을 수행하게 된다. 장애부모됨은 경제적으로 막중한 부담과 함께 여러 가지 사회생활의 필요를 충족시켜야 한다. 또 장애자녀를 지닌 부모는 육체적 건강의 악화를 호소하기도 하고, 정서적 스트레스 등으로 인한 만성적인 정신 문제를 호소하기도 한다.

장애자녀와 정서적으로 연결된 끈을 찾지 못하는 애착결여 현상은 부모가 냉정한 태도를 유지하거나 사회적 고립감과 외로움을 호소하게 만들기도 한다. 역할에 대한 심한 정신적 부담감과 억압감, 좌절감에 빠져들어 아동에 대한 분노, 증오로 표현되기도 하며, 부부 갈등을 초래하기도 한다. 국가의 각종 장애정책과 서비스를 이해하고 정보 수집을 위해 또래 부모들과 관계망을 유지해야 하는 이때는 구체적인 양육과 직접적 신체관계를 통해 자녀와 긴밀한 관계를 형성하게 된다. 또 학교교육의 문제와 특수교육에 대한 다른 가족구성원의 반응에 직면하여 해결해야 할 과제가 많이 나타나고, 역할모델의 발견이나 수행을 통해 안정된 생활을 유지해야 한다. 특히 아동이 학령기에 필요한 기초 학습이나 발달과제를 충실히 이행하지 못할 때 성인기 독립생활이나 직업의 유지가 어렵게 된다. 또한 부모가 장애자녀보다 더 오래 살아야 한다는 잘못된 태도나 과보호가 발생할 수 있다.

장애아동을 위한 진로개발 프로그램의 내용을 Miller와 Schloss(1982)는 ① 개인 재정 능력 탐구, ② 주거 선택과 유지, ③ 개인위생과 복장, ④ 가족생활, ⑤ 시민활동의 탐구와 확립, ⑥ 여가와 레저생활, ⑦ 이동과 교통 수단의 7가지 영역으로 제시하였다(pp. 130-132). 또 개인적-사회적 개발과 학업개발의 중요성을 역설하고, 각 범주와 내용을 제시하였다.

(5) 5단계

10대 자녀를 둔 가족으로, 여전히 생물학적 연령에 비해 지연되거나 발달이 지체되는 자녀가 성인 역할을 준비할 수 있게 하는 여러 가지 과제에 직면하게 되고, 책임성과 독립성 개발에 필요한 부담을 갖게 된다. 따라서 가족발달을 위한 한계와 구조를 유지하고, 부부 역할에 있어서 고도의 유연성을 유지하며, 의사결정이 민주적으로 이루어지도록 해야 한다.

역할 공유의 어려운 점은 각자가 서로 부가적인 희생 없이 더 많은 보상을 원한다는 데 있다. 뇌성마비 자녀를 둔 부모에 대한 연구는 경제적 부담, 사회적 고립, 제한된 여가 활동, 행동관리 문제, 일상적인 가사에 따른 제한이 증대되고, 보다 비관적인 미래관을 갖는 경향이 있는 것으로 보고하고 있다. 자기의 개인 시간 대부분을 자녀의 교육이나 성장, 발달에 필요한 활동에 몰입하기 때문에 소진감과 더불어 정체성 혼란을 경험하기도 한다. 따라서 또래 아동의 거부와 직업문제, 과잉보호, 그리고 성문제에 직면한다. 직업적으로 장애 청소년은 LCCE가 설정한 직업기술 범주의 6가지 과제를 성취해야 한다. 이 과제는 ① 직업가능성의 인식과 탐구, ② 직업선택의 계획 수립과 선정, ③ 적절한 직업습관과 행동의 성취, ④ 신체적 · 도수적 기술의 습득, ⑤ 구체적 직업기술 연마, ⑥ 고용 탐색, 입직, 직업 유지다(Kokaska & Brolin, 1985, p. 49).

(6) 6단계

센터로서의 가족으로, 자녀가 성장함에 따라 장애상태를 개선하기 위한 노력을 꾸준히 하게 되지만 이로 인해 부모는 정신적 · 물질적 부담을 안게 된다. 젊은 자녀가 스스로 독립적으로 살아갈 수 있도록 하고, 자녀가 가정을 떠난 후 새로운 개인적 · 가족적 목표를 세워야 하며, 독립한 자녀와 효과적으로 의사소통하는 방법을 강구해야 하지만 애정, 재창조, 결혼, 금전적 독립 등 자녀의 욕구를 가족 밖의 사람들로 충족시키기란 쉽지 않다. 또한 성인기에 이른 장애자녀를 효과적으로 독립시키지 못할 때는 법정후견인을 찾게 되고, 심리적 좌절과 함께 스트레스를 받게 된다. 종종 부모들은 재산상속의 방법으로 금괴와 현금을 보관해 두거나 보험과 같은 재정 수단을 통해 부모 사후 자녀의 생계를 염려하게 된다.

분리를 특징으로 하는 이 단계에서는 각 가족구성원이 장애자녀의 독립을 저해할 수 있는데, 자녀의 개별화는 장애를 지닌 가족구성원에 대한 관심의 집중으로 곤란하게 되거나, 직업과 관련하여 주체성 혹은 독립성의 성취를 위한 방법을 탐구하게 된다. 또한 성장한 자녀의 독립, 재정적 문제와 생활환경의 문제, 그리고 사회적 기회의 문제에 직면하게 된다. 종종 장애자녀에 대한 지나친 고심으로 인해 '내가 좀 더 오래 살아서 이들을 돌봐야지.'하는 비현실적 기대감을 갖거나 지나친 과보호를 하게 되어 성인에게 필요한 발달과 친구, 선생님, 이성을 만날 수 있는 기회를 박탈함으로써 심각한 의존과 가족부적응을 초래할 수도 있다. 이때는 결론을 내리지 못한 장애자녀에 대한 근심이 가정의 분위기를 지배할 수 있다.

(7) 7단계

빈둥지가족으로, 은퇴 및 자녀의 출가로 인해 성인 대 성인 관계에 대한 인식이 일어난다. 부부는 만족감이 감소하거나 새로운 적응이 필요하기도 하고, 장애자녀의 출현은 친밀감의 상실로 인해 관계를 재중재하기 어렵게도 만들며, 함께하는 시간의 결여로 인해 부부관계를 방해받기 쉽다. 부부는 성적 무관심, 여러 가지 신체변화와 감각 기관의 둔화 현상을 지속적으로 경험한다. 또한 더 이상 자녀가 가족발달의 목표나 초점이 되지 않기 때문에 부부관계의 중요성을 재인식하고 그 역할을 재규정해야 한다. 레크리에이션 활동의 추구와 의사소통 · 건강 · 재정 문제를 다루어야 하고, 배우자의 사별과 같은 위기도 극복해야 한다. 자녀에 대한 장기적 안정 및 서비스 제공자와의 상호작용이 이루어지고, 장애자녀의 또 다른 결혼이나 출산에 대한 관심에 대처해야 한다. 배우자와의 성적 관계나 성 매력은 감소하고 신체 에너지와 호르몬도 줄어든다.

(8) 8단계

노년가족으로, 체력의 저하 등 노령요소와 관련되고, 거기에 따른 적응의 문제가 새로이 일어난다. 법정 후견인과 상속 등 노부모 사망 이후 장애자녀의 보호 및 감독 문제가 발생하며, 가족의 다른 하위 체계나 서비스제공자에게 부모의 책임을 전이시키는 문제가 발생한다. 이때 장애자녀가 자신의 가정에서 벗어날 수 없다면, 자원이 결핍되었거나 능력이 부족한 부모에게 적절한 조치나 보호를 받을 기회를 가질 수 없다.

보호와 관련된 전문가들 역시 제한된 정책의 영역 범위에서 장애자녀를 독립시켜야 한다는 욕구를 무시하거나 거기에 민감하지 못하였을 수도 있다. 장애자녀의 취약성은 경쟁과 성인이 지배하는 사회에서 명확하게 나타난다. 장애자녀는 신체적 필요에 의해 활동보조인 등 누군가에게 의존하게 될 때 특히 신체적 · 성적 학대에 취약할 것이다. 의사소통의 어려움 때문에 무슨 일이 일어났는지 주장할 수 없을 것이고, 이런 주장에 대해 아무도 믿어 주지 않을 것이다. 장애자녀가 거주시설, 즉 생활시설에 있다고 하더라도 은퇴와 노후생활에 대한 대비와 배려가 필요하다. 이때 직업은 최고의 대안이 된다.

2) 아동기에서 성인기로 이행하는 과정의 장애인 욕구

장애아동은 종종 자신의 손상 이상으로 사회적 장벽을 더 많이 경험한다. 그릇된 인식과 낙인은 사회에서 장애아동을 영구히 배제시키고 주변화시키는 장벽을 형성한다. 나아가 가족과 지역사회에서 아동의 통합 및 참여를 제한한다. 장애아동이 무력하고 의존적이라는 전제는 개별적 욕구를 무시한 채 그들을 자선적 관점과 접근에 기초해서 바라보게 만들어 장기간의 역량강화보다는 단기간의 자선이나 구호에 초점을 둔다.

이처럼 장애아동의 생활에서 다른 사람들의 태도와 그들이 살고 있는 사회의 경제, 국가의 정책과 서비스, 그들의 부모 등도 인격 형성에 영향을 미치게 된다. 장애아동의 삶에서 또 다른 중요한 요소는 그들이 받는 서비스의 접근성과 적절성이다. 기본적인 건강보호에서부터 교육, 의약품, 영양공급 체계, 그리고 정서 등에 이르기까지 모든 수준과 영역을 포함한다.

장애청소년의 진로에 관한 어려움은 ① 훈련의 지속적 연결고리, ② 장기간의 의존, ③ 적절하고 알맞은 거주지 부족, ④ 지역사회와 건물에의 접근, 그리고 ⑤ 건강과 다른 서비스에 대한 부적절한 접근방법 등에 있다. 의도적 독립 과정은 성인기와 함께 자동으로 성취할 수 있는 것이 아니다. 전체 인구를 장애청소년과 비교해 볼 때 성인 삶에 있어서 독립의 달성 정도는 아주 취약하다. 학교교사에게 강한 보호를 받던 장애청소년은 사회라고 하는 새로운 환경에 노출되어 장기간 어려움과 부적응을 경험한다. 그러나 성인기로의 이행은 대다수 사회에서 생존을 위해 중요한 것이다. 장애를 지닌 사람에게는 성인 역할에 관한 정체성의 위기를 만들어 내게 되고, 전체 가족에 있어 경제적 문제가 된다. 또 나이가 듦에 따라 병약해지는 것은 장애로 인해 더욱 심각해지는데, 그로 인해 독립성이 일부 훼손될 수도 있다. 직업재활은 이런 세밀한 부분에 더욱 민감해야 한다.

장애청소년을 주제로 다루는 연구에서는 단순히 '학교에서 직업'으로의 전환을 고려하는 것뿐만 아니라 청년기와 어른을 위해 함께 연계되는 서비스 및 욕구에 초점을 맞출 필요성이 나타난다. 청소년기에서 사회로의 이행은 발달장애인이나 지적장애인 개인뿐만 아니라 가족에게도 많은 심리적 스트레스를 부과한다. 따라서 학교에서 직장으로 이행하는 개인의 가족은 전환기 이행의 성공에 중요한 요인으로 작용한다. 미국 정부의 재활부서(The Office of Special Education & Rehabilitative Service)는 전환과정을 학교에서 직장으로의 이행상 고용(employment)으로 이끄는 서비스를 수반하는 광범위한 '결과-지향적 과정'이라고 규정하였다(Lustig, 1996).

직업뿐만 아니라 빈곤한 가정에서 장애인이 짝을 찾고 결혼을 하고자 하는 노력 역시 이성에 대한 경험과 기회의 부족으로 심각한 제한을 받는다. 독립생활은 매일 수행하는 활동과 의사결정에서 다른 사람에 대한 의존을 최소화할 수 있는 선택을 바탕으로 자신의 생활을 통제하는 것을 의미하기 때문에 공학적 보조, 행동관리, 지역사회참여, 사회적 역할 범위의 이해, 신체적 · 심리적 의존의 최소화, 의사결정 등을 포함한다.

가족생활주기의 시각은 그들이 하나의 단계에서 다음 단계로 시간적으로 이행하는 가족의 개념에 기초를 두고 있다. 외부 세계에 관한 가족의 역할과 같은 가족과제의 상대적 중요성은 가족생활주기의 각 단계마다 상이하다. 가족생활주기의 맥락에서 이러한 이동은 규준적 변화가 가족구성원의 발달을 지원하며, 예측 가능한 관계 체계에 포함된다. 이러한 이동의 시기는 종종 '불확실성, 불안, 조절과정의 상실감, 재조직, 통합과 적응'으로 특징지어진다. 성인기는 항상 경제적 독립과 사회적 독립이라는 특징을 지닌다(Botterbusch, 1989). 독립생활을 뒷받침해 주는 지원과 서비스 체계는 개인의 필요와 욕구에 적합해야 한다.

독립생활과 관련된 경제적 합리성이라는 말은 개인주의와 자유주의 사상에 바탕을 둔 경제적 효율성의 가치를 지향하는 것으로 이해할 수 있다. 미국을 포함한 서구사회의 기본적 관습 중 하나는 개인주의 사상으로, 개인의 존엄과 가치에 바탕을 두고 그 능력에 따라 사회적 성공을 조장하며, 그것을 높이 평가한다. 이러한 사회에서는 장애인도 하나의 개인이며, 자신의 능력에 따라 독립적 생활을 요청받게 된다.

3) 부모 되기

역사적으로 지적장애를 가진 여성에 관한 지배적 담론은 아이를 갖고 어머니가 되기에 부적합한 것으로 치부해 왔다. 이러한 태도는 지적장애를 가진 여성이 자신을 바라보는 시각에 많은 영향을 미친다. 그러나 이제 성적 활동과 모성에 대한 전통적 관점은 도전을 받고 있어 현대 여성은 아예 아이를 갖지 않거나 전통적 가족구조에서 벗어나기를 원한다. 이러한 쟁점에 대한 논쟁은 지적 능력이 부족한 사람들의 성욕구와 육아 능력을 입증하는 것에 주의를 돌리는 데 그쳤다. 여성은 스스로의 선택에 의해 역량이 강화되고 자신의 신체와 삶을 조정할 수 있기 때문에 의사결정에 영향을 미치는 요소를 관조해야 한다. 성생활은 육체적 특성 외에도 큰 사회적 의미를 지닌다.

장애인으로서 괴로운 경험과 아이를 갖는 결정에 대해 그들은 어떻게 느끼는가? 그들은 주관적인 고통이 자신의 2세대에게 그대로 전달되기를 원치 않으며, 평범한 삶을 살고 싶은 기대 또한 만만치 않음을 실감한다. 미국 사회가 과거 지적장애인의 혼인을 징역형으로 처벌한 것처럼 때때로 주위의 강요에 의한 낙태, 불임 요구, 그리고 아이를 가지려는 열망의 좌절과 같은 모성 및 가족 삶에 강한 중점을 두어야 한다. 과거에는 아이를 갖고자 하는 소망의 합법성에 대한 도전, 그리고 여성의 결정에 영향을 미치는 많은 요인, 자신의 소망과 권리에 초점을 맞춘 사회적 담론을 가능한 것으로 여기지 않았다. 종종 뇌성마비 여성의 간절한 소망은 이성을 만나 잠자리를 하는 것으로 대변되기도 한다.

지적장애를 가진 여성이 어머니가 되는 것을 반대하는 사회와 가정의 압력은 장애로 인한 차별과 불임을 금지하는 법(장애인차별금지법)이 있음에도 매우 강력하다. 그들은 가족의 반대에 대항하여 싸우고 있지만, 그것에 반하는 것이 어렵다는 심한 내적 갈등을 경험한다. 이러한 여성은 다른 형제자매와 차별받는다는 느낌을 공통적으로 받는다. 여성은 이러한 반응을 억압적이고, 자신의 삶을 제한하며, 어렵게 만드는 고통스러운 것이라고 본다.

아이를 갖는 일에는 육아에 필요한 안전장치와 건강을 돌볼 수 있는 준비, 그리고 경제적 바탕 등이 필요하다. 이처럼 자녀가 성인생활에 들어가는 것과 관련된 부모의 중요한 스트레스는 ① 절차가 복잡한 이행 과정, 특수교육 체계에 의한 관여에서 성인서비스 체계로의 변화, ② 학교의 정해진 절차보다 상대적으로 불확실한 성인생활 과정으로의 가족변화, 그리고 ③ 상태변화, 즉 아이를 보호하는 것에서 독립적 성인으로의 개인적인 변화에 관계된다.

한편, 생명과학기술의 발달은 불치의 병으로 고생하는 사람들에게 치료의 희망을 줄 수 있는 긍정적인 신호가 된다는 점에서 높은 가치를 가진다. 그러나 태어나지 않은 생명에 대한 유전 정보를 노출할 가능성이 높고, 장애를 부적합한 것으로서 생의 부담으로 보는 담론이 팽배한 사회에서 유전 검사를 통해 한 태아가 장애 특성을 가진 것으로 판명될 경우, 그 아이의 생존 확률은 줄어들 것이다. 태아의 생존과 출생의 권리는 부모의 판단과 선택 권리에 의존할 수밖에 없기 때문이다. 이러한 문제를 장애여성의 출산 선택 권리와 결부했을 때는 다음과 같은 사회적 · 윤리적 측면의 논쟁을 불러일으킬 수 있다.

① 장애여성, 특히 근위축증 등 유전 가능성이 높은 장애를 가진 여성의 경우 임신 혹은 출산을 막아야 하는가?
② 임신과 출산을 선택하는 결정은 누가, 어떻게 내리는가?
③ 이런 결정에 영향을 미치는 요인은 무엇인가?
④ 출산 후 책임은 누구에게 있으며, 임신과 출산을 선택한 부모와 가족, 사회는 어떤 역할을 해야 하는가?
⑤ 특정한 장애를 가진 여성의 육아 능력은 어느 정도인가?

역사와 사회문화적 배경에 따라 정도의 차이야 있겠지만, 지적장애 여성의 타고난 모성에 대한 자기결정에서는 장애인도 삶의 가치를 지니며, 그 삶을 막을 수 있는 것은 어떠한 권리나 입장으로도 정당성이 성립될 수 없다. 그러나 현실적으로 장애인이 살아가는 이 세상은 너무나 장벽이 많고, 자기결정에 대한 책임을 혼자서 지고 가기가 거의 불가능한 일이다. 따라서 삶의 중요한 사건에 대한 결정의 권리를 인정함과 동시에 그 장애인을 둘러싸고 있는 환경이 함께 책임을 지고 나아가야 한다.

경제적 빈곤은 여성을 가장 황폐화시키는데, 장애여성은 이중 장애조건으로 생존 자체가 위태로울 수 있다. 낮은 교육수준을 지닌 경계선급 지적 수준의 여성은 빈곤에 빠지거나 위험한 임신을 할 가능성이 높아지고 결국 저체중아를 출산하게 되는데, 그런 아이들은 장애를 지니게 될 가능성도 훨씬 높다. 영양부족 역시 장애발생률을 높이는데, 결국 이러한 조건들은 악순환된다.

4. 장애인 가족의 역할

1) 가족기능과 생활사건의 시간표

장애아동에게 있어서 가족은 사회화에 따른 순기능 혹은 역기능을 초래하기도 한다. 중요한 대리의사 결정자로서, 또 보호제공자로서 가족의 역할은 매우 중요하며 치명적이다. 사회가 직업과 교육에 큰 가치를 두는 것처럼 장애자녀의 재활부담을 경감한다면 가족순기능에 기여할 수 있다. 나아가 중증장애인의 재활을 통해서 가족부담의 경감과 함께 사회적 비용의 감소를 기대할 수 있다. 재활은 영적 진보를 의미하며, 장애인의 독립생활과 삶의 질을 향상시킬 수 있는 방향으로 접근해 나가는 노력이기 때문에 이를 통해 장애인 가족의 심리적 · 경제적 부담을 줄일 수 있다.

가족은 이처럼 장애인의 지지 체계이기도 하지만, 한편으로는 의존성을 조장하는 과도한 보호와 사회적 · 정서적 곤란을 초래하는 위험집단에 포함되기도 한다. 또 직업재활전문가에게 있어서 장애인 가족은 매우 중요한 파트너가 되는 동시에 재활계획 수립과 같은 재활 과정에서 종종 갈등과 의사결정 문제에 직면하게 만든다. 장애아동의 출생은 거의 모든 가족에게 위기를 느끼게 만드는데, 가족 체계를 기반으로 스트레스와 대처기제, 조절, 적응을 이해하게 하는 탄력모형(the Resiliency Model)은 지적장애 청소년이 학교에서 직장으로 이행하는 데 가족의 조절을 이해하게 하는 이론적 기초를 제공한다.

지적장애인 가족구성원이 경험하는 가정의 비일상적 경험은 사건의 발생 시기와 발생 가능성의 2가지 대표적 측면에서 시작한다. 개인과 가족에게 있어 중요한 생활사건이 순서 매겨지는 시간표는 사회적으로 규정된다. 지적장애 청소년이 있는 가정의 부모는 아이의 성장발달 및 양육에서 기대하는 것과 실제로 발생한 사건 사이에 불일치가 있을 때 가족생활주기에서 위기를 경험한다. 일반적으로 지적장애 자녀를 이해하는 열쇠는 가족이 상호의존하는 체계이며 가족구성원은 가족에 의해서 변화한다는 점으로, 가족은 개별 구성원의 행동이나 발달적 과정에 의해서 변한다는 것이다.

가족관계의 몇 가지 전문적 원칙은 다음과 같다. ① 부모와 전문가들은 공동으로 노력해야 한다. ② 전문가는 가족의 역할을 조화시키는 데 융통성이 있어야 한다. ③ 사전 동의가 있어야 한다. ④ 부모와 전문가는 지식을 표명하고, 각자의 다른 전문적 지식을 존중해야 한다. ⑤ 상호의존 체계는 부모와 전문가 모두에게 강요되기 때문에, 이러한 사실 인식이 필요하다. ⑥ 전문가와 부모는 서로 다른 문화, 신념, 계급(class), 가족의 구조를 상호존중해야 한다.

결론적으로, 이전에는 부모가 자녀의 장애에 죄의식을 갖거나 사회적 편견 때문에 자녀의 장애를 숨기고 부인, 방치하였으며, 최선의 경우에는 시설에 수용하거나 보호하는 정도였다. 그러나 사회적 · 문화적 맥락에서 장애인관의 변화가 일어나고, 장애인에 대한 시각 전환이 일어났으며, 인권이나 복지에 관심을 갖게 되었다. 즉, 장애인의 직업재활에 대한 인식이 증가하면서 장애인이 다른 사람들과 동등하게 사회에서 기능하게 되었고, 사회적 자원에 접근하는 기회를 어느 정도 갖게 되었다. 장애인이 완전한 개인으로 사회에서 기능하고 독립된 생활을 하기 위해서는 직업을 갖는 것이 가장 중요하다고 할 수 있다. 그러나 아무리 대중의 장애인에 대한 시각이 개선되고 변화했다 하더라도 장애인이 온전한 직업을 갖기 위한 과정은 여전히 험난하며, 개인이나 그 가족에게 많은 스트레스를 경험하게 만든다.

가족 평가는 가장 구체적인 수준에서의 개인적 스트레스 요인 및 포괄적 수준에서의 가족의 기본 신뢰에 부여된 가족의 의미로 간주할 수 있다. 따라서 가족 평가는 가족에 관한, 전체 세상에서의 가족의 관계에 관한, 그리고 가족 외부의 세상에 관한 전제로 구성된다. 이러한 전제에 있어서 중요한 결정요소는 가족의 문화적 배경이다. 따라서 가족의 장점에 기초한 대처전략에 의한 임상적 가족 평가와 중재는 매우 중요하다. 예를 들면, 뇌손상에 대해 긍정적인 가족적응은 개인의 손상 후 발달잠재력을 높인다. 가족의 지원집단을 개발하고 수행하는 데 필요한 대처 자원은 집단 활동을 계획하기 위해, 그리고 집단의 논의와 문제해결을 촉진하기 위해 사용될 수 있다.

가족은 공동거주, 경제적 협력, 그리고 생식을 특징으로 하는 사회 집단으로, 사회적으로 성관계를 허용받은 최소한의 성인 남녀와 그들에게서 태어났거나 양자로 된 한 명 이상의 자녀로서 이루어진다. 이처럼 가족은 혈연관계로 결합된 사회의 최소단위로서 구성원끼리 영향을 주고받는다.

장애아동은 일차적으로 부모의 태도와 그 가정의 분위기에 영향을 받으며 성장한다. 즉, 대부분 장애아동의 생활습관, 상식적 지식, 대인관계, 자조능력의 향상 등은 매일 함께 생활하는 가정의 부모에 의해서 이루어진다. 이때 근로의 의미 및 자기 자신을 먼저 인식하고 사랑하며, 자기성장을 추구할 수 있어야 한다. 부모는 역할모델인 동시에 아동의 욕구와 욕망에 적절하게 반응하고, 인간성 자체를 존중하며, 아동의 생활에 적극 참여하면서 그들의 복지와 성장을 돕는다.

2) 가족적응

장애인을 구성원으로 하는 가족은 내 · 외적 문제를 잘 해결하고 그것에 적응함으로써 직업재활의 토대를 제공할 수 있다. 양육태도에서 지적장애아동의 부모는 일반 부모보다 더 거부적이고 지배적인 데 반해, 일반아동의 부모는 더 보호적이고 복종적으로 나타나기도 한다. 종종 적응상의 문제를 초래하는 부모의 부정적 태도는 다음과 같은 결과로 나타나기도 한다.

① 장애아동이 태어난 의문을 죄의 대가로 받아들이기도 한다.
② 아동의 발육상태를 정확하게 파악하기가 어렵고, 장애아동에 대한 의논 상대를 찾기가 쉽지 않다.

③ 주위의 위로나 동정을 받는 것을 부끄럽게 생각하고, 장애아동의 존재를 알리기 싫어한다.
④ 새로운 임신에 대한 두려움으로 출산을 포기하고, 스스로 고립되기를 원한다.
⑤ 가정에서의 긴장이 심하고, 종종 우울한 분위기가 되는 것을 참기 어려워한다.
⑥ 장애아동과 함께 생활함으로써 받는 정신적 긴장과 감정을 지탱하기 어려운 경우가 많다.
⑦ 충격, 불신, 부정, 죄책감, 분노, 우울이 자연스러운 정서 반응으로 나타난다.
⑧ 장애 원인을 계속해서 추구한다.
⑨ 가정불화와 가정위기의 마음 상태에 놓인다.
⑩ 무관심과 학대적 태도를 보인다.

궁극적으로 가정은 장애아동의 성장과 발달에 큰 영향을 미치며, 가족기능과도 상호작용하게 된다. 부모의 입장에서는 어머니만 아동의 양육을 전담하는 것이 아니라 가족구성원 서로의 역할과 협동 사항을 분담해야 한다. 부모-자녀 관계란 단순히 생물적 · 혈연적 관계에 그치는 것이 아니라 심리적 · 운명적 공동관계이며, 도덕적 · 문화적 측면에서도 강한 통제력을 갖는 사회화의 작용 요인이 된다. 이런 이유는 다음과 같은 요인들 속에서 찾아볼 수 있다.

① 장애아동은 부모의 태도와 가정 분위기에 영향을 받으며 성장한다.
② 직업의 기초가 되는 생활습관, 상식적 지식, 대인관계, 자조능력 등은 매일 함께 생활하는 가정의 부모에 의해서 이루어진다.
③ 장애형제에게 보이는 반응과 대답에 정직성이 필요하며, 이들의 고통에 대한 배려가 필요하다.
④ 이성과 논리에 근거한 선택적 행동으로 부모의 역할을 선택한다.
⑤ 자신의 부모를 모방하는 가운데 자기 자신을 사랑하고 인식하도록 배운다.
⑥ 장애아동이 가족구성원으로서 존재 그 자체로 사랑받는다는 느낌을 갖도록 하고 과잉보호를 피한다. 과잉보호는 의존성을 조장하고, 나쁜 습관이나 태도를 형성하게 만든다.

나아가 동료의식의 자연스러운 추구 및 자기 자신과 타인을 받아들이는 태도를 배우고, 사랑스러운 또래친구를 통해 창작성, 언어성, 학업 기술을 함양해야 한다. 이런 기술은 장차 직업생활의 기초가 되며, 특히 자신과 주위환경을 탐색할 수 있는 자유로운 과정(error-free environment)을 통해 위험한 것, 소유, 자유 등을 배운다. 부모-자녀 관계는 사회화의 최우선 대상이며, 사회적 경험이나 역할상과의 동일시를 제공하는 교육적이고 문화적인 관계다. 또 비합리적이고 비타산적인 일체감을 갖는 관계로서 생육 환경을 포함하는 역사적 · 법제적 · 관습적 · 도덕적 제 조건에 의해 규정된다. 이는 서로 다른 세대 간의 관계로서 부모의 연령과 자녀의 성장에 따라 변화 · 발전한다. 행동조정과 규율 면에서는 학습자와 교사가 되어 생산적 · 자아 성취적 · 사회적 수용이 가능한 행동을 발달시키도록 해야 하고, 권위적 존재라기보다는 사랑과 규율 면에서의 일관성을 유지하는 태도를 지닌 존재여야 한다.

중증장애인 가정의 3가지 주요한 경향은 부모와 함께 사는 것, 기대수명의 증가, 그리고 노령화 문제다. 일반적으로 가족구성원이 직업재활 과정에 많이 참여할수록 재활 성공률은 높아진다. 재활전문가는 가족이 장애인의 삶에서 가장 큰 영향력을 미친다는 데 동의한다. 지적장애인의 안전한 고용, 정보를 이용한 선택, 그리고 독립성의 획득에 대한 가족의 욕구는 증가해 왔다. 부모는 장애자녀에게 필요한 서비스와 관련된 입법 노력에 주력해 왔다. 또 부모집단을 포함한 옹호집단은 직업재활 과정에서 중요하고 가치 있는 역할을 하는 것으로 나타나 가족적응, 특히 부모참여 및 지원과 격려는 재활계획의 성취와 성공에 결정적으로 작용한다.

생애과정의 수립(permanency planning)은 부모가 보호를 제공할 수 없게 되거나 사망했을 때 가정에서 전환을 계획하는 것으로, 조력 제공 및 만족스러운 상호의존성과 거주 대안이 제한된 현실에서 기인한다. 가족변화는 조정, 인식, 배려, 적응에 개입하는 스트레스 증가의 시기다. 가족변화가 비정상적일 때 발생하는 가족의 문화적 기대와 경험의 차이는 추가적인 스트레스를 발생시킬 수 있으며, 사회적 법규의 부적응 상황을 보다 복잡하게 만든다. 사회적 지원은 가족적응에서 중요한 자원으로, 정부, 서비스기관, 자조집단으로부터 받는 공식적 지원과 가족구성원, 친척, 이웃, 동료 근로자, 친구로부터 받는 비공식적 지원이 있다. 어머니의 사회적 지원이나 형제자매의 지원과 같은 형태는 스트레스 요인에 잘 대처할 수 있고 가족적응을 촉진할 수 있는 중요한 자원으로 이해될 수 있다. 내담자 중심 계획은 지적장애인, 가족, 학교 성원, 재활상담사, 기타 관계자로 구성된 8단계 과정, 즉 ① 내담자의 프로파일 수집, ② 내담자의 관계 도표 개발, ③ 미래의 비전 창조, ④ 목표 확인, ⑤ 정신적 장벽, ⑥ 정신적 자원, ⑦ 선택과 자원의 결정(우선순위), ⑧ 행동 계획 개발로 발전하였다.

가족 스트레스는 가족의 욕구와 스트레스 요인에 대처하는 능력 사이의 불균형으로 인한 결과다. 스트레스 요인에 성공적으로 적응하기 위한 가족능력은 가족의 취약성, 자원, 평가, 문제해결, 대처전략으로 결정할 수 있다.

가족의 적응(family adaptation)은 위기상황에 뒤따르는 것으로, 한 가족을 균형과 조화, 일관성, 그리고 만족스러운 기능 수준에 이르게 하기 위한 가족 노력의 결과로 정의할 수 있다. 한 가정의 어머니는 가족구성원 중 특히 자녀를 위해 희생하고, 행복을 느끼며, 존재 의미를 발견하기도 하지만 자녀를 위해 많은 노력과 시간을 투자하는 것에서는 큰 부담을 받기도 한다. 장애아동을 돌보는 어머니는 보다 많은 시간과 노력이 필요하기 때문에 자신의 사회활동이나 자기개발에 필요한 기회와 자원을 박탈당한다. 따라서 이들의 스트레스 또한 높을 수밖에 없어 종종 피로, 건강, 재정문제, 욕구불만, 좌절감, 만성피로를 호소한다.

장애를 지닌 가족구성원의 출현으로 발생한 취약성은 가족 욕구 전체에 영향을 미치는 동시에 일련의 스트레스 요인이 된다. 잠재적 스트레스 요인의 범주는 ① 개인과 가족의 전이, ② 이전의 가족긴장, ③ 상황적 전환, ④ 가족의 노력으로 대처한 결과, ⑤ 스트레스 상황에서 필요한 가족행동의 혼란, ⑥ 가족의 가치, 규칙, 기대와 상충하는 스트레스 요인에 대처하는 기능의 새로운 유형 확립이다. 스트레스 요인은 가족 체계에서 욕구의 변화나 잠재적 변화로 정의할 수 있다.

장애를 지닌 가족구성원에 대한 주간프로그램의 종결과 거주시설에서의 이동 등은 가족기능과 가족목표뿐만 아니라 전체 가족구성원에게 영향을 미칠 수 있다. 그들은 만성적 장애조건에 의해 긴장과 스트레스를 경험하고, 신체장애와 관련된 만성스트레스로 인해 신경증 및 개인의 기능 저하, 부전상태를 겪을 수 있다. 스트레스는 적응을 요하는 어떤 기대나 요구에 대해 개인의 반응 과정에서 생기는 것이므로, 자극과 반응 측면을 모두 포함하고 따라서 개인에 따라 차이가 크며, 스트레스 정도는 다음 영역에서 개인의 대처능력에 따라 결정된다(Pollock, 1984).

① 삶의 질: 독립성의 수준으로, 개인이 일상생활을 선택하는 데의 신체적 한계성으로 인해 성격 변화, 정서 변화, 부적응 행동을 보이기도 한다.

② 자아개념과 신체상: 개인에게 자신의 장단점에 대한 지각과 신념, 자신의 신체 외모와 기능에 대한 지각, 장애에 대한 심리사회적 결과를 통해 사회적 존재로서의 자아상에 변화를 가져오게 하고, 새로운 적응을 유발하는 스트레스원이 된다.

③ 불확실성: 개인의 기능적 능력에 영향을 미치는데, 특히 진행성인 경우 그 정도가 심하다.

④ 낙인: 낙인(stigma)은 편견과 표준화된 행동으로, 낮은 존중감과 열등의식으로 표현된다. Pollock(1984)은 스트레스에 반응하는 인간의 적응을 환경과 상호작용하는 긍정적 과정으로 보고, 초점자극, 연관자극, 잔여자극의 작용으로 인해 개인차에 따라 적응수준이 다르게 나타난다고 보았다. 초점자극은 지각이라는 주관적 관점에서 장애가 스트레스원으로 지각된 것이며, 적응효과는 외적 연관자극과 내적 잔여자극의 조건 요인과의 관계에서도 나타난다. 초점자극은 장애 지각 정도에서 가장 영향력이 큰 요인으로, 스트레스 지각의 부정적 원인이 된다. 적응반응은 초점자극, 연관자극, 잔여자극의 요인들이 스트레스에 대한 반응을 중재함으로써 각기 다르게 나타나는 적응수준이다. 연관자극은 연령, 성별, 사회적 지위, 교육수준, 자가 치료 등의 인구사회학적 요인이며, 잔여자극은 인성, 성격적 기질, 경험과 같은 강인성으로 행동적 수준의 유효성을 요구한다. 반면, 잔여 낙인(residual stigma)은 동적인 성격과 개념으로 대상자의 훈련 효과에 따라 다르게 나타난다.

적응에 따른 개인의 강인성과 관련해서는 다음의 3가지 요소를 고려해 볼 수 있다.

① 통제성: 문제의 원인과 해결점을 조절하고 영향을 미친다.

② 자기투입성: 스트레스 저항요인으로 자진해서 긍정적 행동을 산출한다.

③ 조절성: 적극적 태도, 변화나 요구를 발전의 계기로 삼는다.

결국 적응이란 개인의 요구 및 환경과 조화를 이루어 욕구를 만족시켜 나가며, 욕구

좌절이나 갈등을 합리적으로 해결해 나가는 행동과정으로 ① 환경에 자신을 맞춰 가는 것, ② 환경을 변화시켜 가는 것을 가리킨다. 즉, 적응은 한 개인이 가지는 환경과의 상호교섭적이며 역동적인 관계를 통해 사회적 요구나 문제를 해결하려는 창조의 과정으로 스트레스를 극복하고 만족을 추구하는 것이다.

심리적 적응은 스트레스를 받으면서도 자신의 다양한 역할을 충분히 처리하고 이해하는 것을 의미하는 개념이며, 사회적 적응은 사회에 대한 소속감과 사회화 요구를 반영하고 사회규범, 일상의 관리, 역할인식, 윤리적 가치 등을 내포하는 것으로 사회적 활동의 회복과 활성화를 의미한다. 개인적응 전략으로는 방어기제의 정확한 이해와 사회적 지지망의 증대를 고려할 수 있다.

문화적 배경에 따라 가족이 잠재적 스트레스 요인에 대처하는 방식은 다르다. 특별한 문화적 집단의 요인으로는 ① 장애에 대한 인식, ② 가족구성원의 고려, ③ 보호자, ④ 의사결정 방식, ⑤ 가족구성원이 서로 기대하는 것, ⑥ 친구와 지역사회로부터 받는 지원 수준, ⑦ 전통적 가치를 지지하는 폐쇄적인 가족인지, ⑧ 가족이 외부 도움을 수용하는지 여부로 나타난다.

(1) 후견인 제도

자기결정의 개념은 심리적으로 권위를 부여하는 방법을 통해 삶에 대한 의사결정에 접근할 수 있도록 한다. 자기결정의 능력, 기술, 태도와 믿음, 그리고 조정과 인내에 필요한 환경적 지식의 여러 측면 중 하나로서는 역량강화를 생각할 수 있다. 보편적인 자기결정의 곤란은 기본권의 제한을 초래하고, 자유로운 결정에 제약을 가져올 수 있다. 그러나 중요한 삶의 선택 능력은 성인의 특권이다.

장애로 인해 스스로의 재산이나 인격을 유지할 능력이 결여된 사람들의 대리 의사결정자인 법정후견인의 의사결정은 중증장애 성인이 살아가는 데 있어서 깊은 영향력을 미칠 수 있는 공공정책의 단면을 보여 준다. 후견인의 의사결정은 개인이 충분한 의사결정을 하지 못할 때 판사대리인이나 법정대리인의 힘으로 개인권을 보호하기 위해 모색한다(Stancliffe, Abery, Springborg, & Elkin, 2000). 법원은 종종 중증장애인의 보호장치로서 후견인 제도를 인정하여, 후견인은 주거, 직업, 치료, 금전 등에 관한 장애인의 권리를 제한하는 방식으로 행동할 수 있다.

개인으로부터의 모든 법적 의사결정 권위의 이동 형식과 투표권을 포함한 시민권의 상실, 결혼, 운전면허증의 취득, 건강에 관한 독립적 의사결정, 주택, 취업, 그리고 재산권을 다루는 후견인의 역할은 일상에서 의사결정을 하는 존엄한 개인의 자유를 침해하지 않아야 하고, 자신의 행동 결과에 윤리적 책임을 갖도록 해야 한다(Stancliffe et al., 2000). 후견인의 위험성 중 한 가지는 그가 권리 보호의 범위를 쉽게 넘거나 다른 사람들의 지원과 협조가 이루어진 고유한 의사결정 범위를 조정하려 할 때 발생한다. 즉, 개인의 희망사항과 대리인의 결정 사이의 조화 부족으로 인한 불안 같은 문제점이 나타날 수 있다. 법적으로 지정된 후견인이 없는 성인을 위해 재활서비스 제공자는 종종 자신이 마치 법정후견인인 것처럼 의사결정을 한다. 대리인의 의사결정이 필요한 사람은 지적장애를 가진 사람으로, 법적으로 능력이 거의 희박하다고 판단된 사람이거나 법정에서 대리인 의사결정의 권리가 확인된 사람이다. 이들은 경제적 잘못과 오류로부터 보호받기 위해 소유권 및 경제력의 보호를 위한 관련 법규가 규정한 모든 권리와 의무를 부여받는다. 법정이 이들에게 주거장소 선택, 보호와 안전, 부양, 의료적 치료와 직업적 보호, 인격 형성을 위한 희망, 투표권과 같이 시민권 결정을 위한 권위를 부여하는 것이다.

후견인은 생활하고 참가하는 프로그램이 무엇인지에 대한 것을 포함하여, 인격을 대표해 결정할 수 있게 행동한다. 개인 스스로 의사결정하기 위해서는 기술과 태도, 지식이 필요하다. 이때 적응행동, 지적 기능, 그리고 생활준비의 3가지 구성요소를 사용함에 있어서 종종 혼돈이 생길 수 있다. 따라서 보호자의 의무와 후견인의 의무를 합법적으로 규정함으로써 자기 의사결정 요소를 개인의 통제력에 포함할 수 있을 것이다(Stancliffe et al., 2000). 또한 후견인 자격의 부여는 장애를 지닌 개인의 의사결정과 시민권적 주요 영역을 제한하게 된다. 이러한 후견인 제도의 몇 가지 전제는 다음과 같다(Stebnicki, 1994, p. 23).

① 중증장애인은 스스로 의사결정을 하는 적절한 선택을 할 수 없고, 따라서 학대, 유기, 착취의 위험으로부터 보호받아야 한다.
② 후견인은 최대의 이익추구와 중요한 대리 의사결정 같은 바람직한 행동을 통해 피후견인의 복지를 촉진하는 방향으로 행동해야 한다.

③ 후견인으로 지정된 부모와 가족구성원은 법률에서 지정한 다른 후견인 체제와 동일한 기준이나 윤리적 행동을 취한다.

후견에 대한 법적 결정은 당사자의 능력이 제한되어 있다는 점을 의사가 보고서를 통해 명시함으로써 이루어진다. 이러한 판단을 위해 사용하는 평가도구는 간헐적 능력 부족을 노출시키거나 성생활, 출산, 결혼 등 하나 혹은 그 이상의 주요한 생활영역에 있어서 치명적 능력 결함을 보이는 사람들에게 매우 중요하다. 또 다른 능력평가 방식으로는 과거력, 주거, 직업, 치료선택과 같은 모든 생활영역에서의 기능적 의사결정 능력에 대한 평가가 있다. 정신과적 · 신경학적 장애나 정신장애 하나만으로는 비합리적 선택이나 무능에 대한 판단기준을 삼을 수 없다. 이러한 능력평가에 사용되는 영역은 다음과 같다(Stebnicki, 1994).

① 선택한 내용에 대한 지식
② 유용한 여러 대안의 장단점에 대한 인식 능력
③ 선택한 내용을 다룰 수 있는 능력
④ 환각과 같이 유해한 병리학적 지각이나 신념이 나타나지 않는 적절한 정보의 동시 이해력
⑤ 유해한 급성 혹은 위기 상황의 정서적 상태를 노출하지 않는 것
⑥ 어떤 상황이나 그 결과에 대한 평가와 같이 합리적으로 정보를 처리할 수 있는 능력
⑦ 보편적 규준의 일탈상태 및 스스로의 의사결정을 다른 사람들이 어떻게 생각하는지에 대한 인식 여부
⑧ 의사결정 능력의 질적 고려는 가족, 전문가, 다른 사람들이 평가하는 개인의 의사결정 영역의 장점에 강조를 두는 포괄적 평가 속에서 이루어져야 한다. 그러나 종종 능력과 무능력 사이의 경계 설정이 매우 어려우므로 서면동의와 대리 의사결정은 능력이 의심되는 사람들에게 더욱 중요하다(Stebnicki, 1994).

(2) 장애발생으로 인한 가족구조와 기능 변화

하나의 체계로서 장애인 가족구조는 사회학적 · 경제적 · 심리학적 · 인류문화적 관점을 지닌다. 즉, 체계 이론은 가족이 사회적 환경을 효과적으로 다루는 노력을 시도한다고 본다. 가족구성원은 환경적 요구에 효과적이고 효율적으로 직면하도록 상호작용하는 가족 체계의 요소라는 것이다. 따라서 가족 체계는 항상성(homeostasis)이나 균형상태를 유지하고, 새로운 적응이 필요한 외부적 변화가 있기까지 그것을 지속하고자 노력한다. 뿐만 아니라 가족발달과 개인발달은 상호 얽혀 있는 역동적 관계에 있기 때문에 가족 체계와 개별 구성원 사이의 역동적 관계는 전체 체계를 통해 변화하고 영향을 미친다. 가족의 구조적 접근은 다음과 같이 이해할 수 있다. ① 체계로서의 가족: 상호 영향을 미치는 특정한 방법으로 연결된 개인들로 구성된 살아 있는 개방 체계다. 이런 가족은 상호작용 유형을 발전시킨다. ② 성장: 살아 있는 개방체로서 가족구성원의 무수한 내외적 환경을 말한다. ③ 규정화: 규칙 및 변화에서 가족과 외부 사이에 삼투막과 같은 경계를 구성하고, 변화 요구와 조절을 필요로 한다.

가족기능은 개별 가족구성원의 욕구를 충족하고, 그들의 스트레스에 대처하기 위해 변화하는 역동적인 것이다. 장애의 출현은 가족기능의 균형에 심각한 변경을 가할 수 있다. 가족구성원 한 사람에 대한 가족기능이 변화할 때 가족 체계 속의 구성원은 변화를 경험하게 된다.

① 가족기능의 하나는 신체적 · 재정적 · 사회적 · 정서적 지지를 제공하는 것이다.
② 두 번째 가족기능은 가족 체계 내 개개인의 자치성과 독립성을 확립하는 일이다. 이는 각각의 구성원이 통합을 유지할 수 있도록 하는 일로, 가족정체감은 가족의 역할에 의해서 설정된다.
③ 가족은 또한 사생활, 가족구성원의 통합, 권위와 의사결정을 지배하는 가족 내의 필요한 규칙을 창조한다.
④ 가족구성원 사이의 언어적 · 비언어적 · 묵시적 의사소통은 중요하며, 가족기능은 특히 정서, 욕구, 선호의 교감 등과 같은 긍정적 의사소통에 의해 강화된다.

(3) 장애가 개별 가족구성원에게 미치는 영향

다양하고 만족스러우며, 가치 있는 활동을 수행해 온 사람은 하나의 역할이 장애발생으로 손상될 때 다른 역할에 필요한 활동을 증가시킴으로써 장애에 잘 적응할 수 있다. 장애를 지닌 가족구성원의 역할을 일부 담당하는 것과 같이 가족 체계 모형은 이 역할변화와 관련하여 나머지 가족구성원에게 어느 정도의 충격이나 영향이 있을 것이라고 본다. 부모는 자녀의 장애진단과 더불어 정서적 충격을 경험하게 되고, 거의 정서적 위기 수준에 도달한다. 이때 개인의 정상적 대처기술은 임박한 문제로 인해 일시적으로 정지하기도 하며, 미래의 소망과 같이 특정한 종류의 상실로 받아들여지기도 한다. 따라서 상담사는 위기에 처해 있는 부모가 충격을 표현할 만큼 안전하다고 느낄 수 있는 분위기를 만들어 충격 해소 및 이성적 사고 회복을 위한 신뢰관계를 구축해야 한다.

장애를 지닌 가족구성원의 형제자매는 부모와 유사한, 혹은 부모가 느끼는 것 이상의 스트레스를 받는다(강위영, 권명옥, 1998). 그러나 일반적으로 장애를 지닌 가족구성원이 있는 가족에 있어서 장애를 지닌 자녀나 형제자매는 장래계획 등에 있어서 효과적인 대처방식을 배울 기회가 부족하고 그 장애에 관한 충분한 지식을 활용하지 못한다. 장애인 형제자매의 적응과 가족기능 향상에는 토론그룹, 여름캠프, 행동수정 등이 긍정적인 영향을 미치는 것으로 나타나고 있다(강위영, 권명옥, 1998). 특히 부모가 수동적 태도를 보이는 것이 아니라 공동의 협력자로서 기능할 때 장애와 관련된 모든 조건은 향상된다.

(4) 가족적응모형

[1] 탄력모형

초기 가족 스트레스이론에 근거를 둔 가족의 스트레스, 조정, 적응의 단계적 회복모형은 가족이 직면한 위기에 필요한 변화를 위하여 중재를 제공하게 한다. 이처럼 스트레스와 대처 체계에서 가족 체계에 근거를 두는 탄력모형(the Resiliency Model)은 가족에게 중점을 두고 가족조정의 이해를 위한 이론적 근거를 제공한다. 탄력모형의 주요 전제는 효과적인 가족의 대처가 긍정적인 가족의 적응을 용이하게 만든다는 것이다. 따라서 탄력모형에서 스트레스 상황과 관련한 불확실성은 가족이 적응문제에 부딪히게 될 가능성을 증가시킬 수 있다고 가정한다. 탄력모형에서 다문화적 배려는 가족 평가에 있어 중요하게 고려되며, 상담사의 능력은 ① 그들이 상담하는 가족 사이의 유사점과 차이점에 대한 민감성, ② 타문화 가족의 수용, ③ 가족자원의 이용, ④ 각 가족의 독특성 고려에 달려 있다.

탄력모형에서는 생활변화에 대한 가족의 반응을 구체적으로 조절단계와 적응단계의 2가지로 나눈다. 조절은 가족에게 일어날 수 있는 최소한의 변화를 포함하는 스트레스원에 대한 단기적 반응이다. 만약 스트레스원의 강도가 가족의 대처능력을 초과한다면 보다 실질적인 변화가 요구된다. 조절단계에서 스트레스원이 되는 사건이나 이행에 대한 반응으로서 가족의 조절 수준은 다음 요소의 상호작용에 따라 결정된다. 즉, ① 스트레스원이나 이행의 중대성, ② 동시에 발생하는 요구가 가족의 생활주기 단계의 적체에 의해서 결정되는 가족의 취약성, ③ 가족의 특징적 행동양식, ④ 스트레스원의 요구에 대응하기 위한 가족의 가족지원, ⑤ 스트레스원에 대한 가족의 평가, 그리고 ⑥ 스트레스원에 대한 가족의 문제해결 능력과 대처 반응이다.

가족기능에 관한 정보 수집은 ① 스크리닝, ② 문제 정의, ③ 치료계획 수립, ④ 치료과정 모니터링, ⑤ 치료성과 평가를 포함한다. 여기에 많이 이용되는 항목은 다음과 같다. ① '나에게 문제가 발생했을 때 가족에게 도움을 요청할 수 있는 점에 대해 만족한다.' ② '내 문제에 대해 나의 가족이 의논하는 방식에 만족한다.' ③ '새로운 행동이나 방향을 결정하는 것을 수용하고 지지하는 가족을 좋아한다.' ④ '분노, 슬픔을 포함하는 사람의 감정에 대한 가족 반응과 애정표현 방식에 만족한다.' ⑤ '나의 가족과 공유하며 보내는 시간의 방식에 만족한다.'

탄력모형에서 각 가족은 스스로의 조망개발과 그 결과로서 서비스제공자, 영구적인 계획, 사회적 지원, 다른 문화적 영향과의 관계를 인식하게 된다. 궁극적으로 가족의 이익은 효과적인 계획을 성취하고, 서비스제공자와 상호작용하고, 필요할 때 사회적 자원을 찾아내며, 재활상담사와 유의미한 상호작용을 할 때 극대화된다.

지적장애를 가진 성인 자녀가 있는 가족이 직면하는 주요한 문제와 관련하여 재활상담사는 가족의 스트레스, 조정, 적응이라는 탄력모형의 체계를 제공해야 한다. 탄력모형의 핵심은 스트레스 요인과 관련된 분열로부터 가족을 완화시키는 가족의 역량과 능력의 이해에 있다. 탄력모형에서 재활상담사는 가족적응 과정의 이해를 통한 분석에 근거를 둔 중재 체계를 제공하게 한다. 이 모형에 빈번히 사용되는 가족응집력은 가족구성원이 서로 정서적 유대를 느끼는 것이고, 가족적응력은 관계의 역할과 규칙을 변화시키는 능력이다. 이는 사회적 지원의 유용성에 관한 정보와 자원에 만족하는지의 기술, 응답자가 인식하는 사회적 지원의 수준에서 결정된다.

① 조정: 탄력모형에서 중요한 개념 중 하나인 조정(adjustment) 단계에서 가족은 역할, 상호작용, 그리고 일상의 이전 가족활동으로 설정된 규칙에 대한 패턴을 유지하려는 노력을 계속한다. 조정 단계는 가족과정과 결과에 이르기까지 일련의 상호작용 요소로 채워진다. 적응은 가족기능 패턴의 유지와 환경에 대한 가족통제를 의미하며, 부적응은 개별 가족구성원의 발달 와해, 생활과제를 성취하기 위한 가족능력의 와해를 의미한다. 따라서 가족구조의 변화와 상호작용 패턴을 새롭게 해야 한다.

② 순응: 순응(adaptation)은 장애를 지닌 가족구성원을 보호하려는 데 초점을 둔 노력으로 균형, 조화, 응집, 만족 수준을 유지하는 데 그 목표가 있다. 위기상황에 반응하는 가족순응 수준은 욕구의 강도와 위기상황, 생활주기 변화, 긴장으로 야기된 가족 체계의 정도에 달려 있다. 즉, 가족 유형의 상호작용, 가족 강도, 가족 평

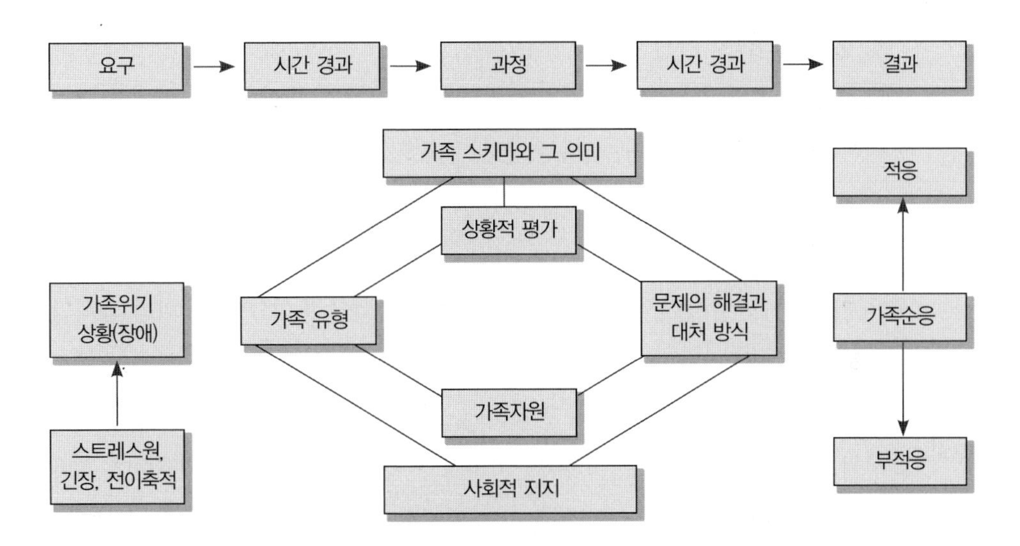

[그림 2-2] **가족 스트레스, 조정, 적응에 대한 탄력모형의 순응단계**

가, 가족 스키마(세계관), 사회적 지지망과 문제 및 대처방식의 상호작용에 달려 있다. 이러한 순응가족은 기능상 균형을 성취하려는 가족의 노력을 반영한다.

③ 적응: 개별 가족구성원의 긍정적 신체 및 정신 건강, 발달 촉진, 각자가 수행하는 최적의 역할기능을 의미하며, 가족통합과 환경 통제, 가족 주기 및 단위의 유지가 이루어지는 상태다.

④ 부적응: 가족기능 수준의 불균형이 지속되는 상태로 가족통합과 가족단위의 자치성이 와해되고 가족과 개인, 개인과 지역사회 사이의 불균형이 지속된다. 이에 따른 스트레스 상황으로는 모호감, 부부 및 형제 긴장, 부모-자녀 갈등, 재정적 곤란 등이 있다.

2 순환모형

순환(준복합)모형(the Circomplex Model)은 Olson과 Lavee(1989) 등이 주장한 이론으로 많은 가족연구 결과의 개념을 조합한 것이다. 가족 체계와 변화에 관한 주요 변수는 융합도, 적응도, 그리고 의사소통 정도로 요약된다. 따라서 순환모형은 유연성 있고 균형 있게 연결된 가족이 잘 적응하고 역할보충성을 만족시킬 것이라고 본다.

① 융합도: 가족구성원 사이의 정서적 유대로 가족 체계 내의 연결과 분리 정도를 의미한다. 이 모형은 4가지 수준의 융합도를 고려한다. [그림 2-3]의 중심부에서 보이는 가장 높은 융합수준인 균형적 융합도는 가족 내의 개별 구성원이 독립적인 동시에 서로 연결되어 있다. '연결과 분리'로 명명될 수 있는 균형 수준으로 가장 높은 융합은 가족이 결혼에만 초점을 두는 경향과 가족 외부의 친구들 혹은 흥미에는 관심이 낮은 경향을 보이는 얽힌(enmeshed) 가족이다. 반면, 가장 낮은 융합은 가족구성원이 상호작용을 거의 갖지 않고 자신의 흥미와 가족 외적 관계만 추구하는 경향을 지닌 이탈(disengaged) 가족이다.

② 적응도: 가족 체계가 스트레스와 반응하여 그 힘의 구조, 역할, 그리고 관계를 변화시키는 능력이다. 적응도는 가족구성원의 훈육이나 통제 및 주장성으로 표현된다. 균형 잡힌 적응도 수준은 유연하고 구조가 견고한 가족이라고 간주할 수 있다. 가장 높은 수준의 적응도는 리더십이 제한되고 충동적이며, 의사결정이 심사

숙고되지 않은 혼돈이 일어난(chaotic) 적응도다. 가장 낮은 수준의 적응도는 일반적으로 한 사람이 전적인 통제력을 행사하고 가족 체계는 변화를 거부하는 경직된(rigid) 적응도다.

③ 의사소통: 의사소통은 가족 체계에 있어서 이상적인 융합도와 적응도 영역으로 이동을 촉진하게 하는 요소다. 이 모형에서 균형 잡힌 가족은 위기를 극복하는 데

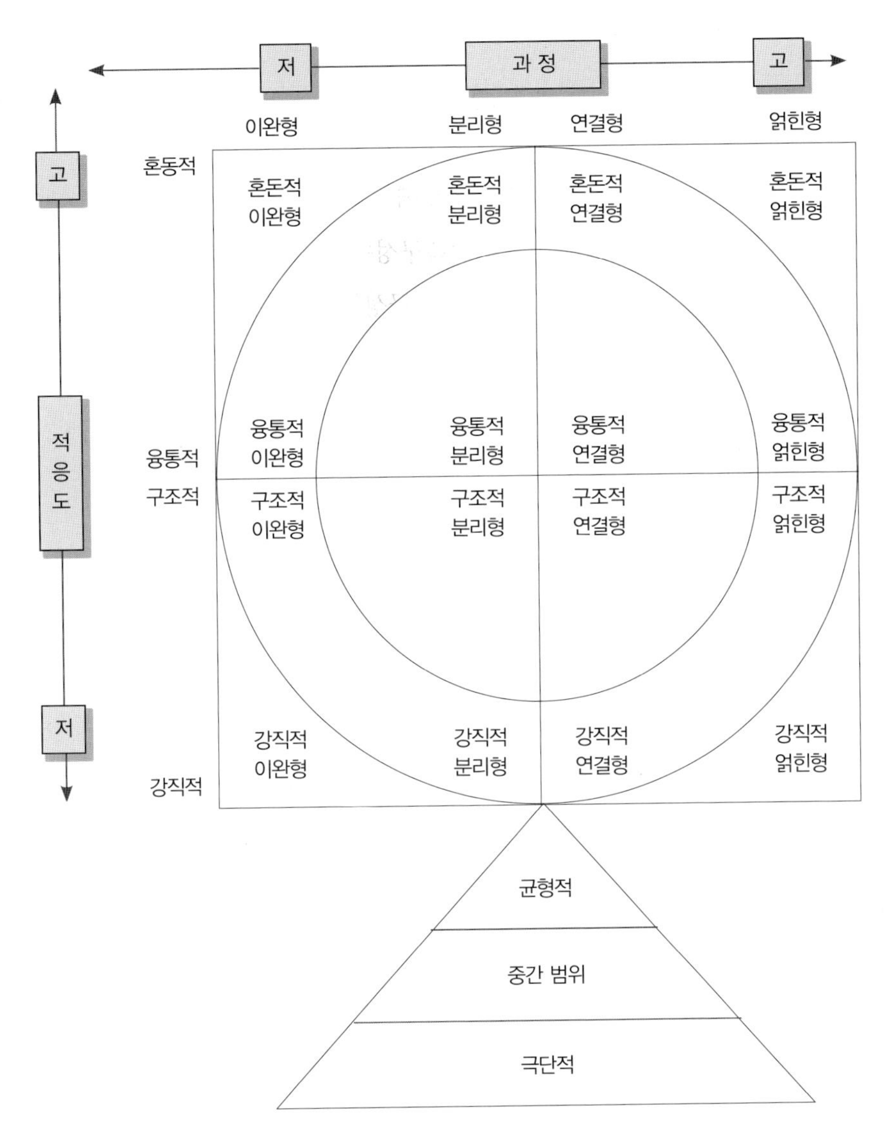

[그림 2-3] **순환모형의 16가지 부부 및 가족 체계 유형**

있어 가장 많은 장점을 지니는 반면, 약점은 가장 작게 지니는 중간 범위의 형태다. 하지만 이 가족모형은 16가지 형태를 분류하여 어느 것이 가족 내에서 발생한 장애에 가장 잘 대처한다는 전제가 없기 때문에 여기에 대한 추수연구가 필요하다.

3 가족역할모형

Power와 Dellorto(2004) 등으로 대표되며, 가족구성원의 역할을 평가하는 이론적 모형이다. 여기서의 역할은 다른 구성원에 의해 학습된 행동이며, 또한 이 행동은 자신에 대한 다른 사람들의 행동 방식에도 영향을 미친다. 적절한 가족 체계 기능은 가족구성원 사이의 역할 지각, 역할의 상호작용 정도에 의해 결정된다. 가족생활주기 동안 발생하는 변화에 대한 적응은 부분적으로 가족구성원 각자의 역할에 대한 지각 사이의 일치 정도에 의해 결정된다. 장애를 지닌 가족구성원이 야기하는 변화에 적응하기 위한 중요한 역할 개념에는 다음과 같은 것이 있다.

① 역할보충성: 가족구성원 사이의 역할은 서로 얽힌 것이라고 본다. 그 역할은 분리되어 일어나지 않고, 균형과 항상성(homeostasis) 유지를 위해 다른 가족구성원의 역할변화에 영향을 미친다. 역할보충성은 가족이 변화에 적응하고 계속해서 그 욕구를 충족시키도록 만든다.

② 역할변화: 역할변화는 역할보충성을 촉진하기 위해 일어난다. 가족구성원은 그 가족 내의 역할관계에 영향을 미칠 수 있는 새로운 역할에 대한 기대를 가져야 할 것이다. 가족구성원의 역할이 변화하면 한 구성원은 이전의 역할과제를 수행할 수 있는 능력 부족과 다른 가족구성원이 부수적인 역할을 담당하게 됨으로써 느끼게 되는 부담으로 인해 부적절감을 느낄 수 있다. 따라서 역할변화는 종종 갈등을 불러 온다.

③ 역할갈등: 역할갈등은 가족 내에서 두 가족구성원이 똑같은 역할을 전제할 때 일어난다. 역할보충성은 이 갈등이 발견되고 해결되며, 가족구성원이 자신의 행동을 변화시키려 하는 기꺼움, 의지가 나타나기 전까지는 회복되지 않는다.

④ 역할보존: 이전 역할이 유지되고 스트레스를 완화시키도록 돕는다. 가족 체계에

부여된 스트레스는 가족구성원이 자신의 역할을 포기할 때 증가하며, 빈번히 갈등을 초래한다.

가족이라는 개념을 논의함에 있어서 가족관계의 '구조', 역할과 책임의 '기능', 그리고 계열적 단계의 '발달'이라는 3가지 차원을 살펴볼 수 있다. 따라서 이 각 차원에서의 가족 상호작용과 역동성 및 가족환경, 그리고 그것이 개인의 발달에 미치는 영향은 크다고 볼 수 있다. 주기이론의 관점에 의하면 가족의 생활주기에 있어서 각 단계는 새로운 일련의 도전과 만족을 줄 수 있는 원천을 제시한다고 본다. 다음 단계로 넘어가는 이행기적 시기에 스트레스도 높게 나타난다. 가족은 복잡한 체계인 동시에 역동적인 체계다. 아동이 성장함에 따라 가족요구, 가족특성도 변하기 때문에 이러한 변화는 적절히 평가되고 거기에 따르는 해결방법이 필요하다. 예를 들면, 부모는 취학 전 장애아동에 대해 불확실한 진단과 안전의 문제에 직면할 것이며, 청소년에 대해서는 더 이상 자녀를 돌보아 줄 수 없게 된 이후 나타날 자녀의 장래문제에 직면하게 될 것이다.

제2부 역량강화

제2부에서는 장애의 성격과 사회적 환경 내에서 상호작용의 결과로서 개인의 역량을 약화시키는 과정, 그리고 이로 인해 파생되는 문제의 특성을 다룬다. 장애를 둘러싼 심리사회적 측면과 적응과정상 취약한 소수집단으로서 장애인이 어떻게 역량약화될 수 있는지를 사회 구조와 기능의 틀 속에서 다루어야 할 것이다. 왜냐하면, 현대사회에서는 사회적, 경제적, 그리고 문화적 기능에서 생산자 및 소비자의 권리, 기타 활동에 종사하는 인간의 권리를 인정하고 한계를 짓는 것이 요청되지만, 노동은 경제생활과 현세적 질서에 영향을 주는 것, 즉 영적 · 도덕적 질서에 관한 것이므로 사회지위의 담당과 이러한 역할에 종사하는 인권을 다루는 게 가장 긴급한 문제가 되기 때문이다. 따라서 직업은 사회적 지위의 한 형태이며, 금전과 같은 여러 가지 권리를 수반하게 된다.

제3장 역량강화 원리

제4장 역량강화 서비스의 고안

제5장 자기책임과 공동선

제6장 사회정의

제7장 평등기회이론

제8장 소수집단의 차별특성

여기서는 이와 같은 사회적 신호뿐만 아니라 나아가 장애에 의해 파생되는 주관적 · 객관적 특성의 이해를 통해 우리 사회가 지향해야 할 방향을 제시하고, 소수집단의 관점에서 개인의 역량이 어떻게 약화될 수 있는지를 다루고자 한다. 장애인의 사회적 환경은 ① 심리적 수준, ② 문화적 수준, 그리고 ③ 구조적 수준에서 다룰 수 있다.

소수집단 모형은 각종 권력, 권한의 사회적 · 개인적 배분에 초점을 두는데, 사회지배계층이 사회적 · 경제적 독립을 유지하거나 발전시키기 위해 사회를 구조화하는 경향을 띠는 것으로 조망한다. 제2부에서는 이러한 관점에 기반을 두고 장애를 개인의 책임으로 돌리던 개인적 비극모형으로 장애를 바라보는 것이 아니라 직업을 포함한 사회 속의 여러 가지 측면에서 장애를 이해해야 할 필요성을 제기하며, 이를 통해 장애에 대한 부정적이고 그릇된 인식을 고쳐 나가는 데 중점을 두고자 한다.

제3장

역량강화 원리

1. 사회변화와 인식의 발전

지난 세기 동안 일어난 소련의 붕괴와 중공의 개방정책 같은 변화는 이념의 대립양상에서 나아가 예측하기 힘든 문명의 충돌이라든지 민주주의와 자본주의의 갈등이라는 새로운 세계질서를 재편하고 있다. 우리 사회 내부의 변화도 살펴볼 수 있는데, 청년실업률의 증가와 비정규직 문제는 앞으로 더욱 가속화될 것으로 전망하고 있다. 또 고학력 현상과 인구감소, 금융상의 불안은 우리나라 경제활동 인구의 구조변화를 예고하고 있다. 산업구조면에서도 지난 10년간 제조업 일자리 수는 74만 개 감소하고 농림어업에서도 60만 개의 일자리가 감소한 반면, 서비스업에서는 448만 여개의 일자리가 증가하였다. 무인판매 시스템과 로봇공정 등 산업구조와 생산과정의 변화는 경기변동과 더불어 노동력 수요에 크게 영향을 미친다. 이러한 변화는 장애인 직업재활 분야에서도 예외가 아니어서 재활전문가는 우리나라 2,000여 만 개의 일자리 속에서 자기 자신과 장애인 내담자를 준비시켜야만 하는 상황이 되었다.

전통적으로 직업재활서비스는 일차적으로 기능회복과 재훈련(retraining)에 초점을 두고 장애인의 심리 조건이나 신체 조건, 혹은 둘 모두를 변화시키는 데 치중하였다. 그러나 오래전부터는 재활잠재력에 큰 영향을 미칠 수 있는 환경적 요인들 중 유용한 서비스의 본질이 중요하다는 인식이 증대되면서 직업재활전문 인력의 능력과 전문성, 경제적 자원, 지역사회서비스에 대한 관심이 높아졌다(Nagi, 1969).

2003년 11월 중국 베이징에서는 국제장애인권리협약 제정을 위한 UN ESCAP 및 지역회의가 열렸다. 이 정부 간 회의에서는 아·태지역 약 21개국 80여 명의 정부, 장애 관련 NGO 대표들이 참석하여 장애인의 권리증진을 위한 국제 선언문을 채택하였는데, 주로 장애인의 경제적·사회적·정치적 권리에 초점을 맞췄으며, 차별금지와 평등권이 협약의 기초 원리로서 대두되었다. 우리나라에서도 장애인의 역량강화와 삶의 질 향상에 대한 관심이 어느 때보다 높아지고 있는데, 이와 관련하여 먼저 각종 장애 쟁점을 살펴보자.

1) 공동선과 역량강화

장애의 유무와 관계없이 사회구성원은 모두가 공동선의 조성을 위한 응분의 사회적 기능에 적극 참여할 의무를 지니며, 동시에 공동선을 부여받을 권리를 가지고 있다. 개인의 사회공동체에 대한 권리와 의무의 선언은 모든 현대 국가의 헌법 정신에서 나타나고 있고 이들 모두는 지속적인 갱신과 변화를 통해 유지·발전되지만, 공동체는 개인의 특유한 활동을 촉진하는 것뿐 아니라 억제하기도 한다. 역량강화는 사회에서 문제에 당면한 당사자가 스스로 해결하기 위한 방법에 대하여 배우고 학습하는 것이다(Hogan, 2000). 문제해결 능력이 박탈된 역량의 회복 없이는 역량을 이야기하기 어려우며, 따라서 역량강화는 개인이 자신의 문제와 상황에 대한 책임을 인식하는 데서 출발한다고도 볼 수 있다. 이러한 역량강화 활동은 흔히 개인, 조직, 그리고 지역사회 수준에서 다루어진다.

역량강화는 일회성이거나 종결적인 것이 아니며, 모든 인간이 경험하는 과정이다. 삶의 과정에서 자신의 존엄성과 그것을 개발할 수 있는 기술, 그리고 환경의 영향에 따라 어느 정도는 역량강화가 가능하며, 여기에는 개인차가 존재한다. 역량강화는 사람들이 스스로 자기를 정의하고 정체성을 구축하도록 하며, 사람의 역량이 증가하였다는 것은 증가한 만큼의 책임이 뒤따름을 의미한다. 역량강화의 부분적 요소는 삶의 주요 의사결정에 대한 통제력과, 자신을 정의하고 정체성을 구축하도록 돕는 능력을 저하시키는 활동 및 행동을 인지하는 학습과정이다. 또한 무엇에, 그리고 어느 것에 집중할 것인가의 선택도 역량강화적 사고다.

자조적 역량강화(self empowerment)는 자신과 자신의 삶에 대해 점차로 더 큰 책임을 감수하는 것을 의미하며, 정체성의 확립 등 자신의 삶에 영향을 미치는 결정을 통제할 수 있는 능력을 획득해 나가는 학습과정으로 볼 수 있다. 이렇게 볼 때 역량강화는 하나의 지속적 과정이며, 역량 곧 권력 그 자체는 가치중립적이라고 본다(Hogan, 2000). 권력의 형태에는 합법적 권력, 보상적 권력, 강제적 권력, 전문가 권력, 관계성의 권력이 있다. 동산, 소득, 부와 같은 형태의 권리는 상속에 의해 다음 세대로 이전된다.

여러 형태의 차별이 존재하는 자본주의 경제체제에서 권력의 확보는 개인이 시장에서 서비스와 상품, 그리고 생존에 필요한 자원을 점유하는 하나의 과정이다. 따라서 권력의 배분은 자연스럽게 국가의 기능과 개인의 일상생활에 있어서 중요한 부분이 된다. 따라서 개인의 직업도 특정한 형태의 권력이라고 볼 수 있다.

특히 현대와 같이 전문가에게 의존되는 사회의 직업에는 사회적 가치, 위세, 존재방식, 생존활동, 생명강화와 자원분배 등 많은 핵심 요소가 녹아 들어 있다. 역량강화가 이루어지려면 이러한 권력에 효과적으로 작용하는 실로 다양한 전략과 방법의 동원이 필요하다. 이것은 삶의 한 단계에서 이루어지고 종료되는 것이 아니며, 역량강화와 관련된 추상적인 개념은 전략적 사고와 방법으로 전환하려는 노력이 요구된다. 특히 역량강화적 재활상담의 목표는 장애를 지닌 사람들이 직면한 문제와 잠재력을 스스로 이해하도록 함으로써 기능적인 독립을 성취하고 효과적인 적응을 성취할 수 있도록 원조하는 것이다. 따라서 임상에서 상담을 진행하는 재활전문가는 각종 장애 관련 쟁점에 대한 포괄적 기초 지식과 이해를 필요로 한다(Riggar, Maki, & Wolf, 1986).

2) 역량강화의 개념과 주기

역량 혹은 권력(power)이라는 주제는 전혀 새롭지 않으며, 새로운 것이 있다면 우리가 권력의 이동(power shift)의 시대에 살고 있다는 점이다. 권력은 이제 금전, 이미지, 정보 등 여러 가지 양상을 띠고 우리 앞에 등장해 있다. 자유시장경제에서는 상품과 서비스를 개인의 소득력에 따라 구매한다. 따라서 사람들의 구매력의 양과 질은 크게 자신의 소득 크기와 자원의 정도에 따라 결정되는데, 구매력은 일종의 권력(purchasing power)이 된다. 궁극적으로 복지국가에서 개인의 구매력은 다시 부를 야기하는 소득의 범위, 직업의 안정성과 보상수준, 정부로부터 지급받는 간접적 직접적 보상수준(transfer payments)에 영향을 받는다.

이처럼 역사적으로 많은 사회변화가 있었음에도 아직도 권력은 소수의 힘 있는 사람들의 소유물로 남아 있으며, 너무 추상적이고 이론적이어서 쉽게 접근하기가 어렵다. 재활 과정상 장애인들은 전문가를 불신하게 되었고, 전통적 원조 역할에 대한 본질적 효용성과 전제에 의문을 표시하였으며, 전문가들이 자신과 함께한다기보다는 자신을 격리시킨다고 믿었다. 사람들이 관심을 갖는 역량강화란 한마디로 삶 속에서 당면하게 되는 문제를 해결하고, 삶을 이끌어 나갈 수 있도록 하는 선택이며, 능력 및 자기자신의 문제 상황에 대한 책임의식의 증대라고도 할 수 있다. 장애인에게 있어서 문제해결 능력이 박탈된 낮은 역량의 회복 없이는 역량강화를 이야기할 수 없다. 권력은 삶을 효과적으로 유도하며, 문제해결에 필요한 여러 가지 대안을 창조하여 항상 많은 사람을 움직이고 관심을 끈다. 여기서 흥미를 끄는 사실은 힘과 권력이 항상 한자리에 있는 것이 아니고 자리바꿈하며 변화한다는 것이다.

역량강화는 자신을 이러한 주기 속에 포함시켜 자신이 소유하고 있는 힘 혹은 역량의 근원을 재발견하고 다시 정의하여 새로운 이름을 부여하는 행위다. 따라서 역량강화 그 자체에 대해 '좋은 것' 혹은 '긍정적'이라는 가치판단을 주저하며, 단지 회복된 역량을 어떻게 활용할 것인가에 주목한다. 역량강화 주기는 각기 ① 역량박탈과 역량강화 경험의 상기, ② 역량박탈과 역량강화를 위한 이유, 경험토론, ③ 하나의 문제나 과제 확인하기, ④ 유용한 파워베이스 인, ⑤ 행동계획 개발과 방법으로 이루어진다(Hogan, 2000). 파워베이스 인은 역량강화의 기반을 규명한 것이다. 이러한 맥락에서 역량강화(empowerment)는 장애인에게 힘을 부여하고 권한과 능력을 부여하는 것으로, 'enabled'의 뜻을 가지고 있다(유동철, 2003).

최근 재활 분야에서 관심을 끌고 있는 이 역량강화이론은 우리나라에서는 비교적 새로운 개념으로, 인사경영에서 인적자원과 능력개발(facilitation) 노력의 일환으로 발전되었다(Hogan, 2000). 장애인 직업재활에 역량강화이론을 적용하기 위해서는 구체적 임상 사례연구와 시나리오 개발이 필요하다.

장애인이 사회에 통합되는 기회를 가로막는 것은 대부분의 경우 대중의 차별 의지에서 기인했다기보다 장애인의 직업 욕구를 해소하는 데 실패했기 때문이다. 차별은 장애인에 대한 적개심보다는 장애인의 욕구를 고려하지 않은 데서 기인한다. 따라서 많은 장애인이 사회에 온전히 참여하는 것을 가로막는 사회적 · 물리적 조건을 효과적으로 제거해야 한다. 장애인을 동정적으로 보거나 무능하게 여기는 잘못된 태도와 인식에서 벗어나 사회적 관계와 직업 등 생산적이고 완전한 삶을 이끄는 그들의 능력이나 상품의 시장 소비 방식을 향상시켜야 한다. 따라서 직장생활과 실제 삶 속에서 중요한 대안을 만들어 내는 목적을 띤 사회적 옹호가 더욱 중요해진다(이달엽, 2013).

2. 역량강화이론과 학습모형

1) 실험적 학습모형

인간관계 모형(human relations model)에 뿌리를 두고 있는 역량강화이론은 상담촉진훈련가가 근로자에 대해 집단적 노력, 팀워크와 단합의 성취, 대인관계 문제해결을 위한 체계적인 훈련의 기초를 제공한 것이다. 20세기 교육개혁자는 문제해결과 의사결정 과정에 능동적으로 참여하는 경험이 사람들에게 얼마나 많은 내적 성장 기회를 제공할 수 있는지 보여 주었으며, John Knowles와 같은 학자는 권위주의적 교사 역할에 비해 인간적인 격려를 중요시하는 민주적 교사 역할이 교육적 효과가 더욱 크다는 것을 실증적으로 보여 주었다(Hogan, 2000). 따라서 Kolb는 [그림 3-1]과 같이 4단계의 학습주기로 제시된 실험적 학습모형을 개발하였다. 이들은 훈련(training)보다는 학습장면에 참여하는 사람들 사이의 신뢰와 믿음을 강조하는 촉진(facilitating)이라는 단어를 선호하고 있다. 이런 맥락에서도 직업재활 과정에 있는 중증장애인에게는 많은 심리적 격려와 기회의 제공이 필요하다. 전문가는 과거에 유용했던 것보다 더 많은 삶의 대안을 제공하고, 삶의 현실을 제한으로부터 크게 해방시킬 수 있어야 한다.

사고와 행동의 학습이 느린 장애학생에게는 다양한 행동의 경험과 생활의욕을 높여 직업인에게 필요한 기초기능을 습득하게 함으로써 전인적 발달을 이루고, 장차 지

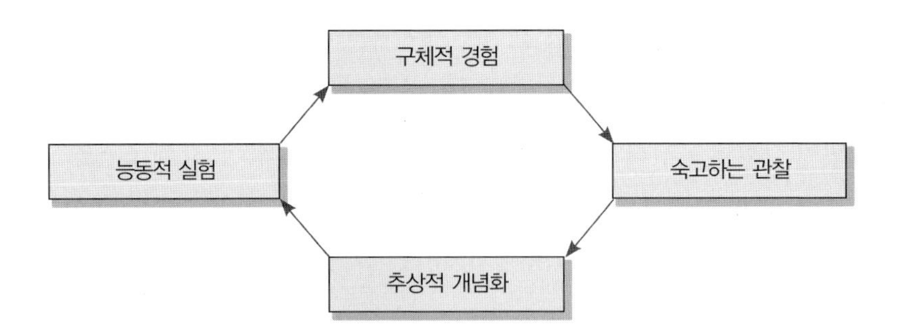

[그림 3-1] **실험적 학습모형**(Hogan, 2000, p. 29)

역사회에서 독립적으로 살아갈 수 있도록 준비시키는 노력이 필수적이다. 역량강화는 공동체의 노력과 더불어 한 개인이 수행하는 각자의 책임이다. 또한 '역량강화 전문가' 혹은 '역량강화 구조'에 의해서 역량강화는 촉진될 수도 있다. 따라서 전문가는 역량강화를 기할 수 있는 환경, 자원 및 과정을 제공할 수 있어야 한다. 조직 또한 역량강화를 위한 구조를 제공할 수 있지만, 궁극적으로 역량강화를 할 것인지의 여부는 조직 자체의 선택이다. 어느 누구도 억지로 '역량강화'를 강요할 수는 없다. 역량강화란 자신의 삶과 개발에 대하여 책임을 감수한다는 것이며, 역량강화를 통하여 결정에 기여할 수 있다. 프로젝트를 관리하고 억압상태에 저항하는 모든 과정에 대한 책임은 개인과 집단에게 있다. 한편으로는 권력 · 힘의 윤리적 활용에 대해서도 민감해야 한다. 한 개인이 사회적으로 독립적일 수 있도록 하는 정치적 · 입법적 지지의 획득도 필요하다.

2) Hogan의 역량강화 기법

몇몇 장애운동가는 전문가가 장애인의 역량강화를 원조할 수 있을지에 의문을 표시한다. 이는 과거에 재활상담사들이 독립성보다는 의존성을 조장하는 방식으로 행동했다고 믿기 때문이다. 이론적으로 개인, 조직, 지역사회, 국가의 4가지 수준에서 역량강화적 변화를 유도하는 과정을 다룰 수 있다. 개인적 수준에서 역량강화적 변화는 직장, 가정, 여가 생활에서 삶의 질을 변화시키고 자기주도적인 생활과 인적 개발을 통해 보다 효율적이고 자발적인 존재가 되는 것이다. 전문가는 지배적이지 않은 방식으로 자신의 전문 영역에서 리더십을 발휘해야 하고 서비스를 제공해야 하며, 능동적 옹호자 및 긍정적 역할 모델을 개발할 수 있는 기회를 제공해야 한다.

Hogan(2000)은 60가지의 행동주의적 역량강화 기법을 소개하고 있는데, 능동적인 듣기(active listening)는 새로운 정보를 흡수하여 과거의 경험과 연결 짓는 방식으로 개인의 역량을 강화한다. 즉, 자신의 이야기에 대해 상대방이 적절히 경청하는 그 자체만으로도 상당한 정도의 역량강화적 경험이 일어나고 내적 사고의 재구성이 가능하며, 경험이 개방적으로 논의되고 비교될 때 그 의미가 깊게 재해석되고 이해된다는 것이다. 이런 기회는 사실상 중증장애인에게 기대하기 어렵다. Hogan은 기본적으로 구조화된 하루 동안의 워크숍 프로그램을 통해 자신이 고안한 역량강화 기법을 장애인과 같이 역량약화된 사람들에게 사용해 보도록 적극 권장하고 있다.

장애를 지닌 사람들이 역량강화되도록 만드는 준거는 다음과 같다(이달엽, 2013, p. 63).

① 장애인의 선택과 대안의 범위 확장
② 자기결정 핵심욕구의 평가 및 전문가, 관료, 기관을 효과적으로 다루도록 준비시키는 것
③ 자신의 상황을 향상시킬 수 있는 정책과 프로그램 대안의 고려 및 동원, 원조

특히 장애인의 역량강화와 독립은 스스로를 돕는 데 기술을 지니고 동기부여되는 것에 유능해지도록 요구한다. 또한 소비자 자세로의 변화에 초점을 두며, 역동적인 역할로 이동할 수 있게 전환을 촉진하는 방식을 옹호한다.

제4장 역량강화 서비스의 고안

1. 문화다원론과 전문가의 노력

한 개인은 다양한 집단에 속하고 개인의 행동은 자신이 속한 모든 집단의 특성을 반영한다. 여기에서는 지능, 욕구, 생활방식, 생활경험, 기질, 정신적 · 정서적 · 신체적 특징 등이 조합된다. 21세기의 새로운 인간상은 다양한 지식 정보를 활용하여 가치를 창출하는 다양성에 바탕을 두고 있다. 따라서 장애와 같이 다른 사람들로부터 구별되게 만드는 인간 다양성은 흥미롭고 즐길 만하며, 생산적인 것이다. 이러한 다양성은 창조적 마찰을 가능하게 한다. 심지어 지구상의 모든 생물은 유전적 다양성이 낮으면 근친교배의 부작용으로 인해 각종 질병에 잘 걸리고 약해져 빨리 소멸되고 만다. 사회에서도 다양성이 있어야 건강한 집단이라고 부를 수 있다.

유전적 종간다양성 부분뿐만 아니라 문화다원론자는 인종, 민족성, 언어, 사회경제적 위치, 성별의 차이에 의해 발생하는 공평과 기회의 문제에 초점을 둔다. 다문화적 사회에서 민족과 인종은 읽고 쓰는 능력 그 자체의 의미를 만드는 사람이다. 생태학적 관점에서는 전문가의 판단이나 행동이 실천결과에 큰 영향을 미친다고 본다. 따라서 상담사와 치료사의 초기 교육에서 자기분석이 큰 비중을 차지하게 된다. 편견을 제거하도록 돕기 위한 기술을 발달시키는 데 중요한 것은 상담사와 내담자 자신에 대한 행동을 스스로 분석하는 것이다. 행동이 나타내는 의미는 개인 자신의 지각에 의해 가려 있으므로 다른 사람의 눈을 통해 자신의 행동을 보는 것은 그 행동에 깊이 새겨진 문화적 편견을 제거하는 첫 번째 단계다(Stevens & Wood, 1992). 예를 들면, 9개의 노란색 물체 속에 놓인 녹색 물체는 불안해 보이는데, 이처럼 사람들이 가진 문화적 편견의 극복이 재활전문가에게는 유능성 개발의 출발이다.

2. 전문가의 자질

풍요롭고 효율적인 세상을 만들어 가는 전문가의 자질은 다음과 같은 전문 지식과 윤리를 토대로 이루어진다.

1) 자기분석

① 심리적 장 · 단점, 전문가의 자세
② 부정적 가치관(시각)의 극복
③ 가정교육(배경)
④ 성격의 개방성
⑤ 안목(포용력), 상대를 폭넓게 수용하는 능력
⑥ 이타성, 사랑, 애정

2) 인간구별, 차별, 내담자의 개인적 특성에 기초한 편견, 선입견, 표준화 극복

① 개인에 대한 믿음: 인간관, 신앙, 문화적 배경, 가족배경
② 사회적 인간관계: 사회관, 태도, 인생관
③ 경제적 결핍욕구: 물질적 복지 상태
④ 객관성과 판단력: 폭넓은 상식과 직무만족, 개발노력, 전문 가치 체계에 대한 신념

⑤ 책임성, 자기결정권의 존중 태도

3) 정서적 특질

① 기질의 변동성 최소화: 예측가능성과 성격적 안정감
② 자기전문성의 한계 인식: 책임을 담당할 수 없다는 결정, 자신감의 정도

이런 관점에서 직업재활전문가는 장애인의 능력에 관계없이 적절한 보호와 교육, 각종 사회프로그램을 통해 의미 있는 삶을 살아갈 수 있게 원조해야 한다.

3. 재활서비스의 고안

대체로 문화적인 요소는 어떤 사건이나 재해와 같은 외적 요소보다는 운명과 내적 요소에 대한 통제에 따른 차이점이 많다. 전문가가 필요로 하는 것은 다양성에 대한 열정이다. 차이와 다양성을 가치 있게 여기고 찬양하는 문화 속에서 가치로 평가되는 것은 인간 경험의 풍부함과 다양성 그리고 각 개인의 창조적 힘이다. 따라서 문화는 각 개인에 대해 깊은 존경심이 존재하는 곳에서만 출현하고 번성할 수 있다.

소수집단의 문화적 다양성은 양적 팽창, 내용의 다차원화와 다채널화, 그리고 광범위한 수준의 발전을 가능하게 한다. 이러한 다양성과 자기 자신만의 독특성을 인식하고 호감을 가지며, 그 진가를 이해하는 것이 사회적 생산성뿐만 아니라 사회구성원들의 자기확신감과 자기가치감을 강화하는 경험에 이르게 한다.

1882년 미국의회는 중국인 배제법(the Chinese Exclusion Act)을 제정하여 특정 이민자 집단이 미국문화에 발생시킬 영향을 최소화하기 위해 노력하였다. 제한 없는 이민이 미국의 심장을 천천히 잠식해 갈 것을 우려한 초기 이민자의 후손들이 이 소수집단에 의해 자신들의 가치와 관습이 변화되는 것을 불안하게 여긴 것이다. 따라서 당시에 보편적으로 영어를 사용하던 공교육은 존재하고 있는 미국문화에 사람들을 영속시키기 위한 최초의 공공기관이었던 셈이다.

도가니이론과 동화이론에서 한 걸음 나아간 문화다원론의 발생은 종종 문화적 스튜로 비유된다. 용광로 속에서 한 덩어리로 녹여 다양한 성분이 뒤섞이는 것이 단독으로 나뉘는 것보다는 풍부한 전체에 공헌한다는 것이다. 이 경우에 그 구성물은 완전하고 구별 가능한 것만 존재한다. 다양화는 정부나 단체가 주도해서 얻을 수 있는 결과가 아니라 자생적 현상이기 때문에 각자의 개성을 존중해 주면 저절로 생겨난다. 조직이 추구하는 특성화는 다양화와 서로 다를 뿐 수평적 구조를 지닌다.

현대 복지사회 구현에 있어 특히 직업재활이 추구하는 장애인의 노동권 운동과 사회통합은 인간존엄성과 권리의 회복, 사회 일원으로서의 권리와 의무에 대한 사회적 복귀에 초점을 두기 때문에 인간다양성에 관심을 두게 되고, 실천전문가는 문화적 민감성을 높일 것을 요구받는다. 인간은 누구나 서로 다르게 생겼지만 단지 다른 것에 그치는 것이 아니라 어느 정도로 어떻게 다르냐 하는 것이 문제가 된다. 따라서 직업재활서비스를 고안하는 데 있어서도 대상자의 장애등급, 취업가능 직종, 장애유형과 같은 단일 전제에 집착할 것이 아니라 모든 가능성을 열어 두어야 한다.

생물학적 요소와는 관계없이 인종이라는 개념은 동일 집단 내에서 개인을 어떻게 보는지, 그리고 집단 외부에서 어떠한 인종 집단의 성원을 어떻게 보는지와 관련하여 중요한 사회적 의미를 지닌다. 따라서 대부분의 심리전문가와 상담전문가를 훈련할 때는 인성, 정체감 형성, 행동 형성에 영향을 미치는 문화적 효과를 교육하게 되는 것이다. 거시적 직업재활서비스의 고안과 제공에도 이러한 원리가 변함없이 작용할 것이다.

제5장

자기책임과 공동선

1. 삶의 도덕적 형태

사람들의 본성과 삶의 도덕적 형태에 대한 이해는 동시대적 사회에 강하게 뿌리박힌 개인의 자율성에 대한 도덕적 신념을 고려할 때 가능하다. 인간의 중요한 특성 중 하나인 사회적 존재란 사람들이 다른 사람들과의 관계에 필연적으로 소속되어 있는 것으로서 인간의 도덕성을 강조한다. 이러한 특성은 사람들 사이의 어떤 종류의 관계가 개인적 · 선택적 수준 모두에서 선한 삶을 강화하거나 제한하는 것으로 전도되는지에 대한 의문을 불러일으키기도 한다(Isaacs & McElroy, 1980). 삶의 도덕적 형태란 모든 사람이 존중받고 존경을 받는 것이다. 이를 위해서는 사회적 결정의 영향을 받을 수 있는 모든 사람의 관심이 설명되어야 한다. 사회에서 누리는 사람들의 풍요로움은 다른 사람들에게 지출의무를 지우지 않는 자기와 타인에게 관련이 있는 것 모두에 대해 공유된 삶을 윤택하게 해야 한다. 그러나 여러 가지 물질적 상태와 생물학적 삶의 조건은 개인의 자기실현 과정에 제한을 가한다.

사람들은 본성, 전통, 문화 · 관습 등에 의해서가 아니라 스스로 적절하다고 보는 것으로써 자신을 창조할 수 있다. 사람들에 대한 설명을 통해 이해할 수 있는 것은 사람들의 도덕성이 필연적으로 사회적이라는 것이다. 따라서 도덕성에 대한 논의는 자기

실현을 추구하는 데 있어 사회가 그 구성원을 위해 양질의 삶을 보다 많이 배양하고 강화함으로써, 그리고 변화를 위해 집합적으로 공유된 삶의 본성에 대한 주제를 확장함으로써 정교화될 수 있다.

인간 개인에 대해 익숙하고 전통적인 관점은 개인을 신체와 마음(혹은 영혼)의, 2개의 분리된 존재로 구성되어 있다고 보는 것이다. 이는 인간의 차별적인 한 특성으로서 합리성에 강조점을 두도록 고무시키고, 사회적 현실성에 대한 개인적 혹은 원자론적 설명을 제공하고 있다(Isaacs & McElroy, 1980). 특히 유교에서처럼 개인의 수양이나 의지를 강조하다 보면 모든 것이 권력정치로 가게 되고, 여기서는 집단적 사고의 경향 때문에 소수반론이 제기되기 어려워 결국 정치실패를 초래한다. 정치면에서 정부는 그 사회구성원에 대하여 생명, 생활, 노동의 기회를 보장할 의무를 가지며, 이때 유기체적 사회선과 인격으로서의 개인선을 조화시키는 사회질서가 필요하게 된다(허창수, 1996). 인간의 존엄성과 인격가치, 사회정의의 실현을 위해 국제노동기구(ILO)가 설립된 이유가 바로 여기에 있다.

사회진보와 함께 사람이 지닌 욕구도 보다 정교한 것으로 대체되고 있고, 변화하는 환경이 자아성취와 자주성을 완성하려는 개인의 노력을 방해하기도 한다. 그러나 인적 · 물적 자원을 통하여 될 수 있는 한 자주적 삶을 일구어 가는 것이 가능해져야만 한다. 모든 사람은 자주적인 생활을 위해서 생활공간을 확보해야 하고, 구체적 삶의 전망을 발전시킬 수 있어야 하며, 이것이 다른 사람들에 의해 규정되어서는 안 된다(채기화, 1999). 자유는 개인의 의지에 반하는 어떠한 조건으로부터도 얽매이지 않고 마음대로 행동할 수 있는 상태를 말한다. 물질적 조건이나 태도와 같은 심리사회적 조건, 그리고 건축물 구조 등 환경적 조건에 제약을 받게 되는 많은 장애인은 의사소통과 물리적 장벽으로 인해 자유를 박탈당할 수 있다.

2. 사회통합의 요건과 과제

한 사회의 모든 구성원은 장애가 있든 없든 다소의 인적 · 물적 도움을 필요로 한다. 그들은 생활공간으로서 제대로 기능하는 사회와 온전하고 자연스러운 생활환경에 의

지할 뿐만 아니라 공동책임이 있는 참여와 형성에도 의지하고 있다. 따라서 사람은 누구나 개인의 고립에 반해서 신뢰할 수 있는 지속적 관계 대상을 필요로 하며, 모든 사람은 돈독한 우정의 기회를 필요로 한다.

사람들은 사회의 모든 영역에서 낙인찍힘 없이 타인에게 간섭받지 않아야 하고 정치, 문화, 교통, 경제, 여가 등에서 참여의 가능성이 열려 있어야 한다(채기화, 1999). 그러나 사회 속에서 중요한 역할을 규정하는 것은 쉽지 않으며, 자연적으로 타고난 재능이 가장 우수한 사람이 어떻게 사회적으로 가장 높은 지위를 점유하는가도 의문이다. 실제로 사회적 신분보다는 빈곤과 같은 구조적 장벽이 사회적 신분상승을 방해한다. 하늘이 개개인에게 재능을 나누어 주었고, 우연히 자신의 재능을 일찍 발견하고 개발을 하는 경우도 있지만 대부분 스스로보다는 다른 사람들의 도움에 의해 이런 재능이 식별되고 발전된다.

1) 개인의 경험과 사회공동체

세상에 대한 사람의 지각은 신념과 행동에 기초를 제공하는 개념적 도식을 통해 전달된다. 따라서 장애인을 위한 동등한 가치는 공동의 경험 상황에서 함께하는 삶을 어릴 적부터 배울 때 가능해진다. 경험은 미래 상황이 어떻게 될 것인지에 대한 예상을 가능하게 하는 심상의 기능을 통해 연관 짓게 할 수도 있다. 이러한 신념은 사람들이 현존하는 사태를 변화시키고자 하는 의지를 형성하게 하거나 미래의 활동을 안내하게 될 의지를 형성하게 하기도 한다.

개념적 도식은 과거에 있었던, 현재에 존재하는, 그리고 미래에 되고자 하는 것에 대한 신념을 제공할 뿐만 아니라 행동과 변화를 위한 인식론적 기초를 제공하기도 한다(Isaacs & McElroy, 1980). 따라서 여기서는 사람들의 행동에 목적이 있다고 본다. 또 사람들은 심리학적 수준에서 억제될 수 있으며, 신체적 조건의 특성을 최적화시킬 수 있는 중재 기술을 통해 수정될 수도 있다. 사회적 구조, 지식, 힘 혹은 부와 같이 그들에게 접근할 수 있는 제한된 수단을 소유한 사람들에게만 선택적으로 유용한 것도 있다.

2) 통합과 사회적 연대의 조건

통합은 모든 사람에게 동등한 가치에 대한 삶의 기회를 보장하고, 준비할 수 있도록 하는 것을 필요로 한다. 통합(integration)은 'integer'에서 유래되었는데, 라틴어의 어원을 보면 '손대지 않은' '다치지 않은' '온전한'이라는 의미가 있다. 따라서 통합은 '전체를 다시 만들어 냄'으로 이해할 수 있다(채기화, 1999, p. 111). '동등한 가치의 삶'은 '똑같은' 것이 아니고 사회적 관계나 직업적 편입만을 강조하지 않는다. 그것은 개개인의 독특함, 그리고 개인적 삶이 한 사회 안에서 차별을 당하지 않고 참여하며 누리는 것을 의미한다. 공동책임을 지는, 사회적 참여를 하는, 동등한 가치의 삶에 대한 가능성과 보장으로 이해되는 통합은 모든 사람의 권리이며 장애인에게 혹은 일반인에게만 고립적으로 작용하는 것은 아니다. 따라서 통합은 일반인의 사회에로의 장애인의 편입을 의미하는 것이 아니라 모든 사람이 함께하는 연대적 문화로 이해해야 한다. 그러므로 통합은 모든 사람의 다양성을 기초로 한다(채기화, 1999).

연대적 문화란 사회적 · 정치적 단위를 함께하는 것으로 모든 사람은 유일하고 독특한 존재다. 이처럼 모든 사람은 서로 다른 존재이기 때문에 우리는 다른 사람들을 완전히 알 수는 없어도 그들의 존엄을 존중해야 한다. 즉, 사회통합에 이르기 위해서는 사회구성원이 서로의 차이, 존재와 가치에 대해 존경해야 한다는 것이다. 장애가 있는 사람들은 다른 사람들과 마찬가지로 존엄하고 동등한 삶에 대한 권리를 가지고 있다. 즉, 그들은 시민으로서 우리 사회 모든 분야에 동등하게 참여하고 다른 사람들처럼 삶에 대한 능력을 키워야 하며, 꼭 필요한 도움에 대한 욕구도 가진다. 사람은 또한 다른 사람들이 부정적인 감정을 갖고 있고 함께하는 삶을 거부할 때, 그리고 그들이 상호교류에 대한 준비가 되어 있지 않을 때도 역시 '장애'를 경험하게 된다.

3) 사회통합의 과제와 자율성

사회통합(social integration)이라는 재활패러다임은 최근에는 다시 포함(inclusion)의 방향으로 빠르게 나아가고 있다. 이러한 사회통합에 필요한 개인적 과제는 다음과 같다.

① 개인적 능력의 개발이나 재평가
② 개인적 독자성과 공공 정체감
③ 자기해방(liberation)
④ 사회적 해방
⑤ 사회적 평가와 적응

여기서 가장 중요한 것은 공동체, 즉 국가가 시민의 삶을 긍정적으로 변화시키는 데 영향을 미칠 수 있다는 점이다. 사람들의 삶은 빈약한 개념적 도식으로 인해 제한될 때 발달 범위가 줄어들 수 있고 자신의 세계에 대해 단지 제한된 이해와 이에 따른 제한된 기회를 지닐 수 있다. 이러한 개념적 도식은 신념, 의도, 그리고 사람들이 추구하는 활동을 제한한다.

사람의 삶은 또한 심상의 결핍이나 동기의 결핍에 의해 제한될 수도 있는데, 왜냐하면 이러한 것은 선택의 가능성이나 실현을 제한하기 때문이다. 따라서 사람의 삶과 자기실현은 사회적 조건이 지식과 이해를 제공하고, 창조성과 목적성을 지지하는 곳에서 보다 윤택해질 것이다. 미래에 대한 희망의 상실은 무관심, 불안, 고통 및 절망과 같은 파괴적인 증상을 일반화시킬 수 있는데, 왜냐하면 이는 자기실현을 위한 노력을 위협하기 때문이다. 사람들은 사회적 상황, 각 개인은 자신이 연결된 것으로 보는 관계망을 구성하는 다른 사람들에 의해 제한될 수 있다. 이러한 사회적 영향력은 나아가 개인의 정체성과 동기에 영향을 미친다. 동기는 목표를 지향하여 행위를 조정하고 도달하기 위해 투입되는 심리적 에너지라고 볼 수 있다(김정원, 1995).

자율성은 자유에 대한, 그리고 자유를 위한 특정 사회적 조건, 자유롭고 정당한 사회에서 정의에 의해 요구되는 것과 같은 사회적 선에 대한 기회를 요구한다. 개인의 삶은 개인 고유의 성격특성에 의해서뿐만 아니라 다른 사람의 특성에 대한 지각 등 모두에 의해서 형성된다. 1974년 UN회의에서는 장벽이 없는 건축설계(barrier-free design) 문제를 다루었는데, 가치와 관련한 개인판단에 있어서 평등이 자유의 출발점이 된다. 인간의 불완전성으로 인해 다른 사람들의 노력을 방해하지 않는 범위에서 지식과 진리 탐구에 필요한 사고의 자유, 교육도 장애인에게 최대한 보장되어야 한다. 이때 외부의 억압이나 강제가 아니라 개인 내부의 동기와 욕구를 충족시킬 수 있는 신념과 태도에 수반하는 자유도 보장되어야 한다. 자유는 구성원의 사기를 드높이고, 자발성과 자신감을 심어 주며, 구성원들 사이의 합의를 이끌어 낸다. 자율성의 전제는 자기결정에 있는데, 최근 특수교육에서 활발한 논의가 진행되는 것처럼 직업재활 분야의 자기결정 이유에 관한 적극적 담론이 필요한 시점이다.

제6장

사회정의

사회정의는 인간사회에서 이해충돌을 해소하기 위해 각자의 몫을 정하여 분배하는 과정으로 시작하였다. 이것은 공동체와 개인들 사이의 대립되는 서로의 가치에 대한 주장을 절충하는 분배 패러다임이 되며, 양육권과 같은 존재론적 질서이념이다. 사회정의는 사회선과 개인의 조화를 통해 인간존엄과 인격완성에 이바지한다.

1. 공정성

최근의 사회현상을 설명하는 유일한 요인이 없다는 것은 공정성 이념, 인간으로서 신분에 맞는 대우를 받아야 한다는 선별적 헌신, 그리고 이러한 이념의 다양한 해석에 상응하는 사회적 과정을 요구하는 다양한 집단이 추구하는 자기결정 노력 사이의 상호작용으로부터 출발한다. 이러한 역사적 설명은 예측 가능하거나 사회적 교정수단을 주장하는 취약한 사람들의 높은 도덕적 근거가 필연적이어서가 아니다. 이것은 오히려 상류계층의 사람들이나 집단의 권력에서 발생하는 초기 이익에 기초한 예측과 모순된다. 이러한 모순은 상이하게 기능하는 사회적 선별력에 있어서 특정한 변화에 따른 결과가 아니라 사회의 다양한 집단에 의해 나타난 사회적 · 경제적 · 기술적 영향의 여러 원천 사이의 상호작용에 새로운 의무론이 추가됨으로써 발생한다.

최선의 공정성에 대한 설득적 이념도 대기업 오너와 같이 최대의 자원을 지배하고 있는 사람들의 양보를 보장하지는 못한다. 사회적 선별주의에 있어서 이러한 요소의 결과는 장기적 견해에서 누가 이익을 얻고 누가 손해를 입을 것인지 예측하는 일을 더욱 어렵게 한다. 사실상 오랜 시간에 걸친 사회적 이익의 축적과 상실 경향은 다음과 같은 요소에 달려 있다.

① 무엇이 공정하고 누가 규칙에 따라 배려받을 자격이 있는가와 관련된 신념 체계의 진보
② 이러한 신념에 상응하는 사회적 교정수단을 주장하고 논박하는 집단들 사이의 권력 중심 변화
③ 개인과 집단 사이의 실제적 권력 획득과 상실에 영향을 미치는 기회에 있어 변화하는 환경

이러한 요소는 시간의 경과와 함께 상호 영향을 미치기 때문에 하나의 요소로부터 예측하기 어려운 다양한 권력의 재구성을 초래하는 상호의존적 기능으로 스스로 변화되었다. 따라서 과거 반세기 동안의 사회적 불이익 집단에 대한 사회적 교정수단을 예측한다는 것은 가능하지 않았다. 인격의 기본적 권리는 생명, 생활, 노동, 문화의 제 영역에서 자유를 통해 실현되며, 사회의 발달에 상응하여 진보되고 변화한다. 공정성의 이념은 모든 사람의 자유에 기초를 두고 있으며, 이러한 발전은 수천 년 전의 사회계층 체계를 이루는 사회적 힘을 설명하는 것과 동일하다.

현대의 자유에 대한 사회적 추세는 특정한 집단이 다른 집단을 지배하는 것을 정당화하도록 하는 이념을 개발하지 못하게 만들 정도로 사회 체계에 영향을 미치는 권력의 탈중심화다. 이러한 상황에서 사회구성원들은 자기결정의 조망이 모든 사람에 대해 최적화되었을 때 자신이 속한 사회구조에 만족할 수 있다. 왜냐하면, 다른 사람들과 비교하여 자기 자신의 조망이 생활 속에서 원하는 것을 충족시킬 수 있는 적절한 기회를 허락받기 때문이다.

흔히 공정성의 문제와 정의는 기원전 4세기경에 쓰인 Aristoteles의 윤리학 논문에서

다루어지는데, 사회적 · 정치적 행복의 산출과 보호에 목적을 두는 사회정의의 기본적 준거는 법률과 공정한 배분이라는 2가지 기본적 요소에 둔다(이달엽, 1998). 공정성은 사회구성원 각자가 주장하는 가치의 대립이며, 또 가치판단은 정서적 · 주관적 성질의 것으로서 합리적으로는 인식이 불가능하다. 이는 어디까지나 상대적인 것으로서 판단하는 주체의 가치일 뿐이며, 따라서 정의의 문제는 객관적이고 절대적인 정의의 원리에 근거하여 해결되는 것이 아니고 기존의 사회질서에 의해서 전제된 상대적인 가치기준에 의해서 해결되는 것이다(이상열, 1990).

Aristoteles는 정의를 '사회와 정치적 공동체의 행복을 유지하고 생산하는 것이다.' 라고 하였고 정의는 그것을 추구하는 사람들에게만 유용하다고 지적하였다(Stevens & Wood, 1992). 지나친 집단주의 사고이긴 하지만 사회정의 문제의 기원은 사실상 인간사회에서의 이해 충돌에 있으며, 각기 자신의 입장을 정당화하기 위하여 객관적 기준에 호소한 데서 연유한다. 갈등, 긴장이 존재하는 윤리적 단위는 개인, 단체, 문화로 구분되며, 사회질서의 확립 그 자체가 인격의 권리 내용에 속하기 때문에 인격의 기본적 권리를 완전히 보증하는 것이 가장 주요한 과제가 된다.

사회정의의 기준은 재화의 특별성, 그 사회적 중요성, 그리고 수혜자의 흥미와 능력의 다양성을 반영하도록 요구한다. 따라서 개인의 권리나 보편적 자유를 약속하는 모든 경우에 적용시킬 수 있는 보편적 원리를 필요로 한다. 상황의 특별성이 갖는 의미를 개발하고 특정 영역에 적당한 기준을 마련하기 위해서는 넓은 참여를 가능하게 하는 구조가 필요하다. 이러한 사회정의는 사회의 개별 구성원에 의한 생활의 필요와 욕구를 충족시키는 확률을 높이는 공정성의 이념과 일치하며, 비장애인과 마찬가지로 장애인의 욕구와 필요를 충족시키는 조망을 최적화하는 배분적 정의의 공정성 철학과 일치한다.

분배패러다임은 사회구성원들 사이의 이익과 부담을 도덕적으로 적당하게 배분하는 것과 관계된다. 이것은 종종 권리, 기회, 권력, 그리고 자기존중과 같은 정신적 재화를 포함하기도 한다. 분배패러다임은 장애의 사회정치적 모형에서와 같이 공정성의 문제가 사회의 정치-경제적 구조에 원인이 있다고 본다.

2. 사회정의의 기준과 관점

아이의 양육권과 같이 존재론적 질서 이념인 사회정의는 법에 의해 정해진 권리라기보다 모든 개인과 공동체가 그 의무의 주체인 동시에 공동선을 부여받을 권리를 지닌다는 성격을 띠게 된다. 정치면에서 정부는 사회구성원의 생활과 노동의 기회를 보장할 의무를 가지고, 이것은 기본 인권의 한 형태가 되며, 장애인에게도 똑같이 적용된다(이상열, 1990).

Aristoteles는 정의에 2가지 기준이 있다고 본다(Stevens & Wood, 1992). 첫째는 법과 관련된 정의다. 예를 들면, 각 나라의 법률적 문제에 있어서 여러 정당은 동등한 취급을 받는다. 법은 가령, 특정한 사람이 범법행위를 해 왔는지, 그리고 그 상황을 어떻게 교정할 것인지를 결정해야 한다. 이런 식으로 이해한다면 정의는 임의성과 편애가 작용하지 않도록 만드는 올바른 법률의 적용이 된다(Stevens & Wood, 1992).

Aristoteles 논의의 두 번째 기준은 자신의 공정한 몫을 갖는다는 의미를 나타내는 할당의 용어로 공정한 배분의 개념을 설명했다. 그는 사람들 사이의 물질 분배에는 평등이 존재해야 한다고 주장했다. 여기서 동등한 사람은 동등한 소득을 보장받고, 불평등한 사람은 불평등한 소득을 보장받는다. 다른 말로 '사람들의 공적에 따라 각자에게 배분하는' 이런 평등의 개념과 정의의 관계는 역사적으로 밀접한 관계이며, 오늘날에도 여전히 남아 있다(Stevens & Wood, 1992). 원칙은 직설적이지만 Aristoteles의 생각처럼 누가, 어떻게, 또 무엇이 보답받을 가치가 있는지에 대한 결정에 항상 모든 사람의 의견이 일치되는 것은 아니다(Stevens & Wood, 1992).

평등이라는 것은 정의를 공정하게 배분하는 법 앞에서 존재할 수 있으며, 사람들은 어떻게 다루어져야 할 것으로 기대되고 실제로 어떻게 다루어지는가를 살펴보아야 한다. 이러한 논의는 무엇이 옳은가 혹은 무엇이 공정한가와 같은 개념을 다루며, 동등한 기회문제와 직접 관련되어 있다.

1) 통합정책의 원리

오늘날 정치-경제적 재구조화를 요구하는 통합의 실천은 삶을 결정하는 가치, 중요성, 기준을 살피게 한다. 정책분석은 정부가 수행한 것이 왜 필요했고 어떤 차이를 가져 왔는지에 관심을 갖는다. 종종 정부행동이 특정한 의도나 목표를 가질 때 정책이 된다. 동질성과 획일성의 가정에 기초를 둔 사상은 도덕적 원리보다는 관리적 편의에 기초한 규칙에 순종하기를 요구한다. 따라서 정책수립 시 고려해야 하는 사회문화적 요소, 사회적 정당성, 사회적 영향, 직업재활서비스도 각 국가의 사회적 · 경제적 상황에 맞게 다루어진다. 통합정책을 위한 원리는 동등한 접근과 기회를 강조하는 사회정의에 기초를 두고 있지만 필수적이지는 않다. 왜냐하면, 사회정의란 생각할 수 있는 모든 도덕적이고 중요한 영역 이상으로 그것을 제시하는 사람에 의해 쉽사리 인식되지 않기 때문이다. 굶주림과 가난, 그리고 육체적으로 손상된 사람들은 곤경을 인식할 수 있도록 해 주는 추상적 정의를 필요로 하지 않는다. 사회정의는 과거의 소외에 대한 역사적 판단을 하는 것이 아니라, 단순히 자유시장 상태에서 개인의 선택을 보장해 주는 일이다.

미국의 철학자 Rawls에 따르면 정의는 특별한 사회적 규범이나 사회 속의 집단이 설정한 특별한 사회적 목적에 달려 있지 않다. 즉, 사회적 협조의 규칙에서 개인의 삶의 목적은 다른 사람들과 동등한 정도의 자유를 가질 수 있도록 설정되어야 한다는 것이다. 이때 우리 사회의 일반적 복지라 하더라도 정의에 대한 개인의 권리를 침해할 수는 없다.

물질적 가치의 사회적 이동에 관심을 가진 Rawls(1971)는 공정, 즉 개인의 재능과 노력에 기초한 사회가 제공하는 자연적 보상 체계는 도덕적으로 옳지 않다고 본다. 심지어 공정한 기회가 차별이나 속임수에 대한 법률 혹은 정부와 같은 공식적(합법적) 장치에 의해 보장되는 것도 공정하지 않다고 본다. 이런 보장은 재능, 특성, 태도에 기초해서 이루어지기 때문에 개인의 선택과는 관계없는 요소(유전적 · 환경적 요소)에 의해 통제된다. 달리 말하면, 사람들이 출생에 의해 얻어진 우연적인 특성에 의해서 보장받을 자격은 없는 것이다. 따라서 적어도 사회적 · 문화적 불이익을 보상하거나 교정하도록 만드는 체계 이상의 동등 기회로 나아가야 하는 것이다.

Rawls는 사람들이 지닌 다양한 재능과 장점은 서로 나누어야 하고, 여기서 기인된 이익은 공통의 목적 추구를 위해 분배되어야 한다고 본다. 그는 한 개인이 사회로부터 특정한 무언가를 갖도록 자격이 부여되는 것은 전혀 있을 수 없다고 보았으며, 오히려 사회 체계(systems) 속에서 그 무언가를 충족시킬 때 부여받는 이익을 기대하게 되었다고 보았다. 따라서 진정한 의미의 사회적 배분이란 소유한 재능이나 특성에 의한 자격보다는 공통의 이익을 산출할 재능이나 자원의 개발을 촉진하기 위해 확립되어야 한다고 보았다(Stevens & Wood, 1992). 따라서 중증장애인을 위한 직업재활 예산도 의무교육과 마찬가지로 합법적인 과정을 통해 확립되어야 하며, 대중의 태도 역시 변화되어야 한다. 시설중심의 각종 직업재활 프로그램은 지역사회와 통합지향적인 방식으로 재설정될 필요가 있다. 또한 정부의 개입을 정당화할 수 있는 대중의 이해와 지지를 이끌어 낼 수 있는 사회 수단의 확보도 문제다. Patricia E. Deegan이 제20차 RI대회에서 발표한 자료에 따르면 2004년 미국 내 15만 명의 장애인이 수용된 정신시설의 평균 1인당 연간 국가예산으로는 5만 8,569달러가, 7만 7,618명의 발달장애인 1인당 연간 국가예산으로는 8만 2,228달러가 사용된다(pp. 1-6). 이제 우리나라도 거의 이런 수준에 이르고 있다.

2) 각종 이론적 관점

Rawls의 논점을 비판하는 사람들은 그의 분배이론이 착취를 유발한다고 본다. 시장개인주의를 채택한 같은 대학의 교수 Nozick은 한 개인이 자격보다는 적어도 다른 누군가보다 자신의 재능에 의해 이익을 얻도록 되어 있다는 '유자격(entitlement)' 이론을 주장한다. 즉, 개인의 능력과 재능은 사실상 소유자로부터 분리할 수 없기 때문에 중요한 차이는 사회적 이익이 산출되는 방식에 있다고 본다. 다시 말해, 사회적 이익 획득에 관여하는 방법이 정당하다면 그 이익에 대한 자격이 있다는 것이다.

그러나 이런 Nozick도 이이분배가 국가에 의한 방식이 아니라 개인의 선택으로부터 이루어져야 한다고 본다. '사회에서 희귀한 자원을 누가 얻을 수 있는지 결정하는 데 있어서 가장 중요하게 고려되는 개인적 특성, 기술, 지식은 무엇인가? 또 그것이 사회서비스인 경우에는 어떤 수준에서 충족되는가?'라고 질문해야 한다. 만약 서비스가 사회질서와 정치적 생존에 필요한 것으로 고려된다면, 어떤 수준에서 어떤 기준에 의해 제공되는가와 같이 바람직한 사회서비스의 수준에 관련된 문제 및 분배되는 공정성에 관련된 문제에 직면하게 된다(Stevens & Wood, 1992).

공리주의적 입장은 개인의 선택을 쾌락과 고통의 측면에서 다루어, 선은 최고의 즐거움을 가져다주는 것이라고 본다. 여기서 판단은 평균적인 사회적 이익과 보상물이 극대화되는 수준에서 이루어진다. 즉, 평균적 행복이 최대화되는 지점이다. 가장 귀중한 재능, 노동 혹은 생산물을 보상 가운데 나누기 때문에 최선의 결과는 자유시장 아래에서 이루어진다. 따라서 자유시장 아래에서의 평등기회가 최적의 배분을 초래한다.

Pinker와 같은 학자들이 주창하는 규준이론(the normative theories)은 정황적 맥락보다는 이상주의적 기준을 먼저 설정한다. 사회적 · 정치적 사고의 흐름과 전통 사회가 안고 있는 가치 및 이상을 사고의 출발점으로 삼고 있는 불평등주의 규준이론가는 사람들 사이에 개방되고 자유로운 경쟁으로부터 발생하는 불평등은 제한되지 말아야 한다고 본다. 반면, 평등주의 규준이론가는 사회적 불평등을 축소하려는 노력 그 자체가 바람직하다고 본다. 사실상 불평등주의 사고는 자유주의 전통에 토대를 두고 있고, 평등주의 사고는 사회주의 전통에 토대를 두고 있다.

자유주의 사고는 자유, 개인주의, 민주주의와 그에 따르는 가치를 존중한다. 이는 Beveridge와 Keynes, Galbraith로 대표되는데, Beveridge는 정부의 개입은 경찰국가처럼 사회적 악의 제거에만 사용되어야 한다고 본다. 개인주의 원리는 성공과 실패, 성취와 실수, 번영과 복지가 스스로에 의해서 이루어져야 하고, 또 그러한 권리와 의무는 온전히 보장되어야 한다고 본다. 인생의 궁극적 도달점은 개인 자신의 손에 놓여 있기 때문에 인간행동은 합리주의와 공리주의 원칙에 의해서 설명된다.

진보적 자유주의자들은 정부가 사회에 존재하는 계층적 차별을 해소해 주는 것보다 시장에서 낙오된 사람들에게 최소한의 보장을 해 주는 일이 필요하다고 본다. 정부가 보장하는 최소생활에 필요한 다양한 사회복지 조치들을 통해 개인의 능력과 노력에 따른 불평등을 크게 방해하지 않고 빈곤을 해결할 수 있다는 것이다. 반면, 분석이론(the analytical theories)에서는 이상적인 상태에 대한 논의보다 현실에 대한 과학적 설명을 중시한다.

평등이념은 법 앞의 평등을 의미하는 법적 평등과 경제적 보장의 사회권으로서의 기회평등을 의미할 수도 있다. 미국장애인법(Americans with Disabilities Act: ADA)은 개인의 능력, 경제적 효율성, 그리고 기회평등의 가치를 담고 있다. 복잡한 사회에서 사람들은 같은 의미나 능력, 욕구를 가지고 있지 않다. 독특한 사람들의 통합을 장려하는 시스템은 균등의 가정들을 만족시키지 못할 것이다. 완전한 자유의 상태에서 선택할 수 있는 사람은 없으며, 일련의 상황, 사건, 관계 속에서 기회에 직면하게 된다. 따라서 자유라는 것도 부유한 부모나 특목고와 같은 독특한 환경에 의해 만들어진 탓이라고 볼 수 있다. 사람들은 단지 자유롭도록 허락하는 사회적 · 물질적 조건과 경험의 범위 내에서만 자유로운 것이다.

빈곤한 아이들은 부유한 아이들에 비해 선택의 자유에서 엄청난 한계를 경험한다. 이렇게 볼 때 대부분의 공동체 몫은 그 사람들을 그렇게 만든 사람과 환경 조건에 돌아가야 한다. 욕구가 긴급하고 어려운 상황에 놓인 사람일수록 많은 보상을 받아야 하는 경우 사회적 기여도나 욕구 정도의 등급을 부여하는 일이 필요하게 된다. 공정 혹은 공평(equity)과 평등(equality)의 차이점 및 준거에서 마르크스주의자들은 사회적 자원 배분이 욕구와 실적에 따라 분배되어야 한다고 본다.

기능주의 사회이론은 마르크스주의와는 달리 불평등은 사회질서와 안정을 유지시킬 뿐 차별적이거나 착취적이지 않다는 입장을 견지한다. 모든 사회는 존속을 위해 사회적 분화를 필요로 하기 때문에 불평등은 불가피하며 바람직하다고 본다. 사회적 차별은 그 나름의 통합적 기능이 있어서 질서에 순응하는 가치 체계는 보상을 받고, 여기서 발생하는 불평등은 사회통합과 가치 체계 강화의 유인제로 작용한다. 하나의 사회는 동질성, 질서, 안정이 필요하고 각 체계 내에서 통합을 필요로 한다. 오래전에 Parsons는 사회 체계가 각기 상대적 활동을 평가하며, 이러한 평가는 결국 존속을 위한 사회의 공통 목적에 귀착된다고 보았다. 따라서 목적에 기여하는 정도에 따라서 권력, 위세, 그리고 부가 차별적으로 분배되는 기능이 발생한다는 것이다.

현대의 자유주의 후생 경제학은 다른 사람의 복지를 축소시키지 않으며, 적어도 한 개인의 복지를 증대시킨다면 그것은 공정하다고 믿는 것이다. 사회적 불평등을 제거하려는 노력이 바람직하지 않다고 믿는 사람들은 ① 인간자유의 침해, ② 경제적 효율성의 저해, ③ 사회적 위험과 희생의 감수 회피, ④ 개인의 부와 투자의 희생, 그리고 ⑤ 문화의 단순화와 발전 저해 등을 이유로 제시한다. 여기서 사회적 차별은 특수한 통합적 기능이 있고 가치 체계들은 개인, 제도, 직업, 사회적 수준에서 필수적으로 작용한다. 사회는 특수하게 분화된 일련의 역할, 그리고 이 역할 수행과 과제에 필요한 적절한 개인들로 채워져야 하기 때문에, 평등한 사회에서는 재능에 따라 분배할 수 있는 역할이 존재할 수 없게 된다. 결국 현대적 의미의 사회정의는 이런 다양한 요소의 균형과 절충을 요한다.

3. 사회정의 사상과 분배원칙

1) 개념상의 관점과 전제

사회정의 문제는 주로 가치, 평등, 기회의 개념 용어로 사용되어 왔다. 가치의 개념은 개인이 자유롭고, 사람들은 최상의 이익에 필요한 결정을 할 수 있다는 가정에 의존한다. 즉, 개인은 선택하는 데 자유롭고, 그 선택에 대해 도덕적인 책임을 진다. 기회의 가정 아래 정당한 사회에서 그것은 보상되어야 할 노력이고 성취다(Stevens & Wood, 1992).

선택의 결과와 목적이 정당한 사회의 개념을 표현할 수 있도록 하기 위해 자주 사용되는 비유는 도보 경주의 비유다. 경주가 공정하게 이루어졌는지에 대한 판단이 중요하다고 할지라도 지위, 부, 명예를 위한 경주에서는 승자와 패자가 있고, 정당성은 경주의 결과를 가지고 판단한다고 가정해 보자. 페어플레이가 중요하고 보상을 가정한다면 공정한 경기에서 일어날 수 있는 장벽에 대한 질문을 던질 수 있다(Stevens & Wood, 1992). 재능은 대부분 유전과 환경의 문제인가? 만약 그렇다면 경주가 처음부터 유리했던 선수는 보답받을 것인가? 차별과 편애 혹은 가난이 경주의 승리를 불가능하게 만드는 장벽인가?

사회정의에 관한 3가지 주요한 사상은 자유개인주의, 시장개인주의, 그리고 사회민주주의다. 자유개인주의는 Rawls(1971)가 말한 정의를 강조하는 보상이나 공평이라는 용어로 다양하게 사회정의를 개념화하고 있다. 사람들은 다른 사람의 자유와 조화를 이루는 광범위한 기본적 자유를 가지며, 주요 사회적 재화를 동등하게 분배받는다는 것이다. 반면, 폭력, 절도, 사기, 계약자격 등에 대한 보호기능으로 제한된 최소한의 국가를 주장한 Nozick은 사회적 · 경제적 정의의 재분배적 개념을 거부한다. 그의 자격이론은 분배적 고려를 위한 중요한 가치로서 개인의 자유를 존중한다. 평등주의는 사실상 사회주의 사상으로부터 많은 영향을 받았는데, Fourier는 복잡한 계산 끝에 이상적인 사회인 남자 810명과 여자 810명으로 구성된 팔란크스 사회공동체(communal phalanxes)가 공동으로 노동하여 생산물을 나눌 수 있는 토지와 자원을 필요로 한다고 보았다.

자유시장 개념은 불균형한 방법으로 특권층의 이익을 보장해 준다. 반면, 협동은 사람들의 이익을 확대시키고, 다른 사람과의 관계를 공유함으로써 실용적 견해를 확대시킨다. 개인의 이익 이상으로 사회의 일반적 복지에 기여하고 일반적 행복을 이끌어 준다. 스스로 과학적 토대 위에서 사고한다고 믿었던 Engels는 합리적 개혁을 통해서 사회주의자는 개인의 이익추구가 공동선을 지향하도록 해야 하며, 경쟁과 획득은 협동이라는 가치로 대체될 수 있다고 보았다. 통합된 교실에서 한 사람의 낙오도 용인하지 않는 스웨덴의 교육 체계에서와 같이 개인주의를 이타주의적 상호원조로 대체하는 것이다. 이타주의적 사고는 자기이익에 도움이 될 뿐만 아니라 동시에 익명의 다른 사람들의 삶도 풍부하게 하여 사회통합을 앞당긴다고 본다. 원조 전문직 사람들(helping professionals)이 자기조망을 발전시키듯이 다른 사람들은 자기 자신에게 거울이 된다.

Marx에서 시작한 욕구의 개념을 강조하는 사회민주주의 관점에 따르면, 국가 활동은 시장을 대신하여 그 지나친 행위를 바로잡고, 임의로 조장된 비용을 최소화시킨다. 자유, 번영, 그리고 공평은 단지 시장의 확장에 의해 전달되며, 정부의 주요 책임은 자본 축적을 위해 필요한 사회적 · 문화적 상황을 잘 관리하는 것이다. 사회주의이론에서는 사람들이 사회계층상 상이하게 점유되는 과정과 상이한 사람들이 가지는 소득, 부, 권력, 위세 등에 대한 접근성 및 보상에 있어서의 차이를 설명하고자 한다. 다양한 사회적 이론에서는 자연적 불평등 원리, 즉 역사적으로 존속해 온 부와 권력에 있어서의 불평등이 인간의 통제 밖에 놓인 사회생활의 본질적 요소라고 본다. 이것을 생물학적 특징, 즉 하나의 작용기제(mechanism)로 보아 이와 같은 성스러운 질서를 바꾸려는 노력 자체를 신성에 대한 도전으로 간주한다.

예를 들면, Platon의 공화국이나 유교에서는 사회적 신분의 차이가 인간의 태생적 재능 차이로 인해 자연적으로 부여된 상이한 결과라고 보며, 이것이 사회적 질서를 유지시키고 모든 사람의 행복을 촉진한다고 본다. 이러한 전제는 재능이 탁월한 사람은 다른 사람을 다스리는 반면에 그렇지 못한 사람은 탁월한 사람들을 위해 봉사한다는 것이 된다. 즉, 생물학적 우열이 사회적 차이를 자연적으로 초래한다고 보는 Darwin의

진화론이나 인종상의 우월성을 내세우는 국수주의를 신봉하는 사람들이다. 자본주의의 속성과 크게 다르지 않다.

사회이익의 분배에서 조정을 추구할 때 Rawls는 첫 번째로 공정한 기회평등과 두 번째로 공리주의 분배 원리에 착목한다. 자유주의와 공리주의의 관점은 교육기회 평등의 형식적 · 보상적 해석을 제공한다. 미국의 무상 공교육 체계의 발전 역사를 살펴보면, 인근 주민의 부조를 통해 문맹퇴치를 위한 교사의 급여를 확보하였고 이러한 재원으로 마련된 공교육 서비스는 2가지 주요한 원칙에 기초를 두었다. 즉, ① 기회의 원칙과 ② 성취(proof)의 원칙이다. 기회의 평등은 사람들 사이에 존재하는 사실상의 차이 인식에서 출발하며, 어떻게 대응하여 실질적 평등을 실현하느냐가 중요하다. 기회평등에서 공평(equity)이라는 점은 불평등(inequality)을 의미할 수 있지만 자원이 분배되는 과정이 공정(fair)하다면 그것이 수용될 수 있다는 입장이다.

따라서 아동에게는 참여에 대한 어떠한 사전 제한 없이 또래와 어울려 교육서비스를 받을 수 있는 기회가 허용된다. 뿐만 아니라 성취의 원칙은 학생들의 행동에 대해 질적인 기대치를 충족하도록 요구하기 때문에 개별 클래스에 대한 기준들이 엄격하게 적용되고, 일정한 학점을 이수해야 다음 클래스로 나아갈 수 있다(Clark & Kolstoe, 1990). 중증장애인들에게는 확연히 불리한 사회조건이지만 여기서도 느린 학습 속도를 고려한 성취의 원칙이 적용될 수 있다.

교육기회의 형식적 해석은 교육기관에서의 평등한 기회제공을 의미하며, 도덕적으로 부적합하다고 여겨지는 기준의 형식적 장벽의 제거로 참여하는 형태를 띤다. 보상적 해석은 교육기관에서 불이익을 받는 학생들을 보상해 주기 위한 형태이므로 특수교육은 장애에 대한 보상을 의미한다. 민주적 해석에서 교육은 가치 있는 것으로, 효과적 교육을 위하여 학생의 생활환경과 배경의 상이점까지 인식해야 한다는 것이다. 단순한 물리적 장벽의 제거만으로는 부족하며, 보상적 해석에서 장애아동을 물리적으로 참여시키지만 의미 있는 참여로부터는 제외되고 교육기회의 평등 조성은 거의 이루어지기 어렵다. 민주적 해석에서 기회를 접근성의 문제로 파악할 때 동등한 기회를 제공하는 사회 시스템이 훌륭한 보상전략이 된다.

제도적 형태로 이루어지는 교육은 그 자체가 사회적 가치를 나타내며, 장애인의 근로권도 이런 맥락에서 보장되어야 한다. 가족의 경제력과 교육의 관계는 실제로 교사가 학생과 동일한 사회문화적 배경을 지녔는지에 따라 학교가 제공하는 사회적 환경에도 달려 있다. 기회불평등의 근원은 첫째로 가정 자체와 그 개인을 둘러싸고 있는 문화적 영향에 달려 있다. 학교환경에서 'tracking'을 하는 주요 이유 중의 하나는 한정된 교수방법 때문이다. 즉, 방대하고 넓은 학교 안에서의 문화적 통합이 가능하도록 만들기 위해서 필요한 것이다. 정부는 국민 개인의 자율성과 다양성, 그리고 그들의 역량강화에 관심을 가지고 있어야 할 것이고 동시에 교사의 기대는 학생의 노력, 동기화 및 성과에 영향을 미치는 가장 중요한 결정요소 중 하나다.

Rosenthal의 유명한 피그말리온 실험은 교사의 기대가 학생들에 대해 어떻게 자기충족적인 예언을 이루어 가는지 입증한다(Stevens & Wood, 1992). 만약 교사가 어떤 학생이 실패할 것이라고 생각하면 그 아동은 실패할 확률이 높다. 종교나 소득을 기초로 한 교사의 여러 가지 기대가 서로 다른 행동과 성과를 기대한다는 것을 눈치채도록 만들고 결국 학생의 자아상과 성취동기 및 목표 수준에 영향을 미치게 된다. 공정한 평가, 학생 활동에 대한 공정한 개입 및 공정한 처벌과 같이 학교와 교실 내에서 공정성을 보장하기 위한 정책과 절차가 필요한 것이다.

부모나 지역사회의 관여도 역시 양질의 교육을 위해 필수적인 구성요소다. 부모가 학교 관계자와 접촉할 수 있고 아동의 일에 영향을 미칠 수 있다는 사실을 믿을 때 학교에 대한 신뢰가 생기고 학교에 대한 지원이 이루어진다. 따라서 가족과 지역사회는 장애인 직업재활 노력을 서로 지지하고 전문가도 이들을 위해 봉사해야 한다(Stevens & Wood, 1992).

2) 인간존엄성과 자기결정

인간회복은 직업재활의 철학이자 가장 중요한 기본 가치가 되고 있다. 오늘날 개인적 · 법률적 인격의 존엄성은 민주주의의 이념 체계가 존립하는 한 계속해서 국민의 기본 권리로 보장되어야 하고 또 보장될 것이다. 공동체를 형성하고 있는 근본적인 주체는 역시 개인이며, 따라서 개인의 권리와 인간존엄성은 결코 무시되어서는 안 될 중요한 핵심적 요소가 되고 있다. 이와 같은 존엄성에 대한 철학은 생활에 있어서의 자유와 행복추구의 존중에 대한 중요성과 연관되며, 아울러 자기결정권(rights to self-determination), 기회균등권 및 사회적 책임과도 직결되는 것이다.

(1) 개념

직업재활의 궁극적 가치는 인간존엄성의 회복에 있으며, 내담자에게 보다 나은 삶을 살도록 도와주는 역할을 수행하고 있다. 이러한 원조 과정(helping process)에서 내담자에게 제공되는 서비스를 내담자가 수용할 것인지에 관한 결정은 내담자의 권리다. 전문직 최고의 가치인 인간존엄성은 내담자의 자기결정에 대한 이런 가치의 논리적 귀결인데, 인간은 자기 삶을 선택하고 결정할 천부적인 권리를 가진다는 사실을 보여 준다.

자기결정이란 '자신의 생활환경과 관련된 행동이나 목적을 선택하기 위해 취하는 행동으로, 외부 압력을 받지 않고 스스로 결정하고 거주지를 선택하며 다른 사람의 간섭 없이 결정하거나 행동하는 자유, 다른 국가가 원하는 것과 상관없이 국민 스스로 정부 형태를 결정하는 것' 등으로 정의를 내릴 수 있다. 흔히 자기결정과 유사한 의미로 자율성이라는 말이 있는데 이는 의지적 행동과 독립성, 자유, 자율적 조건과 권리로서, 사회복지와 관련하여 Frankel은 '자기 스스로 동의한 것만 실행하고, 자발적인 의미 외에는 받아들이지 않으며, 개인 스스로 주인 역할을 하는 것'이라고 설명하면서 자기결정에서도 이와 같은 내용을 강조하였다. 내담자가 인간 존재의 현상으로서 자기결정을 행사하지 못한다면 그것을 사용할 기회를 잃어버린 것에 불과하다.

자기결정은 개인이 스스로 선택하고 결정하는 권리로 단순히 목적을 위한 수단이 아니라 오랫동안 서구 민주사회가 신봉해 온 가치구조, 즉 정당한 방법으로 추구되는 목적과 그 목적 달성을 위해 선택되는 수단을 결정하는 기본적 가치로 간주되어 왔다. 자기결정권은 주체적인 책임으로, 자기 인생의 목적을 달성하려는 방식으로 살아 갈 책임이다. 이 책임은 인생을 살아가기 위한 수단을 선택하고 결정할 본질적이고도 양도할 수 없는 권리다. 왜냐하면 타인의 권리나 내담자의 선택 능력, 법적 제한, 사회규범 등과 연결되어 있기 때문에 자기결정권은 종종 타협되는 권리다. 어떤 면에서 자기결정 이외의 법적 · 인권적 자유와 특권의 근본 원리에는 비밀 보장, 사생활 보호의 원칙 등이 내포된다.

(2) 자기결정과 한계

자기결정의 개념이 전문직 전반에 걸쳐 매우 중요하지만 내담자의 자기결정이 모든 상황에 적용되는 절대적인 권리는 아니다. 내담자의 자기결정 권리를 제한하는 한계는 크게 두 부분으로 나눌 수 있다.

① 현실 평가에 따른 한계: 전문가는 내담자로 하여금 비현실적 목표 추구에서 벗어나 실현 가능하고 만족할 수 있는 결정을 내릴 수 있도록 도와주는 과정에서 한계에 직면한다. 내담자가 선택에 대한 대안이 전혀 없는 경우나 내담자의 선택 능력에 의한 경우, 내담자의 자기결정이 가져올 결과 예상에서 생기는 경우, 사회규범이나 법률에 의한 제한, 기관과 전문가에 의한 제한 등이 있다.

② 계약적 성격에 내포된 한계: 내담자나 그 가족은 자신의 사생활을 노출시켜야 하고, 약점을 드러낸다는 점을 꺼려할 수 있다. 불법적 행동이나 사회규범에서 이탈되는 경우 등 원조 과정에서 내담자가 선택한 결정에 전문가가 거부권을 행사할 수 있기 때문에, 내담자의 자기결정에 대한 권리가 제한될 수 있다.

3) 자기결정과 경제적 동기

소외된 사람들이 정치적 집단에 영향을 미치도록 해야 하지만 기회의 결여와 자연적 권리의 개념적 결함은 사회적 · 경제적 · 기술적으로 적절한 수단의 결여를 초래하고 궁극적으로는 자기결정과 그 권리 사이의 불일치(disparity)를 경험하게 만든다. 자기결정의 중요한 구성요소들 중에 하나는 개인의 선택과 일상생활 및 미래의 계획을 넘어서 노력하는 목표와 함께 시민권을 직접적으로 행사한다는 것을 의미한다. 특히 자기결정의 조망이 공정하게 분배되었을 때 모든 구성원에 대해 기회는 평등한 최적(optimal) 상태에 있다고 본다. 따라서 한 개인이 추구하는 가치가 다른 사람의 가치와 다를 경우에도 기회는 평등하다고 본다. 왜냐하면 모든 사람은 장기적으로 자신의 목표를 추구하거나 하지 않는 데 있어 대체로 동일한 기회를 가지고 있기 때문이다. 기회가 중요한 이유는 스스로 정한 삶의 선한 목표를 개인적으로 추구하기 위한 기회가 사회구성원들 사이에 불공평하게 분배된다면 모든 사람에 대한 자유의 이상은 위협받을 것이기 때문이다(Mithaug, 1996).

대부분의 자유주의 국가에서 열악한 조건에 놓인 많은 사람은 스스로 추구하는 일에 종사하지 못하거나 실패하게 되고 따라서 자신의 삶의 조건들에 대한 통제력을 잃게 되며, 그것은 절망감으로 확대된다. 자기결정권과 그 권리의 실현 사이의 간격에 대한 설명에서는 사회에서 가장 불이익을 받는 집단의 통제 바깥에 있는 상황이 자기결정에 기초한 삶에 이르는 기회 획득의 실패에 이르게 한다고 주장한다. 이 간격의 원인적 요소들이 도덕적이라기보다는 사회적인 측면에 있기 때문에 교정수단은 도덕적 비난보다는 사회적 접근이 된다. 이와 같은 맥락에서 사회적 개입의 궁극적 목표는 다양한 자기결정 노력들을 동등하게 하는 것을 최종 상태나 시작으로 삼기보다 모든 사회구성원 사이의 자기결정권에 대한 조망을 균등화하는 데 있다. 사회적 선택과 행동에 미치는 영향력의 증대는 이전에는 생각하지 못했던 방식으로 새로이 기능한다. 의무론에 초점을 둔 권리운동의 출현은 스스로 진화되고 분화되어 권력의 배분형태를 변화시키는 속성을 지니고 있다. 도덕적 이념을 실천하려는 노력은 종종 기존 권력의 정당화나 분배와 나란히 하기 어렵기 때문에 자기결정의 실제 경험과 권리 사이의 간격이 사회가 해결해야 할 과제가 된다.

개인은 각기 다른 욕구, 관심, 능력을 지니기 때문에 이들을 균질화한다는 것은 사실상 불가능하다. 따라서 기회를 최적화하는 접근방식은 상이할 수밖에 없고 이 노력의 결과 상이한 경험을 하게 된다. 장애를 촉발한 심각한 질병이나 사고 이후에도 소득을 얻기 위한 방법을 모색하거나 특별한 직업목적이 결여된 내담자에게 있어서 2가지 중요한 질적 요소는 희망과 자기 자신에 대한 신뢰다(Arthur, 1967). 따라서 스스로의 삶에 대한 조망을 개선할 수 있는 그들 자신의 능력을 악화시키고 상실하도록 만드는 개인적 · 사회적 · 경제적 쇠퇴의 악순환으로 인해 희생당하게 된다. 이러한 사람들에게는 자기결정의 경험을 재설정할 수 있도록 해 주는 원조가 필요하고 그 원조에 대한 권리가 있는 것이다.

직업을 포함하는 인간의 사회생활과 생명활동은 기본적으로 자율적이며, 이것은 자기결정성과 자기행위에 대한 자각 및 책임을 의미한다. 생명활동은 일차적으로 물질에 의존하기 때문에 경제성을 지닌다. 또 자기결정권은 개인 삶의 질에 있어 주요한 요소로 간주되고 있으며, Marx는 인간의 경제적 동기를 자기실현 활동으로 보았기 때문에 인간의 본질은 무엇을 생산해 내는가에 큰 영향을 받는다.

페어플레이 정신을 존중하는 국가에서는 정의를 구성하는 것에 대한 신념이 사회정책의 결정에 큰 영향을 미치게 되고, 사회적 관계와 권력의 배분에도 영향을 미치게 된다. 개인적 특성에 의존하는 평등은 사회적 기준을 구별되도록 하고 기회의 차이로 인해 실제적 불평등을 초래한다. 교육받은 사람과 교육받지 못한 사람들, 남자와 여자 사이에 체력이나 생산적인 능력 차이 등의 다양한 분류는 자연적인 능력 안에서 평등의 효력을 결정하는 의미를 갖는다.

공교육은 충분한 개인발달의 권리와 시민의 권리 내에서 간주되어야 한다고 믿는다. 의무교육법과 교육비의 많은 재정지출은 민주주의 사회에서 교육의 중요성에 대한 인식을 증명한다. 시민권의 기초가 되는 교육은 문화적 가치를 자각시키고 이후 전문적인 훈련을 받도록 준비시키며, 환경 안에서의 정상적인 적응을 돕기 위한 기본적인 도구가 된다. 장애인 직업재활도 이런 맥락에서 이해된다.

전문가에게 의존하는 현대 사회에서 직업은 필수제다. 실업과 같은 경우, 심리적인 관점에서 비슷한 나이의 다른 사람으로부터의 분리는 독특한 방식으로 감정과 마음에 영향을 미치는 사회 안에서 그들의 지위에 관해 열등감을 발생시킨다. 격리된 시설들은 본질적으로 불평등하기 때문에 기회의 불공정을 극복하기 위한 공공의 정책노력이 필요하게 된다. 평등은 선언적이 아니라 효과적이어야 하기 때문에 사회 모든 집단의 사람들이 사회 안에서 완전한 참여를 보장받음으로써 충분히 준비되어 사회에 나아갈 수 있어야 한다. 이런 원리는 특수학교나 특수학급을 떠나는 중증장애인들에게 적용되는데 이들은 직업보장과 더불어 평생 동안의 지지 체계를 보장받아야 한다.

4) 사회정의의 유형과 내용

사회정의의 요구는 인간으로서 발전하고 완성하는 데 필요한 여건을 사회로부터 최대한 보장받기 원하는 데서 출발한다. 이러한 요구는 자유로운 개인을 전제로 하며, 유기체적 사회선과 인격으로서의 개인선을 조화시키는 사회질서의 토대 위에서 가능하다(이상열, 1990). 현대의 공공복지와 사회정의는 경제적 약자에 대한 국가의 배려가 사적인 주도력을 마비시키는 국가 후견을 배격하고 개인의 자기책임이나 가족, 기업체 등 사회집단의 자립성을 존중하는 보완적 원리를 포함한다.

존재론적 질서이념인 사회정의의 유형으로 법적 정의, 배분적 정의, 교환적 정의가 있다. 제한된 사회자원과 물질적 요소를 다루는 교환적 정의는 배분적 정의에 의존하고, 배분적 정의는 법적 정의에 의존한다고 본다(이상열, 1990). 미리 정해 놓은 기준에 따라 공동체에 이바지한 사람이 보상을 받는 것은 교환적 정의에 의한 것이고, 배분적 정의는 각자의 몫을 올바르게 확정하는 것이다. 교환적 정의는 각자의 몫이 확정된 것을 기준으로 과부족 없이 주는 정의고, 법적 정의는 개인에게 속하는 것을 공동선에로 질서 짓는 방식이 된다(이상열, 1990). 궁극적으로 사회기능은 그 구성원들을 파괴하거나 흡수할 것이 아니라 보조적 성격을 띠어야 한다(이상열, 1990). 이러한 보조성의 원리는 직업재활(helping profession)이 지향하는 인간의 자유와 존엄에 근거하여 사회 구성체가 아니고서는 실현시킬 수 없는 과제와 권리의 보장을 위해 개인이나 작은 공동체가 자력으로 해결할 수 없는 과제를 달성하도록 조력하는 것이다.

양육과 교육의 불가침 권리에서처럼 사회정의는 법에 정해진 권리라기보다는 공동체 구성원의 자연적 권리에 근거하기 때문에 사회적 기능에 참여하는 모든 개인이나 공동체가 그 의무의 주체가 된다. 그러나 현실적으로 지금까지 우리나라 장애정책의 문제는 장애인 개개인에 대한 신뢰, 자존심이나 심리적 요소를 등한시하는 경향에 있다. 이러한 경향은 직업재활보다는 무료입장이나 할인율 제도 등과 같은 이중적 분리 정책과 시혜적 복지프로그램 등에서 나타난다(Wright, 1980).

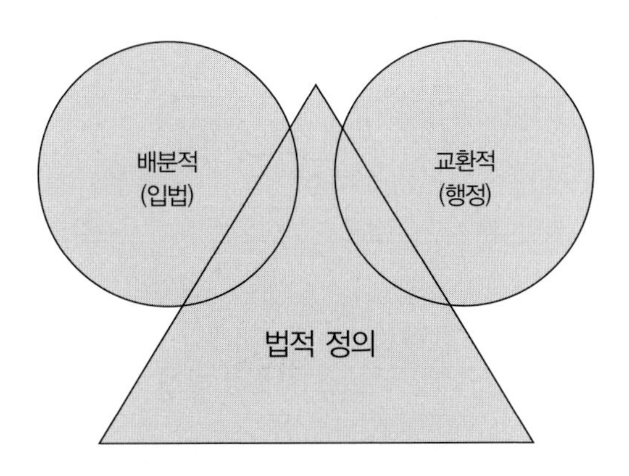

[그림 6-1] 사회정의의 유형

사회생활에서 환경과 심리적 요소는 개인의 기능에 크게 작용하기 때문에 기본적 인권이 거부된 소수집단의 일원으로서 장애인은 기능적 제한보다는 부정적 태도가 반영된 고용정책으로 인해 완전한 사회참여가 어려운 사람이 된다. 상황에 대한 통제력의 상실은 심리 내적으로도 큰 의미를 지니는데 지속적인 실패의 경험은 사회적 · 경제적 쇠퇴의 순환을 초래하는 무용감과 희망의 포기에 이르게 한다. 사람이나 일에 대해 어느 정도의 통제력도 행사할 수 없는 이러한 심리 상태는 자기 삶의 전망 기대를 개선시키는 능력을 악화하고 무력화시키기 때문에 자기결정권의 경험을 새로이 설정할 수 있는 원조가 필요하게 된다(Mithaug, 1996).

(1) 교환적 정의

자본주의 사회는 우선 교환적 정의에 입각하여 생산성과 능률성을 잃지 않으려고 한다. 이 교환적 정의는 기본적으로 업적주의(meritocracy)와 공평주의(equity)에 기초하기 때문에 사람들은 목표 달성과 성취에 필요한 노력 및 고통을 감수하고 인내하려 할 것이며, 사회는 생산극대화와 조화, 균형의 유지를 위해 노력하게 된다. 특히 능력을 기를 수 있는 기회가 조기에 박탈되는 문제를 해결하기 위한 사회적 개입 형태는 공정성에 기초한다. 예를 들면, 마르크스주의자들은 사회적 자원의 배분이 그 욕구와 실적에 따라 분배되는 것이 자연스럽다고 본다. 개인의 현실적 실적이나 성과를 무시하는 것 자체가 개인의 존엄을 무시하는 것이기 때문에 불평등의 제거는 구체적 실적이라는 척도에 의존된다. 그러나 개인 간의 능력 차이로 유발되는, 적어도 출발선상의 장벽들은 종식되어야 하기 때문에 공동체가 기회평등의 질서를 만들게 된다. 불평등의 교정은 사회정책의 핵심기능으로서 권리, 생산수단, 소비생활의 질적 측면, 그리고 사회적 기회에 대한 접근과 요구의 배분을 통해 이루어진다.

(2) 배분적 정의

배분적 정의의 기초는 공정주의(equality)에 입각하며, ADA의 대원칙처럼 공평한 사회에서는 욕구가 매우 긴급하고 아주 어려운 상황에 놓인 사람들일수록 그들에게 많은 보상을 하여 평등한 상태를 만들어야 한다고 본다. 근원적으로 사회적 · 경제적 불평등과 격차가 커지는 사회에서는 이와 같은 몫을 정하는 행위, 즉 배분적 정의를 실현하기 위해서 정부가 개입하게 되지만 시장개입의 형태는 제한적일 것이다. 왜냐하면, 사람들이 스스로의 이익을 포기하고 공동선을 이루기 위한 협동에 순응하기란 쉽지 않을 뿐만 아니라 시장개입을 주도하는 권력의 도덕성과 철학적 토대는 가변적이기 때문이다. 정부주도의 무상 직업훈련이나 교육과 같은 간접 방식은 배분적 정의와 욕구에 기초한 접근방법이 될 것이다. Owen은 상호의존이라는 협동(cooperation)이 사회적 갈등, 착취, 그리고 불화의 제거를 위한 핵심이라고 믿는다. 흔히 장애인 소득의 공정한 분배, 지역 간의 균형 있는 발전, 의료에서의 장애인 기회균등, 주거, 문화욕구의 다양한 충족 등은 배분적 정의가 실현되고 있는지 여부를 알 수 있도록 한다.

종종 직업재활서비스들을 제공하는 기본적 조건은 그것이 가져다주는 결과, 즉 기대되는 산출물의 물질적 · 비물질적 가치가 비용을 초과하느냐의 문제에 달려 있다. 복지를 공리주의 관점에서만 바라보지 않는 것처럼, 장애인 직업재활 역시 최저임금의 지급과 같은 경제요소에 초점을 둘 수 없다. 물론 기회비용이나 비용효과의 논의가 다루어지지만 그것은 논리적 근거의 일부에 지나지 않는다. 다양한 형태의 복지가 질적 복지보다 우월하다고 말하지 않는다. 사회구성원의 경제적 독립은 근본적으로 협동에 의한 경제로 가능해지는데, 각 인격에 부여된 자연적 권리를 보는 것이 사회법의 지도 원리다(이상열, 1990). 제2차 세계대전의 종전 직전인 1944년 5월 미국 필라델피아에서 개최된 제26차 ILO 총회에서 채택된 선언문 제2절은 노동문제의 개선과 경제적 보장을 천명한 사회정의의 선언으로서 국제노동법과 국제연합 등의 강력한 발전이념이 되어 왔으며, 비인간적 조건의 배제라는 개념으로부터 경제적 불안전의 배제라는 개념으로 ILO의 사회정의가 확대되었고 이 개념은 기회균등과 밀접한 관련을 가지게 되었다. 즉, 자유와 인간의 존엄을 바탕으로 평화의 현실적 기초를 구축하는 노력을 강조하였다.

이보다 앞서 1919년의 독일 바이마르헌법은 제151조에서 경제생활의 질서는 모든 국민에게 인간다운 생활을 보장하는 원칙에 기초하여야 한다고 천명하였고, 그 이후 사회정의의 이념은 국가이념, 정치이념, 그리고 현대법의 이념이 되었다. 1948년 7월 17일 제정된 대한민국 헌법은 제84조에서 '대한민국의 경제질서는 모든 국민에게 생활의 기본적 수요를 충족할 수 있게 하는 사회정의의 실현과 균형 있는 국민경제의 발전을 기함을 기본으로 삼는다. 각인의 경제상 자유는 이 한계 내에서 보장된다.'고 하였다(이상열, 1990). 모든 사회구성원의 물질적 보장을 천명하는 평등주의적 선언인 셈이다. 사실상 정신적 · 영적 복지도 일정한 물질적 복지의 토대 위에서 가능하다.

(3) 법적 정의

개인보다는 공동체의 가치를 우선시하는 공동선의 개념은 인간 완성을 보다 원만하고 용이하게 이루게 하는 사회생활의 모든 조건을 포함하는 총합체다(이상열, 1990). Thomas Aquinas에 의하면 법적 정의는 법을 가능케 하는 정의로서 공동선을 직접적인 대상으로 하기 때문에 일반적 정의라고 불렀다. 사회정의의 내용을 적정하게 입법화하여 운영하는 것이 법적 정의에 속한다. 이처럼 법적 정의는 공동선의 확립을 과제로 하는 반면, 앞서의 배분적 정의는 공동선을 전제로 하고 있는 것이다. 장애인 직업재활법이 제정되어야 하는데, 법적 정의의 목적은 국가와 실정법의 목적인 공공복지가 공동선이 된다.

결론적으로 교환적 정의에 높은 가치를 두는 사회는 국제경쟁과 그 구성원의 인적 개발에 큰 관심을 보이게 될 것이다. 이런 원리는 장애인 분야에도 어김없이 적용되는데 인적 개발에 필수적인 개인의 능력과 재능은 타고난 것일까 아니면 단순히 환경에 의해 조성되는 것일까? 어느 입장에 놓이더라도 장애인의 직업재활과 삶의 질 개선에는 다양한 고도의 전문적 개입이 필요하며, 자유시장 메커니즘에 맡겨 둘 수 없다는 점은 장애인 관련 여러 가지 경제지표와 통계의 비교에서도 나타난다(Lee, 1998).

형상면에서 보면 교환적 정의가 균등이고 배분적 정의가 비례이며, 법적 정의가 질서인 데 비하여 사회정의는 사회 전체의 복지와 인간고유의 존엄성 및 기본권 요구의 실현에 필요한 조화다. 배분적 정의는 이익, 명예, 재화, 부담 등을 배분하기 위한 준칙 확립으로 여기에 관한 의무를 지는 것은 국가의 권위다. 따라서 배분적 정의는 입법적 정의이고 교환적 정의는 사법적(司法的) 정의에 가깝다(이상열, 1990). 평균적 정의, 곧 교환적 정의가 실현되기 위해서는 먼저 그것에 참여하는 사람들에게 배분적 정의에 의해서 동일한 권리 능력이 부여될 필요가 있다. 그러므로 배분적 정의는 정의의 근원적 형식이며, 근본적으로 교환적 정의는 배분적 정의의 구체적 적용이다(이상열, 1990).

(4) 공동선과 국가의 사회서비스 수준

도덕적 인격으로 인하여 국가는 국민에게 부여할 재화나 공동선의 보유자이며 봉사자다(이상열, 1990). 사회정의는 공동체 대 개인, 개인 대 개인, 개인 대 공동체 간에 성립되는 관계이며, Aquinas를 비롯한 여러 학자는 사회생활을 영위하는 인간의 목적을 지복에의 도달, 유덕한 생활, 외적 · 물질적 조건의 충족으로 보고 인간사회의 목적인 공동선의 내용도 이와 동일시한다. 공동선은 사회통합의 개념과 같이 경제적 의미 이상으로 개인과 단체가 완전하고 보다 용이하게 자기완성에 도달할 수 있는 사회생활의 모든 조건의 총체를 내포한다.

국가의 보조성 원리는 장애인 직업재활 철학의 바탕이 된다. 우리 사회가 중증장애인에게 제공하고 있는 사회서비스의 수준이 어떠한지를 이해하기 위한 3가지 접근방법이 있다.

① 적당한 최소수준이론(decent minimum level theory): 필요한 정도의 서비스
② 평등주의이론(egalitarian theory): 다른 사람이 받는 정도의 서비스
③ 자유주의이론(libertarian theory): 스스로 공급받을 수 있는 정도의 서비스

즉, 욕구에 의한 것, 신청 순위에 의한 것, 욕구해결이 가장 용이한 순서부터 시작하는 효율성에 의한 것이다. 그러나 장애(disability)와 욕구(need)는 상대적 개념의 용어이므로 이들의 효과는 개인이 처한 환경과 대처방식에 의존한다(Carver & Rodda, 1978). 직업재활서비스의 제공에 있어서 전문가의 역할이 강조되는 이유가 여기에 있다.

사회정의이론에 의하면 유자격(entitlement) 프로그램은 욕구가 강할수록 자격(entitlement)도 강렬해져야 한다고 본다(Brody, 1988). 따라서 이 경우에는 가장 욕구가 강한 사람에게 서비스 우선순위가 주어진다. 1973년 미국의 재활법과 ADA는 가장 중증의 장애인에게 재활서비스를 최우선적으로 제공하도록 규정하고 있다(Laski, 1979).

제7장

평등기회이론

1. 사회불평등의 문제

1) 불평등과 해소방안

현대는 인간 역사 이래 최고의 불평등 사회로서 빈곤과 결핍 상태에서 생활하는 사람들이 있는 반면, 자신의 노력과는 상관없이 번영과 풍부한 물질적 자유를 마음껏 누리는 사람들도 있다. 불평등은 사실상 ① 사회경제적 배분의 문제와 ② 문화적이거나 상징적인 문제로 나타난다. 이러한 사람들 중에는 의식주와 같은 기본 물질 욕구를 충족시키지 못하는 수준의 낮은 소득을 갖는 계층이 존재한다. 전문가, 관료, 정치 지도자, 부유한 사업가, 지주와 인맥이나 관계를 유지하고 잘 구비된 주택과 좋은 옷, 식생활, 그리고 잘 짜인 각종 공공서비스의 혜택을 즐기는 계층의 사람에 비하면 이들은 삶의 전망이나 기회에 있어서 상대적으로 열악하다(Midgley, 1984).

하지만 불평등이 인간의 창조물이라면, 불평등을 변화시키려는 인간의 노력 또한 저항을 받게 마련이다. 따라서 평등주의 원칙이 사회가치와 체계 속에서 우월해지도록 끊임없이 사회진보를 꾀해야 한다(Feagin, 1982). 사회적 불평등이 문제가 되는 주된 이유는 ① 사회적 통합을 저해하는 갈등 초래, ② 재능 있는 사람들의 배제와 사회적 신분 이동의 제약으로 인한 사회 비효율성 증대, ③ 공공서비스 독점으로 인해 초래되는 지역사회 위해 등이다.

불평등주의자들은 권력을 지닌 사람들의 태생적 우월성을 지적하며, 사람들 사이의 억압이나 착취와 같은 현상을 규명하기 위해 노력한다. 이런 사람들은 계몽(enlightenment)을 통해서 노예상태에 빠진 집단을 어느 정도 구제할 수 있다고 본다. 그러나 평등주의자든 불평등주의자든 흔히 공평은 평등보다 더 중요한 개념이라고 이야기한다. 왜냐하면 자원의 동등한 혹은 일률적 배분보다는 공정하거나 공평한 배분이 더욱 정당화될 수 있다고 보기 때문이다. 이런 논리는 사회적으로 더 큰 기여와 책임감을 수행하거나 더 어려운 과업에 종사하는 사람들은 다른 사람들보다는 더 많은 보상을 받아야 한다고 믿기 때문이다. 이렇게 보면 공평주의자들도 사람들 사이의 차이점을 인정하고 있는 것이다. 즉, 사회의 공동선에 기여하는 크기에 따라 보상을 달리해야 한다는 것이다. 그러나 생활권이 헌법상 사회적 기본권으로 천명되는 현대사회에서는 정부가 자유경쟁에서 낙오된 사람들에 대한 적정한(decent) 수준의 보호와 보장을 적극적으로 행하는 것이 보편적이다.

가정과 문화에 의해 부과되는 제한을 인식하는 시민 권리에 대한 책임감, 동등한 법률, 평등한 기회의 보장에 국가나 지방 수준의 정책변화 노력이 필요해진다. 이 경우 무엇이 평등기회에 대한 개념을 확장하는가, 우수한 사람에 의해 지배되는 것은 민주주의 신념에 속한 것인가, 사회정의의 어떤 개념이 민주주의에 대한 적당한 균형이라 할 수 있는가 등을 다루게 된다(Stevens & Wood, 1992). 특히 자원의 효용성을 높이기 위해 전문성에 의존하는 사회에는 어떤 형태로든 불평등이 존재하기 때문에 그 존재 여부보다는 국민이 그것을 어떻게 받아들이고 있는가의 고려가 중요하다. 이러한 불평등 구조의 해결 방안으로 ① 수직이동의 가능성 확대, ② 개인적 배경과 권력의 배제, ③ 세습화되는 현상 배제, ④ 경제발전, ⑤ 누진세, ⑥ 복지제도, ⑦ 의식과 태도의 전환을 고려할 수 있다.

2) 이론의 기본 전제와 강조점

평등기회이론의 전제는 다음과 같다. ① 모든 사람은 자기결정의 권리가 있다.

② 심리적 · 사회적 자유의 조건이 어떤 개인이나 집단이 스스로의 미래를 결정하는 데 있어서 불공평한 이익을 경험하게 한다. ③ 불운한 사람들의 자기결정 전망 감소는 스스로의 통제 밖에 있는 사회적 영향 때문이다. ④ 사회는 이 쇠퇴(감소)의 결과 좋지 않은 상태에 있는 집단에 대한 자기결정의 전망을 개선시키기 위한 선별적 의무가 있다고 주장함으로써 나쁜 조건을 지닌 사람들에게 필요한 대안을 제공하는 사회적 개선 조치를 정당화시킨다.

인간 조건의 개선을 위한 선별적 의무는 개인이 자발적으로 사고하고 행동할 수 있는 능력과 행동기회, 그리고 자기결정을 표현하도록 권장하는 기회의 환경제공과 더불어 장벽들의 제거를 통해 사회적 기회와 개인 능력 사이의 연결을 고조시킴으로써 자기결정을 위한 전망을 최적화시킨다. 따라서 자기결정 요소는 사람들의 ① 노력, ② 기회, ③ 결과를 다루게 된다.

자유시장 아래에서의 평등기회는 최적의 배분 가능성을 높이기 때문에 평등기회이론은 개인의 욕구, 관심, 능력에 상응하는 생애목표에 이를 수 있는 기회를 다룬다. 그러나 능력과 기회에 있어서의 차이는 자기결정적 사고와 행동의 결과에 의해 상호 영향을 미친다. 이 상호작용이 자신의 능력과 사회적 기회에 있어서 심각한 제약을 경험하는 개인의 자기결정 전망을 어둡게 만드는 순환 주기를 산출한다. 이 이론은 사회적 불이익 계층 사람들에 대한 자기결정 전망을 높이고 누적된 불이익의 개선 노력을 정당화한다.

자기결정권과 실현의 간격 차이는 스스로 통제할 수 없는 개인의 능력과 기회 부족에서 기인하기 때문에 도덕적 이념의 실천은 권력을 지닌 사람들의 이익을 정당화시키는 기존 권력과 함께하기 어렵다. 도덕적으로 사람들이 공정하다고 믿는 것과 실제적이고 사회적으로 공정한 대우를 기대하는 경향 사이에서 종종 모순을 경험하기도 한다. 따라서 자기결정의 실제 경험과 권리 사이의 간격이 사회가 해결해야 할 문제가 된다. 모든 사회구성원은 자신의 인생에 있어서 선을 추구하는 데 필요한 최적의 기회를 누릴 자격이 있다는 점을 강조하면서 공정한 기회(prospects)를 보장하는 선별적(selective) 책임성을 강조하고 있다. 유한한 사회 자원을 모든 사람의 능력 개발에 사용한다는 것은 애초에 불가능하다.

3) 기회평등의 실현과 역할분배

기회평등이라는 개념이 받아들여지고는 있지만 그것이 충분히 실현될 수 있다고 믿는 사람은 많지 않다. 이러한 평등은 법 앞에서만 가능한 것이라고 믿으며, 추상적 선언이 아니라 실제적인 보장에 의해서 어느 정도 가능하다고 본다. 사람들은 교육, 고용, 기타 가치 있는 유용한 사회적 활동에 접근할 수 있는 진정한 평등이 보장될 때 자신의 잠재력을 공정한 체계 속에서 실현시킬 수 있다. 공개적이고 자유로운 이익추구는 공평주의적 사회질서를 파괴하려고 하는 과정보다는 과도한 권력이나 사회계층과 상속적 특권에 대한 경계 속에서 가능하다.

평등한 기회를 개인에게 제공하는 한 불평등은 도덕적으로 어느 정도 수용된다. 신 앞에 평등하다는 이야기는 출생 시에 사회적 계층이나 신분상의 차이가 없다는 선언이다. 이것은 기회평등이라는 단어로 수정된다. 즉, 인간은 천부적으로 법 앞에서 평등할 뿐 아니라 자신의 재능과 능력을 발휘할 수 있고 그러한 기회가 사회적으로 열려 있어야 한다는 것이다. 바로 장애인 직업재활이 추구하는 가치인 것이다. 중증장애인들은 종종 국가예산의 부족과 전문 인력 혹은 장애상태를 개선할 수 있는 방법과 같은 기회들로부터 더욱 멀어진다.

자유와 참여라는 민주주의 가치를 사회주의자와 자유주의자 모두가 인정하지만 그것의 해석에는 차이가 있다. 자유주의자들은 개인의 가치에 대한 능력에 초점을 두는 반면, 사회주의자들은 인간의 기본권 설정뿐만 아니라 실제적인 능력을 고려하여 자유의 실현에 있어서 경제적 권리를 중시한다. 철학자 Rawls는 공평이란 사회정의의 토대를 위협하지 않는 범위 내에서 자유와 기회, 소득과 부, 그리고 자기존중의 기초와 같은 모든 중요한 사회적 선이 평등하게 분배되는 것이라고 보았다.

역할분배, 권위, 위세, 물질적 유인제와 같은 것이 가장 큰 재능을 지닌 사람들을 유인하는 공개 경쟁체제 속에서 제공될 때 효율성을 보장하기 위해 상이한 차별적 보상체계가 필요하다. 긴 시간의 비용이 요구되는 복잡한 훈련을 요하는 기능상의 중요도와 공급 요소인 상이한 인적자원의 희소라는 측면이 고려된다. 사실상 일정한 훈련 없이 개인이 전적으로 타고난 재능에 의존하는 중요한 사회적 역할이란 거의 존재할 수 없다. 왜냐하면, 인간은 사유재산의 축적과 소유를 위해 타고난 평등 상태를 포기하게 된다고 보기 때문이다.

모든 집단의 사람들에 대한 자원과 기회의 배분을 결정짓는 하나의 이념을 규정하는 것은 애초에 불가능하고 따라서 공정성의 이념에 있어서 다양성과 다원주의는 개인 삶을 보장하는 수단으로서 필요한 모든 사람의 기본적 권리를 보장하는 사회적 계약의 발전을 가능하게 하였다. 그러나 사회적 계약이 지니는 한계는 소수집단의 독특성보다는 모든 사람에게 공통된 점을 기초로 하여 사회적 조직을 형성하게 한다는 점이다.

정부조직에서의 이러한 문제는 불안정성을 초래하는 경향에 있다. 공통된 인간성에 기초하여 모든 사회구성원에게 제공된 자연적 권리의 주장은 권력집단과 불이익 집단 모두를 포함하여 공정한 처우를 요구할 수 있는 권리의 근거가 된다. 이런 인권적 특성은 중증장애인의 직업요구도 무시하지 못하며, 법률적으로 우선권을 부여해야 한다는 점에 있다.

직업과 심리는 밀접한 관계를 가진다. 특히 관습, 유사성, 권위자에 의존하던 과거와는 달리 Durkheim의 예측처럼 분화되고 발전된 직업집단에 의존하는 현대에 있어서 직업은 한 개인의 지적 수준, 사회신분, 기술력, 경제수준을 나타내는 지표가 된다. 이렇게 볼 때 실직이나 실업상태에 있는 사람들은 심리적 배제감, 죄책감, 불안, 자아존중감의 저하를 경험할 수 있다.

2. 동등한 기회와 직업재활의 철학

물질적 배분과 관련하여 Aristoteles는 법률의 올바른 집행을 통해서 독단과 편의주의를 피해야 할 뿐만 아니라, 물질적 재화의 배분에 있어서 공정한 몫이 보장되어야 한다고 보았다. 사람들이 보상받아야 할 것과 보상받을 사람에 대해 모두가 동의하지 않는다는 이 철학자의 지적처럼 어느 사회의 제한된 자원을 누가 얼마만큼 가질 것인가를 결정할 수 있는 사람의 지식, 기술 혹은 다른 개인적 특성을 발견하기는 어렵다. 그러면 '특정한 사람에게 보상이나 사회적 이익을 분배할 때 고려해야 할 것은 IQ인가, 업적과 성취인가, 능력인가 아니면 생산성인가?' 또한 '어느 수준의 욕구가 사회에 의해 충족되어야 하는가?'라는 의문이 생긴다.

Milton Greenblatt은 사람의 생활영역을 심리, 직업, 교육, 사회/여가, 가족, 그리고 지역사회라고 하는 육각형으로 구분하고, 이러한 생활영역에서 하나라도 균형을 잃게 되면 재활의 생활공간(rehabilitation life space)이 필요하게 된다고 보았다. 먼저 문제의 성격이 6영역 중 어디에서 나타나는지 알아야 하며, 어떤 개인의 사회적응과 반응의 본질은 그 자신의 성격 특성과 경향에 의해 결정된다고 할 때 직업재활에서 가장 먼저 필요한 것은 장애인의 태도, 적성, 능력, 기술, 흥미에 관한 이해다. 따라서 직업재활은 재활 과정에 있는 사람들의 욕구를 충족시킬 수 있는 전문가들이 행하는 매우 포괄적이고 복잡한 하나의 과정(a process)이 된다(Obermann, 1965). 이런 맥락에서 직업재활의 중요한 자원이 될 수 있는 것은 간호사, 사회복지사, 의사, 사회학자, 치료사, 교사, 상담사, 가족, 친구 등에게서 획득할 수 있는 정보와 사실이다.

직업기술을 연마하거나 직업을 얻고 직장에 복귀하는 데 어떤 개인의 장애가 장벽을 초래한다면 그 장애를 지닌 사람에게 직업재활서비스는 매우 중요하게 된다. 예를 들면, 직업재활 측면은 직업적응에 필요한 개인의 노력과 관리능력이라고 할 때 특별한 직업능력과 태도의 평가, 구직과 직업탐색 과정, 직업상담, 훈련과 재훈련, 취업노력, 직업경험, 직무수정과 작업편의 등이 함께 고려된다.

사람들은 여러 상호적인 관계 속에서 공동체를 형성하고 있으므로 개인을 사회적 · 직업적 · 경제적 신분에 따라 나눌 수 없다. 또 개인의 능력이나 사회적 조화를 이루려는 상태에 대한 반응도 각기 다르다. 그러나 사람은 최소 제한적 환경 속에서 통합의 조건을 발견할 수 있으므로 직업재활은 개인적 과정으로 기능적 자립, 즉 경제적 자립을 위한 노력의 총체라고 볼 수 있다. 기능적 자립은 유능성의 개념으로 한 개인이 자신의 일을 스스로 해결할 수 있는 능력을 의미하며, 개인과 환경의 관점에서 생활능력과 함께 경제적 자기부양능력을 의미한다. 따라서 직업재활은 장애를 지닌 사람들이 실존적 자아와 경제적 자아를 발견하고 실현해 나가도록 원조하는 체계적 노력이다.

만약 직업재활서비스가 사회적 질서와 정치적 안정을 기하기 위해 필요하다고 고려된다면, 어느 수준까지 그리고 얼마만큼의 비용을 지불해야 하는가? 특수교육, 사회복지, 그리고 직업재활의 국가 예산 균형을 생각해 보게 한다. 정의로운 사회가 불공정을 시정하고 능력이 부족한 구성원들을 우선 배려한다는 직업재활의 철학은 모든 사람의 평등기회 보장에 있다. 기능상의 장애를 지니는 사람들도 특별한 서비스를 받음으로써 고유한 시민책임과 권리를 보장받고 고용과 사회참여에 필요한 준비를 갖출 수 있는 것이다(Rubin & Roessler, 1987).

사람의 사회적 기여도가 공정한 분배의 중요한 준거가 된다면 타고난 사회적 신분과 부에 기초하여 분배가 이루어지는 업적주의(meritocracy)가 되고, 사람은 스스로 자신의 최대 이익을 위해 의사결정을 자유롭게 할 수 있으며, 또 그런 능력이 있다고 전제한다. 이 경우 그 개인은 선택이 자유로우며, 그 선택에 대한 도덕적 책임을 지니고 그에 따른 노력과 성취가 장려된다. 그러나 오늘날 동등한 기회라는 것은 정치적 기회보다는 경제적 기회와 보다 밀접한 관련을 지니기 때문에 중증장애인의 근로권을 보장하기 위해 정부와 공동체는 더욱 노력해야 한다. 의무교육의 기회를 통해서 사회적으로 불이익 집단에 속한 아이들에 대해 경제적 지위 상승의 기회를 확대하려는 이념은 인본주의와 자본주의 생산 체계의 기본적 가치를 나타낸다.

우리 사회에서 장애인 직업재활은 장애를 지닌 모든 시민도 건전한 일을 통해 사회가 필요로 하는 하나의 구성원으로서, 또 평등한 인간으로서 완전한 능동적 참여를 이루게 해야 한다는 사회통합을 목표로 한다. 현대 복지사회, 특히 직업재활이 추구하는 장애인의 노동권운동과 사회통합은 인간존엄성 회복 및 사회 일원으로서의 권리와 의무에 대한 사회적 복귀에 초점을 둔다. 직업재활은 우리 사회 속에서 장애인이 장애를 지니지 않은 사람들에 비해 열등하다거나 일탈된 계층으로 취급되지 않고, 장애라는 신체적 특징을 지닌 평범한 인간으로 인식되며 동등한 인간적 권리와 참여가 보장되는 상태를 목표로 한다. 즉, 직업재활은 영적 각성 노력의 하나이며, 장애를 지닌 시민은 동정이나 자선의 대상이 아니라 평등과 우정의 대상이다. 이러한 논의에도 불구하고 여전히 사람들은 장애를 개인의 전체적 특성으로 간주하는 경향이 있다. 예를 들면, 장애인이라고 하면 걷는 것, 말하는 것, 사고하는 것, 그리고 느끼는 것에 모두 문제가 있다고 일반화하는 경향이 있다.

장애가 불안이나 불편을 초래하는 그 무엇이라는 심상은 장애인을 회피하거나 거부하게 만든다. 이처럼 사회는 그 자체가 지닌 가치에 따라 형성되기 때문에 이러한 부정적인 사회태도는 건축물 구조와 같은 것에 직접적으로 반영된다. 따라서 장애인은 대다수의 사람과는 달리 사회에서 중요하지 않고 달갑지 않으며, 가치가 없는 사회구성원이라는 메시지를 지속적으로 받게 되고 또 그것을 내면화시키게 되는 위험에 놓이게 된다. 심리적 맥락에서 소수집단과 관련이 있는 부정적 요소와 특성은 매우 파괴적이다. 따라서 사회불평등 현상에 대한 교정노력을 요구할 수 있는 권한(deserving)을 지닌 장애인구 집단에 대한 심리적 옹호와 장애극복을 위한 심리적 원조가 우선되어야 한다.

현대 철학에서는 마음–신체의 이원론을 부인하고 대신에 인간을 중심 주체로서 개인의 본성에 강조점을 둔다. 이렇게 인간 개인에 대한 보다 복잡한 특징들을 제안하는 문헌의 수가 증가하고 있다(Isaacs & McElroy, 1980). 이는 현상학적 접근법을 유도하는 사회학자들과 인류학자들이 논의해 온 것처럼 인간의 사회적 상황에 대한 경험을 반영한다. 평등의 문제에 집중되는 사회정책이 외면적 평등과 인간내면성을 존중하는 평등에 관심을 기울일 때, 많은 장애문제가 해결될 것이다. 사회적 평등은 개체의 생명신비와 성스러움에 대한 인정으로 장애인과 비장애인 사이의 격차를 좁히려는 입법 및 제도적 장치 마련 같은 사회의 적극적인 노력을 통해 실현이 가능하며, 장애인의 능력에 대한 포괄적인 신뢰와 기대에 의존된다.

직업재활의 각기 다른 목표는 실업예방, 문제의 교정, 소득 있는 활동, 사회통합이다. 직업재활서비스가 중증장애인에게 사회화의 수단으로서 인식될 때, 그들 능력에 대한 신뢰와 사회적 기대는 스스로의 노력, 동기화, 그리고 성과에 영향을 미치는 가장 중요한 요소가 될 것이다. 이처럼 이제 직업재활의 시대 조류는 철학이 내재된 영적 각성 및 심리 지향적인 신기술 적용과 밀접하게 관련된다.

3. 기회와 사회계층 간 갈등

사회구성원에 대한 공정기회(chance)를 균질(equate)하게 만드는 사회계층화이론의 배경은 다음과 같다. ① 사람들의 불운은 유용한 기회 향유에 미치지 못하는 실패에서 기인한다. ② Rawls에 따르면, 공정한 제도에 의해 창출된 잉여물의 공정한 배분을 공평한 기회라고 보고 신분에 관계없이 모든 사람의 이익을 보장하는 맥락이 중요하다. ③ Nozick에 따르면, 공정한 기회란 다른 사람들에 대한 자기결정권이 침해되지 않고 실현됨을 의미하며, 사회적으로 불리한 사람들을 위한 사회적 노력은 다른 사람들이 획득한 자원의 불공정한 전이를 요구하기 때문에 가능하지 않다.

사회계층화이론은 자기결정 전망을 개선시키기 위한 노력을 정당화하는데, Rawls는 축소된 자기결정 전망문제를 소수집단 스스로 해결할 수 없다고 본다. 왜냐하면, 차별적 원칙의 적용은 Rawls가 주장하는 자기존중의 기초가 공정한 사회질서로부터 나타난 일차적 선을 잠식(erode)하기 때문이다. 협조를 통한 자기결정의 전망은 개인의 이익과 집단의 기회 사이의 연결에 의존하기 때문에 생산자 및 소비자의 권리, 기타 활동에 종사하는 인간의 권리를 인정하고 한계를 짓는 일이 요청된다.

억압된 소수집단 구성원으로 특징지어지는 장애인이 하나의 인격적 · 사회적 존재로서 지위를 확보하기 위해서는 생활능력의 회복과 시민권적 신분보장을 위한 취업의 기회를 부여하는 일이 필요해진다. 이런 취업 기회는 장애인 개인의 존엄성을 높이고 사회에 대한 창조적인 기여를 도울 뿐만 아니라 가족기능을 회복시켜 다른 가족구성원의 생활능력을 더욱 발휘하게 하는 효과적인 수단이 된다. 평등기회의 보장에는 자기확신감과 같은 심리적 요소도 중요하게 고려되는데 자기 자신의 운명을 효과적으로 조정할 수 있다고 보는 개인성취와 밀접한 상관을 보인다.

장애권리 운동은 근로상의 억압, 강요, 자치성과 같은 단어의 개념을 다루게 되며, 불공정한 사회 속에서 장애인들은 일반적으로 노동시장에서 부과한 평가절하된 가치를 내면화하는 경향이 있다. 또 개인의 심리적 자원은 하나의 문화적 환경으로서 네트워크와 정치적 기회에 연결된다(Huh, 2006). 따라서 분석적 조망은 문화적 맥락 안에서 사회운동을 설명하려는 경향을 보인다.

사회계층은 사회의 공동선에 대한 기여보다는 개인이 속한 집단의 영향력에 의해 형성되기 쉽다. Marx는 사람이 본질적으로 일정한 사회계층에 소속되어 출생하며, 개인의 선택 여지는 없다고 본다. 그는 자본주의 생산과 배분구조는 본질적으로 직접적 지배계층과 피지배계층을 산출하기 때문에 근로 수입으로 가족의 생계를 유지하는 많은 수의 근로자는 소수의 자본가 집단에 의해 착취되고 조종된다고 보았다. Marx에 따르면, 이러한 불공정한 사회계층 구조가 자본주의 사회의 입법, 교육, 제도의 발달에 영향을 미친다(Feagin, 1982).

계급이론은 단일 차원의 경제적 요인, 생산수단의 소유 여부를 기준으로 부르주아계급과 프롤레타리아계급으로 나눈다(한국사회과학연구소, 1980). 계급이론이 구분하는 사회이동의 종류로는 수직, 수평, 계층 그리고 사회적 이동을 들 수 있다. 사회계층화는 사회적 희소가치가 불평등하게 분배되고 개인과 집단이 서열화되는 현상으로 불평등 양상이 나타나는 기제를 보는 상이한 관점들이 존재한다. 먼저 사회제도적 성격으로는 차별적 평가와 규범적 개입을 살피고, 기능주의적 성격은 개인의 지위(social status)와 역할의 차이를 보게 되며, 갈등이론은 경쟁에 의한 가치의 소유를 분석한다. Weber의 다차원적 계층이론은 사람들을 여러 기준에 따라 다양한 위치로 구분하는데, Weber가 경제적 요소인 계급과 사회적 위신인 지위 및 정치적 가치인 권력을 종합하여 구성원을 상류층, 중류층, 하류층으로 구분한 것이 오늘날 수입, 교육수준, 주거 형태, 직업 등을 포함한 개념으로 발전하였다.

① 폐쇄적 계층 구조: 수직이동의 제한, 수평이동의 제도화, 세습화가 나타난다. 예를 들면, 노예 제도, 카스트 제도와 같은 것이다.
② 개방적 계층 구조: 자유로운 사회 이동, 개인의 능력에 따라 결정되는 것이 일반적이다.

앞서의 불평등한 분배상태를 분석한 2가지 관점은 상반된 특성을 가지고 있지만, 사회적 불평등 현상을 비판적으로 받아들이고 극복 방안을 발견하려는 태도를 가지는 것이 무엇보다 중요하다.

제8장

소수집단 차별의 특성

1. 차별의 심리사회적 구조와 성격

현대와 같이 복잡다단한 사회 속에는 수많은 지위가 존재하며, 사회는 그 구조에 따라 사람들을 배치하고 이러한 지위에 따른 의무들을 수행하도록 유도한다(Feagin, 1982). 예를 들면, 직장에서의 심리적 · 정신적 장애는 그 기능 특성으로 인해 생산력에 영향을 미치는 제한점으로 작용한다. 가령, 우울증이 있는 사람은 일의 속도나 집중력을 유지할 수 없고 밀실공포증이 있는 사람은 한정된 작업공간에서 일할 수 없다. 이처럼 장애의 기능 특성은 사람의 생산력을 제한할 수 있다(Kearney, 1994).

불평등은 사회 속의 무의식적 작용에 의해 형성되고 중요한 직업과 지위는 의식적으로 가장 많은 자격을 소유한 사람들에 의해 채워지게 된다. 따라서 가장 유능하고 지적인 사람들이 필연적으로 정치적 · 경제적 상층부로 상승하게 되고 그들의 유전자를 통해 2세에 승계한다(Feagin, 1982). 결국 사회의 계층 체계에 있어서 최상부 집단은 유전적으로 능력 있는(meritocratic) 엘리트가 된다.

계급대립의 관점에서는 장애차별이 특정한 집단의 사람들에게 미묘한 방식으로 이익을 가져다준다고 볼 수 있다. 인간이 노동력 상품으로서의 가치에 의해 결정되는 능력주의와 생산 제일주의 사회에서는 장애인 차별이 공공연하게 이루어져 많은 인권 영역에서 부당한 대우를 받게 되므로 소수집단으로서 장애인은 사회의 최하위 집단에 소속된다. 또한 착취구조를 가진 차별의식은 지배계급과 피지배계급, 계층과 계층 사이를 구분하고 착취와 지배체제의 장치이며, 사회통합을 저해하는 중요한 요인이다. 지배계급의 이데올로기라는 것을 그 근본 속성으로 하면서, 대중 또한 상당히 적극적으로 이 의식의 영향을 받고 있다. 타고난 인간의 이기주의는 사회화 과정에서 더욱 강화되기 때문에 차별은 ① 이념과 관련된 문제이고, ② 이로 인한 권리박탈은 실천적 조치와 관련된 문제로 다루어져야 한다. 이익과 권력추구 수단이 되는 차별은 모욕적 언어, 고정관념, 편견, 가치관 등의 형태로 나타난다. 부유계층의 직업인들은 다양한 정치적 캠페인을 통해 정치인이나 정치지망생에게 영향을 미치는 한편, 체계유지를 위해 법률의 형태를 구성하고 정부에 기본적 통제력을 행사하기 위해 모든 수단을 동원한다(Feagin, 1982). 이런 사회에서 사실상 차별은 개인의 차이에 대한 부정적인 반응인 동시에 결과라고 생각해 볼 수 있다. 장애를 열등하게 보는 사회의 일반적 인식과 대중의 태도, 종교적 신화의 이데올로기도 장애인 차별의 근거가 되고 있다.

차별의 정의를 미루어 보면 장애인 차별의 발생은 계급사회의 성립과 무관하지 않다. 무계급 사회인 원시공동체에서 장애차별은 인구제한의 수단으로 기능하였을 것이다. 그러나 사회의 차별의식은 자기운동성과 강력한 사회적 규제력을 가지고 장애인의 일상생활을 제한한다. 능력주의와 업적주의를 신봉하는 사회는 근본적으로 차별을 필요로 하고 있으며, 이러한 차별 사회에서 살아가는 사람들은 필연적으로 차별에 가담하지 않을 수 없다. 장애인 차별과 사회의 개념적 구조에서 일반적으로 사회심리학자들은 집단 간의 반목을 3가지 상이한 요소, 즉 ① 인지적 측면으로서의 고정관념(stereotype)과 ② 감정적 측면으로서의 편견(prejudice), 그리고 ③ 행동적 측면으로서의 차별(discrimination)로 구별하기도 한다(정철수, 1989, p. 70). 장애인의 고용과정과 직업 유지상에 나타나는 여러 형태의 차별도 이런 3가지 영역에서 구체적으로 분석하고 다루어 볼 필요가 있다.

차별 메커니즘은 차별배제의 원리를 통해 끊임없이 타인을 차별하고 배제하는 악순환을 반복하게 하며, 장애인 차별의 구조는 기본적으로 장애인을 주류 사회로부터 배제시키는 시스템 속에 존재한다. 예를 들면, 학교교육 제도가 지니는 단점과 계열화가 사회적 차별을 재생산하고 정당화시킨다. 어떤 경우에는 장애를 지닌 사람과 장애를 지니지 않은 사람에 대한 동등한 처우는 부적절할 뿐만 아니라 그 자체로서 차별(간접)인 것이다(Laski, 1979).

또한 차별을 정당화하는 각종 이념은 특정한 사람들에 대한 멸시와 천시를 뒷받침하는 사상적 근거가 되어 불리한 사회적 조건을 전가시키도록 만든다. 또 건강한 사람들에 의해 만들어진 사회조직은 그들의 기준에 맞게 운영되며, 사회 속에서 강화되어 나가고 있는 것이다.

궁극적으로 차별의식이 존재하는 한 장애인은 줄어들지 않을 것이다. 인간은 누구나 신체 외모와 기능, 그리고 개성에 있어서 독특한 차이를 가지고 있다. 이러한 특성을 무시한 채 장애라는 요소만 두드러지게 차별하고 구분 짓는 것은 인간 존재 자체를 부정하는 일이 된다. 예를 들면, 차별의 조건은 오히려 계급사회와 사유재산의 소유제 성립 이전에 자연과 인간이라는 생산력과 생산관계 사이의 모순에서도 찾아볼 수 있다. 세계적으로 장애인은 주거, 교육, 직업에 대한 선택의 접근에 많은 어려움이 있고 복합적인 장벽을 지닌다. 그러나 장애인의 잠재력에 있어서 그들이 지닌 특정한 신체적 · 심리적 장애로 인해 무조건적으로 제한을 부과할 수는 없다. 우리나라에서 고용이 불가능할 정도로 장애가 심하다면, 특수교육으로부터 이익을 얻을 수 있으나 대부분의 중증장애인도 직업기술을 연마할 수 있다. 여기서 기회와 개입기술의 중요성에 대한 강조점을 엿볼 수 있다.

역사를 통해 볼 때 지배계급의 모순은 종종 정교한 방식으로 정당화되어 왔다. 안정된 사회질서를 추구하는 지배계급은 지속적으로 특정한 이데올로기를 유지하고 조정하여 왔으며, 권력이 허용되는 한 가급적으로 대안의 등장을 봉쇄하여 왔다. 이러한 사회 속에서 감정이나 도덕 요소에 기초한 정당화란 현존 사회조건의 변형이나 개인의 사회결속과 비판적 이해의식의 형성을 방해하도록 하는 일반화된 의식의 조정을 뜻한다. 복잡한 사회 생산관계의 망을 소수의 기술적 능률성의 원칙으로 환원시키는 업적주의 장점의 강조를 통해 능력뿐 아니라 동기, 성취동기, 인내, 희생에 따른 결과를 명시함으로써 직업과 같은 지위분배 기제가 고도로 정당화된다(Elmore & Mclaughlin, 1988).

경제적 합리성이란 말은 개인주의 · 자유주의 사상에 바탕을 둔 경제적 효율성의 가치를 지향하는 것으로 이해할 수 있다. 미국을 포함하는 서구사회의 기본적 에토스 중 하나는 개인주의 사상이다. 개인의 존엄과 가치에 바탕을 두고, 능력에 따라 사회적 성공을 조장하고 높이 평가하는 사회에서는 장애인도 하나의 개인이며 자기의 능력에 따라 자립적 생활을 하도록 요청받게 되는 것이다. 개인의 능력과 책임이 강조되는 사회 속에서 중증장애인의 고용기회는 그들의 능력에 대한 그릇된 생각, 직업지향 프로그램의 배타적인 선발기준 및 부적합한 직업훈련과 같은 요소들 때문에 매우 제한적이다.

2. 마르크스주의자와 페미니즘

사회적 분위기와 장애인에 대한 관점 변화에 발맞추어 거기에 맞는 이론가나 이론이 등장하게 되었다. 시대적 상황에 따라 어떤 이론은 중심 이론이 되기도 하였으나 새롭게 개선된 이론과 이론가의 등장은 입법 과정에도 영향을 미치게 되었다. 자본주의 사회의 지속적 계급갈등은 남성과 여성 등 계층별 권력과 사회자원의 불공평에 초점을 둔다. 계층에 뿌리를 둔 깊은 갈등과 착취에 대한 관심은 사회를 자본주의 계층과 무산계층으로 이분화하여 보는 것이다(Feagin, 1982).

급진적 권력 · 갈등론자들은 사회문제의 근본을 착취적, 차별적, 그리고 양분된 사회 행동으로 관찰하기 때문에 사회문제를 착취와 억압 계층의 두 관점으로 분석한다. 자본주의 체제에서 많은 가난한 근로계층의 사람들과 대자본을 소유한 부자들은 지속적이고 본질적으로 착취와 불안정한 사회 체계를 형성한다. 그 표면에는 나타나지 않으나 내재된 사회 요인들이 대중의 저항과 혁명, 그리고 폭동을 야기한다(Feagin, 1982). 이처럼 계급투쟁은 불가피한 과정이고, 지배로부터의 탈출 노력과 사회적 갈등은 사회진보를 가능케 한다.

어떠한 욕구를 충족시키기 위해서는 다른 한편의 양보가 필요하기 때문에 제한된 자원을 동원하여 여러 가지 사회적 욕구를 충족하려는 갈등이 일어나게 된다. 이때 불평등이나 가난을 해결하고 미래에 대한 기회를 공평하게 만드는 노력이 필요하다. 사회에서 성공하기 위한 개인의 능력은 정확성, 질서를 따르는 능력, 지적 연구, 실용적 지식, 그리고 표준화된 사회 시스템에의 적응을 강조하는 노력 등에 따라서 증대된다.

한편, 소수집단의 차별 원인이 남성중심 사회의 성차별에 있다는 인식에서 출발한 것이 페미니즘이다. 성별은 역사적으로 또 많은 문화 속에서 가족의무, 직업상태, 재산권, 정책참여, 그리고 교육기회를 구분지어 왔다. 페미니즘이론은 남녀불평등의 원인과 형태를 분석하며, 변화의 전략을 제시하고 여성의 실체와 여성에 대한 해석을 통해 사회기여에 대한 확신을 갖게 해 주는 관점을 제공한다. 사회문제는 지배받는 사람에게서 비롯된 것이 아니라 어떤 집단이 다른 집단을 지배함으로써 일어나는 것임을 인식한 최초의 소수집단 운동인 페미니스트 운동은 권력지배의 사회관계를 사회문제의 근원으로 보고 권력분리를 추구한다.

만연한 능력주의(meritocracy)는 사회적 불평등을 증가시키고 구성원 사이의 경쟁 압력은 심리적 스트레스와 불안정을 초래하게 되어 궁극적으로 사회통합과 생산 잠재력을 크게 위협하게 된다. 따라서 문맹여성과 중증장애인 등 소수집단에 속한 사람들의 기본권 보장에 관한 기제에 높은 관심과 성의를 가지고 여러 가지 정책 대안을 마련하는 것은 매우 의미가 있는 일이다.

1) 민주 정부의 성격

자원의 불일치를 야기하는 경제시스템은 핵심 정보나 필수적인 기술을 가진 사람들에게 보다 유리하다. 인류 역사에 있어서 경제적 요인의 중요성에 대한 통찰 결과, 화이트칼라 근로자들은 공장 근로자들에 비해 상당한 사회적 신분과 특권을 유지한다. 특히 제3의 소수 엘리트집단, 대기업, 정부, 그리고 조사조직에 있는 사람들은 중요한 사회적 의사결정을 하며 경제와 밀접히 관련되어 있다. Harry Braverman은 각종 통계를 통하여 점증하는 화이트칼라 종사자가 숙련된 블루칼라 근로자보다 임금이 낮은 점을 지적하고, 화이트칼라 계층의 근로자가 자본주의자와 경영관리자, 엄격한 슈퍼비전 등을 통해 어떤 형태로 격리를 받으며 연속해서 반복되는 단조로운 근로 활동에 종사하고 있는지 고찰하였다(Feagin, 1982). 그에 따르면, 정부는 대기업, 특히 군수산업체 등의 이익을 보장하였고 각종 감면 방식을 통해 개별 기업을 지원했다. 또한 주택 · 실업 · 복지 정책 등을 확장함으로써 근로자 계층의 집단에 대한 저항을 방어해 왔다. 그러나 학자들은 근로자 계층이 근대 자본주의 사회의 사회적 변화를 야기한다고 보긴 하지만 가장 중요한 매체로는 보지 않으며, 오히려 그것을 비현실적이라고 본다(Feagin, 1982).

인간의 물질적 기본 욕구는 현실의 중핵이지만 다른 사람들의 행동에 의해 제한받게 된다. 착취를 당하는 계층의 근로자들은 자신의 이익, 보다 나은 임금, 개선된 근로 환경을 위해 자본가들과 투쟁하게 된다. 그러나 자본가들은 일반적으로 생산수단을 독점하고 있어서 근로자들보다 더 많은 사회적 자원과 권력을 소지하게 된다. 따라서 자본가들의 세계관과 이념이 사회 속에서 주된 지배관념을 형성하게 된다. 심지어는 계층 내부에 커뮤니케이션이 존재하는데도 경제적 · 정치적 갈등이 초래되기도 한다.

마르크스학파는 자본주의 체제에서 중앙정부도 자본계층으로부터 중립적이거나 완전히 독립되었다고 보지 않는다. 본질적으로 자본계층이 직접적으로 참여를 통하거나 간접적으로 정부관료가 자본주의 계층의 요구에 응하는 형태로 지배될 수밖에 없다고 본다. 정부가 불가피하게 자본계층에 편승하고 나면 사회문제는 본질적으로 중앙정부에 호소하는 기본적인 방법으로는 해결될 수 없다(Feagin, 1982). 민주주의 국가에서 많은 정부규제와 약간의 사회복지 프로그램만으로 사람들이 인내할 것을 요구하지만 정부프로그램은 항상 절충되거나 위축될 위험성을 내포하고 있다는 면에서 이러한 특징을 확인할 수 있다. 자본주의 국가는 근본적으로 지배 계층과 피지배계층 간의 투쟁을 내포하는 정책 및 사회프로그램을 가지고 자본주의 체제를 유지하고 있다(Feagin, 1982).

2) 불평등과 상황사회학적 관점

취약계층은 다양한 형태의 학대와 억압의 대상이 되어 왔고, 그 원인은 지배적 다수의 우월한 사회가치에서 찾을 수 있다. 억압받는 집단으로 장애인의 개념을 정리하는 데 있어서의 주된 문제는 그들이 생물학적으로 열등하다는 지배적 가정과 전제에 있다. 그러나 장애인과 마찬가지로 과거 다른 소수집단에 부과된 이런 전제는 일차적으로 편견적 태도에 기인한다.

빈곤이라는 사회적 조건은 평등권리(equal rights)에 반대되는 부정의(injustices)로 간주되며, 불평등은 사실상 기회의 문제로 귀착된다. 공통된 인간성에 기초하여 모든 사회구성원에게 제공된 자연적 권리의 주장은 사회의 권력집단과 불이익 집단 모두를 포함하여 공정한 처우를 요구할 수 있는 권리를 부여하게 한다.

사회적 선별주의는 장기적 견지에서 누가 이익을 얻고 누가 손해를 입을 것인지 예측하는 일을 더욱 어렵게 한다. 사실상 오랜 시간에 걸친 사회적 이익의 축적과 상실 경향은 다음과 같은 요소에 달려 있다. ① 무엇이 공정하고 누가 규칙에 따라 배려받을 자격이 있는가와 관련된 신념 체계의 진보, ② 이러한 신념에 상응하는 사회적 교정수단을 주장하고 논박하는 집단들 사이의 권력 중심의 변화, ③ 개인과 집단 사이의 실제적 권력획득과 상실에 영향을 미치는 변화하는 환경이다.

장애를 개인이 지닌 특성들 중 하나라고 보더라도 우리 사회는 장애를 지닌 사람을 각종 사회서비스, 국가자원의 배분, 노동참여, 제도적 의사결정 과정 등으로부터 체계적으로 분리시키거나 배제하는 경우가 많았다. 장애인의 사회참여가 어렵다는 사실은 우리 사회의 전통적인 장애인에 대한 왜곡된 인식, 급속한 산업화 과정, 치열한 경쟁구조의 사회환경, 불균형적 경제상황, 일관성이 부족한 국가정책이나 빈약한 복지서비스 체계 등으로 인해 장애인 고용이 잘 이루어지지 않는다는 점에서 알 수 있다.

장애가 열등한 사회가치로 인식되는 것은 사회적 권력에 있어서 결정요인의 기준에 있다. 즉, 아직도 장애라는 인간 다양성을 실제적 현상으로 보거나 사실적 진실에 근거하여 판단하기보다는 편견이나 일반화된 방식으로 다루고 있는 것이다. 장애인은 종종 동반자가 아니라 연구, 치료, 간호, 자선, 보살핌의 대상으로 나타난다. 그들이 도움을 필요로 하는 면만이 일방적으로 부각되어 총체적 인간의 모습은 잊혀지고 있다. 이처럼 장애의 불이익 조건은 대부분 의료적 성격보다는 사회적 성격을 띠는 것으로 여겨진다.

상황사회학적 관점에서 보면, 결국 사회라는 것은 의식이라고 할 수 있다. 사람들은 여러 가지 사회적 의식에 의해 똑같이 규제되고 있어 태어나면서부터 가정, 학교, 법률, 관습 등을 통해 생활의 규칙을 습득하게 된다. 차별은 그런 규제 속에서 심화되어 하나의 사회의식으로 형성되고 있는 것이다. 장애인 차별은 계급사회의 구조와 거기에서 파생하는 능력주의 및 자연과 인간 사이의 모순 등 여러 가지 요소가 서로 복잡하게 얽혀 발생한다.

차별성립은 계급사회에 있어서 지배계급의 논리와 그 정책에 기초를 두고 있다고 할 수 있지만, 그 밖에도 종교적 편견이나 이물 배제의 환각, 더 나아가 지배계급의 피지배계급에 대한 계층화(tracking) 의도에 의한 대중 상호 간의 비교와 경쟁 의식 등이 복잡하게 얽혀 형성되고 있다. 따라서 그 뿌리는 한층 더 깊다고 말할 수 있다. 이런 여러 가지 배경에서 많은 장애인은 지금도 끊임없이 생활, 교육, 노동, 건강, 의료 등 모든 분야에서 부당하게 권리를 박탈당하고 있으며, 때로는 기초생활보장의 제도적 틀 속에 묶이는 등 생존권마저 위협을 당하는 위기에 노출되어 있다. 이처럼 '장애인(handicapped people)'이란 용어는 자연적 혹은 객관적 조건이라기보다는 사회적으로 창조된 것이다.

원칙적으로 장애인은 비장애인을 전제로만 존재성립이 가능해진다. 이러한 구분을 가능하게 하는 공통의 본질이나 속성이라는 것은 매우 상대적이며 상황 의존적이다. 차별을 살펴보기 위해서는 차별의 주체인 차별자와 객체인 피차별자의 성격을 규명하고 그 동기를 파악해야 한다. 왜냐하면 인간의식, 사회구조와 태도를 변형시키기 위한 실천이 요구되기 때문이다.

3) 차별문제에 대한 접근방식과 효과

장애차별(handicapism)은 인종차별, 성차별과 유사하며, 신체적, 정신적 혹은 행동적 차이로 인해 차별과 불평등을 촉진하는 일련의 과정과 실제의 집합체다. 장애차별은 그것이 어떠한 교육적 · 사회적 이익을 지닌다는 아무런 증거 없이 장애아동을 특수학급이나 심지어 특수학교로 분리시키는 사례처럼 장애인에 대한 차별을 발생시키는 각종 정책과 실제에서 일어나기도 한다.

사회적 수준에서의 장애차별을 강화하는 것은 ① 미디어의 장애인상, ② 참여에 있어서 물리적 · 문어적 장벽, ③ 차별적 법률, 규칙, 규정, ④ 기본적 사회조직으로부터의 제외라는 4가지 영역에서 찾아볼 수 있다. 먼저, 만화, 영화, 동화 등에서 나타나는 미디어의 장애인상은 신체적 · 정신적 장애가 폭력, 범죄, 공포 등과 연관되어 있거나 원인이 된다는 점을 강화한다. 또 장애인은 자선에 의해 도움을 받을 수 있다고 보는데 이것이 의존의 이미지를 강화한다. 물리적 및 문어적 장벽은 다음과 같이 사회의 각 영역에서 찾아볼 수 있다. 학력이나 경제력 때문에 관공서, 공중화장실, 전철 등에서 출입이 금지된다면 차별이라고 법에 호소하지 않겠는가? 휠체어를 이용하는 사람들은 이러한 접근으로부터 종종 소외된다. 문자와 언어로 된 지시문과 공고문, 그리고 사회적 구조물과 접근성의 정도는 중요한 사회적 참여를 가로막을 때 장애차별이 된다. 접시나 그릇의 가장자리가 깨져 있을 때 불경하거나 재수가 없다고 못쓰게 하고 내버리는 민간의 관습이 일상의 서민생활에 깊숙이 내재된 것처럼 장애를 과거에는 전염병이나 혐오 대상으로 간주해 온 것이다.

장애차별은 직업재활에 대한 공식적 의무가 있는 조직과 제도에도 존재하는데, 법률, 규칙, 규정 등에 있어서 차별은 신체검사를 요구하는 공공의 일자리, 특수목적고등학교와 같이 제외규정을 둔 교육, 주류사회로부터 격리된 장애인 프로그램, 대중교통수단 뿐만 아니라 장애인 삶의 질을 개선하고 서비스 전달을 촉진하기 위해 전형적인 인구로부터 장애인구를 격리하는 다수의 전문가에 의해서도 이루어진다. 또 장애인을 위한 서비스 체계의 문화와 서비스 구조 역시 장애차별을 촉진한다.

이러한 차별문제와 관련하여 1964년 미국 개정 민권법(Civil Rights Act)은 핸디캡에 기초한 차별을 특별히 금지하였고, 1973년 재활법은 정부 재정 지원을 받는 기관들이 불필요하게 분리되거나 상이한 서비스를 제공하는 것은 차별성 있는 행위라고 규정하였다(Laski, 1979). 이 재활법은 기관이 제공하는 모든 원조와 수혜서비스가 장애인의 참여 기회를 거부하지 않아야 하며, 장애를 지니지 않은 다른 사람들에게 제공되는 것과 동일한 정도로 효과적으로 제공되어야 한다고 보고 그렇지 않으면 다른 사람들이 향유하는 원조, 수혜, 서비스의 기회, 권리, 특권을 제한하는 것이라고 문서화하였다(Laski, 1979).

국가는 뚜렷한 차별 요소뿐만 아니라 차별효과를 지니는 잠재적 요소까지 금지하여 소극적 동등처우에 그칠 것이 아니라 적극적으로 동등 기회를 제공하여야만 장애에 기초한 차별을 제거할 수 있을 것이다. 재활의 법률적 강화는 ① 통합, ② 적극적 계획(action), 그리고 ③ 의미 있는 서비스의 조건에 초점을 둔다. 다시 말해, 장애인은 주류사회로부터 분리되지 않아야 하고, 국가는 적극적인 행동과 서비스를 통해 도와야 하는 것이다. 즉, 중증장애인 직업재활을 위해서는 다양한 형태의 서비스와 자원 체계가 필요하다는 기본 인식을 바탕으로 포괄성을 갖춘 법률 체계로 전환된 것이다.

제도적 노력이 이처럼 중요하다는 명제를 지지하는 증거로서 미국은 1948년 신체장애를 이유로 공무원 채용을 제한하지 못하도록 의회가 포고한 후 20만 명이 넘는 장애인이 이후 25년 동안 경쟁시험을 통해 연방정부의 직업을 갖게 되었다(Arthur, 1967). 1965년 23만 명을 채용하고 있는 402개의 연방정부 기관에 대한 미국공무원 위원회(US Civil Service Commission)의 광범위한 조사 결과, 그들의 10분의 1 이상이 장애인 피고용자들로 노동력을 구성하고 있다는 것이 밝혀졌다(Arthur, 1967). 또한 미국공무원 위원회의 이 조사에서 신체적 최소 요구조건을 설정하기 위해 분석한 결과 15,000개의 다른 종류의 정부 직업들 중 수천 개의 새로운 직업이 공훈제도(merit system) 아래에서 장애인들에게 허용되었다(Arthur, 1967). 오클라호마 주에 있는 틴커 공군부대(Tinker Air Force Base)의 피고용인들 중 약 20%가 신체장애인으로 구성되어 있었다(Arthur, 1967). 놀랍게도 1960년대 이전부터 미 공군, 육군, 해안경비대(coast guard), 해군 모두 장애인 고용을 위한 조정관(chief coordinator)을 수도인 워싱턴에 배치하고 있었다(Arthur, 1967).

3. 인간 다양성과 인권의 특징

인간 다양성의 요소는 자명하고 그 영향은 너무나 일반적이다. 그래서 좀처럼 학교의 정책, 교과과정, 그리고 교수계획에서 무시되지 않는다. 그러나 사람들은 인간의 다양성을 다루는 방법에 만족하지 않는다. 사람들은 호모사피엔스라고 하는 단일 인종학적 분류에 속하지만, 상이한 신체 특성과 같은 생물학적 요소뿐만 아니라 복잡한 사회적 요소 역시 가지고 있다. 그러므로 사람은 누구를 막론하고 인간 지식과 계산만으로 측정하기 어려운 신비한 정신 영역과 생명의 원동력을 가지고 있고, 고유한 인격적 요소와 더불어 신념과 결단의 정신력 및 잠재력을 지닌다.

인류가 보편적으로 추구하는 평화는 무엇보다도 사회적 관계나 공동체 내에서 경험할 수 있고 체계화된다. 그곳에서 한 개인은 다른 사람들로부터 주도되거나 강요됨이 없이 자신의 유일성을 인정받고 참여할 수 있음을 증명한다. 일반적으로 생물학적 요소는 피부 색소, 두상, 안면, 모발, 체형, 신장 등과 관련이 되고 사회적 요소는 사회적 관계와 관점, 그리고 집단정체성 등과 관련이 된다(Atkinson, Morten, & Sue, 1993).

거대한 사회 내에서 이질성(heterogeneity)과 동질성(homogeneity)이 어떻게 변환되고 보이는지 다룰 필요가 있으며 평등과 사회정의의 실현을 위해서는 인간의 차이와 다양성을 이해하고 그러한 인식의 토대 위에서 개개인의 자기개발과 능력개발을 위하여 균등한 기회를 제공해야 한다. 즉, 개인 다양성의 원천을 발견하고 그러한 기초 위에 개인을 평등하게 처우하기 위해 노력해야 한다. 인간의 다양성을 다루는 방법들,

즉 물질적 궁핍으로부터의 공포와 사회적 차등의 제거, 공정을 위한 노력, 공동체의 문제를 함께 생각하고 책임지는 사회 속에서 장애인은 정치적 · 도덕적 · 경제적 권리 중 어느 것을 적절히 누리고 있는지 살펴보게 된다(Midgley, 1984). 수입, 성별, 가정과 같은 사회적 · 경제적 · 문화적 · 인구학적 요소처럼 인구가 지속적으로 변화하는 특징은 장애와 같은 인간의 다양성이 주요 제도 내에서 수용될 수 있는 방법에 영향을 미친다. 사람들은 집단에 소속될 때 그 집단의 판단과 평가에 따르게 되는데, 한 개인은 다양한 집단에 속하고 개인의 행동은 자신이 속한 모든 집단의 특성을 반영한다. 여기에는 지능, 욕구, 생활방식, 생활경험, 기질, 정신적 · 정서적 · 신체적 특징의 조합이 포함된다.

인간 존엄성과 권리의 회복에 초점을 두는 직업재활철학은 장애인의 사회 일원으로서의 권리와 의무에 대한 사회적 복귀에 있다. 따라서 사람들은 인간 다양성에 관심을 두게 되고 임상 전문가들은 문화적 민감성을 높이도록 요구된다. 인간은 누구나 서로 다르게 생겼지만 단지 다른 것에 그치는 것이 아니라 어느 정도로 어떻게 다르냐 하는 것이 문제가 된다. 생물학적 요소와는 관계없이, 인종이라는 개념은 동일 집단 내에서 개인을 어떻게 보느냐, 그리고 집단 외부에서 어떠한 인종 집단의 성원을 어떻게 보느냐와 관련하여 중요한 사회적 의미를 지닌다(Atkinson et al., 1993). 따라서 대부분의 심리전문가와 상담전문가의 훈련 시에는 인성, 정체감 형성, 행동형성에 영향을 미치는 문화적 효과를 교육하게 되는 것이다.

시대가 변하면서 이제 장애인 인권도 국제적으로 인정되고 있다. 이러한 움직임은 1971년 '정신지체장애인의 권리에 대한 선언'으로 시작되어, 1975년 '장애인의 권리에 대한 선언'으로 이어졌다. 그러나 우리나라는 장애인 인권과 관련된 본격적인 움직임이 그리 일찍 시작되지 않았고, 1998년 12월에 와서야 드디어 장애인 인권헌장이 채택되었다. 인권헌장에서 '장애인은 인간의 존엄과 가치를 가지며 행복을 추구할 권리를 가진다.'고 선언하고 있으며, '국가와 사회는 헌법과 국제연합의 장애인 권리선언의 정신에 따라 장애인의 인권을 보호하고 완전한 사회참여와 평등을 이루어 더불어 살아가는 사회를 만들기 위한 여건과 환경을 조성하여야 한다.'고 책임을 규정하고 있다. 인간이면 누구나 가지는 인권이 장애인에게도 있으며, 이를 보장하는 정책이 시행되기까지 많은 시간과 장애인을 비롯한 여러 사람의 노력이 요구되었다. 하지만 아직 우리나라에서 장애인 인권은 삶 전반에 걸쳐 보장되고 있지만은 않다. 먼저 장애인 인권이 무엇이며, 장애인이 주체적인 역할을 하기 위한 자기결정권과 이를 표현하는 한 방법인 참여는 무엇인지 알아보는 노력이 필요하다.

1) 건강한 사회의 육성

1948년 UN총회에서 채택된 세계인권선언의 제1조를 보면, '모든 사람은 태어날 때부터 자유롭고, 존엄성과 권리에 있어서 평등하다. 사람은 이성과 양심을 가지고 태어났으니 서로 형제애의 정신으로 처신해야 한다.'라고 규정하고 있다. 사람은 사람답게 살아야 하고 그것은 사람으로서 누구나 주장할 수 있는 권리다. 그러나 이러한 원칙적 입장에도 불구하고 장애인은 인간으로서의 기본 권리를 충분히 누리지 못하고 살아가고 있다. 비록 장애인복지법을 비롯한 많은 관련법이 제정된 후 장애인 처우가 개선되어 오긴 했지만 장애인에 대한 기본적 권리의 보장보다는 장애인에 대한 시혜적 인식이 더 컸다. 하지만 장애인 역시 천부적 인권을 부여받고 태어난 인간이다. 인권보장은 시혜를 베푸는 것이 아니라 기본 권리에 대한 사회적 책임인 것이다.

기본 권리로서, 말 그대로 인간의 권리를 말하는 인권은 인간 본성에 내재된 권리로서 그것 없이는 인간으로 살아갈 수 없다. 인간은 기본적인 자유와 권리를 가지고 있기 때문에 자신의 성격과 지능, 그리고 재능과 양심을 발전시키고 이용할 수 있으며, 정신적 욕구 및 기타 욕구를 충족시킬 수 있다. 또한 인권은 인간이 사회생활을 영위해 가면서 마땅히 누려야 할 권리를 의미한다. 인간이 세상에 태어나 성장해 가면서 바라는 것, 희망하는 것, 요구하는 것을 권리의 개념으로 승화시킨 것이 바로 인권이다.

인권은 시대가 변하면서 늘 변하고 새롭게 만들어지고 있는 것이다. 인권은 사회적 조건에 따라 늘 변화되고 풍부해지는 역동적인 개념이며, 인권을 보장하기 위해 헌법에 구속력 있는 여러 권리를 규정하고 있다. 이러한 인권의 성격은 첫째, 법률 및 관습의 정당성을 판단하는 기준이 되어 근본적으로는 국가권력을 제한하는 것이다. 둘째, 주변 환경의 변화, 세계관의 차이 등을 반영하는 것으로서 가장 정당한 것부터 가장 바람직한 것에 이르는 광범위한 가치주장을 포함한다. 셋째, 모든 장소의 모든 인간존재가 평등하게 소유하는 것이어야 한다. 넷째, 어떤 특수한 입장에 있는 개인이나 집단의 권리는 다른 사람의 비슷한 권리나 공동의 이익을 위하여 필요한 만큼만 제한되어야 한다.

선진국의 결정 여부를 국민소득과 같은 경제지표만 가지고 가늠하기는 어렵다. 인권과 관련해서는 장애 여부를 떠나 인간의 생명과 자유를 존중하고 그 자체를 보호하기 위해 모든 노력을 아끼지 말아야 한다. 장애인 직업재활에 대한 노력은 높이 평가되어야 하지만, 한국 정부의 이중적 기준은 장애인의 권리회복보다는 경제논리를 우선해 왔다. 이러한 바탕에는 장애를 지닌 가족구성원을 숨기고 수치로 여기며, 일상의 장면으로부터 제거해 버리려고 노력해 왔던 나쁜 관습과 대중의 차별 태도가 자리 잡고 있다. 이런 맥락에서 직업재활은 심리적 격려와 더불어 장애의 낙인적 이미지를 제거함으로써 시작한다.

장애인의 꿈이라면 다른 사회구성원들과 동일한 배려를 경제, 정치, 사회의 모든 영역에서 받을 수 있는 UN 인권선언의 가치와 원칙에 상응하는 차별 없는 기회의 확립이라고 볼 수 있다. UN은 1981년 '국제 장애인의 해'를 통해 장애인의 완전참여와 평등(full participation and equality)을 선언하였다. 즉, 장애인은 외계로부터 온 사람이 아니라 일상적인 인간의 감정과 욕구를 지니고 있는 보통 사람이라는 것이다. 정부의 가장 중요한 목적 중 하나가 공정하고 평등한 사회를 건설하는 데 있다면, 교육과 마찬가지로 직업재활은 별개의 사회적 시혜나 조치가 아니라 하나의 기본적인 인간 권리이며, 사회에 이익을 가져다준다. 즉, 중증장애를 지닌 시민이 자유롭게 일하고 휴식을 취할 수 있는 사회가 건강한 사회라고 할 수 있다. 이런 이상적인 사회를 건설하기 위해서는 중증장애인을 전문적으로 상담하고 지원하는 인력과 저변이 확대되어야 한다. 그러나 불행하게도 직업재활입법은 교육과는 달리 시민권의 범주에서 제외되어 왔다. 대중, 전문가, 입법가나 행정가의 무관심과 무지는 지금도 계속되고 있는 것이다. 중증장애인에게는 특수교육과 사회복지, 그리고 직업재활 간에 서로 균형 있는 서비스가 필요하다.

세계적으로 장애인의 주거 · 교육 · 직업 선택에는 많은 어려움이 있고, 이런 선택에 이르기까지 복합적인 장벽이 존재한다. 그러나 장애인의 잠재력이 자신이 지닌 어떠한 신체적 · 심리적 장애로 인해 무조건적으로 제한될 수는 없다. 장애는 불평등을 정당화할 수 없는 인간 다양성의 증거일 뿐이다.

전쟁은 사회통합을 와해시키고, 이로 인한 영양부족, 질병, 무지는 장애를 촉발한다. 역사를 두고 끊임없이 세계 도처에서 행해지고 있는 전쟁은 예방 가능하고 불필요한 수백만의 장애를 직접 발생시키고, 전쟁의 심각한 결과로서 야기된 빈곤은 장애발생의 가장 큰 원인이 된다. 예를 들면, 베트남, 캄보디아, 모잠비크, 니카라과, 엘살바도르, 수단, 콩고, 라이베리아, 과테말라에서의 내전으로 야기된 상해, 신체절단, 정서적 긴장은 수십만 명의 장애인을 발생시켰다. 아이러니컬하게도 세계의 많은 국가가 자국의 자원을 장애인의 평등기회 보장을 위해 사용하기보다는 전쟁을 촉발하고 무기를 비축하기 위해 사용하였다. 20세기 동안 전쟁은 대부분의 빈곤한 국가에서 수억 건의 장애를 발생시켰다. Zbigniew Brzezinski는 『세기의 대죽음(*The Century of Megadeath*)』에서 20세기 동안 일어난 정치적 대학살과 전쟁으로 인해 약 1억 7,500백만 명의 생명이 무고하게 희생된 것으로 보고하고 있다(Oscar Arias, 18th World Rehabilitation International World Congress keynote speach, 1996, Auckland, New Zealand).

전쟁의 심각한 후유증을 겪은 빈곤한 나라일수록 장애인의 직업재활을 위한 재정자원이 더욱 부족하기 마련이다. 무기를 비축하고 군사력을 증강하기 위한 이러한 자원이 국가사회의 가장 긴요한 문제인 빈곤, 무지, 질병을 해결하기 위해 사용된다면 인간의 유토피아는 더욱 가깝게 다가올 것이다. 적자생존의 법칙이 만연하는 사회, 강자의 이익만 보호되는 세계는 생태계와 다를 바 없다. 인간도 하나의 유기체로서 강자에게는 협력하며, 약자에게는 착취하는 비문명화 현상을 국가와 공동체가 앞장서서 고쳐나가야 한다.

2) 인권의 역사와 실현 조건

인권 개념의 뿌리는 계몽주의 시대의 자연법사상에서 발견되는데, 종교와 국가주의에 반대하여 인간적 · 신적 힘에 의존하지 않고, 이들에 선행하는 타당한 법이 존재한다는 명제를 최고 원칙으로 옹호한다. John Locke는 1690년 『정부론』에서 정부의 목적이 생명, 자유, 재산이라고 하는 불가침의 인권보장에 있다는 것을 강조했고, Montesquieu는 1748년 법의 정신에서 권력분립 제도야말로 자유를 위한 정치의 열쇠라고 강조했으며, Rousseau는 1762년 사회계약을 통해 인간이 예속상태에서 빠져나올 수 있는 정치 형태를 역설하였다.

1948년 '세계인권선언'은 인권운동의 새로운 출발점이 되었다. 제1차 · 제2차 세계대전과 아우슈비츠수용소로 상징되는 반인권의 역사적 경험을 통해 세계인권선언은

'야만의 시대에서 인권의 시대'로, '어둠의 시대에서 빛의 시대'로 향하는 출발점이 되었다. 문명사적 가치로 부상하며 밝은 빛을 향하여 나아가고 있는 인권이라는 용어는 서구에서 먼저 사용된 것이 사실이지만, 동양적 사고에서도 인권의 관념은 존재했고 현실화를 위한 노력이 전개되었다. 인권 개념은 독자적 이론 체계를 갖추고 자기발전을 해 온 개념이 아니라 현실운동의 과정에서 태동하여 성과를 얻고 보충되며 발전해 오늘에 이른 개념이다. 언제나 현재진행형으로 남는 인권은 여러 생산관계 내에서 계급 간의 변화에 따라 그 내용이 바뀌어 왔다.

봉건시대를 뒤로하고 근대시민혁명을 통해 등장한 '자유권'은 정치권력의 남용과 오용으로부터 각 사람을 보호하기 위한 방패막이였다. 국가가 개인에게 간섭하지 않도록 요구하는 성격을 갖는 이 자유권, 즉 시민적 정치 권리는 세계인권선언에 포함된 권리들로 발전해 왔다. 또 근대시민혁명은 '모든 인간의 인권'을 선언하며 인권의 찬란한 신기원을 열었지만, 사회적 · 경제적 불평등을 적극적으로 고치지는 못하였고, 노동자 · 여성 · 아동 노동의 현실은 끔찍한 것이었다. '복지'나 '자유'가 진정한 의미를 가지려면 물질적 토대가 보장되어야 했다. 투쟁을 통해 사회적 · 경제적 약자의 권리를 보장하고 노동조건을 개선하는 등의 실질적인 평등을 요구하는 것을 '사회권'이라 한다. 사회권 보장은 국가가 적극적으로 나서서 분배 정의를 실천할 때 가능하다. 흔히 복지역사를 시혜적 복지, 제도(국가)적 복지에서 권리적 복지로 발전한다고 이야기하지만 권리적 복지 · 시혜적(잔여적) 복지 · 제도적(국가적) 복지로 나아가기 위해서는 엄청난 국가 재정(국부)이 필요하다.

3세대 인권은 집단의 권리로서, 인간다운 생존을 보장받기 위해 제3세계 국민은 권력과 자원, 부, 기타 중요한 가치의 세계적 재분배를 요구하고 있고, 또한 오늘날 인류가 직면한 많은 인권 문제는 한 국가나 개별 국가의 힘만으로는 대처할 수 없는 것이 많아 국경을 초월한 단결과 연대를 필요로 하고 있다. 이런 배경에서 제3세대 인권을 '집단권' 혹은 '연대의 권리'라고 부른다.

인간다움을 지키기 위한 최후의 보루인 인권은 기본적이고 필수적인 권리로, 무엇으로도 대신할 수 없다. 어떤 상황에서나 어떤 곳에서도 모든 사람이 인권을 누릴 수 있어야 하는 보편성을 띠는 인권은 어떠한 특권에도 반대하는 것으로, '모든 장소의 모든 사람이 평등하게 갖는 권리'다. 즉, 인종, 피부색, 성, 언어, 종교, 정치적 의견 또는 사상,

출신, 재산, 출생, 지위에 따른 차별 없이 누려야 할 권리인 것이다.

국가권력은 권력자 자신을 위해 사용되어서는 안 되며, 오직 국민을 위해 존재한다. 따라서 인권은 국가권력의 정당성을 판단하며 제한할 수 있다. 법이라는 것이 인권보장의 목적이 아닌 권력자를 위해 만드는 것인 경우도 있으므로, 인권은 법에 따라 보장되고 있는 권리에만 한정되지 않는다. 현재 존재하는 법이 보장하고 있지 않더라도 인간의 존엄성을 보장하는 데 반드시 필요한 권리라면 인권으로 인정할 수 있다.

1919년의 독일 바이마르 헌법 이래 20세기에 들어와 각국의 헌법전에 등장해 온 사회권 내지 사회적 기본권은 사적 소유의 보장과 영업의 자유를 법적 기반으로 형성된 자본주의에서 발생한 사회문제를 해결하기 위해 노동자와 사회적 약자인 개인 혹은 집단을 대상으로 인정한 권리다. 빈곤과 장애 등 자본주의의 폐해를 해결하기 위해 국가가 적극적으로 사회경제에 개입하여 약자를 보호하고, 이들의 생활상 곤란과 장벽을 해결하자는 복지국가관에 대응하는 기본적 인권인 것이다.

자본주의 경쟁에서 소외되는 사람들에 대한 사회보장이라는 용어가 실정법상 최초로 사용된 예는 1935년 미국에서 제정 · 시행된 '사회보장법(Social Security Act)'에서 찾을 수 있으나, 원래 사회보장에 대한 관념, 사상의 출현은 훨씬 그 이전으로 거슬러 올라가 사회보험에서 찾을 수 있다. 19세기 중엽 자본주의제도가 발전하여 성숙 단계에 들어서면서 서구 제국에서 자본가 계층은 노동자 계층에 대해 정치적 차원에서 불안을 느끼게 되었으며, 종래 원시적 자본축적과 시장경쟁에만 혈안이 되어 오로지 착취의 대상으로만 여겼던 노동력이라는 생산요소가 서서히 마멸되어 가고 있다는 사실에 대해 자기반성을 하게 되었다. 그 결과 근로자 계층에 대해 사회적 · 정치적 양보 및 경제적 대우를 통한 전반적 노동보호정책을 실시하게 되었던 것인데, 이것이 이른바 사회보험사상의 대두다. 그 후 제2차 세계대전의 종식을 계기로 현대 독점 자본주의단계에서는 적극적으로 국가권력이 그 구성원의 사회적 생활위기나 사회구조의 변화에 대응하여 사회적 · 경제적 필요를 충족시켜야 한다는 관념이 일반화되고, '사회보험에서 사회보장에로'라는 사상이 출현되기에 이르렀다. 따라서 사회보장의 관념이 전 세계적, 일반적으로 알려지게 된 것은 제2차 세계대전 종료일부터라고 할 수 있다.

이런 사회보장 사상에 의한 법의 영역은 '건강한 생활'의 보장과 '적어도 최저 생활수준을 영위할 수 있는 경제생활'의 보장을 의미하게 된다. 또한 개인이 질병에 걸렸을 때 비용을 부담할 수 있는 경제력이 없어 치료를 못 받거나 치료를 중단하게 되는 불행을 방지하고, 노령, 장애, 실업 혹은 기타 요보호 상태로 인하여 과거부터 영위해 오던 수준의 경제생활을 영위할 수 있는 소득이 상실, 소멸되어 당사자와 피부양자의 생활이 위태롭게 되는 것의 방지를 의미한다. 건강생활의 유지 및 일정한 소득의 보장은 개인을 사회적 위험이나 요보호 상태로부터 방어, 보호한다는 소극적 목적을 가졌다. 그러나 오늘날 그와 같은 소극적 목적 이외에 개인 '인격의 자유로운 계발'이라고 하는 적극적 의미는 사회법의 중요한 목표 중 하나다.

장애인은 기본 시민으로서 행복을 추구할 자유를 가지고 있다. 장애인기본권과 관련하여 특히 문제가 되는 것은 사회복지서비스 분야다. 장애인은 인간의 존엄과 가치를 지닌 엄연한 인격적 존재이며 권리 주체다. 따라서 헌법상 보장된 모든 기본권이 장애라는 조건으로 인하여 제약될 수 없다. 더불어 인간의 권리 또는 국민의 권리로서 헌법에 규정된 자유권, 생존권, 청구권을 비롯한 모든 기본적 권리를 당당하게 향유할 수 있으며, 국민으로서의 의무도 지게 된다.

장애라고 하는 기능과 형태상의 원인에 의해 사회적으로 불리한 상황에 놓여 있기 때문에 handicap의 원인을 제거하거나 불리한 조건을 극복할 수 있는 특별한 수단이 직업재활이다. 2012년 우리나라 장애인 패널 조사는 취업의 이유를 경제적 측면보다는 사회적 측면에서 더 중요시한다는 점을 보여 준다. 여기에 대한 책임은 국가와 지역사회, 전문가 그리고 당사자인 장애인 자신이 각기 나누어야 한다. 직업재활은 장애인의 생존권을 추상적 · 이념적 차원에서보다는 실천적 · 구체적 차원에서 보장하고 촉진하는 장치라고 말할 수 있다.

사회공동체의 동등한 구성원으로서 장애인의 직업상 권리도 노동에 의하여 인간의 생존을 확보하기 위한 노동기본권처럼 적극적으로 보장되어야 한다. 이런 법이념의 기초는 근원적으로 인간으로서의 존엄과 가치 및 행복추구권, 그리고 평등권에 있다. 인간으로서의 존엄과 가치 및 행복추구권의 보장은 모든 기본권의 이념적 전제가 되고 있지만, 장애인이 진정한 인간다운 생활을 영위하려면 주체적 사회참여와 일정한 소득보장 및 의료보장, 교육보장과 여기에 필요한 서비스가 구체적으로 확보되어야 한다. 나아가 장애인의 절차적 참여 등을 비롯한 자기관철의 권리도 보장되어야 하며, 권리구제 쟁송권, 행정 및 입법참여권과 단결권 및 단체교섭권 등 절차적 권리보장 수단도 필요하다.

3) 장애인의 기본 인권과 헌장

지역에 장애인 시설이 들어서면 자녀교육이 되지 않고 땅값이 떨어진다는 주민들의 항의 때문에 지역사회 재활시설과 복지시설의 설치, 그리고 합법적으로 허가를 받은 건축공사가 이뤄지지 못하고 있는 곳이 한두 군데가 아니다. 그러나 이러한 극단적 이기주의는 배격되어야 하며 개인의 기본 권리는 단순히 인간이란 사실에 근거한다고 보아야 합당하다. 문명사회는 정의로운 사회여야 하고, 가장 취약한 사람이 먼저 보호를 받는 사회여야 한다. 자유롭게 움직일 수 없기 때문에 자신의 권리를 주장할 상황에 있지 못하는 사회적으로 불리한 위치에 있는 중증장애인의 보호는 인권보호 차원에서 가장 기본이자 바탕이 되어야 한다.

우리나라 헌법 제10조는 '모든 국민은 인간으로서의 존엄과 가치를 가지며, 행복을 추구할 권리를 가진다.'라고 규정하고 있다. 이 규정에 의하여 인간으로서의 존엄과 가치는 모든 기본권의 이념적 전제가 되고 기본권 보장의 목적이 된다. 행복추구권은 인간의 존엄 및 가치의 존중 원리와 결합하여 기본권 보장의 가치 체계에 있어서 그 기초를 이루고 있다. 인간의 존엄은 모든 개인의 천부적 불가침의 속성으로서 자기결정과 자기형성의 능력인 인격에 그 근거가 있다. 인간의 존엄과 가치는 신체적 · 정신적 · 영적 상태와 독립하여 인정되는 것이며, 따라서 생명을 구별하는 것은 인간의 존엄과 가치에 정면으로 배치되어 헌법을 위반하는 것이다.

현대에도 잘못된 장애인관에서 비롯되는 장애인 생명경시가 아직도 완전히 불식되지 않고 있다. 헌법상 명문규정은 없지만 생명권은 신체자유의 당연한 전제일 뿐만 아니라 인간의 존엄성을 핵으로 하는 우리나라 기본권 질서의 논리적 기초다. 인간생존의 가장 기초가 되는 '생명에 관한 권리'를 부인하면서 인간의 존엄성을 논할 수 없고, 생명권이 인정되지 않는 경우에는 모든 기본권에 대한 보장이 사실상 무의미해진다. 장애인의 완전한 참여와 평등을 확보하기 위한 실질적 기초는 평등권의 보장에 있다. 평등권은 기본권 실현의 방법적 기초인 동시에 방향을 제시해 주는 것으로서 모든 국민의 여러 생활 영역에서 균등한 기회보장을 그 내용으로 한다.

평등사상은 평균적 정의의 실현에 국한되지 않고, 배분적 정의의 이념에 근거한 실질적 평등을 의미한다. 즉, 근대 사상이 만인의 평등과 인간 해방을 추상적인 이념으로 삼은 데 비하여, 사회생활 중에 보이는 구체적인 불평등에 주목하여 이에 따르는 생존의 위협에서 해방된 균등하게 인간다운 생활을 보장하고자 한다. 이렇게 살펴볼 때 장애인문제에서 평등권 실현은 모든 생활영역에 있어 소극적으로는 장애인에 대한 부당한 갖가지의 차별을 방지하고, 적극적으로는 장애인에 대한 사회적 · 물리적 제약요인을 제거하는 실질적 평등의 보장에 있다.

인간다운 생활권을 규정한 헌법 제34조 제1항은 일련의 사회적 기본권에 관한 총칙적 규정이라 할 수 있고, 그 밖의 사회적 기본권은 인간다운 생활권을 실현하기 위한 구체적인 수단이 되는 권리라고 할 수 있다. 이를 통해 장애인은 건강하고 문화적인 생활보장을 요구할 수 있는 권리를 갖게 된다. 인권확보 수단으로서 헌법은 교육을 받을 권리, 근로의 권리, 노동3권, 환경권, 보건권 등을 보장하고 있으며, 헌법 제34조 제2항에서 제6항에 걸쳐 일련의 사회보장권을 규정하고 있다. 사회적 기본권 보장은 필수 불가결한 것이지만, 출산율 및 소득능력의 감소, 실업 등 모든 사회적 위험으로 인하여 요보호 상태에 있는 개인이 인간의 존엄에 상응한 인간다운 생활을 영위하기 위해서는 국가에 일정 내용의 급여 등의 보호를 요구할 수 있어야 하는데, 이러한 사회보장권의 개념적 요소로는 사회적 위험, 요보호 상태, 인간다운 생활, 국가의 적극적 급부성 등을 들 수 있다.

사람들은 인종주의나 성차별은 깨뜨려야 할 현실로 받아들이는 반면, 장애인에 대한 차별은 종종 간과한다. 그러나 건전한 사회구성원으로 책임 있는 삶을 살아가기 위해서는 장애인 능력을 개발하고 직업을 보장하여야 한다. 자유로운 이동과 시설 이용에 필요한 편의를 제공받아야 하며, 의사표현과 정보이용에 필요한 통신, 수화통역, 자막, 점자 및 음성도서 등 모든 서비스를 제공받을 권리를 가진다. 장애인은 능력에 따라 직업을 선택하고 그에 따른 정당한 보수를 받을 권리를 가지며, 직업을 갖기 어려운 장애인은 국가의 특별한 지원을 받아 일하고 인간다운 생활을 보장받을 권리를 가진다. 또한 기타 문화, 예술, 체육 및 여가활동에 참여할 권리를 가지며, 자신의 인격과 재산의 보호를 위하여 필요한 법률상의 도움을 받을 권리를 가진다.

UN은 1948년에 채택한 '세계인권선언'을 시작으로 1970년에는 '장애인 재활 10년 선언'을 채택하였고, 1972년에는 '정신지체장애인 권리선언', 1981년에는 '국제 장애인 해'와 '10년 행동계획'을 채택하였다. 이 계획이 마무리된 1992년에 UN은 12월 3일을 '세계 장애인의 날'로 기념하여 지정하였다. 이와 같은 국제 선언이 내포하고 있는 공통적인 의미는 장애인의 존엄성 존중, 생명 존중, 생활권 존중에 있다.

4) 장애인의 참정권과 ADA

미국에서 1988년 대통령선거 당시 George Bush가 당선된 데에는 장애인들의 표가 크게 기여하였다. 우리나라는 장애인 대리투표를 부정선거로 간주하면서도 장애인을 배려하지 않는 투표장소와 선거정보의 제공 등 여러 부분에서 참정권을 가로막는 일이 아직도 많이 일어나고 있다.

권리 주체에게 권리의 목적이나 대상에 근접하여 이용할 수 있는 기회를 부여함으로써 법률상 부여된 권리를 실질적으로 확보하고자 하는 접근권은 이동권을 포함한다. 즉, 주거 공간, 교통시설 등에 대한 접근, 문화, 예술, 통신 혹은 정보에의 접근, 각종 서비스에의 접근 등 장애인의 활동을 위한 재원이나 시설에의 물리적 접근을 뜻한다. 인간의 이동 권리가 기본권이라고 한다면 국가는 이를 보장할 의무를 갖게 되며, 거주와 이전의 자유는 일상적 이동과 밀접한 관련을 갖게 된다. 편의시설증진법이나 장애인복지법 제33조에서는 이동의 권리와 직접 관련을 갖는 편의시설에 대하여 규정하고 있다.

사람은 누구나 자신이 원하는 곳에, 원하는 때에 자유롭게 갈 수 있는 권리가 있다. 자유와 평등을 의미하는 이 경우에 장애인이라는 이유로 자신이 원하는 장소에 갈 수 없다면 차별이고 억압이 된다. 사회참여는 공간적 이동만이 아니라 물리적 · 사회적 이동과 정보에 대한 접근 역시 보장할 때 가능하다. 접근이란 단순한 접촉이 아니라 이동과 이동의 목적을 성취하는 것까지 포함하는 의미가 내포되어 있다. 접근권이란 공간적 이동과 접근을 보장하는 권리임은 물론 정보에 대한 이용과 접근에 대한 보장까지 포함하는 권리다. 이동과 정보에 대한 접근을 보장함으로써 완전한 참여와 평등을 가능하게 해 주는 것이다. 이처럼 편의시설의 확충과 개선은 법과 인식 개선이 함께 이루어질 때 가능하다. 1997년에 제정된 '장애인, 노인, 임산부 등의 편의증진보장에 관한 법률'은 편의시설의 법제화라는 측면에서 커다란 의미를 가지고 있다고 할 수 있다. 이 법의 특징으로는 강제성 · 청구권 · 접근권의 명시, 편의시설의 이용대상을 넓힌 점, 기금의 설치 등에 있다.

미국장애인의 시민권법이라 일컫는 ADA는 1973년 재활법의 이념을 계승 · 확대한 것으로 장애인의 권리보장(civil right protection)을 포괄적으로 규정하고 있다. 장애인에게 공공기관 및 민간 기업에서의 고용, 공공서비스, 대중교통, 공공이용시설과 장소, 대중에게 제공되는 전화서비스 등에 있어 평등한 접근기회를 보장함으로써 장애인정책의 획기적인 전환점을 가져온 '장애인 권리장전'이라 할 수 있다.

총 5편으로 구성된 ADA는 장애인에 대해 고용상의 차별을 할 수 없을 뿐만 아니라 타당한 배려(reasonable accommodation)를 해야 한다는 것을 의무화하고 있다. 이 타당한 배려에는 자격을 갖춘 장애인의 고용이나 승진에 대한 차별금지 및 장애근로자를 위한 작업수정, 작업장 구조변경, 장비수정을 포함한 여러 가지 조치를 포함한다. 또한 특수전화기의 설치와 제공을 규정하고 있으며, 장애인을 배제하려는 의도로 시행하는 시험 등을 금지하고 있다. 유무선으로 기간 통신사업을 운용하는 모든 통신회사는 청각장애나 언어장애를 가진 사람들을 위한 통신중계서비스를 제공해야 한다. 통신중계서비스는 청각장애나 언어장애를 가진 사람이 비장애인과 유무선으로 의사소통할 수 있게 해 주는 릴레이서비스로서, 청각장애인을 위한 통신기기(TDD)나 기타 비음성 단말기기를 사용하는 사람과 이러한 기기를 사용하지 않는 사람 간의 양방향 통신을 가능케 하는 서비스를 포함한다(이달엽, 1998).

5) 우리나라 장애인운동의 재조명

장애인운동은 사회 문제를 해결하기 위한 일반적인 특성을 공유하며, 나름대로의 특수성을 가진다. 사회운동은 집단의 권리를 획득하거나 이익을 관철시키기 위해서 스스로 주체가 되어 사회를 개선하려는 노력이며, 장애인운동은 장애인 권익을 지켜 내고, 사회가 안고 있는 전반적인 구조적 모순을 해결하려는 목적지향적 운동이다. 시설, 법, 제도, 교육, 노동, 봉사활동, 연구조사 등 여러 분야에서 이뤄지고 있는 장애인운동은 스스로의 주체적 노력에 의해 장애문제를 전체 사회 속에서 파악하게 된다.

1960년대와 1975년대는 우리나라에서 처음으로 장애인에 대한 사회적 관심이 싹트기 시작한 시기로 소아마비 교육기관의 설치를 위해 버스값을 절약하는 모금운동과 성금운동의 노력 결과 '한국 소아마비 보육협회'가 창립되었다. 지체장애인에 대한 관심이 커 가고 입시에서의 장애인 탈락이 문제시되었지만, 계속적 건의와 언론의 압박으로 1972년 문교부는 장애인에 대한 고교입시의 체능검사를 면제하였다. 1975년에 소아마비 장애인의 재활을 목표로 한 '정립회관'이 설립될 당시의 장애인운동은 지체장애인이나 뇌성마비 · 소아마비 아동의 복지 향상을 위주로 이루어졌다.

1970년대 말과 1980년대는 미약한 장애운동이 발돋움하는 시기였다. 장애인과 관련된 각종 기관이 하나씩 생기기 시작하여 1975년 국제키비탄, 1976년 춘천 소아마비아동복지회, 1978년 한국뇌성마비복지회 등이 생겨났다. 이 시기부터 장애인의 권익을 구체적인 법률로 보장하려는 움직임이 나타나기 시작하여, '특수교육진흥법'이 처음으로 1977년에 국회를 통과해 문교부에 의해서 1978년부터 시행되었다. 이때부터 장애인의 특수교육에 대한 관심이 생겨나고 일반학교에 특수학급이 설치되었으며, 특수교육에 대한 무상교육을 실시하게 되었다. 시설면에서도 보도를 낮추거나 휠체어 장애인이 이용하는 공중전화를 설치하는 등의 개선이 이루어졌다. 전체적으로 장애인운동의 뚜렷한 단체가 없이 개별적인 사건에 대한 사회 전체의 여론과 일부 교수 및 정립회관 등의 노력으로 법과 시설의 개선을 이루었다. '심신장애자복지법'을 제정하고 장애인 대학입학 제한을 점차로 축소해 나간 문교부의 방침으로 1980년대는 장애인의 인권 분야가 두드러지게 진전되었다고 볼 수 있다.

장애인운동은 1980년대 후반 장애 관련 법제화 운동으로 본격적 계기를 마련하게 된다. 그 후 시설 비리문제와 시설 건립운동에 힘을 쏟기 시작한다. 이후 사회운동과의 결합을 모색하게 되는데, 장애인운동청년연합, 장애우권익문제연구소, 전국장애인한가족 협회, 한국장애인연맹으로 이어지는 조직들이 생겨났다. 생존권 투쟁을 중심으로 편의시설 확보, 특수교육, 장애여성의 문제 등 다양한 영역으로 확산되었다. 1990년에 제정된 법률에 대해 1988년 4월 '장애인고용촉진법 제정 및 장애인복지법 개정을 위한 400만 장애인 공동대책위원회'를 결성하고 1990년대는 사회여건에 많은 변화를 보였다. 장애인 문제는 사회복지운동, 빈민운동, 시민운동과 같이 분명하게 인식되고 한국장애인복지대책협의회나 전국장애인한가족협회, 민주노총의 장애인 고용 2% 확보를 위한 움직임이 활성화되었다. 또한 장애인 실업문제 노동권확보 쟁점, 그리고 소규모 운동을 통해 지역에 기반을 둔 사회통합을 실현해 나갈 수 있도록 노력하였다.

우리나라의 헌법에 의하여 전 국민은 존엄성과 근로에 대한 권리 및 의무를 인정받고 동등한 기회를 보장받아야 한다. 사회적 형평이념에 근거하여 복지국가로서 사회적 약자의 입장에 처해 있는 사람들에게 정책적 대안을 마련하는 것이 복지국가의 보편적인 원칙이다. 각종 공채시험에서 장애인이라는 이유만으로 탈락하는 것, 공공시설의 접근을 가로막는 장벽, 생명의 위협 등 장애인 고용이나 삶 전반에 걸친 문제는 점차 개선되었지만 여전히 대다수의 장애인이 자신의 능력에 따른 직업기회를 공평히 부여받지 못하고 있다. 사회가 요구하는 수준의 사회적 능력에 도달하도록 하기 위한 정책과 실천 관심의 방향은 지역사회에서 일상적이고 다양한 삶을 누리는 데 있어 어떠한 환경을 구축해야 하는가, 그리고 장애인의 능력이 발휘되기 위해 어떠한 기본생활이 전제되어야 하는가에 대해서는 여전히 논의가 부족하다. 직업 확보를 위해서는 인권을 바탕으로 한 자기결정권이 중요하며, 독립된 존재를 부각시키는 장애인의 참여와 적극적인 사고방식이 요구된다.

4. 재활정책

1) 사회환경과 장애인관의 변화

UN이 '장애인의 10년'(1983-1992)을 선언하고 여러 국가로 하여금 '세계장애인의 해 행동계획'을 수립하여 실행하도록 촉구한 1980년 이후는 1970년대와는 전혀 다른 분위기가 우리나라 장애분야에 형성되었다. UN 가맹국들은 UN헌장에 따라 여러 가지 현안에 대해 UN기구와 상호 협력하였으므로 당시 UN 가입을 위해 힘쓰던 우리 정부는 각종 UN선언에 유의할 필요가 있었을 것이다. 또한 UN 산하 전문기관과 세계재활협회(Rehabilitation International), 세계장애인연맹(Disabled Persons International), 세계맹인연합회와 같은 단체가 국제회의를 열어 만들어 낸 International Statements on Disability Policy 같은 여러 가지 장애정책선언은 여러 경로를 통해 우리나라에 전달되어 장애분야에 획기적인 진전을 이루었다.

UN이 정한 1981년 '세계장애인의 해'에는 장애문제 실무 부서인 보건사회부에 재활과가 설치되는 등 국내외적인 장애인 인권운동과 국제정책 및 운동 같은 여러 가지 영향에 힘입어 장애인 재활의 성장기를 맞이하였다. 1980년 이전에는 한두 곳에 불과하던 병원의 재활의학과와 재활의학과 의원이 1993년 각각 93개소와 31개소로 늘어났으며, 1983년 1,600여 명에 불과하던 물리치료사도 1995년에는 약 1만 명으로 늘어났다. 특수학교의 수 역시 1980년 57개에 불과하던 것이 1999년에는 123개로 늘어났고, 학생 수는 8,904명에서 2만 9,966명, 그리고 교원 수가 887명에서 4,261명으로 각각 늘어났다. 또한 장애인 복지시설은 1980년 90개소에 1만 1,281명이 수용되어 시설당 평균 125명이던 것이 1994년에는 216개소에 1만 3,930명으로 시설당 평균 64명으로 낮아졌다. 정립되지 않았던 장애인 직업재활시설의 발전을 위해 한국장애인복지시설협회는 1999년 말 대구대학교와 공동으로 직업재활시설 운영 평가기준에 관한 연구를 수행하여 보건복지부가 한국의 직업재활 모형을 개발하는 데 도움을 주었다. 장애인 생활시설은 그 수가 2002년 11월에 211개소, 그리고 수용 인원은 1만 7,742명으로 시설당 평균 84명이었으며, 직원 수는 모두 8,143명이었다. 현재는 장애인 생활시설의 설치를 30인 이하로 유도하고 있다.

장애인관의 변화는 제도적 측면에서 활발한 입법 활동을 가능하게 했고 한국장애인고용공단 설립과 장애인 복지체육회의 설립, 장애인 복지시설 현대화 3개년 계획, KBS 장애인방송국 개소 등을 실현시켰다. 그러나 활발한 제도적 노력만큼 사회인식과 대중의 태도가 변화하지는 못하고 있다. 분석적 관점에서 사회정치적 견해는 첫째, 환경이 인간에게 부과한 기능적 요구조건은 기본적으로 건축법과 사회제도 같은 건강한 사람들이 주도하는 공공정책에 의해 결정된다는 것이며, 둘째, 환경은 기본적으로 과거 및 현재의 공공정책에 의해 형성된다는 인식의 기초로 볼 때 대중의 태도가 장애인이 싸워야 할 하나의 주요한 환경이라는 것이다. 소수집단 접근방법의 관점(minority-group perspective)에서는 이런 요소 중 이러한 어려움들 중 많은 부분은 사회의 태도적 환경에서부터 기원을 찾을 수 있다.

직업재활정책은 좋은 사회를 만들기 위한 목표와 과정을 설정하고 그것을 실행하는 과정이다. 장애인은 독특하고 개별적인 욕구와 특징을 갖기 때문에 정책을 수립, 시행, 평가할 때는 이에 대한 특별한 고려가 필요하다. 적절한 사회적 신분의 획득을 위해 장애인의 삶에 영향을 미치는 부정적인 요소로부터 긍정적인 요소로의 입법적 전이가 필요하다. 장애인의 권리를 옹호하는 전문가들과 그 가족들은 장애인 인권이 자비와 자선에 의해서라기보다는 법률적 행위에 의해 기본 헌법적 지위를 보장받는데 초점을 두어야 하며, 각종 정책도 이런 맥락에서 준비하고 계획되어야 한다(Laski, 1979).

2) 장애문제와 직업재활정책

장애문제와 관련하여 우리 사회는 심리적 요소를 다루기 이전에 접근성 및 옹호와 같은 우선 해결되어야 할 과제를 다루는 일이 중요하다. 따라서 장애가 있든 없든 모든 사회구성원은 생명 · 생활 · 노동 · 문화 기회를 보장받아야 하고, 공동선의 조성을 위한 응분의 사회적 기능에 참여할 의무와 책임을 동시에 지니고 있다는 인식하에 사회의 내재적 가치와 구조를 체계적으로 설명할 수 있어야 한다. 기회의 문제와 관련하여 교육과 개인의 경제적 이동, 교육과 공공복지의 관련성을 살피는 노력이 필요하다.

1964년 미국 민권법, 1973년 재활법의 제504항, 그리고 1990년의 ADA 인권조항은 고용주가 장애를 가진 근로자를 우호적으로 대하도록 만드는 데 필요한 인센티브를 제공한다. 이와 같은 조치는 장애인에 대해서도 의료비용과 개인적 보조서비스와 치료, 그리고 세금면에서 이익이 된다. 이러한 인센티브 프로그램에 관한 정보를 제공하는 것은 독립생활의 필수적인 부분이 되며, 장애인이 직면하는 고용문제에 관한 접근이 이들 정책을 설명하는 데 필수적이다.

적극적 형태의 장애정책은 ① 직업재활(rehabilitation)과 ② 경제적 보호(security)라는 2가지 요소가 모두 필요하다. 즉, 안정된 일상생활을 기반으로 직업이 가능한 것이며, 직업재활이 지나친 스트레스나 과로를 초래할 때는 보호의 울타리가 제공되어야 한다. 또 장애정책이 소수집단에 속한 장애인의 삶의 질에 어떠한 관련성을 가지는가에 대한 뚜렷한 해답은 제공하지 못하고 있지만 장애인의 직업재활에 필요한 서비스를 충분하고 효과적으로 전달하기 위해서는 기존의 장애정책을 더욱 논리적이고 통합적으로 만들어 사업의 효율성을 높이기 위한 노력이 필요하다. 뿐만 아니라 사회변화에 따라 다양해지는 장애인들의 직업재활 욕구에 적절히 대처하려는 노력이 필요하다. 여러 가지 경로를 통해 법률적 투쟁을 전개하는 것은 법률적 이해당사자뿐만 아니라 입법, 행정, 그리고 정치적 과정에 영향을 미칠 수 있는 포괄적인 전략으로 채택될 수 있다. 특히 욕구에 대한 명확한 이해는 세부 정책목표의 설정을 가능하게 만든다.

법률은 장애인의 교육, 보호, 복지, 훈련, 그리고 직업재활에 있어 새로운 대안, 지식과 조직적 변화, 그리고 진보로 인한 이익을 제공하고 있다(Laski, 1979). 장애인이 생활하는 데 있어서 장애정책의 중요성은 직업재활 전문가에게 있어서도 매우 중요한 것이다(Schriner, 1995). 그러나 장애인을 위한 이러한 특별한 법률은 하나의 권리라기보다는 국가 혜택이나 자선이라는 인식을 바탕으로 제정되었고, 따라서 장애인을 격리시키고 사회에 참여하는 그들의 능력을 압제(suffocate)하도록 집행되었다(Laski, 1979). 종종 이런 사람들의 긴급한 직업재활 욕구는 사회복지 체계와 박애주의 접근방법에 의해 흡수되었다. 하나의 과정으로서 장애정책은 사회가 안정을 유지하고 구성원들의 상태를 개선하기 위한 기본적인 과정이므로 여러 가지 가치와 조건에 따라 끊임없이 변화하는 것이다. 또 행동 준거로서의 장애정책은 생산물인 동시에 과정이므로 관련된 집단의 조건, 가치, 구조에 있어서 잠재적 변화의 맥락에서 수행된다. 이러한 노력은 궁극적으로 사회통합을 촉진하고 인간의 취약점과 격리 현상을 제거한다. 철학적 측면에서 장애정책은 장애를 지닌 사회구성원이 직면하는 문제를 해결하기 위해 노력하는 것이다. 생산적 측면에서는 사회적 일탈과 와해 상태를 개선하고 사회생활과 사회조건을 개선하기 위해 관련된 사람들이 만든 조건으로 구성된다. 사회가 장애인을 대하는 방식에 따라 장애문제 대처방식도 바뀔 수밖에 없다.

사회는 장애인을 필연적으로 분리된 개인으로 다루는 것이 아니라 유사한 하나의 문제 집단으로 간주하기 때문에 보편적인 문제해결 방식을 요구한다. 이러한 과정에서 장애인은 표준화된 이미지로 비치기도 하고 일반화된 특성을 지닌 사람으로 묘사되기도 한다. 예를 들면, 장애인은 사회에 부담을 주는 존재라든가 재정적 · 도덕적 부담이라고 인식되는 경우가 이에 속한다. 사회는 이 부담이 되는 사람에게 부여되는 비용과 재정의 합리적인 중재방법을 발견하고자 노력할 것이다.

국가의 장애정책은 장애인의 일상생활과 삶의 질에 큰 영향을 미치며, 직업재활 전문가에게 있어서도 매우 중요하다. 재활서비스를 이용하는 사람들은 자신의 삶을 영위하는 데 있어서 직업훈련, 교육, 고용을 위한 욕구들을 국가정책 속에서 어떻게 충족시킬 수 있는지 고려해야 하며, 이 가운데 기회와 제한점에 직면하게 된다(Schriner, 1995).

먹이가 부족한 생태계에서는 부적절하거나 약하거나 장애를 지닌 종족이 빈번히 제거되거나 추방된다. 그 사회에서 부담이 되는 동물들은 종족의 보존을 위해 제거하는 것이 필수적이다. 건강한 젊은 동물은 궁극적으로 그 집단의 존속을 가능하게 할 것이므로 살아남을 수 있다. 이와 유사하게 인간사회에서 장애와 질병은 종종 신의 불쾌한 정서적 표현으로 해석되며, 그로 인한 차별이 장애를 유발시켰다고 본다(Obermann, 1965). 스파르타 사람들은 장애아동을 체계적으로 제거했는데, 이것은 종교적 동기라기보다는 자신의 종족을 향상시키기 위한 하나의 합리적 이유에서였다. 하지장애를 의미하는 'cripple'이라는 용어는 튜튼족에 기원을 둔 '발소리를 죽여서 느리게 걸으며 발을 저는 것'을 의미한다(Obermann, 1965).

우리나라에서도 불교의 인과응보사상과 윤회사상 및 은둔사상은 기나긴 세월을 거치면서 장애인 숙명론에 커다란 영향을 끼쳐 장애에 대한 체념과 동정을 가속화하는 차별의 직접적 원인이 되었다(이경동, 1985). 부모가 빈곤이나 질병을 이유로 자녀를 노비로 팔거나 산야에 유기하는 것이 용인되었던 과거에 이 불교사상의 체관과 정관으로 인해 장애인이 겪었을 수난은 충분히 짐작이 된다(이경동, 1985).

역사적으로 교회 역시 하나님의 은총을 베푼다는 태도 아래 장애인들을 시설에 수용하여 사회로부터 격리시켜 왔으며, 그리스도의 사랑을 실천한다는 명목하에 그들을 한없는 동정과 자선의 대상으로 비인간화해 왔다. 성경에는 질병과 신체장애가 죄나 비도덕적인 행위로 인해 하나님이 보내신 것이라는 표현이 많고, 또 목회자들도 장애인을 불쌍한 존재로 여겨 장애인에 대해 관심을 갖게 되는 경우가 많았다(이경동, 1985). 죄와 응보, 정결한 제사, 회개와 치유, 구원을 위해 교회의 장애인 사업은 자선활동, 대상화, 시혜적 죄 사함의 목적을 띠고 객체와 주체 관계를 설정한다.

이러한 사회와 대중의 태도에서 중요한 점은 입법은 물론 장애인의 직업재활에 필요한 정책, 즉 국가프로그램의 성격을 결정한다는 데 있다. 지역사회 주민이 특수학교와 재활시설이 필요하다는 것에 공감은 하지만 자기 이웃에는 안 된다는 입장을 보이는 근거 없는 NIMBY(not in my back yard) 현상은 우리 사회의 장애에 대한 인식수준을 말해 주는 것이다. 이러한 일은 사회일반의 잘못된 태도와 장애인에 대한 편견을 해소하기 위한 국가 사회적 노력이 부족하기 때문에 나타나는 현상이다.

과거 경북지역 첫 장애인 대안학교인 김천시 어모면 구례 2리의 '나눔열린학교'가 주민의 반대로 개교하지 못하였다. 여기에는 사회일반의 잘못된 태도와 정부의 장애인에 대한 편견을 해소하기 위한 노력 부족이 원인으로 나타난다. 사회일반의 잘못된 태도는 특수학교나 재활시설이 들어설 경우 자녀의 교육상 나쁘거나 인근 지역이 우범화된다는 것, 혹은 지역사회의 분위기가 나빠지고 땅값이 떨어지며, 주거생활 환경이 불결해져 지역발전에 필요한 투자가 줄어들 것이라는 그릇된 불안의식에서 기인한다. 따라서 재활관계자와 정부는 적극적 자세를 가지고 우리사회의 장애문제를 경제적 측면보다 국민의 의식 차원에서 다루어야 한다. 이를 위해 특수학교나 재활시설이 위치하는 지역 주민에게 시설의 긍정적 측면을 홍보하여 장애인에 대한 무조건적인 편견을 갖지 않도록 하고, 계획된 시설건립과 시설운영에 따른 합리적 지원을 아끼지 않아야 한다. 다수결의 원칙에 의해 모든 정치적 의사가 결정되고 중요한 정책이 고려되는 민주사회 제도 자체도 큰 약점을 지닐 수 있다. 다수의 생각이 항상 옳을 수 없다는 점은 다수의 생각과 의견이 외모로, 금전으로, 카리스마로 혹은 매스미디어의 영향으로 왜곡될 수 있다는 것을 의미한다.

한편, 개인의 권리 일부를 국가에 양도하는 민주사회에서 만약 재활서비스가 사회적 질서와 정치적 안정을 기하기 위해 필요하다고 고려된다면, '어느 수준까지, 그리고 얼마만큼의 비용을 지불해야 하는가'라는 논의가 있을 수 있다. 제한된 국가재정은 효율적 프로그램을 촉구하도록 만들고 사회경제적 손실, 장애인 인권박탈, 그리고 서비스의 질적 문제와 관련된다. 여기서 국가정책의 수혜대상자와 관련된 사람들의 이익, 그리고 비용을 부담하는 사람들 사이의 절충이 이루어진다. 예를 들면, 사회가 의료보호와 생활보호를 통해 사회경제적으로 열악한 계층의 사람들에 대한 보편적 삶(decent minimum living)을 보장하도록 하는 것이 국가의 최소한의 배려라고 볼 수 있다. 장애정책과 프로그램은 권리, 접근권, 자원, 사회적 기회, 재원의 재분배를 통해 사회적 불공정을 완화시키는 노력이다. 장애인들이 제기한 사회문제나 표출한 개인적 욕구를 충족시키기 위한 사회의 조직적 노력이라고 볼 수 있다. 기본적으로 시민권과 접근성을 강화하는 서비스 전달 프로그램의 사용을 권장한다.

적자생존의 법칙이 만연하는 사회, 주관적 이기주의, 강자의 이익만 보호되는 세계는 생태계와 하등 다를 바 없다. 인간사회도 하나의 유기체로서 강자에게는 협력하며, 약자에게는 착취하는 현상을 국가가 앞장서서 개선하고 균형을 유지하도록 하여야 한다. 정부가 앞장서서 주민을 계몽하는 장애정책에 적극적인 자세를 가진다면 국민의식개선과 장애정책은 지금보다 더욱 계획적이고 합리적으로 이루어질 것이다. 직업재활은 다른 서비스와 달리 내담자의 참여를 적극적으로 요구하기 때문에 장애를 지닌 사람들에게는 동질성을 확보하고 주류 문화에 편입하기 위한 방편인 동시에 심리적으로도 지대한 영향을 미치는 것이다. 학교는 사람들에게 현재와 미래 세계에서 개인적, 그리고 공동의 삶을 위한 능력을 길러 준다. 직업재활서비스는 'in kind' 형태의 서비스이고 연금과 가족수당은 '직접서비스(direct payment of benefits)'이므로 자원의 성격에 따라 시장, 소유, 정부의 3가지 영역에서 고려해 볼 수 있다.

3) 재활서비스와 재활교육의 성격

특수교육과 직업재활, 직업교육 같은 직업서비스와 교육서비스를 제공하는 집단에는 정부구조 내에서 시민권을 보호하는 프로그램 및 장애인에게 직접적인 서비스를 제공하는 프로그램이 있다. 미국의 퍼킨스법(Carl D. Perkins Vocational Education and Applied Technology Amendment)과 장애인에게 직업훈련 및 직업배치 서비스를 제공하는 데 사용되는 Job Training Partnership Act(JTPA) 같은 프로그램도 여기에 속한다. 우리나라의 경제규모가 선진국의 수준에 이르렀지만 발전을 지속하기 위해서는 환경과 인권 영역을 소중하게 다루어야 한다. 인간의 생명과 자유를 존중하고 보호하기 위해 모든 노력을 아끼지 않는 선진사회로 발돋움하기 위한 정부의 노력은 높이 평가되어야 하지만, 장애인의 권리회복보다는 경제논리를 우선시해 온 점에는 분명 문제가 있다. 이러한 바탕에는 장애를 지닌 가족구성원을 숨기고 수치로 여기며, 이들을 배제해 온 관습과 대중의 차별적 태도가 자리 잡고 있다. 따라서 직업재활은 장애의 낙인적 이미지를 제거함으로부터 시작하는데, 다른 장벽요인은 사회보장 혜택과 의료프로그램이다. 우리나라 기초생활수급 장애인의 경우, 재활을 통해 고용되기를 원하더라도 의료혜택과 장애수당의 박탈로 인해 직업생활을 포기하게 된다. 장애의 특징상 취업 이후에도 강렬한 의료서비스가 필요한 경우가 많다. 미국은 사회보장장애연금(Social Security Disability Insurance: SSDI)과 사회보장보충수당(Supplementary Security Income: SSI)을 이용하는 개인도 저마다 의료보호 제도와 의료부조 제도로부터 서비스를 보장받고 있다.

올바른 직업재활을 위해서 장애인의 욕구측정을 통해 대상자들이 필요로 하는 서비스를 파악하여 우선순위를 정하고, 서비스 운영자금을 할당할 기준을 세우며, 현존 서비스의 전달상황을 평가할 수 있어야 한다. 욕구측정은 2가지 이상의 방법을 동시에 사용해서 보다 포괄적인 정보를 얻는 방식이 바람직하다. 재활서비스를 제공하는 인력에 대한 교육은 스스로 하고 있는 일과 세계, 그리고 전문가 스스로에 대한 보다 나은 이해에 달려 있으며, 사회진보와 밀접한 관련을 지닌다. 대학의 재활교육 프로그램은 학생들에게 재활의 역사와 철학, 재활시스템의 구조, 상담이론, 직업배치와 같은 실천상 필요한 지식과 정보를 제공하지만 국가의 장애정책이 장애인의 삶의 질에 어떠한 관련성을 가지는가에 대한 뚜렷한 해답은 제공하지 못하고 있다. 재활의 법률적 · 환경적 · 사회적 · 문화적 환경이 급속하게 변화하고 있고 재활실제에 필요한 지식의 발전속도가 가속화되고 있어 미국은 전국의 많은 지역에 재활연수원(Regional Continuing Education Program: RCEP)을 두었다. 장애인이 경험하는 삶의 질을 향상시키기 위한 재활교육자들의 장애정책 교수법은 현행 정책 및 행정에 관한 전반적인 지식을 풍부하게 가지고 적용할 수 있도록 하기 위한 방법 관련 기술이며 조사연구 분야다.

이들에게 필요한 것은 첫째, 재활전문가들은 무엇보다도 시대적 흐름과 사회적 상황에 민감하게 대처할 수 있는 능력을 가지고 있어야 각각의 장애인에게 필요한 정책, 입법을 유용하게 적용할 수 있다. 둘째, 재활전문가들 사이의 상호적 교류가 활발해야 장애인에게 유용한 것을 쉽게 찾을 수 있다. 셋째, 장애인의 능력, 배경에 대하여 정확하게 파악하고 있어야 한다. 이것을 바탕으로 장애인에게 알맞은 프로그램과 정책, 입법을 적용할 수 있기 때문이다. 넷째, 각 개인에게 적용된 프로그램이나 입법, 정책이 얼마나 유용한가를 판단하고 평가할 수 있어야 한다. 다섯째, 정책담당자와 재활전문가 사이의 활발한 교류가 있어야 입법 제정 시 도움을 줄 수 있다. 그러므로 정책담당자가 입법이나 정책을 제정할 때 각 재활 분야의 전문가로부터 정보를 얻고, 재활전문가도 정책담당자의 권한에 영향을 미칠 수 있다. 이러한 관계가 이루어졌을 때 실질적으로 도움이 되는 정책과 입법이 제정될 수 있을 것이다. 여섯째, 재활전문가는 장애인이 정책, 입법 프로그램에 대한 지식을 가질 수 있도록 도움을 주어 그들의 이해를 향상시켜야 한다. 실제로 서비스를 이용하는 장애인에 대해 확실하게 알아야만 효과적으로 기능을 발휘할 수 있을 것이다.

올바른 재활교육을 위해 필요한 전문가의 노력은 다음과 같다. ① 국가 장애정책을 분류한다. ② 어떻게 장애정책이 만들어지고 변화하는지 설명한다. ③ 장애정책과 다른 정책 사이의 유사성과 차이점을 설명한다. ④ 장애인에게 영향을 미치는 입법 과정을 토론하고 확인한다. ⑤ 장애정책이 일상생활과 전문적 실행에 어떻게 영향을 미치는지 설명한다. ⑥ 장애인과 고용주의 요구 충족에 있어 현재 장애정책의 효용성을 평가한다. ⑦ 장애정책을 개선하기 위한 전략을 설명한다.

장애정책의 개정 및 수립 과정에 있어서 이해당사자들의 참여는 증가하고 있고, 그들의 의견이 반영될 수 있도록 요구하는 목소리도 커지고 있다. 노동과 교육적 권리에 대한 부모들의 운동, 조직적인 정치 변화, 서비스이용자들의 모임, 서비스제공자들의 주장과 의견이 입법과정에 반영되며, 또 그렇게 되어야 하는 것이다. 따라서 직업재활을 공부하는 학생들은 국가의 중요한 장애정책 유형, 정책수립 과정과 변화 과정, 다른 사회문제에 대한 정책과의 접근성 차이, 재활정책의 효율성과 그것이 실제로 장애인의 일상생활 및 재활전문직에 미치는 영향, 그리고 정책 개선을 위한 전략에 대한 논의에 익숙해야 한다(Schriner, 1995). 특히 재활교육자들이 생각하는 주요한 목표는 교육에 있어서 장애정책을 강조함으로써 크게 발전할 수 있다. 입법은 직업재활의 몫을 확정하는 일이고 직업재활 행정은 그것을 나누는 방법이다. 미래에 전문직을 준비하는 학생들이 직업재활서비스와 프로그램에 관한 충분한 정보 및 유용한 자원을 이해하는 것이 또한 필요하다(Schriner, 1995). 전문 훈련 프로그램이 장애정책에 초점을 맞추는 분명한 이유는 서비스 전달과정에서 이를 이용하는 사람들에게 전달될 수 있는 지식의 가능성에 있다. 직업재활서비스를 이용하는 사람들도 장애정책에 관한 지식이 있으면 강력한 자기만족과 자기결정을 성취할 수 있다(Schriner, 1995).

4) 서비스 전달 체계의 계획과 제공 측면

국가의 프로그램과 서비스를 통해 모든 사회구성원이 지닌 본질적인 인간잠재력의 실현을 도모하는 일은 다원주의 민주사회에서 매우 중요한 일이며, 그것은 내적 일관성과 포괄성을 지녀야 한다. 장애를 규정하고 바라보는 시각이 중요한데 사실 장애를 갖게 된 거의 모든 사람에게 있어 장애 그 자체는 극복 불가능의 대상은 아니다. 오히려 좌절과 고통을 초래하는 주체는 사회와 환경이다. 따라서 장애인의 현실을 개선하기 위해서는 장애 그 자체의 극복과 아울러 사회적 환경 전반의 변화를 포함하는 광범위한 노력이 요청된다(이익섭 역, 1992).

장애정책은 다양한 집단 사회 내의 단위에 의해 채택되고 추구되는 행동과정이나 지도원칙으로서, 살기 좋은 사회를 만들기 위한 목표와 과정을 설정하고 실현한다. 정책 담당자와 지역사회는 장애인들이 법에 의하여 차별적인 처우로부터 보호를 받도록 돕거나 그렇지 않다면 장애인들의 자격을 지켜 주고 필요한 장애 서비스프로그램을 제공해야 한다. 직업재활서비스는 장애인들이 국가노동력에 참여하는 준비를 하는 데 요구되는 훈련과 교육의 기회 제공으로 평가된다. 서비스 전달에 따른 재활서비스 이용자들의 욕구에 대한 강조점, 그리고 그들의 요구를 충족시키도록 고안된 프로그램의 계획 및 수행 과정에서 의견이 적극적으로 수렴되도록 요구한다.

재활이라는 공통된 목적, 장애인이 독립적으로 생활하는 데 필요한 지식과 기술을 습득하는 것을 원조하기 위해 의도된 서비스들의 일관성과 복잡성에 대해 이해하는 노력이 필요하다. 이러한 요소들은 시간의 경과와 함께 서로 영향을 미치기 때문에 다양한 권력의 재구성을 야기하는 상호의존적 기능으로서 사회적 불이익 집단에 대한 교정수단을 예측하는 일은 어렵지만, 자유의 선별적 선호를 구체화시키는 신념 체계가 변화를 자극했다. 편견을 초래하지 않는 장애인에게 필요한 교육과 재활서비스의 원칙으로는 ① 정부정책 참여 ② 무상교육 ③ 최소제한적 교육장면 ④ 산출에 대한 무고려를 들 수 있다(Mithaug, 1996).

재활서비스를 이용하는 장애인들은 무수한 행정상황에 직면하고 가사일, 도우미, 직업훈련, 교육을 위한 욕구를 어떻게 충족시킬 수 있는지 고려해야 한다. 장애정책의 기초는 이런 장애인들의 요구와 바람에 관한 직업상담 및 유용한 교제, 이해를 제공한다(Schriner, 1995). 직업재활은 일방적인 관계가 아니어서 장애인들도 전문가에게 영향을 미칠 수 있으며, 무엇보다도 서비스 과정에는 적극적인 참여가 중요하다. 장애인 스스로가 하고자 하는 의욕과 잘할 수 있다는 자신감을 가질 때만 좋은 결과를 기대할 수 있다.

전문가의 서비스 전달행동뿐만 아니라 전달 체계 역시 서비스의 효과성이나 능률성을 높이는 데 매우 중요한 요소로 인식되고 있어 장애정책과 밀접한 관계가 있다. 장애정책과 계획을 수립하고 집행하는 기능을 수행하고 있기 때문에 분석은 ① 자원 할당의 기초, ② 할당될 사회적 급여의 형태, ③ 사회적 급여의 전달전략, ④ 사회적 급여의 재원전달 방법에 초점을 둔다. 선택의 차원으로 할당의 기초는 ① '누가 무엇을 받는가'의 문제, ② 수혜자에게 제공할 사회적 급여의 형태 결정, ③ 전달전략에 관한 것이다.

서비스 전달은 주로 재활서비스 조직을 통해 이루어지고 있는데, 재원조달방식이 공적인가 사적인가, 아니면 이들의 혼합인가를 결정하는 일도 중요하다. 민간부문은 다양하고 복잡한 사회문제에 대처하여 융통성 있는 다양한 프로그램을 실시할 수 있고 서비스의 효율성과 질을 높일 수 있지만 정부를 대신할 수 있는 재원을 마련하는 능력이 있는 것은 아니다. 또 비전문성, 과다한 종교적 관여, 재정부족, 우수한 인력 확보 미흡 등이 문제될 수 있다. 예를 들면, 정부 역할을 축소하고 비현실적으로 적은 보조금을 지원하면서 민간에 의존하려는 경우에 서비스의 질적 저하가 초래된다. 공적 책임하에서 민간주도형의 서비스가 제공되면 관리 통제적 기능의 비중도 높아진다. 장애문제를 보는 시민의식의 변화 역시 행정적 제도가 아닌 민간 노력의 성과물이다. 공사 책임 분리에 따라 나타난 공적 책임성은 민간사업에서의 자발성을 보장하고 사회서비스에서의 인권성을 보장하기 위해 통제력을 강화한다(송근원, 1994).

5. 재활서비스의 수급과 장애등록

물질적 이익과 비용에 관련하여 한쪽 상지절단자가 지하철 가판대에 앉아서 일하는 것은 사회보장비용을 축소함으로써 직업재활대상자와 납세자 모두를 이롭게 한다. 스웨덴에서 장애인 직업재활은 장애인 정부위원회에 의해 1943년에서 1948년까지 이루어진 광범위한 재정투자의 결과 직접적으로 가능해졌다. 이러한 직업재활서비스를 수요와 공급의 측면에서 살펴보자.

1) 서비스 수요와 자기결정권의 요건

서비스에 대한 전체 수요는 인구 내에서 대상자의 수와 서비스에 대한 1인당 수요에 의해 영향을 받는다. 1인당 서비스 수요는 비인구 통계학적 요소에 의해 일차적으로 결정될 것이다. 그러나 1인당 수요가 변하지 않고 인구 크기가 증가하면 대부분의 서비스에 대한 전체 수요가 증가하고, 반면에 같은 조건에서 전체 인구 크기가 감소하면 전체 수요도 감소한다(Weller, Terrie, & Serow, 1990).

권한부여, 선택의 문제가 현재의 직업재활서비스 체계 내에서 중증장애인들에게 많은 제약을 가하고 있다. 프로그램의 책무성에 대한 요구와 소비자의 참여가 직업재활서비스에 대한 소비자 만족도를 설명해 줄 수 있다. 미국에서 재활법 개정안 등의 효과적인 실행에 대한 평가는 소비자의 만족도에 따르게 된 것이다. 서비스이용자 만족도에 따른 결과는 이용자의 전체적 만족도를 평가하고 다양한 집단에 대한 서비스 전달의 효과성을 평가하며, 기관과 전문가의 수행성을 평가할 수 있게 해 준다.

전문적이지 못한 장애인 시설의 수익사업은 이미지만 실추될 뿐 실질적인 재정 확보에는 별다른 도움이 안 되는 경우도 있다. 대부분의 장애인 시설에서 이루어지는 일은 영세한 자본으로 시작하기 쉬운 농작물 경작, 축산, 단순 생산 등이어서 수익이 열악하다. 이러한 시설서비스를 선택하고 거부할 수 있는 자기결정권을 내담자에게 실질적으로 보장하여 장차 시설운영자에 대해 영향력을 갖춰 나가는 일이 필요하다.

서비스이용자의 권리와 의견에 대한 사회적 관심이 높아지고 전통적 평가의 타당성에 대한 의문이 제기됨으로써 소비자의 만족도 평가와 같은 성공적 직업재활을 측정할 다양한 방법이 필요하게 되었다. 이용자 만족을 정의하는 명확한 이론적 틀은 없으나 평가는 형식, 용어, 목적에 따라 다양하다. 시설분야의 개선을 위해서는 ① 시설의 사회화 및 대형시설의 대체 등의 노력, ② 시설운영 주체의 다양화와 운영의 투명성 확보, ③ 직업재활을 포함하는 재활서비스 수행의 질적 향상, ④ 프로그램에 관한 평가시스템, ⑤ 적재적소의 전문가 투입에 대한 논의가 추가적으로 요구된다.

장애인의 전인적 재활을 위해서는 의료적 · 사회심리적 · 교육적 · 직업적 재활 등의 종합 서비스가 지속적으로 동시에 제공되어야 한다. 종합 서비스를 계획하기 위해서는 개별화된 구체적인 정보와 자료가 필요한 측면이 있다. 1988년 11월에 전국적인 장애인 등록제도가 실시되었으나 이차적 이득에 따른 부정적 측면(낙인)에 관해서는 고려하지 못했다. 따라서 수당이나 연금지급과 같은 충분한 소득 보장 등이 이루어지지 않고 있으며, 요금, 면제 등 과시적이고 시혜적인 방식으로 인해 장애인 스스로에게 장애인이라는 낙인과 의존성만 더 부여하고 있는 실정이다. 정부 혜택을 보다 많이 받기 위한 갈등, 등록제도의 남용, 의료적 등급만을 사용한 장애등급 기준표, 인위적인 장애등급 판정 등의 문제는 개선되고 있지만, 국가는 도덕성의 유지를 위한 장애재판정에 많은 예산을 사용하였다. 따라서 장애인을 영속적으로 의존적이게 하는 시혜자와 수혜자로 가르는 서비스프로그램을 경계하고 전문가와 서비스이용자가 대등한 상호의존관계로 나아가야 할 것이다. 정책입안자들의 온정주의적 태도로 인해 만들어지는 의존성을 조장하는 각종 정책을 경계하고, 장애인들의 독립심과 자치성을 높이는 정책을 수립 · 시행하는 일이 필요하다. 또 장애정책은 사회의 공유된 가치를 기반으로 하는 정책적 행동과 결정을 통해 이루어지므로, 사회의 의식과 태도변화에는 장애를 지니지 않은 다수의 비장애인의 협조가 필수적이며, 인간이 부과한 장벽을 제거함으로써 장애인 복지는 성취될 수 있다. 따라서 자기결정권의 회복을 위해서는 이와 같은 충분한 대안을 실질적으로 선택할 수 있는 기회가 필요하다.

2) 장애인 고용의 정책적 접근과 평가

고용과 관련하여 우리나라는 재원 마련의 이유로 처벌 위주의 장애인의무고용할당제(punishment-oriented quota system)에 크게 의존함으로써 장애인 고용에 대한 부정적 이미지를 심화시키고 국가의 책임을 기업에 전가시킨 반면, 직업훈련분담금, 공해분담금, 산재보험, 기타 무거운 징벌적 준조세 부과와 규제적 조치로 인해 국제경쟁시대에 국내기업들의 욕구에 제대로 부응하지 못하고 있다. 의무고용제는 기본적으로 '분리제도'다. 여기서 어떤 목적을 추구하든지 기본 수단으로 도덕성과 투명성의 확보가 무엇보다 중요하다는 점을 보여 주는 하나의 교훈이 되고 있다. 특히 우리 사회에 수백만 명으로 추산되는 정신장애인은 2000년 관련법의 개정을 통해서야 국가 고용정책과 복지정책의 적용대상이 되기 시작했다.

1995년 정부의 장애인생활 실태조사에 의하면 장애인 가구의 연평균 소득은 일반가구의 64% 수준에 불과하고, 전체 장애인 가구의 12.1%가 생활보호대상자로 국가의 보호를 받고 있는 것으로 나타났으며, 장애인의 취업률은 38.4%에 그치고 있다. 대졸 이상의 학력이 일반인은 16.1%이지만 장애인은 6%이고, 고졸 이하가 일반인은 32.2%인데 반하여 장애인은 61.2%로 나타나 아직도 교육기회의 형평 측면에서 문제가 있음을 알 수 있다. 이러한 바탕에는 차별적 태도와 장애인을 낙인시(labeling)하고 열등감을 심화시키는 제도가 있는데, 이러한 제도는 장애인의 완전참여와 평등이라는 철학 및 입법 취지와 부합하지 않는다. 특히 장애인 등록제도는 소위 장애인의 정상화(normalization) 철학과 정면으로 배치되는 것이다.

(1) 정책분석과 평가

사회정책의 목적과 정책대상자들이 어떤 취급을 받기를 기대하는가, 그리고 그들이 실질적으로 어떻게 취급되는가를 다룰 필요가 있다(Stevens & Wood, 1992). 의학적 모형은 장애에 대해 각종 의료적 증상을 치료하거나 충격을 최소화하고, 적절한 치료를 행하는 것으로서 사람들이 증상, 즉 문제를 가지고 있다는 전제를 둔다. 이런 관점은 완벽하게 건강한 사람이 설정한 가정에 기초를 두고 있다. 그러나 의학적 모형의 가정은 도덕적 구성에 종종 의문을 제기한다. 정책분석에는 사회의 신념 체계가 재활서비스와 법률을 형성해 온 방법, 그리고 그것이 사회화를 거쳐 장애정책으로 전환되어 온 과정을 살펴보아야 한다.

이데올로기의 기능은 현상(status quo)의 설명과 정당화라는 지배적인 신념 체계인데 현상에 도전하는 상대적인 이데올로기들은 일반적으로 어느 사회 체계 속에서나 찾아볼 수 있다. 정책은 정책목표, 수단, 대상, 산출로 구성되어 있다. 정책목표는 이루고자하는 상태이며, 정책수단은 정부기관이 사용할 목표달성 방법이다. 또한 정책대상은 바꾸고자 하는 개인이나 집단의 조건들이며, 정책산출은 집행결과 나타나는 일차적인 산물이다(Dunn, 1944). 정책의 성격은 ① 목표 지향적, ② 수단과 방법 내포, ③ 변화대응적 성격, ④ 가치배분성, ⑤ 문제해결 지향성, ⑥ 효과성, ⑦ 공식성, ⑧ 의사결정망의 포괄성, ⑨ 합리적 분석, 선택과 협상의 산물로서의 내면성, ⑩ 강제성과 제약성, ⑪ 결정수단의 상위성을 지니고 있다. 이처럼 지식을 생산하는 과정으로서 정책분석은 다양한 형태의 탐구활동을 포함한다(Dunn, 1944). 그러나 18세기에 접어들면서 사회조직의 변화, 인구조사, 통계학, 그리고 정책 관련 지식의 산출방법에 중요한 변천을 겪게 되었다. 불확실성의 증가 속에서 과학은 공리나 궁극적 원리를 드러냄으로써 가치판단의 내적 일관성을 평가할 수 있다.

제2차 세계대전 정책분석의 커다란 진전은 기술자, 전략연구가, 체제분석가 및 응용수학자들의 활동결과다. 주요 정책 대안은 상호 대립되는 가치관을 내포하며, 가치의 갈등은 정치적 권력의 불균형과 관련이 있다. 정책결정자는 정책분석가에 의하여 생산된 논리를 사용하며, 이성적인 판단을 행사하기 위하여 사용할 수 있는 정보를 찾는다. 정보의 산출을 위한 새롭고 보다 나은 절차를 개발하려는 노력은 정치적 성격을 띠며, 정책분석은 공동체의 각기 다른 집단이 서로 가치관의 갈등을 반영하게 되는 정치적 과정에 묻혀 있다. 대중정책의 가치기준 사이의 선택은 건강, 부, 안정, 평화, 공정, 평등, 자유와 같이 종종 가치기준이 서로 상충되는 것들 사이의 선택에 달려 있다(Dunn, 1944).

하나의 가치를 선택하거나 우선순위를 정하는 것은 단지 기술적 판단만은 아니다. 정책분석의 방법론은 인간문제해결에 대한 많은 노력의 결과로서 5가지 일반적 절차를 통합하였다. 즉, ① 정의, ② 예측, ③ 규범, ④ 서술, 그리고 ⑤ 평가라는 정책분석의 과정은 시간을 통해 배열된 상호 독립적 단계들로 구성될 수 있다(Dunn, 1944). 정책분석은 지식을 창조하여 전달하며, 이전에 채택되었던 정책결과와 관련하여 지표들의 영향을 검토한다. 정책 관련 지식의 전달은 종종 ① 정책분석, ② 자료개발, ③ 상호전달, ④ 지식이용의 4단계 과정으로 이루어진다. 정책수행에 관련된 지식을 창조하고 비평적으로 이루어지는 평가는 개인 의견이 아니라 사실적 증거수집과 발견을 위한 체계적 노력으로서 주관적 사실과 객관적 사실의 균형이 필요하다. 평가에서 다루

표 8-1 정책결정 과정의 단계

단계	특징	내용
의제설정	문제 제기	검토와 승인을 통해 법안을 준비한다.
정책공식화	문제를 다루기 위한 방안과 정책을 공식화한다. 규정 및 입법상 결의의 형태	정책에서 다루어야 할 내용을 숙고한다.
정책채택	정책방안은 입법부의 과반수 결정의 지지로 채택	여성의 낙태에 대한 결정 과정
정책수행	채택된 정책은 재정지원과 인적자원을 동원하는 행정단위에 의해 수행	시설과 기구는 새로운 법에 의해 추가적인 직원을 채용한다.
정책평가	입법부와 법원은 정부 단위들이 정책의 법정 요구와 정책의 목적을 준수하였는지 여부를 결정	회계감시원은 서비스프로그램을 감사한다.

출처: 이달엽(2012, p. 238).

어야 할 일차적인 내용은 서비스 단위로 이루어진 것을 결정하는 효과성, 적당한 이용자에게 잘 제공되고 있는지를 알게 해 주는 접근성, 그리고 서비스가 내담자의 욕구에 알맞은가하는 적절성의 요소를 고려하게 한다.

한 국가의 프로그램 및 서비스를 통해 사회의 모든 구성원이 지닌 본질적인 인간 잠재력의 실현을 도모하는 일은 다원주의적 민주사회에서 매우 중요한 일이며, 그것은 내적 일관성과 포괄성을 지녀야 한다. 따라서 직업재활정책은 다음의 몇 가지 차원에서 고려해 볼 수 있다.

① 철학적 개념으로서의 정책: 사회구성원이 문제해결을 위해 노력하는 것이다.
② 하나의 생산물로서의 정책: 사회의 일탈과 와해를 개선하고 사회생활과 지역사회 조건을 개선하기 위해 관련된 사람들이 만든 결론으로 구성된다.
③ 하나의 과정으로서의 정책: 사회가 안정을 유지하고 구성원의 상태를 개선하기 위한 기본적인 과정으로, 가치와 조건에 따라 끊임없이 변화한다.
④ 행동준거로서의 정책: 행동을 위한 준거로서의 재활정책은 생산물인 동시에 과정이다. 따라서 관련된 집단의 조건, 가치, 구조에 있어서의 잠재적 변화에 대한 맥락에서 수행된다.

사회정책의 개념적 모형에 있어서 일차적인 목적은 그 일반적인 영역인 초점을 발견하는 것이다. 정책 및 활동들의 범위, 목적, 내용은 삶의 질, 인간관계, 생활 상황(situation)과 관련된다. 사회정책의 영역은 다음과 같은 3가지 보편적이며, 상황과 관련된 과정 혹은 사회적 기제(mechanism)로 나뉜다.

① 자원개발: 생애강화 등을 위한 자원, 서비스재료, 개발 우선순위의 결정으로 본질적인 물질적 자원이 충족되면 비물질적, 비본질적인 자원이 요구된다.
② 노동, 과제 혹은 인력의 배분: 사회 전반에 걸쳐 개발되고 배분되어야 할 구체적 과제들을 개인 혹은 집단에 할당하는 일이다.
③ 권리의 배분: 일반적인 권리(entitlements) 과제, 보상, 제한 등을 통해 개인과 집단에게 특수한 권리를 배분하는 것이다.

정책논의의 형태는 정책요구 속으로 정책 관련 정보를 전달하는 수레와 같다. 정보를 전달하는 8가지 논의형태는 정보를 요구로 이끌어 내는 논의와 대조될 수 있다.

① 권위적 형태: 권위로부터의 논의에 기반을 두어, 정치적 정보들을 만드는 사람의 사회적 지위나 성공이라는 기본적인 가정하에 움직인다. 노련한 정치관찰자는 정치의 장점을 인정하기 위한 요구를 논의의 한 부분으로 사용해 왔다.
② 통계학적 형태: 표본으로부터의 토의에 기반을 두고 정보는 표본 집단의 사람들이 사람들과 동일하다는 전제하에 전달된다.
③ 분류적 형태: 구성원들의 토의에 기반을 두며, 정보는 분류된 사람들이 명확하다는 가정하에 전달된다. 개인 속성을 가진다는 대전제 아래 이루어지기 때문에 성차별, 인종 차별 혹은 이념과 같은 것이 종종 분류적 토의형태에 포함된다.
④ 직관적 형태: 통찰력으로부터의 발생된 전제에 기반을 두며, 정보는 정책 관련 정보들을 만드는 사람들의 내적 정신상태에 관한 기본적 전제 아래에 이루어진다. 입법의원들의 관찰력, 판단력, 잠재된 지식들을 특별한 충고를 수용하기 위한 토의의 한 부분으로 인용한다.
⑤ 분석적 형태: 방법으로부터의 토의에 기반을 두며, 정보는 정당성이나 분석가에 의해 채택된 규칙들에 관한 기본적 전제하에 전달된다.
⑥ 해석적 형태: 선택된 규칙들에 근거한 전제에 의해 정보가 전달된다. 일반전제들에 기초하여 설정되는 정책주장은 조직적 행동이나 정책결정에 관한 법칙들이다.
⑦ 실용주의적 형태: 동기부여, 유사성, 동일사례에 의한 토의에 기반을 두며, 정보는 동기부여적 목적가치 그리고 의도에 관한 기본적 가정에 기초한다.
⑧ 가치-비평 형태: 윤리학에 논의의 기반을 두며, 정보는 공정이나 부정, 옳고 그름과 같은 결과들에 관한 전제에 기초하여 전달된다. 도덕적 원리나 특별한 집단의 도덕적 타당성과 같은 윤리적 규범들에 의해 설정되는 정책주장이다.

(2) 직업재활서비스의 평가 쟁점

평가는 가치판단의 문제이면서 서비스책임성의 문제다. 직업재활사업은 사회적으로 인정된 목표를 달성하는 수단이며, 사회에 대해서 책임성을 지닌다. 직업재활서비스의

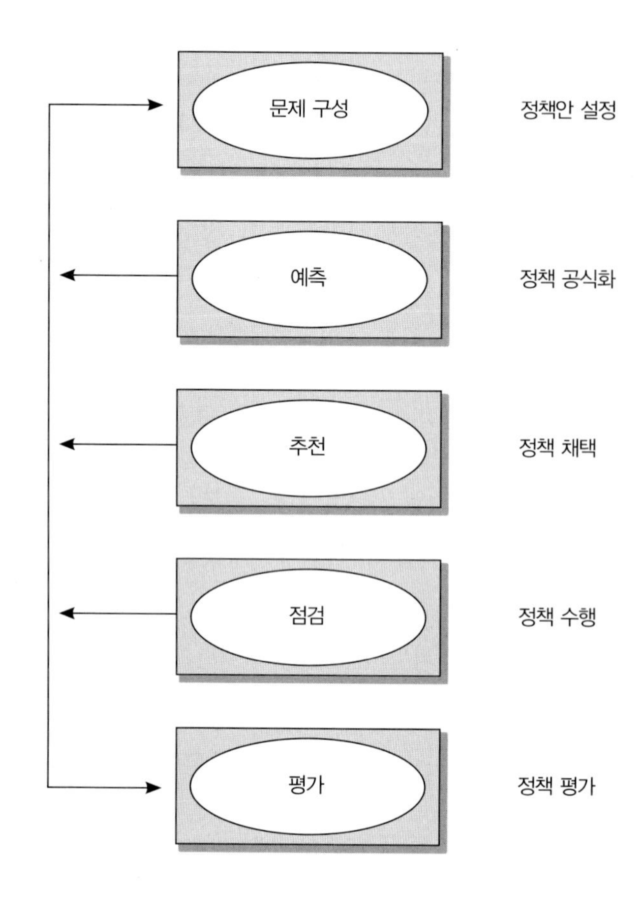

[그림 8-1] **정책결정의 단계**

인도주의 철학은 삶의 성취와 결과에 초점을 맞추게 된다. 성공적 고용, 독립생활, 그리고 지역사회 참여가 서비스프로그램의 최종 목표가 된다. 이러한 전망에는 스스로가 인식한 개인의 적응과 성격변화, 그리고 기대된 행동의 결과에 대한 성취가 반영되며, 내담자 이익의 측정이 포함된다. 많은 측정도구는 일어날 변화를 계산하거나 일어나는 사건을 목록화하고, 내담자 진보평가를 하기 위해 사용되곤 한다.

내담자의 직업성공을 설명하거나 기여하는 요소를 이해하고, 경제적 · 사회적 모든 결과를 고려하게 된다. 재활결과평가를 위해서는 22개의 측정도구를 사용할 수 있다. 22개의 도구는 4가지 기본 영역을 다룬다. ① 경제(E), 직업(V) 또는 심리사회적 영역(P), ② 협회(A), ③ 내담자(C), ④ 고용주(E) 전망이다. 내담자의 노력에 따른 영향을 평가하기에 유용한 정보를 제공하는 22개의 도구는 4가지 기초적인 측정에 대한 결과에 따라 분류하고 있다. 경제, 직업 또는 심리사회적 영역 중 하나 이상을 평가하고 협회, 내담자, 고용주의 관련 전망 중 하나로부터 정보를 얻는다. 이들 4가지 측정은 3영역(초기 점수, 요소 점수, 총 점수)에 대한 정보를 제공한다. 마지막으로 서비스 시작 전의 초기 평가, 사례 종결, 그리고 사후 지도를 측정하는 각 도구는 한 번 이상 사용된다.

제3부 직업재활

제3부에서는 장애인 직업재활의 역사를 실천적 맥락에서 살펴보고 서비스를 필요로 하는 조건과 계획수립에 관해 먼저 다룰 것이다. 이어서 시대 변화에 따라 새롭게 대두되는 장애인의 창업과 자영업에 대해 살펴보고 전통적 직업재활의 과정을 변화시킨 지원고용의 기본 철학과 각 지원고용 모형의 특징을 분석하고자 한다.

또한 직업재활서비스 프로그램의 성과와 정당성을 다루는 '프로그램 평가'와 관련한 부분에서는 행정적 요소가 강조되는 슈퍼비전에 관한 논의를 발전시키고, 특수교육에서 중요시하는 성인 과정으로의 이행을 직업재활의 배경 및 관점에서 살펴보도록 하겠다.

제9장

직업재활 실천의 역사적 근원

인간의 역사가 모든 인류의 권리와 존엄성 확립을 위한 기회에 필요한 투쟁이었다면, 재활의 역사도 장애를 지닌 사람들의 오랜 투쟁과 노력의 역사라고 볼 수 있다. 장애와 직업재활 역사는 장애인이 경험하였던 수없이 많은 사건과 사례로 구성되며, 주류 사회로부터 부정적으로 다루어지는 개인에 대한 처우와 반성적 노력에 초점을 두는데, 신체 외모, 신체기능, 지적 기능, 그리고 행동 등이 분석 대상이 된다. 장애인의 욕구에 관심을 보이는 특정한 시기의 사회적 방식은 크게 장애의 원인에 대한 지각, 비장애인구 집단에 대한 위협, 만연한 경제 조건, 의료 지식, 우세한 사회문화적 철학에 의해 결정되어 왔다.

인간은 직업을 통해 경제적 부를 형성함과 동시에 사회 속에서 자신의 역할과 지위를 획득하게 되고, 나아가 자기존재 가치를 실현해 나간다. 이러한 직업활동은 인간사회라는 커다란 테두리 속에서 각 개인에게 사회구성원이라는 가치를 부여하는 필요충분조건이 되기 때문에 헌법에서도 국민의 근로에 대한 권리와 의무를 보장하고 있다. 이와 같이 직업은 일반인뿐만 아니라 장애인에게도 국민의 고유한 권리이자 의무가 된다. 그러나 장애인은 신체적 혹은 정신적 제한을 가짐으로 인해 직업활동을 하는 데 많은 불리를 경험하게 되고, 또한 장애를 가지고 있다는 이유만으로 근로에 대한 권리와 의무로부터 소외되기도 한다. 직업의 선택과 유지가 어려운 장애인이 훌륭한 사회인으로 살아가기 위해서는 직업과 관련한 여러 가지 장애에 대한 보상이나 문제해결을 위한 서비스가 필요하게 된다.

1. 전근대 시기

생태계에서는 신체적 조건이 열악한 경우 하위계층으로 이동하여 생명을 보존하거나 경쟁에서 탈락되어 도태된다. 침팬지는 무능한 종족을 때때로 돕지만 개코원숭이의 한 종류인 비비는 신체적으로 열등한 동족을 잔학하게 공격한다. 개미들은 연약하거나 노화된 개미를 죽이지만 모든 종류의 개미가 동일한 행동을 하는 것은 아니다. 또한 새들 중 일부는 자신과 빛깔이 다른 비정상적인 깃털을 지닌 종족을 내쫓지만 양들은 색깔 때문에 다른 양들에 의해 추방되는 일이 없다. 이런 현상은 동물들 사이의 위계나 질서 유지 행동으로 이해할 수 있지만 이러한 생태계의 특징은 인간사회에서도 찾아볼 수 있다. 따라서 미개 부족들은 종종 장애를 지녔거나 연약하고 부실한 공동체 구성원을 부담이 된다고 보아 유기하거나 제거하기도 한다.

1) 그리스와 로마 시대

신체장애인에 대한 초기의 태도는 동정과는 거리가 먼 것이었다. 인간의 완전성을 신봉하는 그리스 철학에서 다른 사람들에게 결점을 드러내는 정신이나 신체의 손상은 필연적으로 장애인에 대한 부정적인 태도를 강화시킬 수밖에 없었다. 이러한 부정적 태도의 극단적 사례는 미성숙하고 약하거나 손상을 지닌 사람들을 의도적으로 사회로부터 제거했던 스파르타에서 찾아볼 수 있다. 스파르타에서 아이들은 부모보다는 국가의 소유로 간주되었다. 따라서 신생아의 양육 혹은 유기 여부는 전적으로 출생 후 첫 주 도시의 장로위원회에 의해 결정되었다.

그러나 스파르타 사람들만이 고대 그리스의 유아살해 방식을 독점한 것은 아니다. 기원전 4세기경 인구가 과밀했던 아테네 사람들 역시 신체장애아의 유기를 인구 조절의 한 수단으로 사용하였다. 철학자 Platon은 유아살해를 우생학적 관점에서 지지하였고, Aristoteles 역시 경제적 이유로 수용하였다. 이보다 수세기 이후의 로마에서도 장애인에 대한 처우는 나아지지 않았다. 로마 사람들은 합법적으로 결함을 지닌 아이들이나 미약한 아이들을 제거하였는데, 신생아가 출생한 후 10일이 지나 가정에 공식적으로 돌려보내기까지는 부모가 아무런 권리를 가지지 못하기 때문이었다. 이 시기에 아이들은 가족 속에 포함시킬 것인지의 여부를 결정하는 친부들에게 보내졌다. 만약 거부되면 그 아이는 살해되거나 격리된 장소에 유기되었는데, 이를 위한 바구니가 시장에서 판매되었다. 버려진 로마 유아들 중 일부는 아이러니컬하게 오물처럼 자비의 사원(Temple of Mercy) 외부 하수구에 버려졌다.

초기 그리스에서 정신질환은 성스러운 것이거나 신내림의 결과로 고려되었다. 그리스 신화에는 신의 분노와 불쾌함에 의해 인간이 미치게 된다는 언급이 있다. 정신질환의 치료는 기본적으로 지각된 원인에 의거하기 때문에 수많은 치료시설이 신의 자손으로 불리는 사제(의사)들에 의해 설립되고 운영되었다. 이런 초자연적 병인학은 이후 두뇌 병리학과 환경적 가설을 선호하는 그리스 의사 히포크라테스에 의해 거부되었다. 히포크라테스의 주장은 부분적으로 그리스 사람들에 의해 수용되어 이집트 알렉산드라의 일등 요양소가 일정한 직업, 운동, 그리고 여흥을 제공하는 인간적 처우의 장소로서 정신질환의 회복을 돕게 되었다.

로마에서 정신질환자의 치료는 사회계층에 의존되어 우수한 사람들은 그리스 요양소에서처럼 인간적 치료를 받기가 쉬웠다. 그러나 나머지 사람들은 쇠사슬로 묶이거나 매질을 당하고, 지나친 다이어트나 테러, 고문을 사용하는 잔인한 방법으로 다루어지기가 더욱 쉬웠다. 그리스와 로마에서 정신질환을 지닌 빈곤계층의 사람들은 종종 불운한 운명에 직면하였다. 즉, 공적인 보호의 제공이 결여된 채 탐탁치 않은, 혹은 인내하기 어려운 부담으로 인해 죽도록 내버려 두는 상황이었다.

고대 역사에서 지적장애인이 존재하였다는 사실 자체를 발견하기는 어렵다. 그리스나 로마 사회에서 이들을 보호, 양육 혹은 훈련하는 체계적인 노력은 전혀 존재하지 않았다. 고대 문헌에서 보고된 유일한 직업은 부유한 귀족이나 로마 가정이 여흥의 목적으로 희롱거리 혹은 어릿광대로 삼았다는 것이 고작이었다.

2) 중세 시대

북미의 나바조 인디언들은 기형이나 신체장애를 환희의 원천으로 보기도 하지만 아프리카 마사이 족과 호주 원주민 아보리진 사이에서는 기형이나 미혼모에게서 태어난 유아들을 즉각 살해하는 풍습이 있다. 손가락이나 사지가 하나씩 더 있는 경우에도 동아프리카 종족인 차가족은 악령을 건드리지 않아야 한다고 생각하여 살해하지 않는다. 뉴기니 종족인 보조족 사람들은 기형으로 태어난 유아를 즉시 생매장하지만 생후 장애를 입게 된 아이들은 존경과 사랑으로 보살핌을 제공한다. 기형으로 태어난 유아들은 악령이 씌웠다고 보고 동굴 속에 버리거나 문신을 새기는 종족들도 있다. 이런 경우에 치료법은 주술이나 마술에 해당한다. 마호메트의 사람들은 장애를 객관적으로 다룬 기록이 있다. 9세기경 마호메트 사람들은 바그다드에 병원을 설립하고 당시로서는 과학적인 치료법을 사용하였는데, 카이로의 한 병원은 수많은 환자에게 무상의 치료를 제공하고 심지어 퇴원 시에 작은 금전을 지급하여 몸이 회복되고 일자리에 다시 종사할 수 있도록 조치한 기록도 있다(Obermann, 1965).

중세 세계는 하나님의 천사들과 사탄의 지옥 악마들이 인간의 영혼을 차지하기 위해 서로 싸우는 전쟁터로 간주되었다. 따라서 장애를 종종 신의 처벌이거나 악령에 씌워진 결과로 간주하여 장애인을 두려운 증오의 대상으로 보았으며, 그들의 부락과 동료들에게 모든 종류의 불운의 초래자이자 악마의 협조자로서 고문당하고 처형되었다. 빈약한 의학적 지식이나 교육으로 인해 상대적으로 장애인은 평판이 나빴으며, 종종 이발사들이 그 역할을 대행하였다.

정신질환을 지닌 사람들은 의사보다는 수도승과 사제에 의해 치료되었다. 손바닥에 매질하는 액 굿과 같은 온화하고 인간적인 방법이 사용되는 수도원에서 치료가 이루어지고, 굶기기, 태형, 뜨거운 물에 담그기와 같은 잔학한 치료방법이 정신질환을 지닌 사람들에게 빈번히 사용되었다. 환자들은 종종 어두운 독방 벽에 달린 쇠사슬에 감겨진 채 발견되었다. 런던의 수용소에서는 이들을 1페니의 관람료를 내고 구경하였으며, 재활노력에 대한 약간의 기록은 이 시기에 발견된다. 15세기에는 농학생들에게 글쓰기가 교육되었다. 그리고 16세기에는 농학생들에게 읽기, 쓰기, 말하기, 그리고 산수 이해가 교육되었으며, 맹농학생의 팔에 글자를 기입하는 방식으로 의사소통 수단의 발전이 이루어졌다.

2. 근대 시기

1) 식민지 시대

미국의 13세기 식민지 법률은 자기 자신을 독립적으로 지지할 능력을 나타낼 수 없는 이주자를 제외하고 신체적 · 정신적 · 정서적 장애를 지닌 사람들의 입국을 금지하였다. 그러나 장애아동들이 식민지 속에서도 출생하였고, 주민들 또한 질병이나 상해로 인해 장애를 지니게 되었다. 간신히 토지를 경작하여 연명하는 상황의 식민지 미국에서 직업재활의 발전을 위한 조건들은 성숙되지 않았다. 1752년 퀘이커 교도들은 Benjamin Franklin의 도움으로 필라델피아에 식민지 최초의 종합병원을 설립하였다. 여기서 정신질환을 지닌 사람들에게 제공될 수 있었던 치료 유형은 환자 가족의 사회경제적 지위와 폭력성에 의해 달라졌다. 폭력성이 없을 경우에 그들은 종종 약간의 이동에 따른 자유가 허락되었지만 일반 범죄자들처럼 취급당했고, 지역사회에 있는 감옥에 투옥되었다. 감옥이 없는 곳이라면 법원 근처에 설치된 태형기둥이나 교수대가 신속한 처벌을 위한 단순하고 저렴한 수단으로 제공되었다.

19세기 미국에 있어서 연방정부의 역할은 최소 정부라고 하는 철학에 의해 조형되었다. 당시 미국 국민은 현명하고 검소한, 근면과 자기 개선을 스스로 추구하는 자유가 보장되는 정부를 요구하였다. 19세기는 성공한 사람들이 불운한 사람들을 돕는 책임을 강조하는 인도주의적 종교 배경의 산물과 낙천주의로 인해 장애인의 욕구를 충족시키기 위한 프로그램 개시에 있어 수용적 분위기를 조성하였고, 맹인과 농인은 불운에 대한 책임이 경감되었다. 이후 지적장애인과 정신장애인에게도 그 영향이 미쳐 Thomas Hopkins Gallaudet, Samuel Gridley Howe, 그리고 Dorothy Dix 등 사회적 책임을 효과적으로 옹호한 사람들이 등장하였다.

예일 대학교 졸업 후 Gallaudet은 신학 공부를 마무리하기 위해 앤도버로 갔다가 건강 악화로 인해 1814년과 1815년 겨울 동안 하트포트의 자신에 집에서 요양을 하면서

Mason Coxwell 박사의 어린 농아 딸에게 관심을 갖게 되었다. 그는 단순 단어와 문장들에 대한 지식을 가르친 경험으로 하트포트 주민들에게 농학생들이 배울 수 있는 학교를 모색하도록 앞장섰다. 유학하는 시기에는 미국 농인을 위한 최초의 학교 설립을 위해 5,000달러를 모금하였다. 미 의회 역시 American Asylum이라고 명명한 새로운 교육기관을 지원하기 위해 연방 정부기금을 제공하였다. 1816년 Gallaudet은 파리에 있는 농아교육기관 선임교사 Lauren과 귀향하였고, 1817년 하트포트에 American Asylum을 개교하여 최초의 교장이 되었다. 나아가 1857년에는 농학생을 위한 최초의 대학교육프로그램을 미국 수도에 건립하였다. 즉, 농인이 총장으로 있는 지금의 갤로뎃 대학교다.

1784년에는 호이 학교의 학생들에게 교양교육과 직업교육이 이루어졌으며, 고용에 관련된 훈련과 함께 지역사회에서 살아가기 위해 필요한 기술들을 가르쳤다. Samuel Gridley Howe의 맹인 직업재활에 관련된 산업적 목표는 실패하였지만 그것은 가장 초기의 시도들 중 하나였다. 감리교 목사인 Edgar J. Helms는 취업과 훈련 목적으로 가난한 이민자와 장애인을 위해 Godwill을 창설하였다. 맹인을 위한 최초의 학교가 1832년 미국에서 문을 열었을 무렵 농학생들을 위한 학교는 버지니아 주 남부와 오하이오 주 서부에 이르기까지 분포되었다. 나중에 퍼킨스 학교로 알려진 New England Asylum의 성공은 Howe 박사를 최초의 교장으로 선출하게 한 큰 기여 요인이었다. Howe 박사는 하버드 대학교 의과대학을 졸업한 후 임상에 종사하기보다는 이런 매우 비일상적인 일을 하게 되었다. 6년 동안 그리스 전쟁터의 외과의사로 출전하여 지상의 게릴라처럼 싸웠고 전쟁 말기에는 고향으로 돌아가 모금을 하였는데, 교장의 지위를 수락하기 이전까지는 맹인에 대한 교육에 관심을 가지지 않았다. 이런 Howe는 특별히 음악과 공예를 강조하였지만, 일 년이 채 되지 않아 재정 고갈에 직면하였다. 1833년 각기 6세와 8세가 된 Abigail Carter와 Sophia Carter라고 하는 두 명의 학생은 보스턴 극장에서 손가락을 사용하여 크게 소리 내어 글을 읽는 능력을 시연하여 11,000달러를 모금하였다.

교육적 성과를 나타내는 맹인학생들과 함께 전국 여러 주를 여행한 홍보 노력의 결과 1869년에 19개 주에 존재하던 맹학교들은 1887년에는 30개 주로 확대되었다. 매사추세츠 입법부는 1848년부터 3년에 걸쳐 매년 약 2,500달러를 10명의 '빈곤 백치

들'의 훈련을 위한 실험학교에 배정하였다. 이 결과 최초의 영구 기숙학교가 보스턴에 설치되었다.

2) 워크숍의 확대와 직업교육

1837년에는 직업기술의 훈련에 대한 관심으로 미국에서 최초의 워크숍을 퍼킨스 맹학교에 설립하도록 하였고 영국 에든버러 맹학교 맹인교사 John Pringle을 최초의 원장으로 영입하였다. Pringle의 감독 아래 워크숍은 매트리스, 방석, 빗자루, 빗, 요철 의자 깔개 등을 제조하여 시장에 판매하였다. 또한 지역사회에 거주하면서 일하는 별도의 워크숍을 1851년 학교로부터 몇 블록 떨어진 곳에 성공적으로 설립하였지만 맹인들이 일반 산업 속의 일자리를 찾는 것은 여전히 제한적이었다. 맹학교로부터 독립하여 설치하려 했던 최초의 독립 워크숍은 1874년 필라델피아의 Hinman Hall에 의해 설치되었다. 워크숍을 지역주민들이 출퇴근하며 일하는 곳으로 만들기 위한 Howe의 사상에서 기인한 Pennsylvania Working Home for Blind Men은 워크숍과 가정이라는 발상을 일하는 가정, working home으로 조합한 것이다.

19세기 초 프랑스 의사 Jean Itard는 John Locke와 Jean-Jacques Rousseau의 사상에 영향을 받았으며, 명의 Pinel이 중증 지체로 진단한, 아베롱 숲 속에서 발견된 12세 소년에 대한 치료를 의뢰받았다. 사회성이 완전히 소실된 Itard의 소년 Victor는 네 발로 기었으며, 땅바닥에 몸을 붙인 채 물을 마시고 자신의 행동을 제재하는 사람은 누구든 이로 물고 할퀴었다. 이후 감각 운동을 강조하는 강렬한 치료를 5년 동안 시행하여 비록 생활독립 목표의 달성에는 실패하였지만 Victor의 교육적 성취는 동료 프랑스 과학자들에 의해 두드러지게 부각되었다. 5년 기간의 말엽에 알파벳 글자를 식별하고, 단어의 의미를 이해하고, 사물의 명칭과 부분을 응용하며, 비교적 미세한 감각 변별이 가능하게 되었다.

불행하게도 19세기 후반부에 이런 좋은 개념들은 훈련과 교육에서부터 단순 생활보호로 다시 바뀌었다. 이전에 설립된 학교는 격리된 수용시설로 변화하였고, 지적장애인들에 대한 이런 부정적 태도와 더불어 1940년대까지 정부의 직업재활서비스에 대한 접근은 거부되었다. 소수의 의사는 치료불가능의 입장을 수용하지 않고 인도적 치료의 가치를 옹호하였는데, Benjamin Ruth 박사는 환자처방에서 유쾌한 환경, 유용한 작업, 다른 사람들과의 대화라는 치료방법을 포함시켰다.

1841년 40세의 뉴잉글랜드 여성 Dorothy Dix는 정신장애인의 곤경을 직면하고 1844년과 1854년 사이에 수백 곳의 시설을 방문하였다. Dix의 활동에 의해 연방정부의 재정지원을 얻어 낼 수 있었고 1854년 정신병원 운영에 필요한 재정을 제공하는 법률이 제정되었다. 의료적 지식과 자원의 부족으로 인해 재활기회는 극히 희박하였지만 1880년 이후 신체장애인 치료와 보호에 관한 많은 연구논문이 의학 잡지에 게재되기 시작하였고, 새로운 의료치료시설들이 개발되었다. 성형외과, 운동처방, 마사지, 온열치료, 수치료, 물리치료 등과 같은 많은 현대 재활의학 과정의 기원은 이와 같은 초기 병원에서 찾아볼 수 있다.

미국은 19세기 후반부에 산업사회로 변화하여 43%의 근로자만이 농업에 종사하게 되었으며, 미국은 세계를 선도하는 산업 국가 중 하나가 되었다. 이런 변화로 인해 야기된 사회적 불안정은 대규모 경제 불황에 의해 두드러졌고, 의존성이 개인의 도덕적 실패로부터 기인된다는 당시의 우세한 사회적 태도와 작은 정부가 최선이라고 하는 제퍼소니언-젝소니안 자유주의 원칙의 타당성에 명백히 도전하였다. 그러나 사회분위기는 여전히 재활 프로그램의 개발보다는 우생학이 우월하였고, 사회적 다위니즘과 사회복음 운동이 경쟁하였다. 또한 자선조직운동이 발전하였고 의무교육 법률을 채택하였으며, 직업교육이 미국 대중교육의 일부가 되었다. 1893년 문을 연 Boston Industrial School for Crippled and Deformed는 미국 최초의 지체장애아 학교이며, 설립목적을 직업훈련에 두었다.

3. 사회진화론과 사회복음운동

1) 우생학

19세기 후반부는 '인종의 타고난 요소들을 개선하는 데 영향을 미치는 모든 것을 다루는 과학'으로 규정한 Francis Galton경의 우생학이론의 분위기가 무르익었다. 범죄와 정신결함이 유전적으로 전이되는 빈곤 사이를 연관 짓는 보고서는 우생학 운동의 발전 토대를 놓았다. 1890년대 중반에 이르러 미국에서 절반에 가까운 주들이 장애를 지닌 사람들의 결혼을 법적으로 금하는 법률들을 제정하였다. 결혼이 번식을 위한 것이라고 법률로 규정한 지적장애인은 결혼하지 않아야 하며 법률 위반 시에는 최소 3년 징역형에 처하기로 한 코네티컷 주는 다른 주들에 의해 격찬을 받았다. 1903년 캔자스 주, 뉴저지 주, 그리고 오하이오 주는 각기 1904년에, 미시간과 인디애나 주는 1905년에 우생학 결혼입법을 차례로 제정하였다.

20세기 직전 불임에 사용된 과격한 의료적 거세과정은 심각한 호르몬 변화도 초래하였다. 1875년에 캔자스 주의 한 지적장애인 시설 원장은 44명의 소년과 14명의 소녀를 거세하였다. 2가지 새로운 외과 처치, 즉, 난관절제술(salpingectomy)과 정관절제술(vasectomy)이 1890년대 후반에 이루어졌다. 우생학 운동은 정신질환, 지적장애, 그리고 범죄행동의 출현을 방지하려는 수단으로 20세기 초기 25년 동안 불임이 사회적으로 크게 용인되는 토대를 놓았다. 고등법원에서 합헌이라고 판결한 이런 법률들은 1911년에 설치한 인종의 유전적 결손을 제거하는 미국 번식협회(American Breeder's Association)의 지지를 받았다. 1921년과 1964년 사이에 6만 3,000여 명이 비자발적으로 불임수술을 받았고, 20세기 후반부에 이르러서는 22개의 주에 여전히 관련 법률이 존재하였다. 재활철학은 당시 막강한 격리주의 철학에 도저히 경쟁할 수 없었다.

2) 사회진화론과 사회복음운동

사업경쟁에서 기대되듯이 개인의 성공은 명예로운 것이고 실패는 경멸스럽다고 간주하는 영국 철학자 Herbert Spencer의 사회진화론은 19세기 후반 널리 수용되어 정부의 자유방임주의 철학을 강조하였고 경찰과 군대 기능에만 국가 책임을 국한하도록 하였다. 공적 부조와 보건프로그램을 통해 열등한 사람들을 증식하기보다는 사회가 이를 제거하도록 하는 것이 훨씬 낫다는 Spencer의 철학은 경제사상에도 큰 영향을 미쳐 Spencer의 책 『사회통계와 생물학 원칙』은 당시에 약 35만 부나 팔렸다. 동시대의 위대한 사상가인 Spencer의 영향은 미국 대법원 판사들에게도 즉각적인 영향을 주었고, 산업혁명의 부정적 영향은 자기부양의 엄격한 해석에 영향을 미쳤다.

19세기 말 20년간 미국에서 일어난 종교의 중요한 역할이 사회개혁에 있다고 강조한 사회복음운동은 끝없는 경쟁이 궁극적으로 사회구성원들의 이기적인 행동을 강화한다고 보았다. 우애의 요소들이 결핍된 잔학한 사회는 성경의 가르침에 역행한다고 보고 형제애가 유일한 자연법칙이며, 동정, 동료애, 상호원조와 서비스의 법칙이라고 보았다. 그러나 일반적인 개신교 목사와 신도들의 대다수는 개인의 결손을 사회보다는 게으름과 같은 개인 내적 결과로 인해 빠지게 된 불운한 상태라는 개념을 더욱 지지하였다. 죄와 가난의 관계성을 강조하는 그 당시 대부분의 개신교 목사의 설교 내용은 사회진화론에 더욱 가까웠다.

1880년대 중반 새로운 유형의 학자들은 국가의 권력 행사를 사회개선을 위한 견고한 수단으로 본다는 점에서 사회진화론자들과 대립하였고, 사회복음주의자들에 더욱 근접하였다. 1885년에 창립된 미국 경제학회가 자유방임주의는 정치적으로 불안정하고 도덕적으로 건전하지 않다고 선언하였고, 시민들에 대한 국가의 긍정적 원조를 선호한다고 천명하였다.

빈곤 제거라는 목적을 지닌 자선조직들은 중산층 미국인들에 의해 만들어졌으며, 뉴욕 버팔로 자선조직협회가 1877년에 최초로 설립되었다. 빈곤은 도덕적 뿌리를 가지고 있으며, 구제 이상으로 빈곤자들은 폭음, 나태, 무절약의 유혹에서 벗어나도록 지도감독이 필요하다는 전제에서 물질적 구제보다는 인적 서비스를 강조하였다. 따라서 사람들에게 그냥 주는 것은 근로의욕을 감소시키며, 도덕적 상태를 악화시킨다고 본 이런 태도는 부는 열심히 일하고 검소하게 생활한 개인 노력의 산물, 가난은 정신적 결함의 결과로 보고 전개되었으며, 이런 운동은 과학적 자선이라고 부르는 개념에 기초하고 있다. 개인의 욕구충족을 위한 포괄적인 조사와 처치를 강조한 중산층 우애방문자들의 목적은 빈곤에 찌든 사람들의 도덕적 통찰력을 고양시키는 것이었다. 사람은 도움이 필요한 경우에 반드시 영적 수단에 의한다는 철학적 교훈에 따라 도덕적 우월자(유능한 사람)들은 기본적으로 도덕적 열등자(빈곤에 찌든 사람)들을 도울 수 있다고 느꼈다. 그러나 현상 유지보다는 재활을 강조한 이들은 초기의 광범위한 직업재활운동의 대표자들이다. 이론상 포괄적 조사와 차별적 치료접근을 강조하는 직업재활 실천의 바탕도 제공하였다.

최초로 의무교육 입법을 1852년에 통과시킨 매사추세츠 주는 장애를 지닌 아동들의 교육적 욕구충족을 위한 격리주의 태도에서 출발한 것처럼 보인다. 이 주에서는 아동들의 적절한 교육을 방해하는 정신결핍아동들을 소규모 학급으로 내보내는 분류 문제의 해결을 위해 노력하였다. 그러나 교육기회가 모든 시민의 권리로서 고려되기 시작한 발전은 직업재활 프로그램의 출현에 필요한 기초를 놓았다. 1890년대에 공교육은 직업 및 상업 교과로 확대되었고, 매사추세츠 주와 뉴욕 주는 직업훈련을 포함시키도록 하는 법률을 제정하였다. 산업훈련학교 설립 법안을 통과시킨 뉴저지 주의 노력은 민간 영역에서도 이루어졌다. 1885년에 이르러서는 뉴욕 주의 'The Working Man's School'과 'Boston Manual Training School'이 민간 산업학교로 운영되었다.

1924년에 미연방직업교육위원회 직업재활과 직원인 John A. Kratz는 재활 후 고용된 지체장애인 6,097명의 직업에 관한 연구를 행하였다. 이 연구에서 Kratz는 지체장애인들이 매우 다양한 직업종류에 속하는 직무들을 적절히 수행하고 있었고, 유사한 장애를 지녔더라도 직업에 따라 직무요인은 크게 다르다는 점을 발견하고 직업과 장애유형을 관련 짓는 일이 불가능하다고 생각하였다. 3년 후인 1927년 Kratz의 동료인 Tracy Copp는 직업재활한 6,391명의 지체장애인에 관한 연구를 다시 행하여 신체조건이 개인의 입직에 크게 결함을 초래하거나 잠재력에 영향을 미치지는 않는다는 점을 확인하였다(Obermann, 1965). 또 직업재활학회(Vocational Rehabilitation Association: VRA)의 최초 회장이었던 William F. Faulkes는 1921년에서 1951년까지 31년 동안 위스콘신 대학교 메디슨 캠퍼스의 재활학과에 재직하면서 직업재활 분야를 크게 발전시켰다.

4. 주요 제도의 등장

1) 진보주의와 주요 입법 활동

산업화로 인해 기인된 사회악을 바로 잡는 정부개입을 요구하는 진보주의자들에 의해 일어난 사회경제구조의 변화는 사람들이 자신의 능력과 근면의 결과에 따라 성공할 것이고, 그렇지 않으면 실패할 것이라는 이전의 사회법들의 토대를 부정했다. 나아가 이들은 소수의 손에 집중된 부와 권력에 의해 특징지어지는 사회 속에서 '공평한 기회'를 보장하는 데 필요한 정부 역할을 강조하였다. 정부를 국가진보와 사회계량을 위한 보다 견고한 기관으로 파악한 진보주의자들은 정부가 누구에게나 공평한 식사, 즉 공평한 몫을 보장해 주기를 원했다.

진보주의 신념에 의해 사람들은 연방정부가 시민들에게 경제적 기회를 제공해야 하고 사회 체계의 희생자들을 원조해야 한다는 입장을 강조함으로써 직업재활 프로그램의 구성에 필요한 책임에 대한 인식을 부각시켰다. 1913년에는 소득 정도에 따라 1%에서 6% 범위의 소득세 징수를 규정한 법률을 통과시켜 직업재활에 따른 민간 재정지원의 문을 열었다. 이후 직업재활에 성공한 많은 장애인이 사실상 재활에 소요되었던 비용 이상을 세금으로 환원시켰다.

산업사회에서 장애를 지닌다는 것은 빈곤으로 가는 확실한 조건이다. 산재근로자들의 장애가 부주의에 의해 기인되었다면 고용주로부터 어떠한 보상을 받으리라고 기대할 수 없었다. 미국 고용주들은 생산비용을 증가시킬 수 있는 어떠한 법률의 제정에도 반대하였다. 그러나 20세기 진보주의 시대를 맞이하여 산재보상 법률의 제정 분위기는 무르익었다. Theodore Roosevelt 대통령의 권고에 따라 1908년 시민고용법을 제정하고 뒤이어 운송집배근로자들의 보상에 필요한 연방 공무원보험법(Federal Employer's Liability Act)을 제정하였다. 최초의 산재보상법이 1910년 뉴욕 주에서 통과되고 1921년에 이르러 전국 42개 주에서 입법이 이루어졌다. 1948년 미시시피 주의 산재보상법 통과로 미국의 모든 주는 어떠한 형태로든 산재보상법을 제정하게 된 것이다. 산업재해의 결과 발생하는 많은 수의 장애인은 전쟁 시 군대에 복무하는 것보다 더 위험하다는 점을 보여 주었다.

격리된 산업장소에서 업무를 수행하던 근로자들의 기술이 갑자기 노후화되는 일이 발생하고 도시로 유입된 많은 시골 청년의 훈련 욕구는 직업적 재훈련 필요성을 유발시켜 1917년 연방정부에 의해 스미스-헉스 법률(Smith-Hughes Act)을 만들게 되었고 정부 예산은 대응 자금의 형태로 개별 주에 보조되었다. 또한 주정부 직업교육위원회를 설치하거나 지정하도록 하였고 제1차 세계대전 동안 직업교육을 장애인들에게 확대하는 시도는 수용되었다. 이런 발전은 전쟁에서 장애를 입고 귀향한 많은 수의 퇴역 군인과 더불어 직업재활에 필요한 연방입법에 더욱 많은 관심을 기울이도록 만들었다.

1918년 난국타개를 대표하는 직업재활법은 장애를 지닌 퇴역 군인들의 사회복귀를 위해 고안되었다. 모든 퇴역 군인은 정부연금을 통해 보상받았지만 직업재활은 전혀 고려되지 않았던 군인들의 프로그램 개발에 대한 일차적인 책임을 연방직업교육위원회가 부여받아 필요한 직업재활서비스를 승인하였다. 하지만 계획했던 것보다 훨씬 많았던 퇴역 장애군인의 수는 사회 병목 현상을 초래하였다. 4,000명의 대기자가 직업재활 프로그램을 위해 명부에 오르는 기록을 세우고 1921년 늦여름 이 숫자는 약 23만 6,000명으로 늘어나 거의 폭발 지경에 이르렀다. 그러나 연방정부가 보조하는 민간 직업재활 프로그램이 실현되기까지 거의 2년 이상의 세월이 소요되었다.

민간직업재활법인 스미스-헉스 법률은 1920년 6월 2일에 통과되어 장애인들에게 일차적으로 민간서비스를 확대하였다. 최초 연도에 75만 달러의 연방재정을 제공한 이 법은 임시 입법이어서 1924년에 부가적인 입법을 통해 연장되어야 했다. 연방정부 예산 비율은 각 주별로 인구에 비례하여 결정되었다. 정부예산은 직업배치서비스, 직업적응, 직업교육, 그리고 진로지도에 사용될 수 있었다. 장애인들의 의무 직업훈련 기회에 일차적인 강조를 둔 이 법에 따라 필요한 경우 보철구를 제공할 수 있었다. 또한 연령을 16세로 정하고 서비스 적격성을 설정하였다. 연방위원회는 장애인 내담자에게 훈련을 제공할 수 있는 적절한 직업 속에 가사를 포함하였다. 연방입법은 문제해결에 필요한 최소한의 영향을 미쳐 1924년에 단지 유자격 민간 장애인의 약 5%만이 주 재활기관들로부터 서비스를 받았다. 1924년 부가적인 새로운 연방입법은 이후 6년 동안 민간 직업재활 프로그램에 필요한 연방재정을 계속 지원하도록 만들어 연간 백만 달러가 조금 넘는 예산이 승인되었지만 주 재활기관들은 여전히 매우 소규모였다.

Ku klux klan이나 이민제한운동과 같은 부정적인 요소로 귀착된 1920년대는 개인적 탐닉의 10년으로 포켓 위스키, 담비코트, 짧은 스커트, 포드자동차, 색소폰, 그리고 황금의 문제로 두드러진다. Harding 대통령은 포커게임과 증권 시황에 관심이 있었고 Coolidge 대통령은 최소한의 역할만 수행하는 것이 최고라고 믿었다. 1929년 10월 24일 대공황을 맞으며 Hoover 대통령은 사회주의 방식의 어떠한 국가프로그램도 국가에 최선의 이익을 가져다주지 않는다고 보았다. 1930년대의 황폐화된 경제적 조건들에 직면하여 재활의 확충요구는 1932년 Walter W. Bankhead 하원의원에 의해 시작되었다. 또 Franklin Delano Roosevelt는 고통받는 굶주린 사람들과 부랑자들에 대한 구호와 국가 경제에 대한 정부책임으로 직무를 시작하였다. Roosevelt는 1921년 나이 39세에 소아마비로 많은 고통을 경험하게 되었으며, 1927년에는 소아마비 환자들의 치료를 위해 조지아 주에 땅을 매입하고 웜스프링스 재단을 설립하였다. 1933년 Roosevelt는 과거에 한 번도 취해진 적이 없는 직업재활예산의 25% 삭감을 요구하였지만 뉴딜프로젝트 중 하나로부터 직업재활에 필요한 단기 추가자금과 1933년 10월 공적 부조상의 직업재활을 위해 예산을 할당하였다. 사회보장법률의 1935년 통과 이후 직업재활 프로그램은 항구성을 띠는 지속적 공공 의무로 자리 잡았다. 이런 전통은 지금까지도 계속되어 장애인이 서비스를 정부에 요청하면 직업재활서비스가 먼저 고려되고, 나아가 공적 부조를 제공한다. 연방-주 직업재활 프로그램의 재정은 법률에 의해 약 200만 달러까지 증가하였고 1939년에 이르러서 연방예산 350만 달러를 확보할 수 있었다.

시각장애인들은 초기 재활입법 발전상의 혜택을 거의 받지 못했다. 그러나 1936년의 랜돌프-셰퍼드 법률(Randolph-Sheppard Act)과 1938년의 와그너-오데이 법률(Javits Wagner-O'Day Act)의 통과로 맹인들이 연방 건물에 자판기를 운영할 수 있었다. 직업들을 탐구하는 조사의 규정은 직업재활 프로그램의 확충을 가리킨다. 맹인이 생산한 상품들의 견고한 시장을 개발하고 확충하는 데 필요한 지원을 연방정부가 행하도록 규정한 1935년의 사회보장법을 바탕으로 와그너-오데이 법률은 연방정부가 맹인작업장 물품을 구매하도록 의무화하였다. 두 법률은 맹인이 능력을 발휘하도록 기회를 확대시켜 공공의 서비스 체계 속에서 시각장애인들의 잠재력에 대한 인식을 증대시켰다. 이는 우리나라에서 2008년부터 시행하고 있는 중증장애인 생산품 우선구매 특별법의 목적과 그 맥락을 같이한다.

2) 전쟁과 각종 직업재활입법 내용

제2차 세계대전은 민간 노동력에 종사하였을 1,200만 명의 사람들을 군대로 징발하였고 노동력 부족으로 인해 장애 그 자체가 직업수행에 반드시 지장을 초래하지 않는 다는 점을 수많은 고용주에게 증명하는 기회를 제공하였다. 또한 국가의 노동력 계획에 장애인들의 참여를 증대시키게 만듦으로써 1943년 바덴-라폴렛 법률(Baden-La Follette Act)은 직업재활 프로그램서비스들을 지적장애인과 정신장애인에게도 확대하였고, 신체회복 유형의 서비스를 확대 제공할 수 있도록 만들었다. 특별히 재활기관들은 단지 재정 보조의 필요가 있는 사람들에게만 의료, 수술, 입원 비용을 제공할 수 있도록 규정하고, 재활하는 동안 생활유지 자금을 받을 수 있기 이전에 재정 욕구를 증명하여야만 했다. 맹인 재활서비스의 주요 입법으로 확립된 연방보조금은 이제 맹인만을 위한 별도의 기관에서 지급되었다. 따라서 지금도 미국의 많은 주는 일반장애인과 시각장애인을 위한 별도의 직업재활 전달 체계를 갖추고 있다.

제2차 세계대전 동안 크게 진보된 의료기술은 1년을 채 넘기지 못하고 사망한 사지마비인들 중 많은 수가 오랫동안 생존하고 직업을 유지하도록 만들었다. 그러나 직업재활 활동의 중요한 성장은 1954년에서 1965년 사이에 일어났다. 직업재활 프로그램의 연간 예산 규모는 4배나 증가하였고, 이로 인해 많은 사람이 '재활의 황금기'라고 부른다. 1965년의 개정직업재활법률과 사회보장법률을 통해 직업재활은 크게 발전하였다. '재활의 황금기'는 ① 내담자 서비스, ② 전문 인력 훈련, ③ 시설 개발, ④ 연구에 필요한 정부기금 비율을 증가시킨 특징과 독립생활재활운동의 시작으로 나타난다.

Eisenhower 대통령은 직업재활의 지지자로 변해 1954년 1월 역사상 최초로 의회에 직접 특수한 메시지를 전달하였다. 이에 따라 의회는 제565 공법(PL)을 1954년에 통과시켜 연간 재정규모를 계속 증액하였다. 서비스를 확대한 3가지 영역은 ① 연구와 시범사업, ② 예산의 증대와 연장, ③ 재활시설의 설치다. 많은 주에서는 특수 내담자를 상담하는 재활전문가를 채용하였고, 건물을 재건축하거나 장비를 구입하였으며, 이에 따라 서비스의 질이 높아졌다. 직업재활에 성공한 지적장애인의 수는 1973년에 이르러 41,000명에 달했다. 전국적으로 석사수준의 재활훈련 프로그램이 확산되어 연구 및 개발 노력과 더불어 직업재활전문화의 기초를 놓았다.

1956년 사회보장법은 장애수당을 받도록 만들어 50세 이상의 영구 장애를 지닌 사람들에게 제공하였다. 또한 수많은 사회보장장애보험(Social Security Disability Insurance: SSDI) 신청자들에 대한 직업재활 목적 달성을 위해 SSDI 기금의 1%를 할당했다. 1965년 개정 직업재활법률 속에 장기 직업평가요소가 추가되어 서비스신청자의 고용 잠재력을 결정하기 위해 6개월에서 18개월의 장기간 서비스를 규정하였다. 또 행동장애로 진단된 사람들도 장애범주에 포함시켜 모든 장애인에게 필요한 서비스 전달 체계를 구축하였다. 교육은 모든 시민의 권리로 간주되기 시작하였으며, 직업교육 프로그램들이 더욱 확충되었다. 연방정부가 장애인들의 욕구 충족에 필요한 서비스의 일차적 제공자로서 또 권리옹호자로서 등장하게 되었고, 군인의 직업재활에 대한 책임을 수용하기 시작했다. 정부가 재정을 지원하는 대부분의 사회프로그램과 더불어 Eisenhower 및 Kennedy, Johnson 정부로 대표되는 재활의 황금기는 1970년대에 다가서면서 쇠퇴하기 시작했다. 그러나 새로운 장애인 소비자운동은 재활입법에 큰 영향을 미쳤다.

광범위한 소비자 권리운동을 통해 장애인들은 스스로 수동적인 재활서비스 수급자이지 않아야 한다는 점을 배웠다. 자신의 권리뿐만 아니라 공공정책의 수립에 참여하는 집단으로서의 권리를 더욱더 인식하게 된 것이다. 따라서 재활서비스의 유형과 질에 관한 결정에 참여하고 누구에게 서비스를 제공해야 할 것인가를 강하게 주장할 수 있는 입법을 준비하였으며, 만족도 측정과 같은 과정에서 일정한 역할을 요구하였다. 격리된 시설을 대체하는 데 필요한 서비스와 주류 노동시장에 보다 폭넓은 참여를 요구하며, 장애인이 공공시설의 접근성, 오락, 교통에 있어서 격리되지 않고 동등하게 접근할 수 있어야 한다는 점을 강조하였다. 이때 이들은 독립생활과 직업재활서비스에 관한 포괄적 프로그램을 제공할 수 있는 입법이 통과되기 원했다. 독립생활과 직업재활을 다른 목적을 가진 구별되는 프로그램이 아니라 중증장애인들에 대한 최적의 서비스 프로그램의 통합적 부분이라고 보고, 1970년 이후 재활입법은 접근성과 연구에 대한 지지와 더불어 독립생활재활서비스의 제공에 강조점을 두기 시작했다.

환경 장벽들은 고용, 교육, 정부 서비스의 평등한 권리들을 사실상 거부하는 중요한 요소로 차별적 메시지를 던지는 것이다. 접근성 문제와 시민권 쟁점을 해결하기 위한 정부입법의 요구가 긴요하게 되어 입법 투쟁을 개시하였다. '10억 달러 프로그램'으로 불리는 1973년 입법은 인권법의 형태로 간주된다. 나아가 1986년 개정 재활법률은 중증장애인들에게 지원고용서비스를 제공할 수 있도록 하였다. 1978년 재활법 제7편은 연방-주 재활 프로그램에 독립생활재활을 추가하였는데, 제7편은 다음 세 장을 포함한다. 제1장은 고용 혹은 독립적으로 기능하는 능력이 심각하게 제한된 중증장애인들의 지역사회 기능을 향상시킬 수 있는 포괄적 서비스를 규정하고 있다. 제2장은 재활서비스 국장(commissioner)이 독립생활센터의 설립과 운영을 위해 기금을 제공하도록 하였다. 제3장은 시각장애노인들에게 필요한 독립생활재활서비스를 위해 주 직업재활기관에 기금을 배정하는 프로그램 예산들을 제공하도록 규정하였다. 의회는 1984년 개정 재활법을 통해 내담자 보조프로그램(Client Assistance Projects: CAPs)을 더욱 강화시켰다.

1986년과 1988년에 국가장애위원회(National Council on Disability)는 당시의 법과 프로그램들을 포괄적으로 조사한 보고서 「Toward Independence」와 「On the Threshold of Independence」를 각각 발간하고 주요 재활 어젠더를 제시하였다. 이런 토대 위에서 1990년 ADA가 제정되기에 이른다. 장애인들은 자신의 차별을 인식하게 됨에 따라 보다 투쟁적인 입장에 서게 된다. 특히 사회적 태도와 환경적 장벽들로 인해 많은 제한을 받는 장애집단은 1973년 재활법상의 시민권 규정들을 구체화하도록 활발히 로비하였다. Bush 대통령이 ADA에 뒤이어 1992년 10월 29일에 서명한 개정재활법률(제102-569 공법)은 고용성과라고 하는 진술, 독립생활서비스의 지속, 개별 프로그램 개발로부터 기관프로그래밍에 이르기까지 내담자 참여를 강화시켰다.

1973년 재활법의 중요한 주제인 내담자 참여는 이 1992년 개정 법률에서 몇 가지 방식으로 향상되었다. 직업재활서비스 계획은 장애인에게 선택권을 부여하고 목표들을 결정할 수 있는 능력을 증대시키는 방식을 가리키고 있다. 개별화된 재활계획서의 연간 점검을 요구하면서 장애인이나 그 부모 · 보호자는 그 시기에 개별화 직업재활계획의 점검에 참여해야 하고 수정할 수 있어야 한다고 명기하였다. 또 서비스 적격성에 따른 내담자 선별 순서(order of selection)의 기본원리는 장애로 인해 가장 심각한 기능적 제한을 경험하는 사람들에게 재활기관의 자원에 대한 우선권을 부여하는 것이다. 1992년 개정 재활법은 재활서비스 기관 간 상호협력에 따라 양해각서의 작성을 촉진하도록 만들었다.

ADA는 900개 이상의 장애유형을 추산하고 있는데, 이때 약 4,300만 명의 미국인이 하나 이상의 장애를 지니고 있었고, 1974년 법률과 동일하게 3가지 방식으로 장애를 정의하였다. 즉, ① 하나 이상의 주요 생활 활동을 심각하게 제한하는 신체 · 정신 장애, ② 그러한 장애 기록, ③ 장애를 지닌 것으로 간주되는 것이다. ADA에서 사용되는 이런 심각한 제약(substantially limits)이라는 용어는 평균치의 개인 능력과 비교하여 광범위한 작업들이나 하나의 작업을 수행하는 능력에 있어서 심각하게 제한됨을 의미한다.

단일한 특정 작업의 수행능력 결핍은 주요 생활 활동에 있어서 심각한 제약을 구성하지는 않는다. ADA 제1편의 목적은 유자격 장애인들의 고용기회에 있어서 평등한 기회를 보장하는 것으로서 채용, 직업훈련, 승진 혹은 해고 과정과 같은 고용 측면에서 장애를 이유로 유자격 개인을 고용주가 차별하지 못하도록 한다. ADA상의 직업필수

기능(essential job functions, duties)은 일자리의 존재 이유가 그 기능을 수행하는 것일 때, 혹은 제한된 숫자의 근로자들에게 유용할 때 고도로 전문화되어 해당 일자리에 대한 의무에 의해 충족된다. 1998년 재활법에 의해 설립된 국립장애연구소는 곧 국립 장애 및 재활연구소(National Institute on Disability and Rehabilitation Research: NIDRR)로 명칭이 바뀌었다.

이런 시기에 전통적인 기능제한모형과는 대조적으로 남가주 대학교 정치학 교수인 Hahn은 재활연구에 있어서 소수집단모형의 중요성을 상세히 서술하였다. 전쟁 후 장애인이 직업을 잃었던 점을 상기할 때 편견과 차별의 희생자로서, 또 생물학적으로 열등하다고 낙인찍힌 소수집단의 사람들이 처한 상황 사이의 유사점으로 인해 투표권, 교육, 교통, 주거, 그리고 주요 생활영역에서 견고한 격리를 경험해 왔다. 그의 소수집단모형은 장애인이 직면하는 주요 문제가 개인이 참여하는 사회의 물리적 · 태도적 장벽 등의 환경에서 일차적으로 기인한다고 전제한다. 이런 요소는 단순히 우연하거나 자연발생적인 것이 아니며, 대중의 태도가 공공정책에 크게 영향을 미친 결과라고 보았다. 이런 맥락에서 직업기능상의 요구와 신체검사 적절성의 전제 조건은 표준화된 것이나 직무 혹은 작업장을 필요에 맞게 수정하게 하였다.

5. 최근의 입법 동향

2004년에는 1975년에 제정된 미국 특수교육법이 장애인교육증진법(Individuals with Disabilities Education Improvement Act: IDEIA)으로 개정되어 기관 간의 협력체계와 공학서비스를 강조하게 된다. 학교들에 대해서는 16세 이전에 전환계획을 개별화교육계획서(Individualized Education Plan: IEP)에 포함하도록 규정하고 있다. IEP의 전환계획은 고용목표, 직업훈련, 고등교육, 재정적 자립, 독립생활, 교통과 이동, 사회관계, 여가활동, 보건과 안전, 자기옹호, 장래계획의 선택 영역에 포함시킬 수 있는, 학생 개인이 졸업 후 성과를 내기 위해 필요한 활동을 상세히 서술하고 있다.

이보다 앞서 Bill Clinton 대통령이 1998년 8월 7일에 서명한 제105-220 공법인 노동력 투자 법률(Workforce Investment Act: WIA)은 직업재활입법에 있어서 중요한 변화를 가리킨다. WIA는 제4편을 통해 접근권 강화와 유자격 인력 등 재활측면을 강화시킨 독립적 성격을 유지하였다. 60개가 넘는 직업훈련 관련 법들(즉, 고용서비스법, 고등직업교육법, 퇴역군인 고용 및 훈련법, 직업재활법)의 재정이 3영역의 단위 기금으로 통합되었다.

잘 훈련된 근로자를 원하는 미국 고용주들의 욕구를 충족시키기 위한 '원스톱 전달체계' 혹은 '원스톱 숍'의 개념이 WIA의 핵심이다. 원스톱 숍 서비스들은 직업평가, 직업훈련 프로그램들과 고용프로젝트들에 관한 정보, 실업보험신청보조, 그리고 직업배치상담과 보조를 포함한다. 1998년 개정 재활법률은 개별화 고용계획서(Individualized Plan for Employment: IPE)에 내담자 통제력을 강화시켜 재활상담사의 인풋 없이도 자신의 직업계획 전부 혹은 부분을 개발할 권리를 지니게 되었다. 재활상담사의 역할은 촉진자로서, 가장 최대로 통합된 적절한 환경 속에서 서비스와 장소들을 이용하도록 지향되었다.

WIA는 직업재활과 일반 노동력 프로그램을 연계하여 장애인에게 선례가 없었던 고용서비스 접근권에 대한 새로운 기회를 창출하였다. 주 전체의 노동력 체계를 통해 서비스를 받을 수 있게 되어 기관 간 양해각서를 설정하게 된다. 각서는 직원훈련, 직업재활서비스와 적격성에 관련된 공학보조, 일반 분쟁해소과정, 고용통계와 고용기회를 교환할 수 있는 전자링크와 같은 활동들을 명기할 수 있다. 이처럼 1998년 개정 재활법률은 직업목적에 따른 유용한 공학서비스를 포함하는 텔레커뮤니케이션, 자영업, 소기업에 관련된 직업적 성과에 강한 초점을 두었으며, 유자격 재활전문가들에 의해 장차 모든 서비스가 제공되어야 할 중요성을 거듭 밝히고 있다.

1992년 개정 재활법률과 상응하게 1998년의 재활입법은 사전 교육과 연수 교육의 중요성을 강조하고 포괄적인 인력개발의 중요성을 논의하면서 유자격 직업재활상담사의 개념을 언급하였다. 또 장애아동들의 전환계획 수립 시 재활상담사의 역할이 아동의 IEP에 많이 반영되어 별도의 IPE를 개발할 필요가 없도록 서비스 제공이 지속되는 것이다.

개정 재활법률에서 다루어지는 추정 적격성(presumptive eligibility)의 개념은 엄격한 적격성 조사를 통과해야 하는 보충적 소득보장(SSI)과 사회보장장애연금(SSDI)의 사례에도 적용되었다. SSDI는 유자격 장애인에게 월 소득 보장과 더불어 메디케어 수당을 제공하도록 제정되었으며 SSDI 프로그램은 많은 수급자를 노동력 속에 포함시키도록 하는 노력을 규정하고 있다. 이때 SSDI는 수급자들의 직장복귀에 있어 주요 장벽이 된다고 보고 1999년 Ticket to Work and Work Incentives Improvement Act(TWWIIA)를 통해 고용참여를 고무시키려는 노력을 하였다. 여기에는 ① 시범 직장 기간, ② 장애 관련 직업 비용, ③ 적격성의 기간 확장, ④ 메디케어 지급 유지를 들 수 있다.

1999년 12월 Bill Clinton 대통령은 TWWIIA에 공식적으로 서명하여 장애인이 직업에 복귀하더라도 의료보험과 부분적 재정 급여를 유지하는 일이 가능하도록 만들었다. 이 Ticket to Work 프로그램은 완전히 자발적이고, 사람들은 재활서비스 제공자를 스스로 선택할 수 있다. 이에 따라 공적분야와 민간분야 모두를 통틀어 질적 서비스를 받게 되었다.

1997년 미국 회계감사원에 따르면, 한 해 동안 1%의 SSI나 SSDI 수급자 직업복귀로 약 30억 달러를 절감할 수 있었다. TWWIIA는 일을 하더라도 시범직업 기간 후 최장 93개월까지 메디케이드와 메디케어를 통해 장기 의료보험을 받을 수 있도록 하였다. 또한 직업노력이 실패했을 때 신속한 수급 재개를 요구하였으며, 티켓 사용 기간에는 장애상태에 대한 조사를 하지 않도록 보장하였다. 한편으로 21세기 최초의 10년은 세금 축소, 이라크 전쟁유지 비용 및 에너지 비용의 증대, 그리고 국가재정결손으로부터 서비스 프로그램의 예산삭감을 주장하는 논쟁이 관찰되었다.

제10장

직업재활서비스 적격성과 재활계획 수립

1. 직업재활계획 수립에 필요한 과정

1) 직업재활서비스의 성격과 대상자

국제노동기구에 따르면 직업재활은 '계속적 · 종합적 재활 과정 안에서 장애인이 적당한 취업의 장을 얻고, 그것을 계속할 수 있게 하기 위한 직업적 서비스'를 의미한다. 직업재활은 직업평가, 공학적 보조, 재활상담, 서비스 의뢰, 직업적응훈련, 직업교육 및 훈련, 취업 알선 그리고 사후지도 및 직업배치 후 서비스 등 다양한 서비스로 구성되어 있고 일련의 단계로 이루어지지만 재활상담사의 내담자를 위한 서비스 결정은 아주 다른 형태로 나타날 수 있다. 왜냐하면, 장애의 종류와 정도가 개인마다 독특하며 직업에 미치는 영향도 다르기 때문에 일견 비슷한 장애라 할지라도 그것이 개인에게 미치는 직업적 충격의 크기나 장애에 따르는 시각 및 방해(handicap)의 정도에는 차이가 있기 때문이다.

앞서 정의한 것처럼 일반적으로 직업재활의 목표는 고용(employment)이었다. 그러나 지금은 'gainful activities'로, 의미하는 바는 국가마다 다소 다르다. 미국의 과거 재활법에 기초한 직업재활의 목표는 'employment'인데 여기에 적용되는 경쟁적 노

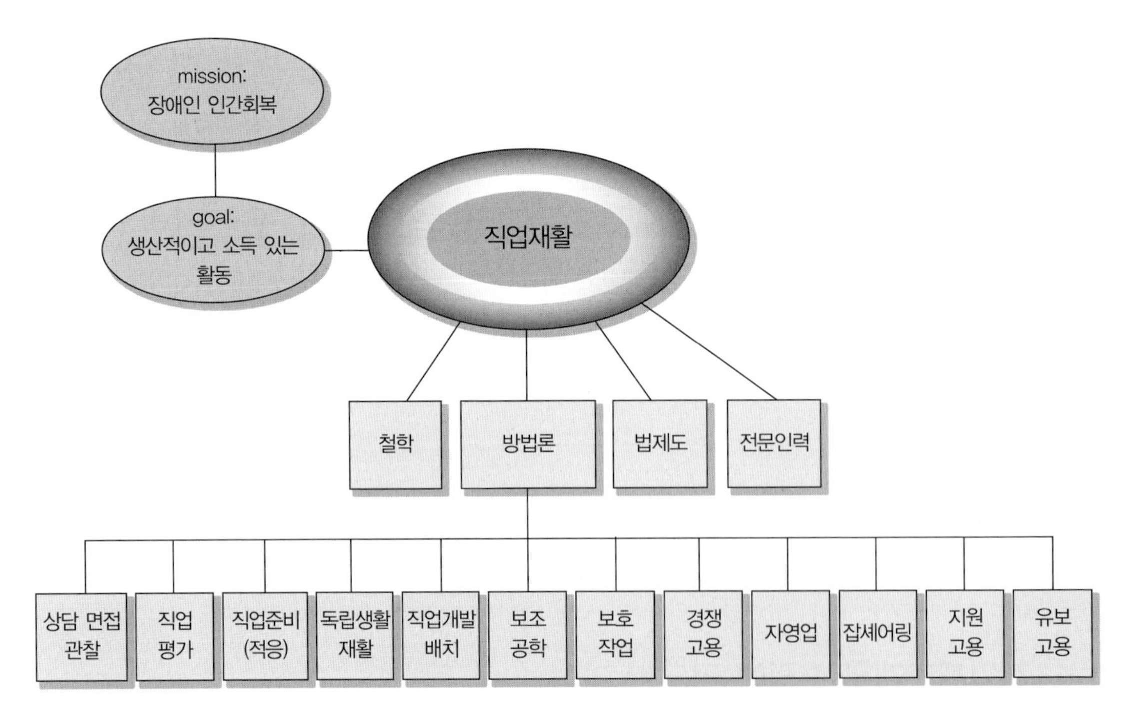

[그림 10-1] **직업재활의 개념 구조**

동시장은 자영업, 가사노동, 농업 또는 가내작업(현금이 아닌 현물로 지급되는 일을 포함), 보호적 고용취로, 재택 고용취로, 그 외 수입을 수반한 일이라고 되어 있었지만 지금은 소득이 있는 활동으로 폭넓게 규정하고 있다. 직업재활의 목표에 있는 고용은 취업으로 생각해야 하고 그 목표는 넓게 받아들여야 한다. 일본에서 고용은 계약관계가 성립해 있는 경우, 즉 구체적으로 노동자가 사업주의 지휘 감독을 받고 계약 규율 밑에서 노동을 제공하며 급료와 그에 준하는 임금을 받고 있는 관계를 말하지만 유럽에서는 넓은 개념으로 계약이 아닌 경우까지 포함한다. 일본에서는 취업을 일반고용, 보호고용, 자영업, 복지적 취로, 작업 활동으로 구분하고 직업재활의 목표에 포함된다. 직업재활에 있어서는 내담자의 다양한 직업욕구와 잠재력에 기초한 개별적 접근방법이 필요하다.

직업재활은 의료적 · 심리적 안정을 달성하거나 되찾은 장애인이 최종적으로 이용할 수 있는 하나의 서비스다. 여기에는 직업탐색, 진로지도, 직업 유지, 그리고 전직과 퇴직에 이르는 모든 필요한 서비스와 과정이 필요하다. [그림 10-1]에서처럼 직업재활서비스는 직업탐색과 구직을 포함하는 입직과 이후의 직업 유지에 필요한 영역까지

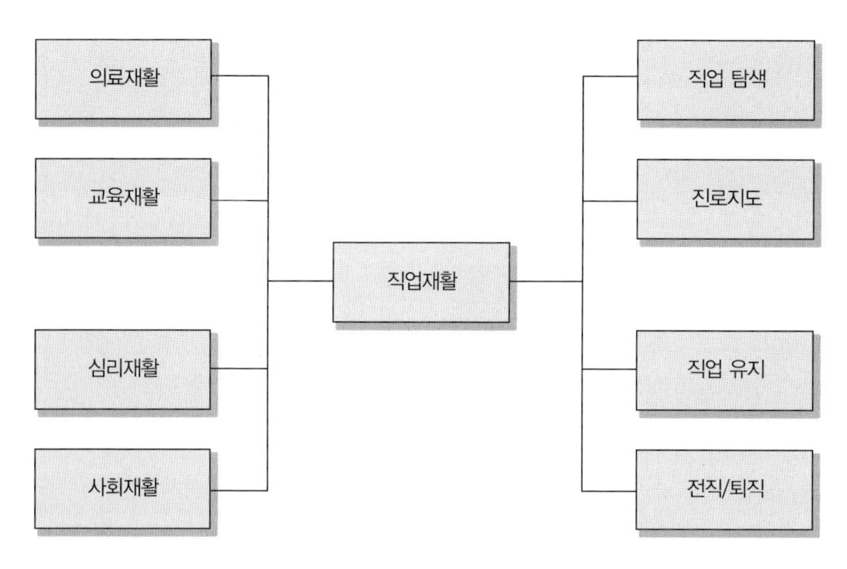

[그림 10-2] **직업재활서비스의 위치와 형태**

다루게 되고, 일반적으로 직업재활 이전의 장애상태는 의료 등을 통해 안정된다. 어떻게 보면 직업재활은 다른 모든 재활서비스의 종착점이고 귀결점이 되는데 개인의 직업생활은 생애의 관점에서 보면 학교교육과 노년에 이르기까지 하나의 연속적이고 과정적인 개념이다.

[그림 10-2]에서 좌측 부분은 전통적 직업재활서비스의 4단계를 나타낸다. 오늘날은 장애인이 중심이 된 재활서비스의 형태가 강조되면서 사업운영의 질적 측면이 강조되고 있다. 개별화 직업재활계획서를 작성하는 과정은 서비스 적격성이 결정된 장애인을 위하여 전문가와 상담사, 후견인 등이 공동으로 참여해 재활의 목표와 구체적 실천 방안 등을 논의하는 가장 중요한 요소 가운데 하나라고 해도 과언이 아니다. 직업재활계획은 재활의 근본이념인 자립과 소득 있는 활동에 종사하도록 돕는 하나의 과정으로 직업적 잠재력이 있다고 인정되는 장애인의 직업목표 및 하위목표, 구체적인 실천 방법, 목표달성의 평가기준을 포함하여 장애인, 상담사, 부모나 후견인 또는 대리인이 공동으로 작성하는 장애인 중심의 직업재활서비스 실천을 위한 로드맵이자 방법이다.

개별화 직업재활 계획서(Individualized Written Rehabilitation Program: IWRP)는 1973년 재활법의 개정에 따라 서면 작성이 법적으로 의무화되었고 1998년 미국 재활법 개정안 제102조를 통해 개별화 고용계획서(Individualized Plan for Employment: IPE)

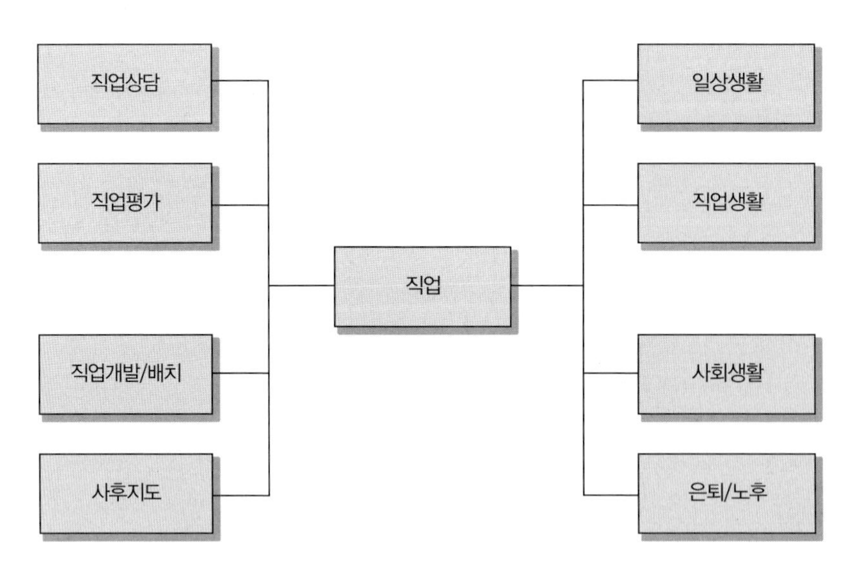

[그림 10-3] **직업과 관련 서비스**

로 개칭되었다. IWRP는 재활상담사와 장애인 혹은 독립적 판단 능력이 없는 장애인의 부모나 후견인 내지 적절한 대리인이 공동으로 작성하는 하나의 계획서다. IWRP는 재활서비스 적격 판정을 받은 개별 신청자나 장기간 직업평가 중에 있는 개인을 위해 계속적으로 작성되는 계획서다.

직업재활서비스의 대상은 심신의 결함이 있는 모든 장애인이 아니라 심신의 결함이 직업을 갖는 데 큰 지장과 방해가 있긴 하나 일정한 의료적 · 교육적 · 사회적 · 직업적 서비스를 통해 직업을 가질 가능성이 있는 장애인으로 제한된다. 즉, 장애정도가 경미하여 특별한 계획을 세우지 않아도 일반인과 같은 직업에 종사할 수 있는 사람이나 장애 정도가 아주 커서 독립된 생활을 영위하기가 매우 어려워 직업을 갖기 불가능한 사람은 대상이 될 수 없다는 의미다.

이론적으로 직업재활의 대상이 누구냐고 하는 것은 보는 시각이나 주어진 여건에 따라 조금은 차이가 있겠지만 국제노동기구는 제99호 권고에서 그 대상을 '신체적 또는 정신적 손상의 결과 적당한 취업의 장을 얻는 것, 또한 그것을 계속할 수 있는 상태가 상당히 감퇴하고 있는 자'로 정의하고 있고 장애인 진로지도관점에서는 직업재활의 서비스 대상으로 심리적 손상을 가진 사람, 즉 심리적 문제가 있기 때문에 사회생활의 적응이 곤란한 사람을 포함한다. 우리나라 '장애인고용촉진등에관한법률'에서는 직업재활의 대상을 장애인복지법과 국가원호 관련 법의 규정을 준용하여 '신체 또는 정신상의 장애로 인해 장기간에 걸쳐 직업생활에 상당한 제약을 받는 자'로 정의하고 있다. 그러므로 지적 수준이 낮은 사람이나 시각장애인인 경우에도 고도로 발달한 촉감을 이용하여 광학기기의 렌즈검사, 암실작업, 악기조율 등의 작업에서 일반인보다도 더 잘할 수 있는 조건을 구비할 수 있다. 이처럼 피나는 노력으로 직업상의 제약을 극복할 수 있는 경우가 많기 때문에 사회적 기피 현상만 없으면 장애인도 일할 수 있는 여건은 얼마든지 만들 수가 있다.

현대는 지식기반사회로 직업이 기계화 · 고도화되고 분업화되어 작업수행의 폭이 좁아진 반면에 전문화됨으로써 장애인의 직업 수행 능력이 넓어지고 있으며, 재활의학의 발달로 특수한 보조 장구를 개발 · 사용하여 결함을 해소할 수 있게 되었다. 이에 따라 장애인은 기능을 발휘함으로써 직업 능력을 발휘할 수도 있다. 이처럼 직업재활은 준비되어 있고 적절한 고용을 확보할 수 있다면 모든 사람에게 적용될 수도 있다.

2) 직업재활의 개략적 과정

직업재활의 과정은 여러 단계로 구성되어 있으나 각 단계를 명확히 구분할 수는 없다. 왜냐하면 장애인의 직업 욕구나 장애 정도에 맞추어 집중적으로 지원을 행해야 하는 경우가 많기 때문이다.

직업재활은 직업환경에서 나타나는 장애의 영향, 잔여 기능, 지역사회 자원, 구체적 상담기술, 내담자의 장점에 대한 사정(assessment) 등과 관련되어 있다. 직업재활 과정은 학자에 따라 다양하게 분류하고 있는데 내용상 직업상담, 직업평가, 직업개발 및 배치, 그리고 사후지도의 4가지 분류가 전통적 방식이다. 그러나 지원고용 모형에서는 직업배치 후 평가와 유지를 위한 상담이 지속적으로 이루어진다. 다음은 직업재활 과정에 필요한 서비스 영역과 목록이다.

(1) 접수 및 직업상담

내담자의 공식 서비스 접수가 이루어지면 직업상담(vocational counseling)을 제공한다. 직업상담은 전문적 기술을 가진 상담사가 도움을 요청하는 내담자 개인이나 여러 사람의 능력과 기술, 선호, 적성, 흥미 등을 객관적으로 평가하고 그들이 원하는 직업 조건을 분석하여 적합한 직업을 갖도록 돕는 것이다. 내담자에게 맞는 직업적 의사결정을 돕는 전문 활동의 상담에서 중요한 것은 직업상담사가 장애인의 직업적 욕구와 현실적 목표에 적합한 범위 내에서 스스로 자기 탐색을 할 수 있도록 돕는 일이다.

직업상담은 장애인 직업재활에 있어서 첫 번째 단계로 초기에는 심리치료적 성격의 측면에 강조점을 둔다. 왜냐하면 많은 경우 장애인의 직업재활에 가장 큰 장벽으로 나타나는 것이 장애인 자신의 심리적 요소이기 때문이다. 이것은 의도적인 촉진적 성격의 상담으로 다음과 같은 진단적 · 사회적 목적도 지닌다(Roessler & Rubin, 1982). 효과적인 직업재활서비스를 제공하기 위해서는 그들이 가지고 있는 욕구가 무엇인지 파악하는 것이 매우 중요하다. 이는 적합한 시기에 가장 적절한 서비스를 제공할 수 있는 기준이 되기 때문이다.

(2) 진단 및 직업평가

진단이 의학에서 중요하듯이 직업평가는 직업재활의 가장 기초 단계로서 장애인이 어떤 분야의 직종에 직업적 잠재력을 가지고 있으며, 극복해야 할 한계는 무엇인지 종합적으로 평가하는 것이다. 전통적인 직업재활 과정에서 이루어지는 지필검사와 작업표본 등의 표준화된 직업평가는 직업세계에서 장애인의 성공에 좋은 예측요인이 되지 못한다는 사실을 보여 주기도 하였다. 오히려 노동시장에 장애인을 진입시키기 위해서는 어떤 종류의 지원이 필요한지에 초점을 맞추고 고민하는 것이 더욱 생산적이다. 직업준비가 되었고 고용가능성이 있다면 직업평가의 목적은 장애인에게 일련의 경험을 제공하는 쪽으로 이동해야 한다. 장애인의 선호와 직업흥미의 이해, 지원가능성, 직업탐색, 고용과정에의 활발한 참여, 직업성공을 증대시킬 지원요구를 이해하고 배울 수 있는 기회를 제공하는 것이다. 장애인이 드러내 보이는 직업가치, 능력, 기술, 지원욕구는 시간의 변화를 예상하고 인식하여 관리할 수 있어야 한다.

① 의학적 평가: 직업을 수행할 수 있는 일반적 건강상태를 의미한다. 흔히 내담자의 이전 의료기록지나 면담 결과 얻은 정보를 이용하여 직업재활의 전문지식을 바탕으로 재구성된다.

② 심리적 평가: 심리적 평가는 내담자가 자신의 정신적 · 신체적 장애에 대해 어떤 태도를 가지고 있으며, 일에 대해서는 어떤 태도를 가지고 있는지 평가하는 것이다.

③ 사회적 평가: 사회적 평가는 장애인과 그 장애인이 접하던 환경 간에 어떤 역동적 관계가 있었는지 알아보는 것이다.

④ 직업교육적 평가: 내담자가 지닌 기초적 학업기능으로는 읽기, 쓰기, 셈하기가 있으며, 학교기록이나 지필검사를 통해 정보를 얻을 수 있다. 이를 통해 장애인의 직업적 잠재력은 무엇이며 앞으로 개발 가능한 직업적 영역은 무엇인지 알아보는 것이다. 또한 직무분석 등 교정이나 향상이 필요한 영역과 서비스를 탐구하게 된다.

장애인 스스로 취직이 어렵다는 개념을 형성하기 이전에 직업적 가능성에 대한 고려를 촉진하기 위하여 직업평가가 계획되어야 한다(Sawyer, Saxon, & Mitchell, 1984). 심리적 평가는 재활계획 수립과 개발에 있어서 내담자의 개인적 · 정서적 욕구를 통합하는 데 이용되며, 지역사회 자원과 같은 외부 지지 체계를 통해서는 교통수단, 사회서비스, 고용 관련 지원에 따른 정보를 이용하여 재활전문가와 내담자 모두가 이익을 얻게 된다. 직업평가를 통해 탐구해야 할 장애인의 심리사회적 영역은 다음과 같다(Vandergood & Worrall, 1979). 즉, ① 교육적 기술, ② 생활 기술, ③ 독립생활 기술, ④ 구직기술을 포함하는 자기관리 기술, ⑤ 진로개발에 관한 지식이다.

직업준비도 평가, 고용가능성 평가, 직업배치가능성 평가 방법에 있어서 공통적으로 요구되는 근로자 특성인 전이기술(transferable skills)은 직업재활 초기 평가에서 분석되어야 한다. 이를 위한 전이기술 척도(the Transferable Skills Profiles)는 초기에 장애인의 직업능력과 직업적 장애 정도를 파악하기 위해 많이 사용되었다(Saxon & Spitznagel, 1995). 직업평가 단계에서는 직업정보책자를 통해 내담자의 취미, 여가활동, 자원봉사기록, 일상생활에서의 특기사항, 부업활동을 탐구하고, 실현 가능한 구체적 직업목록을 만든다. 고려된 몇 개의 직업에 관해서는 직업사전과 진로탐구책자(Guide for Occupational Exploration: GOE)를 통해 필요한 직무와 기술을 결정하고, 나아가 S&A(Skills & Abilities) 프로파일과 비교한다(Saxon & Spitznagel, 1995). 지역사회의 노동시장과 구체적 직업은행의 활용에 사용되는 전이기술 척도의 구체적 프로파일 내용 및 구조는 〈표 10-1〉과 같다(Saxon & Spitznagel, 1995).

표 10-1 전이기술 척도 프로파일

영 역	척도사례	
1. 기술과 능력	① 업무 지시이행 수준 ③ 과제 수행 능력	② 반복 작업 숙련도 ④ 작업의 질적 수준 유지 능력
2. DPT 수준	① 자료: 비교 ③ 사물: 운전 – 조작	② 사람: 지시 수용 – 원조
3. 일반교육 수준	① 2 수준의 사고 발달 ③ 1 수준의 언어 발달	② 1 수준의 수학적 발달
4. 신체 활동 수준	① 좌식 작업수준의 육체적 활동 ② 손의 뻗기 및 촉각 이용	

(3) 직업적응훈련

직업적응훈련이란 중증장애인이 가질 수 있는 직업적 부적응 요소를 사전에 해결하여 작업환경에 쉽게 적응할 수 있게 만드는 것을 목적으로 행하는 것이다. 장애인에게 자기의 능력을 자각하도록 하고 작업에 대한 관심과 이해를 높일 수 있도록 하는 데 목적이 있으며 그 종류로는 일상생활자립 훈련, 사회성 훈련, 직업기술 향상 훈련, 인성적응 훈련 등이 있다.

일상생활자립 훈련은 신변자립, 의사소통, 생활자립, 이동 능력을 포함한다. 사회성 훈련은 대인관계를 맺고 유지하는 기술을 훈련하는 것으로 구체적으로는 협동심, 자기주장 능력, 책임감, 타인의 일에 대한 공감, 감정이나 행동에 대한 통제 등을 포함하게 된다. 인성적응 훈련은 직업에의 적응과 관련된 습관이나 태도를 개발하는 것으로서 신뢰성, 인내력, 일관성, 시간관념 등을 다루게 된다.

(4) 직업훈련

직업훈련은 구체적 직종이나 선택된 직무에 대한 기능훈련(skills training)이며, 직장에서의 과업을 수행하는 데 있어 요구되는 필수적인 직업지식과 기술을 연마하도록 돕는 조직적 훈련행태를 말한다. 이것을 통해 특정한 직업에 필요한 전인적 요소와 더불어 수행 가능한 직업기술을 배양할 수 있다. 국제노동기구에서는 1985년 직업훈련의 원칙으로 다음과 같은 것을 제시하고 있다. ① 통합성의 원칙, ② 기회 균등의 원칙, ③ 동등 조건의 원칙, ④ 특수성의 원칙, ⑤ 평생 훈련의 원칙, ⑥ 고용주 지원의 원칙, ⑦ 훈련받은 직종으로의 취업 원칙이다.

국가차원에서 산업의 고도화에 따른 기술 및 숙련 인력을 확보하는 것은 과거의 단순한 노동이나 기능 인력을 확보하는 것에 비해 상당한 기간의 훈련과 교육을 필요로 한다(Sands & Radin, 1978). 장애인의 직업훈련은 일반적인 직업기능훈련(vocational skills training)과 직업적응훈련(vocational adjustment training)으로 나눌 수 있지만 직업기능훈련은 흔히 직업재활전문 과정에서 재활전문가가 직접 다루지 않는다. 한편, 구체적인 직업기술(specific vocational skills)을 연마하도록 하는 직업기능훈련과는 달리 진로지도는 일반적으로 고용에 필요한 근로자로서 갖추어야 할 기본적 기술을 가지지 못한 개인이 장애와 능력 범위 안에서 최대한 근로자 자질과 기능을 성취할 수 있도록 돕는 데 목적이 있다(이달엽, 1997). 또한 직업기능훈련이 특정한 직업 종목의 기능을 배양하기 위한 과정인 데 비하여 진로지도는 직업준비 과정을 포함하는, 유능한 직업인이 되기 위한 태도를 갖추도록 하는 데 초점을 두게 된다.

(5) 직업개발 및 배치

장애인 직업재활의 꽃이고, 마지막 단계이며, 사회통합의 초입 과정이다. 또한 직업적 준비를 갖추었거나 직업훈련을 받은 장애인이 적합한 직업을 갖도록 조언·알선해 주는 단계이며, 장애인의 취업준비를 위하여 계획된 모든 서비스가 일단 성공적으로 이루어졌을 때 장애인의 욕구와 적성, 능력에 알맞은 적절한 일자리에 신속히 배치하는 단계다.

가치 있는 사회적 존재로서 스스로를 확립하는 데 성공하기 위해서는 장애인 자신뿐만 아니라 가족, 친구, 이웃과 같은 상호작용하는 다른 사람들의 태도가 중요하다. 장애인의 고용과 직업성취에 있어서 고려할 점은 장애인뿐만 아니라 다른 사람들과도 함께 일할 수 있도록 배치하여 고립되지 않도록 하는 것이다(Tate, 1992). 장애인의 욕구를 파악하여 이에 알맞은 직업재활서비스를 제공했을 때 보다 효과적인 직업재활이 가능할 것이다. 장애인의 성공적 고용을 성취하기 위해서 재활전문가들은 개인의 생산성, 흥미, 적성, 욕구에 대한 정보를 밝힐 수 있는 진로지도 전략을 계획해야 한다 (Parker & Szymanski, 2001).

(6) 사후지도

사후지도는 장애인이 취업한 후에 발생하는 직업 유지와 관련한 다양한 문제를 해결하기 위한 전문적 원조를 의미한다. 사후지도의 목적은 사회적으로 자립하고 고용상태를 계속 유지하도록 지원하며, 직장생활에 적응하여 스스로 문제를 해결함으로써 만족스러운 직장생활이 가능하도록 하는 데 있다. 사후지도에 있어서 고려해야 할 사항은 다음과 같다. ① 선택된 직업의 역할과 직무에 대한 올바른 이해를 위한 원조, ② 새로운 직업환경에 적절히 적응하도록 하기 위한 지도, ③ 자립심 함양을 위한 격려, ④ 자기 자신과 직업환경에 대한 이해를 돕고 여가생활의 계획을 세우도록 하기 위한 원조 등이다.

2. 직업재활계획 수립 요소와 방법

1) 직업재활계획 수립 참여구성원

(1) 장애인

내담자 중심으로 계획서 개발 과정에 참여하여 직업재활 목표와 자신의 강점을 파악하고 재활의 만족도를 높이기 위해 다른 선택이나 대안을 찾아보며, 의사결정, 책임, 문제해결, 자기주도성을 촉진하는 등 목표를 달성할 수 있도록 한다. 장애를 지닌 내담자는 직업에 관련된 자신의 욕구를 충분히 표현할 수 있어야 하는데 만족스러운 직업생활에는 단순히 직업기능과 태도뿐만 아니라 출퇴근 차량과 가사생활 등 하루 8시간 근무를 가능하게 하는 기초 지지 체계가 확립되어야 한다.

(2) 직업재활전문가

직업재활전문가는 효과적인 직업재활계획을 수립하기 위해서 장애인의 구직 노력

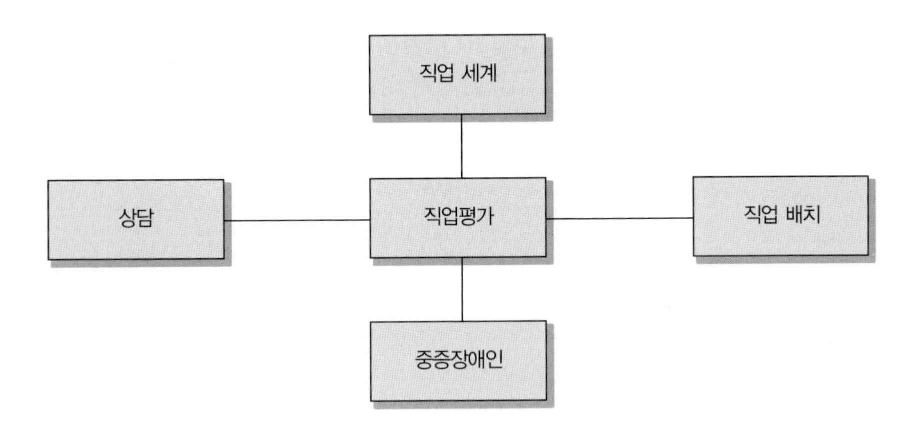

[그림 10-4] **직업정보의 관계**

에 방해가 되는 문제를 이해해야 하며, 직업목표를 선택하기 위해 내담자의 욕구는 물론 직업전망서, 직업사전, 다양한 출판물과 같은 직업정보에 대해서 폭넓은 지식과 직무조건, 그리고 지역의 고용환경에 대한 정보를 가지고 그것을 효과적으로 전달하여 장애인이 이해할 수 있도록 도와야 한다. 직업정보는 직무분석을 포함하는 봉급, 승진기회, 예상조건, 근로자 급부 등 일에 관한 모든 정보를 포함한다.

(3) 다른 분야의 전문가

직업재활전문가와 장애를 지닌 내담자는 근로에 필요한 주변 자원에 대한 이해와 더불어 다음과 같은 서비스를 적절히 이용할 수 있어야 한다.

① **의료재활**: 중증장애인이 지닌 기본적인 기능적 한계의 향상을 도모하며, 기능회복이 불가능한 경우에는 극복전략이나 우회방법 또는 다른 기능을 훈련함으로써 전체적인 능력의 향상을 도모한다.

② **교육재활**: 중증장애인이 스스로 사회참여와 자립을 할 수 있도록 원조하는 교육정책 및 제도, 교육기술을 포함하며, 그들이 지니고 있는 잔존능력을 극대화하여 최대로 발휘할 수 있도록 한다. 특히 학교에서 이루어지는 공식적인 학업기술들은 졸업 이후의 사회생활에 기본 바탕이 된다.

③ **사회재활**: 장애인을 둘러싼 물리적 · 사회적 · 경제적 · 심리적 환경조건을 정비하

여 장애인이 인간다운 생활을 영위할 수 있도록 하는 서비스를 지원한다. 구체적으로는 독립생활 기술의 훈련이나 사회적 자원과 관계망의 구축을 통해 직업생활이 가능하도록 돕는다.

④ 심리재활: 장애로 인해 자신의 능력이 제약을 받거나 사회환경의 문제로 인해 심리적 좌절감을 겪고, 장애로 인해 심리적 문제를 겪는 것을 해결하도록 심리검사, 상담, 심리치료를 통하여 원조한다. 나아가 장애로 인해 파생되는 대인관계나 심리적 부적응 요소를 해결한다.

(4) 부모와 가족구성원

부모의 참여와 장애인을 향한 성실한 지원은 고용의 창출까지 이르게 한다. 부모는 장애인의 정서, 심리, 사고, 경험 등에 많은 영향을 미치고 가까이에서 항상 지켜보기 때문에 누구보다도 귀중한 정보를 가지고 있어 전문가에게 평가나 치료의 기초 자료 및 장기간의 관찰 정보를 제공한다. 전문가와 가족구성원, 그리고 부모는 효과적 의사소통을 통해 상호 간 협력함으로써 궁극적 직업재활을 성취할 수 있도록 해야 한다. 부모는 직업재활의 촉진기능을 하기도 하지만 저해요인으로 작용할 수도 있다는 점을 명심한다.

2) 직업재활계획의 수립방법

개별화 직업재활계획 수립을 위해서는 장애인의 장애 정도, 기능적 제한, 장점, 잠재력, 직업 기능, 능력, 필요한 서비스, 직업목표 등에 관한 정보가 필요하다.

이러한 정보를 얻기 위해 직업재활전문가는 상담을 비롯한 서비스 의뢰 등을 통하여 여러 평가를 분석적 관점에서 실시한다.

(1) 상담

상담은 관찰과 의사소통 과정을 통해 장애인의 직업력, 훈련목표, 훈련경험, 장애 요인, 의사소통 방식, 행동, 교육, 정서와 감정, 타인에 대한 태도, 문제에 직면하는 능력, 목표지향성, 강점과 흥미, 외부요인, 기대에 관한 정보를 수집할 수 있도록 하여 개별화 직업재활계획 수립을 용이하게 한다. 의사소통은 정보전달을 위한 중간 매개체다.

(2) 심리측정검사

심리측정검사는 장애인의 직업적 잠재력이나 가능성을 예측하기 위하여 여러 가지 표준화된 지필검사 도구를 사용하는 것이다. 지필검사를 통해 인지 · 정신운동 · 정동 특성, 일반적이고 구체적인 직업 관련 특성 등을 빈번하게 측정한다.

(3) 작업표본평가

작업표본평가는 직무 혹은 실제 작업과정 일부를 현장에서 사용되고 있는 재료나 연장, 도구를 사용하여 수행하고 그것을 통해 장애인을 평가하는 활동을 말한다. 이것은 내담자의 구체적이며 적절한 직업적 시험, 직업배치 상황을 연결하는 직업적 탐구과정 방법과 라포 형성 등 장애인과 전문가 사이의 상호작용 도구로서 사용된다.

(4) 상황평가

상황평가는 시설에 실제의 작업환경과 거의 동일한 직업상황을 설치해 놓고 그 안에서 장애인이 작업하는 행동을 평가하는 것을 말한다. 상황평가에서는 비교적 긴 기간에 실제적 과제를 수행하는 기술적 능력뿐만 아니라 작업행동에 영향을 미치는 작업환경 내에서의 대인관계 및 심리사회적 측면의 영향을 평가하게 된다. 성경(사사기)에서 나타난 기드온의 용사 선발기준은 상황평가의 단면을 보여 주는데, 13만 5,000명의 미디안 군대를 상대하기 위해 강가에서 손으로 물을 떠서 마신 300명을 선발하였다. 정신장애, 지적장애, 학습장애, 그리고 외상성 뇌손상(traumatic brain injury: TBI) 장애인 21명에 대한 실증적 조사 결과 상황평가는 개인의 직업적 자아 효능감을 향상시키는 것으로 보고하고 있다(Scroggin, Kosciulek, Sweiuen, & Enright, 1999).

(5) 현직평가

현직평가는 기업이나 공장, 서비스업체 등의 실제 직업상황에서 장애인의 작업수행도 및 작업행동을 평가하는 것을 말한다. 즉, 평가대상자를 실제 현장의 실무수행 과정에 투입해서 동일한 작업조건하에서의 직무종사 가능성과 인간관계 등을 종합적으로 평가하는 방법이다(Power, 2000).

현직평가에서는 주로 직업훈련 프로그램에서 배운 직업기술의 경쟁 환경에서의 이용 가능성, 직무부담, 시간조절, 관계분담 가능성, 작업보조장치의 장착 및 환경조절 가능성, 장애인의 생산성을 높이기 위한 작업환경에 있는 자연 단서나 강화물의 활용 가능성, 그리고 생산현장에서의 장애인의 직업적응을 돕기 위한 직무실기 지도원의 활용, 교통수단의 제공, 이동보조자나 대리근무자 활용 등에 대한 평가에 초점을 둔다. 전통적 직업재활 과정의 두 번째 단계인 직업평가는 내담자의 직업적 초상화를 완성하는 노력으로서 그것의 평가영역과 사용하는 도구의 사례는 〈표 10-2〉에 나타난 것과 같다.

표 10-2 직업평가 영역과 도구

직업평가영역	검사도구
직업적성검사	General Aptitude Test Battery(GATB), Differential Aptitude Tests(DAT), BAB 등
흥미검사	광역흥미-의견검사(Wide Range Interest-Option Test: WRIOT), Strong 검사, Kudur 직업흥미검사 등
지능검사	WAIS-Ⅲ, 슬로선 지능검사-개정판, Kaufman, 피바디 그림어휘검사-3판 등
성격검사	미네소타 다면 인성검사(Minnesota Multiphasic Personality Inventory-2: MMPI-2), 16PF, CPI, 마이어스-브리거스 유형지표(MBTI) 등
성취검사	광역성취검사-3판, WRAT, 피바디 개인성취검사-개정판
작업표본	MDS, 마이크로타워, 발파, 다영역 작업표본, Singer 평가시스템

3. 개별화 직업재활계획서의 구성과 내용

직업평가와 관련 자료의 검토, 분석을 통해 장애를 지닌 사람들의 직업 적응상의 가능성을 높이고 제한적 조건에서도 적절한 직업활동을 할 수 있도록 개별화된 서면 계획서가 작성된다. 평가 경과는 종합회의를 통해 내담자와 공유되고 직업 세계나 현실적 노동 시장 및 훈련 프로그램과 관련하여 계획이 수립된다.

1) 계획서 구성과 작성절차

직업재활 과정 가운데 개별화 직업재활계획서를 작성하는 일은 장애인서비스의 방향을 결정하는 중요한 과정이다. 개별화 서면 계획서(Individualed Written Employment Program: IWEP)는 장애인이 직업재활서비스를 받을 수 있는 자격을 얻을 때 직업재활서비스의 계획과정에서 상담사와 공동으로 작성하게 된다. 직업재활의 모든 목표가 IWEP 안에 구체적으로 기록되어야 하며, 신체적 재활, 상담, 교육적 준비, 보조공학 서비스, 직업적응 및 직업훈련의 주요 하위목표, 그리고 직업목표와 중간프로그램의 하위목표에 대한 진전도의 평가기준이 개발되어야 한다. 일단 작성한 후에는 정기적으로 재검토하게 되며, 만약 재활서비스의 내용이 수정되어야 할 필요성이 있다면 장애인이나 보호자, 기관의 대표자, 재활상담사가 함께 협의하여 수정할 수 있도록 명시하고 있다.

이 단계는 미국의 재활행정 코드상으로는 12번의 직업재활 시스템에서 계획승인단계에 해당한다. 여기서는 문서화된 계획이 내담자와 상담자에 의해 공동으로 개발 · 승인되어 실행화 준비에 있다는 것을 가리킨다. 개별화 직업재활계획서는 장애인의 인적사항 관련 정보, 배경정보, 평가결과, 직업목표 및 하위목표, 직업적 장 · 단기 목표, 세부 장 · 단기 목표, 필요한 의뢰서비스, 사례회의, 서명을 포함하여 장애인, 상담사, 부모나 후견인 또는 대리인이 공동으로 작성하는 것이라고 할 수 있다. 개별화 직업재활계획서의 일반적인 작성 절차는 다음과 같다.

① 인적사항 관련 정보는 장애인의 성명, 주소, 주민등록번호, 파일번호, 기관명과 담당자, 의뢰사유 및 적격여부 판정근거를 포함하여 기재한다.
② 배경정보란에는 가족사항, 의료/교육 사항, 장애 및 직업 관련 사항을 기술한다.
③ 평가결과는 심리/의료 평가, 작업표본평가, 상황평가와 현장평가를 중심으로 결과를 요약하고 제안하도록 한다.
④ 직업목표는 우선 장애인의 욕구를 바탕으로 최종 직업목표를 적고 이를 달성하기 위한 장기목표와 단기목표를 세분화하여 기재한다. 직업목표 및 장 · 단기 목표는 상담사와 장애인 당사자가 공동으로 작성하도록 한다.
⑤ 장 · 단기 목표의 실행은 각각의 목표에 대해 목표달성 여부를 확인해 보는 항목

으로 실행기간과 담당자, 설정된 목표를 실천하기 위해 사용한 서비스, 프로그램 및 방법을 구체적으로 기록한다.

⑥ 사례회의는 설정된 장 · 단기 목표의 실행과정을 평가하기 위한 노력이다. 구체적으로 사례회의 날짜, 사례회의 내용 및 결과, 그리고 참석자를 적도록 한다.

⑦ 재활전문가와 장애인, 개별화 직업재활계획서 작성에 참여한 인사들이 이미 작성된 개별화 직업재활계획서의 내용을 확인한 후 공동으로 서명하도록 한다.

개별화 직업재활계획서는 기관에 따라 그 양식에 차이가 있을 수 있으나 대체로 직업목표 및 하위목표의 설정, 구체적인 실천방법, 목표달성의 평가기준을 포함하고 있다. 1973년 재활법이 의무화한 IWRP는 직업재활서비스와 상담을 구조화하기 위한 하나의 문서를 개발하고 작성하는 과정으로 전반적인 직업재활 과정에 관한 지식을 전제로 한다. 여기서 필요한 구체적 기술은 내담자, 의뢰기관, 그리고 기타 적절한 자료로부터 얻은 정보를 통합하는 것과 계획 및 서면작성 기술을 포함한다. 미국 교육부 특수교육 및 재활서비스국에서는 주정부 재활기관의 효율적인 재활서비스의 보고와 재활 체계 및 재활 과정의 조정을 촉진하기 위해 전국을 10개의 광역 단위로 나누고 재활서비스 행정사무소(Rehabilitation Services Administration: RSA)를 통하여 연방정부의 코드시스템을 확정하여 사용하고 있다. 역동적이고 유형적으로 재활 과정을 도시하는 이러한 코드시스템은 내담자의 직업재활 상태와 그 수치를 명확히 하여 사례관리의 효율성을 극대화해 준다. 직업재활계획 수립모형은 '직업정보 – 가치명료화 – 의사결정'의 3단계, '탐구 – 이해 – 행동'의 3단계, '분석과 행동' '형식별과 통합'의 2단계 모형 등이 있다(Power, 2000).

2) 직업재활계획서 양식과 세부내용

효과적인 계획에는 내담자 관여, 노동 시장 및 훈련조건에 대한 지식, 상담자의 구체적 역량 획득이라는 요소가 매우 중요하다(Power, 2000) 내담자와 상담사가 공동으로 개발해야 할 개별화 직업재활계획서의 양식은 〈표 10-3〉에서 제시하는 것과 같다(Roessler & Rubin, 1982; Rubin & Millard, 1991).

표 10-3 개별화 직업재활계획서 양식

1. 직업목표: 코드번호:

2. 목표의 정당성
  1) 직업적 장애
  2) 직업목적
  3) 경제적 상황 비용부담

3. 제공될 서비스	예상서비스	재활기관	내담자	본인	기타
1) 진단적 평가	______	______	______	______	______
2) 상담 및 직업지도	______	______	______	______	______
3) 조음치료	______	______	______	______	______
4) 청능훈련	______	______	______	______	______
5) 작업치료	______	______	______	______	______
6) 물리치료	______	______	______	______	______
7) 직업훈련	______	______	______	______	______
8) 숙식 및 교통	______	______	______	______	______
9) 치료	______	______	______	______	______
10) 연장, 도구, 면허	______	______	______	______	______
11) 직업배치	______	______	______	______	______
12) 직업훈련교재	______	______	______	______	______

4. 내담자 책임:

5. 다음을 읽고 이해를 했으면 괄호 속에 V표 하시오.
  나는 이 계획서에 명시된 재활 목표와 서비스에 동의하며, 이 계획서 작성에 있어서 나의 재활상담사와 공동으로 참여하였습니다( ).
  나는 이 계획서에 명시된 재활 목표나 서비스 계획에 참여하였으나 이 계획서에 동의하지 않습니다( ).

기타 내담자 의견:
내담자 날인:_____ 날짜_____ 상담사 날인: _____ 날짜:_____

출처: Roessler & Rubin (1982), pp. 140-143 재구성.

또한 Power(1991)에 의한 직업재활계획 수립 과정과 내용을 소개하면 다음과 같다(pp. 270-276). 개별화 직업재활계획에서는 특정한 형태의 훈련이나 서비스 제공을 규정할 수 있다. 하지만 이들 단계 역시 반드시 계열성을 준수해야 한다거나 적용해야 한다는 의미는 아니다. 오히려 Power(2000)는 직업평가기술을 초기진단, 탐색에 필요한 접근과 방법에 따른 평가지식, 그리고 적절한 정보 산출에 토대를 두고 사용하도록 권장하고 있다.

1단계

A. 평가 자료 출처

① 면접

② 심리검사와 표준화된 검사

③ 작업표본

④ 상황평가

⑤ 의료기록, 심리학자의 의견 등 직업적 목표나 독립생활 목표에 적합한 결과

B. 내담자 기능영역

① 신체적 특성

a. 일반 외모

b. 건강상태

c. 운동 협응력

d. 신체적 제한

e. 에너지 수준

② 지적 특성

a. 교육 경험

b. 능력과 적성

c. 작업습관을 포함한 직업경험의 구체적 진술

d. 장애 관련 지식(직업과 관련한 강점, 장애로 인한 한계 이해)

e. 인지와 관련된 제한점(집중력, 기억)

③ 정서적 특징

a. 정서와 기질

b. 파악된 욕구

c. 동기

d. 장애에 대한 적응

e. 대처자원

④ 고용과 관련된 흥미

⑤ 가치

a. 물리적(움직임, 편안함, 보수, 청결, 돈, 위치, 온도, 손으로 작업하기)

b. 지적(전문화, 학습, 계획력, 창의력, 구조, 준비시간, 발전 기회)

c. 정서적 – 대인관계(도전, 팀워크, 책임, 안정성, 직무안전, 타인 돕기, 독립심, 스트레스 없는 상황)

⑥ 환경적 요인

a. 가족의 상황과 직업재활에 대한 태도

b. 이용 가능한 재정적 자원

c. 유인책과 저해요인

d. 사업주의 관심과 흥미

e. 여가, 지역사회 환경 특성(예를 들어, 장애에 대한 태도, 건물 접근성, 건물이 건축학적으로 변경 가능한지 여부)

⑦ 특별 고려사항

a. 직무수행에 영향을 줄 수 있는 약물 복용

b. 필요한 지원(교통수단, 보철장치)

c. 필요한 직무조정

2단계

평가결과에 초점을 두고 다음 영역을 다루게 된다.

A. 내담자의 흥미

① 능력영역

② 가치

③ 제한점

B. 직업흥미 우선순위

① 흥미와 관련된 능력영역

② 흥미와 관련하여 우선되는 가치

③ 흥미와 관련된 제한점

C. 흥미와 관련된 직업정보

① 가능한 직무와 취업기회

② 직업 조건과 입직을 위한 수준

③ 필요한 훈련과 훈련기회

3단계

직업재활 목표 및 독립생활훈련 목표의 선택과 관련된다.

A. 파악된 2가지 흥미와 관련하여 가치와 능력을 다시 검토한다. 직업재활 목표에 도달하기 위해 환경적 요인과 내담자의 제한점을 고려한다.

B. 우선시되는 2가지 흥미 영역, 내담자 능력, 한계와 관련하여 직업조건과 직무 가능성을 구체적으로 검토한다.

C. 목표를 선정한다.

4단계

직업재활계획을 세우게 된다.

A. 주요목표

B. 하위목표(주요목표에 도달하기 위한 단계)

① 하위목표 1: 시작일자 종료일자 자원 점검

② 하위목표 2: 시작일자 종료일자 자원 점검

③ 하위목표 3: 시작일자 종료일자 자원 점검

앞의 4단계 계획 수립 과정은 합리적이고 유연하게 진행될 수 있다. 특히 개별화 직업재활계획 수립을 위한 과제별 계획서 작성의 내용은 〈표 10-4〉와 같다.

표 10-4 장애인 직업재활 과제별 계획서 내용

수립과제	목 적	적용 방법과 도구
제한 설정	수립 한계점의 명료화	–
문제 분석	변경해야 할 사회적 조건과 프로그램 전략	–
욕구평가	실행 목표의 설정과 문제의 확인	각종 사회지표, 지역의 통계적 분석
목표와 파급 효과	프로그램의 결과 평가, 목표설정	집단분류 방식
우선순위 설정	실용적인 가치 체계와 자원 할당	매트릭스를 통한 등급 분류
대안의 파악	프로그램 결과의 유효성과 효율성 극대화	예산 편성과 프로그램의 책무성
대안 선택	최선의 해법과 자원 배당	–
생산결과의 정의	성과 수준과 자원 분배	–
수행도구	프로그램 목적의 실현	관리정보 체계, 프로그램 진행 모니터링과 계획
평가	목적의 성취 여부, 성공과 실패 이유 결정	일반화, 내담자 진전 평가

장애를 지닌 내담자의 직업재활 욕구는 직업재활의 목표를 설정하도록 하고 서비스 실천방향을 제시한다. 특히 직업재활계획을 수립할 때 참고해야 할 4가지 유형 욕구는 〈표 10-5〉와 같다. 이를 기반으로 상황에 따라 나타나는 내담자 욕구의 귀결을 미리 예측할 수 있다.

표 10-5 계획을 수립할 때의 참고점

상황유형	규범성	절실성	표현여부	상대성	비 고
1	예	예	예	예	모든 원천에서 나타난 욕구
2	예	예	아니요	예	서비스의 접근성 부족으로 표현되지 않음.
3	예	예	아니요	아니요	서비스 공급이 부족할 때
4	아니요	예	예	예	서비스 공급은 이루어지고 욕구는 표현되었지만 전문가는 필수적이지 않다고 봄.
5	예	예	예	아니요	욕구는 보이고 공급은 없어 새로운 서비스 개발이 필요

(계속)

상황유형	규범성	절실성	표현여부	상대성	비 고
6	예	아니요	아니요	예	전문가에게 감지되고 공급 가능하지만 욕구가 없음.
7	예	아니요	아니요	아니요	예방적 중재
8	아니요	아니요	아니요	예	서비스제공자의 이익에 부합하는 서비스
9	아니요	예	아니요	아니요	욕구보다는 희망으로 분류되는 것

4. 서비스 적격성

1) 개념

직업재활서비스의 적격성 판정을 위해서는 장애와 직업재활의 개념 및 범주를 명확하게 하여야 한다. 직업적 장애의 개념은 첫째, 신체적 · 정신적 장애상태가 고용에 지장을 초래하고 있는가, 둘째, 근로능력의 결함이 직업재활서비스를 통해서 개선될 수 있는가를 나타내어야 하며, 마지막으로 고용 잠재력이 있어야 한다. 사실상 무제한적이지 않은 국가예산의 효율적 사용을 위해 공공서비스의 제공에 있어 대상자 우선 선정 기준(order of selection standards)을 사전에 설정하게 된다. 내담자의 장애상태와 근로능력, 그리고 잠재력을 판단할 수 있는 기능적 제한 진단 도구를 개발하고 이를 토대로 장애 정도를 규정하는 것이 타당하다고 볼 수 있다.

우리나라에서도 직업적 장애에 대한 개념근거는 이미 장애인고용촉진및직업재활법에 명시되어 있으나 이에 대한 세부적이고 구체적인 규정은 결국 장애인복지법과 산재보상법, 국가유공자지원법 등의 법 목적에 따른 의학적 기준을 그대로 준용하고 있는 실정이다. 즉, 개별법의 장애 판정은 그 법의 고유한 목적을 실현하기 위한 기준에 좌우되지만, 불행하게도 아직 우리나라에는 직업재활입법이 이루어지지 않고 있다.

표 10-6 우리나라의 직업적 장애 적격성 기준

직업적 장애 개념의 근거
'장애인고용촉진및직업재활법 제2조(장애인의 정의)' 1. 장애인이라 함은 신체 또는 정신상의 장애로 인하여 장기간에 걸쳐 직업생활에 상당한 제약을 받는 자로서 대통령령이 정하는 기준에 해당하는 자를 말한다. 2. 중증장애인이라 함은 장애인 중 근로능력이 현저하게 상실된 자로서 대통령이 정하는 기준에 해당하는 자를 말한다.

〈표 10-6〉에서 밑줄이 표시된 부분은 구체적이고 행동적인 용어로 재진술해야 한다. 여기에는 필수적으로 논란이 뒤따를 것이며, 용어를 규정하는 데는 많은 분량의 서술이 필요할 것이다. 〈표 10-7〉은 직업재활 외에도 복지제도의 실현과 국가공훈 체계에 수반되는 장애개념을 보여 준다.

표 10-7 3가지 상이한 법률에 있어서의 장애 개념

법률구분	장애 정의	장애기준
장애인 고용촉진 및 직업재활법	• 신체적·정신적 장애로 인하여 장기간에 걸쳐 직업생활에 상당한 제약을 받는 자 • 중증장애인은 장애인 중 근로능력이 현저하게 상실된 자	• 장애인 복지법시행령 제2조의 전체 기준 • 국가유공자법시행령 제14조 3항의 전체 기준
장애인 복지법	• 신체적·정신적 장애로 오랫동안 일상생활이나 사회생활에서 상당한 제약을 받는 자	• 신체적 장애와 정신적 장애로 구분 • 15개 장애유형별로 각각 1~6등급으로 구분
국가유공자 등 예우 및 지원에 관한 법률	• 상이등급에 해당하는 신체적 장애를 입은 자(전상군경, 공상군경, 4·19혁명부상자 등)	• 신체장애를 포함해 정신장애, 신경장애, 내부장애, 생식기능장애 등 포괄적으로 규정하여 1~7등급으로 규정

〈표 10-7〉에서 소개하는 법률 외에도 교통사고 관련 법이나 연금법, 산업재해보상보험법 등 다른 많은 법에서 장애현상을 구체적으로 설명하고 있다.

2) 개별 법률이 적용하는 장애의 구분과 서비스 적격성

직업적 관점에서의 장애 정의와는 다르게 의학적 손상에 기초하여 장애를 정의하고 장애 기준을 설정한 법률로는 장애인복지법과 산업재해보상보험법 등이 있다. 의학적 판정에 기초한 장애개념은 장애인의 직업재활사업을 수행하는 데 적용하기에는 한계가 있는데, 똑같은 휠체어를 이용하는 박사연구원과 기초생활수급자의 예를 들 수 있다. 또한 동일한 장애인복지법상 1급의 지적장애인이라고 할지라도 문서작성이나 디자인과 같은 경우 기능적 측면에서는 지극히 우수할 수 있다.

장애에 대한 사회정책의 시행 초기에는 장애로 인한 국가적 보호의 필요성을 인정하는 인구가 극히 제한되어 있었지만, 적극적으로 장애를 보호하고 지원하는 추세에 부합하여 장애 개념도 대폭 확대되고 있다. 장애를 규정하는 개념이 단순모델에서 복합모델로 전환하고 있고, 장애의 개념 규정에서 환경적 요인을 점차 강조하는 추세와 더불어 흔히 장애 관련 긍정적 용어 사용을 강조한다.

현행 제도에서 장애인의 개념에 대해 규정하고 있는 법은 각각의 입법 목적에 따른 정의를 채택하고 있다. 따라서 이들은 서로 다른 기준을 준용하고 있어 이 기준으로 장애인의 직업재활 정책대상을 선정하는 것은 타당성과 통일성 문제를 발생시킬 수 있다. 직업적 장애 기준을 기초로 서비스 대상자의 적격성 여부를 판단하여 대상자를 선별하고 적절한 취업을 알선하며 직업훈련으로 배치하는 등 직업재활서비스를 제공할 수 있기 때문에 서비스 적격성에 대한 이해가 필요하다.

적격성(適格性, eligibility)의 사전적 의미는 규정이나 조건에 알맞은 자격을 지닌 성질인데, 직업재활에서는 장애인의 욕구를 파악하고 대상자를 구분하여 적절한 직업재활서비스를 제공하는 초기단계를 의미한다. 관련 담당의사의 소견서도 중요하지만 궁극적으로는 재활상담사 및 직업평가사의 역할이 결정적으로 작용한다.

우리나라에서는 장애인복지법상의 등급만을 사용하고 있으며, 여기에 기본적으로 의사 이외의 전문 인력은 참여할 수 없다. 의학적 장애등급상의 중증장애인이 직업적으로는 중증이 아닌 경우도 있고, 반대로 경증장애인이 직업적으로는 중증인 경우도 있다. 이러한 조건과 현상을 판단하는 데는 어려움이 있으며, 서비스 초기과정에서 재활상담사의 역할 역시 명료하지 않다. 이로써 직업의 직무요구에 따라 필요한 신체기능에 차이가 있음에도 법정 장애등급으로 인해 경증장애인에게는 심리적 저하감이, 그리고 실제 직업적으로 중증인 지적장애인과 발달장애인에게는 능력보다 높은 장애등급으로 인해 각종 제도적 배려에서 배제되는 등의 장애등급 기준 적용 변별력의 문제가 발생한다. 그리고 이러한 문제점은 적절하지 못한 직업배치나 취업으로 이어져 직업재활 성공률을 낮추고 있다.

우리나라와 미국은 약 5년 주기로 장애재판정을 실시하고 있는데 주정부 사무실의 운영 등 장애 판정에 소요되는 많은 예산이 장애를 속여서 낭비되는 정부지출을 상회하거나 그것과 비슷한 규모가 되지만, 이는 사회의 도덕성 유지와 건강한 시민의식 함양을 위해 필요하다고 간주되는 것이다. 따라서 공적 직업재활서비스는 중요한 정부서비스로서 적격성, 즉 장애인의 장애와 고용 가능성(employability)을 고려해야 하는 성격을 띠게 된다. 동일한 직업재활서비스를 전제하더라도 재활잠재력의 수준은 개인의 성격 특성과 주변 환경, 그리고 장애의 본질에 따라서 여전히 크게 달라질 수밖에 없다. 적격성 판정기준은 속성상 필요에 따라 재설정되고 변경될 수 있다. 또한 전문가의 관점과 부정적인 고정관념의 영향은 지대한데, 이는 적격성 판정 결과 직업재활서비스 신청을 기각하는 많은 경우에 서비스신청자의 동기부족으로 나타날 수 있다(Nagi, 1969).

1992년 미국의 개정 재활법은 이전의 법률과 동일하게 재활서비스 적격성을 장애와 서비스의 유용성에 두었지만 재활서비스기관이 내담자 선정(selection)에 있어서 기능상의 제한(functional limitations)에 기초한 우선 선정 기준(order-of-selection)을 마련하여 시행하도록 조치하였다. 즉, 이전에도 그러하였지만 의료적 장애정도가 아니라 기능상의 제한이 심한 사람들에게 먼저 재활서비스를 제공하도록 조치한 것이다. 이처럼 선진국에서는 직업재활이나 고용 관련 서비스 이용에 대해 중증장애인에게 우선권을 부여하고 있다. 특히 재활서비스의 적격성에 대한 기관회신을 60일 이내에 송부하도록 하고 18개월의 장기 평가 기간 중에도 매 90일마다 내담자 진보를 점검하도록 조치하였다. 서비스의 범위는 이전과 같이 ① 전환서비스, ② OJT, ③ 지원고용서비스, 나아가 직장과 가정에서도 직장유지에 필요한 ④ 전일제 활동보조인(personal assistance: PA)의 이용을 가능하게 하였다. 결국 서비스 적격성(eligibility) 문제가 필수적으로 요구되는 공공서비스프로그램이란 일정한 수급 요건을 규정하고 있으며, 장애인 직업재활은 다음과 같은 서비스를 포함하고 있다(Wright, 1980, p. 180).

① 제공된 서비스의 성격과 범위, 그리고 적격성(eligibility) 결정에 중요한 진단 관련 서비스
② 서비스를 포함하는 직업잠재력의 평가
③ 고용 유지에 필요한 사후지도 서비스를 포함하는 상담, 진로지도, 직업배치 및 의뢰서비스
④ 교재, 훈련재료, 직업적응, 개인서비스를 포함하는 직업 및 유사 훈련서비스
⑤ 서비스를 제공받는 내담자에게 필요한 가족서비스
⑥ 치료, 의료 수술 · 입원, 치료 레크리에이션, 치과서비스, 보조기 · 보장구, 정신과 치료 등 신체 및 정신회복 치료서비스
⑦ 재활기간 동안 필요한 생활비용
⑧ 청각장애인의 수화 통역과 음성서비스를 포함하는 릴레이서비스
⑨ 시각장애인 재활치료서비스
⑩ 초기 장비 · 사무 · 행정 비용
⑪ 직업재활서비스 이용에 필요한 교통수단
⑫ 공학 기구와 보조기를 포함하는 텔레커뮤니케이션서비스
⑬ 자판기 등 중증장애인이 운영하는 소규모 사업과 경영서비스
⑭ 고용에 필요한 직업배치서비스
⑮ 활동보조인(PA)과 육아서비스
⑯ 사후지도와 기타 서비스

미국에서는 장애인이 직업재활서비스를 받으려면 기본적으로 주정부에서 운영하고 있는 직업재활국, Division, Department Office 또는 단순히 Vocational Rehabilitation Services 등의 다양한 부서 명칭을 지닌 지방사무소를 방문하여야 한다. 그리고 지방사무소에 비치되어 있는 신청서를 작성하고 제출하여 약속된 날짜에 상담에 의한 판정 과정을 거치게 된다. 재활상담사는 적격성 혹은 부적격 판정 결정을 증명하는 문서들을 확보하여 서류를 만들어서 날짜와 친필 서명을 문서에 기재하게 된다. 이 과정에서 의료기록은 재활상담사의 관점에서 재해석된다. 이때 성별, 지역, 인종, 신념, 국적, 기타 사유로 인한 편견이 게재되지 않도록 주의하여야 한다(Mendelson

& Brown, 1989). 영국에서 사용하는 개별능력사정표(Personal Capacity Assessment: PCA)에서는 서비스신청자의 신체적 · 감각적 기능을 18개의 항목으로 구체화하여 개인의 노동가능 정도를 측정한다. 신체적 부분은 신체적 장애와 관련된 활동으로 걷기, 앉기, 들어 올리기와 나르기, 말하기, 제어능력, 계단 오르기와 내려가기, 앉았다 일어서기, 손동작 기민성, 시각 및 지각 지속성, 서기, 구부리기, 손 뻗기, 듣기 등이며, 두 번째로는 정신적 장애를 평가하게 된다.

이때 재활상담사에게 일차적으로 재활서비스 적격성 판정 책임이 부여된다. 이 경우 일반적으로 장애에 대한 의료기록과 장애로 인해 고용에 지장(substantial handicap)이 초래된다는 내용을 문서화하여 제시해야 한다. 이렇게 적격성이 있다고 판정된 경우라야 비로소 합법적인 서비스유자격성(entitled to services)을 갖추는 것이다. 고용은 소득 있는 일(gainful work)로서 그 형태는 자영업, 가사, 소농장, 가업, 작업장에서의 장기고용, 재택고용, 기타 상황이 있다. 영국에서는 직업재활서비스를 지역단위로 제공하기 위해서 1992년에 사무팀(Placing, Assessment and Counseling Team: PACT)을 규정하여 직업평가와 상담, 지도, 배치 등의 서비스를 직접 제공하고 있다. 직업재활서비스를 위한 적격성 여부를 결정하기 위해 호주에서는 Work Ability Table(WAT)을 통해 근로현장에서 공통적으로 요구하는 9가지의 핵심영역을 살핀다. 즉, ① 규칙적으로 출근하는 능력, ② 작업을 지속하는 능력, ③ 일의 지시를 이해하여 수행하는 능력, ④ 직장에서 동료와 의사소통하는 능력, ⑤ 통근이나 직장 내에서 이동하는 능력, ⑥ 업무내용을 처리하는 능력, ⑦ 직장 내에서의 행동 적절성, ⑧ 다양한 작업과제를 배워 실행하는 능력, ⑨ 직장에서 물건을 운반하는 능력이다.

직업재활서비스에 대한 적격성과 우선순위를 결정하기 위해서는 서비스신청자의 장애(significance of disability)에 대한 정보를 충분히 논의해야 한다. 직업재활서비스에 대한 적격성과 직업재활 욕구는 이 과정에 의해서 구체적으로 파악할 수 있으며, 평가되는 영역별 내용은 다음과 같다.

① 장애정보: 서비스신청자와 재활상담사는 함께 장애에 대한 정보와 고용에 관한 사항을 분석하여 직업재활서비스 대상의 적격성을 서술한다.

② 장애 정도: 서비스신청자의 장애는 고용상황에서 기능을 수행하는 데 어떤 영향

을 미치는지 고찰한다.

③ **직업재활 욕구평가**: 서비스신청자와 재활상담사는 욕구평가(vocational rehabilitation needs assessment)를 통해 어떠한 직업재활서비스가 고용효과 측면에서 유용한가를 파악하고 직업재활 목표수립과 동원 가능한 서비스를 결정하게 된다.

직업재활서비스를 신청한 장애인은 60일 이내에 서면에 의한 적격성 결정 여부를 통보받게 된다. 만일 장애연금(Social Security Disability Insurance: SSDI)과 보충적 사회보장연금(Supplemental Security Income: SSI)을 수령하는 장애인이 일을 하고 싶은 의사가 있으면 자동적으로 직업재활서비스 수급자격을 갖게 된다. 서비스의 적격성 요건을 갖추면 재활상담사는 장애로 인한 근로능력 측면에서의 영향을 내담자와 의논하여야 한다. 재활상담사는 평가(assessment)에 의해 장애가 고용환경에 미치는 영향의 정도를 결정하게 되는데 장애, 중증장애(SSI 또는 SSDI를 수령하는 경우), 최중증장애의 3가지 경우 중 하나가 될 수 있다. 최중증장애인에게는 서비스의 우선권이 부여되며, 그다음에는 중증장애인, 그다음은 경증장애인 순서로 서비스제공 순위를 결정한다. 이처럼 우리나라도 장기적으로 국민연금, 산재연금, 건강보험을 연동시키고 통합시킬 필요가 있다.

3) 개별화 고용계획서의 작성

개별화 고용계획서는 문서화된 계획으로 입직, 고용유지 및 구직을 위한 구체적인 계획을 담고 있다. 고용목표에 대한 서술(직업명), 고용목표를 달성하기 위한 기한, 서비스와 서비스제공자에 대한 서술, 서비스 착수일자, 서비스에 사용되는 방법에 대한 서술, 서비스 효과를 평가하기 위한 기준 설정, 개별화 고용계획서와 관련된 당사자, 재활상담사 및 기타 관련자의 서명, 직업재활계획 중 부분적으로 지불해야 할 금전적 처리사항(필요시), 안전에 요구되는 사항에 대한 확인 등이 명시되어야 하며, 개별화 고용계획서에 의한 서비스의 지원 후 종결은 개인적 사유를 제외하고 적어도 90일 이상의 만족할 만한 고용상황을 유지한 경우가 공식적인 종결로 확정된다. 이때 재활행정 코드번호는 서비스신청자가 서비스에 적격하지 않거나, 더 이상 서비스의 적격대상이 될 수 없거나, 서비스의 적격성 및 서비스의 우선순위 선정을 위한 평가결과 서비스대상이 아닌 경우(Status 08), 계획서 작성 전 혹은 직업재활사무소에서 신청자와 접촉이 안 될 경우, 신청자가 다른 주로 이사한 경우, 서비스 계획 중인 사람이 개시 전 종결한 경우(Status 30), 신청자가 재활서비스의 참가 또는 이용을 거절하거나 재활서비스 과정에서 협력관계가 실패하였을 경우(Status 28)다.

2010년 제작된 WHO의 지역사회재활(community based rehabilitate: CBR) 가이드라인에서는 1958년에 채택된 ILO의 규약과 1983년 직업재활 및 고용 규약의 예를 들면서 중증장애인이 지역사회재활 프로그램을 통해 경제사회적 조건을 향상시키고 필요한 생활상의 욕구를 충족하도록 직업을 격려 · 촉진할 당위성을 주장하였다. 이를 위해 지역사회가 교육, 직업기술, 고용기회를 제공하도록 하고 어릴 때 부모나 다른 가족구성원에게 일하는 법을 보고 배우도록 촉구하였다. 특히 근로계층의 장애인이 기술을 배울 수 있도록 장려하고 신속히 직업을 회복할 수 있도록 지원과 격려를 아끼지 않아야 한다고 설명하고 있다.

CBR 매트릭스는 그것의 5영역 중 하나인 직업을 획득하도록 하기 위해 이 영역 안에 다시 기술개발, 자영업, 임금고용, 재정서비스, 그리고 사회적 보호라고 하는 5가지 큰 틀을 제시하고 있다. CBR의 우간다 사례는 장애인의 직업개발과 배치 면에서의 대학교육의 중요성을 나타낸다. 이 사례에서 지역사회의 노동시장이 자신의 직업준비와 일치하지 않았을 때 데이비드라는 남성이 취한 고용상의 구체적 전략은 유효하였으며, 개방되고 포함적이고 접근성이 용이하고 안전하며 착취가 없는 근로환경이 필요한 이유 및 장애가 중증일수록 더 좋은 고용조건이 필요한 이유 등이 나타났다.

ILO의 최근 정의에 의하면 장애인 직업재활의 목표가 되는 괜찮은 직업(decent work)이란 직업활동을 고무하고 적정한 수준의 소득(income), 안전한 작업환경, 가족의 보호, 개인적 개발, 사회통합, 성차별이 없는 평등기회를 보장하며 삶에 영향을 미치는 생산성 있는 일자리를 의미한다. 괜찮은 직업의 결과로는 적어도 인간존엄이 착취 · 희생되고 가난이 반복되는 상황이 나타나지 않는다. 그것은 여가와 정기적 휴가가 보장되고 의료서비스가 제공되며, 퇴직 후 연금이 지급되는 일자리다.

재택고용, 가족생업, 소규모 자영업, 일용직, 임금고용, 보호작업장 근로 상황에서 괜찮은 직업이라고 부를 수 있는 수준을 고려할 수 있다. 임금고용은 사용자와 피사용자 간에 이루어지는 계약을 전제로 하며, 여기서 공식적 경제하의 직업은 공공영역과 대기업, 중소기업이 제공하는 연금, 의료, 정기급여가 제공되는 직장이고 비공식적 경제하의 직업은 소규모 영농, 노점상, 가족생업 등 장애인이 빈번히 배치되는 것이다. 기술은 직업에 있어서 필수적이다. 기본기술, 전문기술, 공학기술, 경영기술, 핵심 생활기술 등 특정한 직업에서 필요로 하는 기술이 존재한다.

4) 기술개발과 자영업 사례

생계를 위해서는 장애인도 직업기술이 필요하지만 몇 가지 불리한 조건을 극복해야 한다. 이 불리한 조건이란 먼저 기본교육의 부족으로 초기 직업기술 개발에 참여하기 위한 자격, 태도, 지식, 개인특성을 갖추지 못하고 있다는 것이다. 이런 불이익 조건은 직업교육의 참여를 제한할 뿐만 아니라 삶의 자신감, 기대, 성취감까지 전적으로 박탈하게 만든다. 특정한 직업의 입직에 필요한 지식, 태도, 기술의 습득은 훈련기회를 제공함으로써 가능해진다. 나아가 진로지도, 직업배치서비스, 보조공학, 공학장치가 아울러 지원되면 기술개발의 접근성이 높아진다고 할 수 있다. 기술개발을 가로막는 장벽으로는 훈련 프로그램의 까다로운 입학 조건, 강의실의 물리적 · 환경적 장벽, 높은 교육훈련비, 보조장치와 장비의 부족, 장애인 정책의 결여, 인식부족, 장애인 교육훈련에 필요한 전문 지식과 전문 인력의 부족 등이 있다.

한편, 직업기술의 종류에는 다음과 같은 것이 있다.

① 기본기술은 기초교육과 가족생활을 통해 습득할 수 있으며, 문맹교육과 산술, 학습과 문제해결 능력 함양에 필요한 교육을 통해 이루어진다. 이것은 공식적 · 비공식적 경제, 문화와 모든 사회상황에 존재하는 일자리가 요구하는 기술이다.

② 이공 · 직업 · 전문 기술은 특정한 서비스를 제공하거나 제품을 생산 · 수선하는 데 필요한 기술로 특정 과업에 종사하는 데 요구된다. 구체적으로는 목공, 봉제, 직조, 철공, 선반공작, 죽공예, 양철가공, 제화부터 물리치료, 전자공학, 엔지니어링에 이르기까지 다양하며, 교육수준이 높을수록 공식적 교육의 요구가 많아지고 자격증을 필요로 하기도 한다.

③ 경영기술은 경영과 사업활동에 필요한 기술로 재무, 인사, 회계, 기획기술을 포함

하여 문서작성과 계량자료 처리 등의 바탕 위에 위기관리, 마켓분석, 정보처리, 사업계획 수립, 기업분석 등과 같은 일을 능숙하게 처리해야 한다. 전자수리, 목공, 재봉기계의 조작 등 자영업을 가능하게 하는 경영 및 기술교육과 관련된 훈련과정이 존재한다.

④ 핵심 생활 기술은 사회에서 살아가는 데 필요한 태도, 지식, 개인 특성으로 소비자를 대하는 방식, 자신을 소개하는 기술, 학습, 경청과 의사소통, 창조적 사고와 문제해결 능력, 신변관리, 대인관계 및 사회기술, 팀워크 등을 수행해 나가는 기술로 생활과 직업에서 성공에 이르게 하는 직업윤리를 포함한다. 특히 자아존중감은 자신과 타인에 대한 지각, 긍정적 태도, 사람들과 관계를 갖는 능력과 밀접한 관련을 지니므로 교육기회가 중요하게 작용하며, 여러 가지 경로를 통해 발전시킬 수 있다. 여기에는 스스로의 노력, 가족 내의 훈련, 의무교육, 직업훈련, 도제, 훈련센터, 현직훈련, 대학교육, 각종 프로그램, 고용주 등이 작용한다. 직업재활전문가는 무엇보다 중요하고 치명적이지만 최후의 보루는 스스로 속박에서 벗어나고자 하는 장애인 당사자의 의지와 마음이다. 이런 사례는 장애를 지니지 않은 사람들의 경우에도 동일하게 작용한다.

ILO 가이드라인은 핵심 생활 기술을 습득하기 위해 가정에서의 활동을 통한 학습이 중요함을 지적하고 다른 가족구성원, 부모, 형제자매에게서 얻을 수 있는 기술, 태도, 지식을 강조한다. 그러나 이런 가족구성원은 만류하거나 저지하는 방식으로 장애인의 활동을 통한 학습을 방해할 수 있다. 즉, 장애인이 위험에 빠질 수 있다는 생각에 무시 · 유기 · 제지하거나 단순히 기대를 접게 된다.

자영업은 부정적인 고용주의 인식, 공식적 교육이나 기타 자격조건으로 인해 임금고용에 있어 상대적으로 불리한 위치에 있는 장애인에게는 오히려 유리한 직업형태다. 어떤 경제활동이 유리할 것인지 고려해 봐야 하는데, 자영업의 형태로는 과자생산이나 가구 및 의류 제조 등의 산업영역과 미용, 마사지, 자전거 수리, 가전제품 수선, PC방 운영 등의 서비스 영역, 그리고 의류판매와 식당 및 각종 가게 운영 등과 같은 판매영역에서 많은 직업이 산출될 수 있다. 그러나 곧 매장의 확보, 초기 재산의 투입 등 임금고용과는 매우 상이한 도전에 직면하게 된다.

특히 자영업에서 성공하기 위해서는 끊임없이 높은 가족협력과 동기 유지, 준비와 사업성, 서비스나 제품의 질을 높이려는 노력, 강한 의지 등이 필요하다. 이것은 또한 규모와는 관계없이 종종 소득증대 활동, 중소기업 운영, 가족 및 그룹 사업과 관련된다. 첫 번째는 영세 축산업, 소품 판매, 의류와 편물 및 제조 등의 계절산업, 휴대전화 대여, 세차, 배터리 충전, 찻집이나 네일아트숍 운영, 서적 판매, 중고물품 판매 등이 포함된다. 두 번째는 금속공예, 목공, 봉제, 직조, 의류 제조, 가방 제작, 소건축 자재, 버섯재배가 해당되며, 세 번째는 자전거 수리, 팬 제조, 전자제품 수리, 복사와 팩스, 노점, 제분, 컴퓨터와 인터넷 서비스 등이 포함된다. 남아프리카에서의 자영업 성공 사례는 구성원의 헌신, 적성검사, 사업기술과 생활 기술의 고려, 지식과 기술의 함양, 적절한 훈련과정의 제공, 경영 분석, 장점의 강화에 그 원인이 있었다. 그러므로 물질적 · 재정적 자원을 개발하는 동시에 기술개발의 기회를 제공해야 한다.

제11장

창업과 자영업

1. 의의와 동향

국제 장애인기구와 인권위원회는 우리 사회의 장애인 고용률이 전체 고용인구의 1%에도 미치지 못함을 지적하고 장애인 고용상의 차별을 개선할 필요가 있다고 밝혔다. 새롭게 변화하는 주변 환경은 장애인 고용에 있어서 기회이자 위기다. 지력근로자의 사회적 비중이 높아지고 기업경영과 지배구조에 있어서 인적자원의 수준이 매우 중요한 것이자 생존을 위한 필수 항목으로 거론될 때 장애인 고용을 실현하기 위한 방법으로 기업의 사회적 책임 및 장애인 적합 직종 등에 관한 논의가 나타난다. 하지만 이와 관련한 현실성 없는 정책수단은 중증장애인에게 유효하지 않다. 또 근로 의욕과 권리를 고려하지 않은 무조건적인 기초생활 수급은 사회적 비용을 증가시키고 장애인을 영구적 의존구조 및 종속적 위치에 고착시켜 결국 이들을 포함하는 국민 전체의 생활수준과 삶의 질이 저하될 수 있다.

창업과 자영업(self employment)은 많은 직업재활방법론 중에서 학문적으로 또 임상적으로 크게 주목받지 못하던 영역이다. 그러나 자영업은 근무시간의 유연성, 잡셰어링, 직업만족감 등 중증장애인에게 많은 희망과 기대를 갖게 해 주는 분야다. 이런 현상은 2005년의 우리나라 장애인 실태조사에서 재가 취업 장애인의 8.9%가 판매종사자로 나타난 것을 통해서도 찾아볼 수 있다(한국보건사회연구원, 2006). 또한 자영업은 전문직, 기술직, 경영관리직과 같은 질적인 일자리를 훨씬 많이 제공하는 것으로 나타났다. Texas Commission for the Blind는 1999년에 자영업으로 671명의 내담자 중 227명을 취업시켰고, 통계는 자영업을 경유한 직업재활 1인당 예산이 경쟁고용이나 지원고용을 통해 소요되는 예산에 비해 평균 3,000달러 정도 낮았다(Moore & Cavenaugh, June/2003). 다양한 장애인 고용창출 노력과 함께 정부의 직업재활 예산이 어떻게 사용되어야 하는지 보여 주는 대목이다.

1) 직업재활의 역할

장애인 일자리 창출이 어려운 것은 장애 그 자체보다는 대부분 부정적 편견, 생산력 부족, 건강상태, 자원 결핍 등과 같은 부수적 요소에서 기인한다. 즉, 장애인 고용문제의 해결은 환경 교정이나 심리사회적 접근을 통해서 가능한 경우가 많다. 개인 수준에서도 강한 동기부여나 교육과 같은 장기간의 직업적 준비가 필요하지만 이에 대한 대중과 국가의 관심도 필요하다. 중증장애인에게는 종종 취업 관련 서비스, 의료서비스, 교통편의 등 고용과 취업을 위한 포괄적인 종합 지원 대책이 요구된다. 필요에 따라 하루 정도의 평가와 재활상담만으로 직업재활이 가능한 경우도 있겠지만 어떤 사람은 수년 동안 각고의 노력이 필요할 수도 있다. 후자가 바로 직업적 중증장애인에 속할 것이다. 아동기에는 치료나 교육과 밀접한 관계성을 가지고 의료적 · 교육적 재활중재에 중점을 두는 반면, 성인기에는 직업과 사회 간의 밀접한 관계 속에서 의료적 치료, 직업적 · 사회통합적 재활의 비중이 높아지기 때문에 각 단계별로 연계되는 과정을 고려해야 한다. 장애를 지니고 고용목표를 달성하는 데 따르는 각종 직업재활 정책수단과 서비스를 다양한 철학적 사고와 생활주기의 관점에서 장애를 가진 사람 중심(enabling)으로 다시 검토해 볼 필요가 있다.

흔히 재활의 꽃은 직업재활이라고 하지만, 직업재활의 꽃이 고용이라고 할 때 고용은 중증장애인 대상자 개개인과 고용을 원조하는 전문가에게 있어서 모든 노력을 앞서는 극심한 투쟁의 산물이 된다. 기업의 인간적 배려에 호소하지 않는 중증장애인 일자리 창출은 탁상행정이 아니라 발로 뛰는 무한한 노력과 아이디어, 도전의식, 그리고 철저한 계획과 실천의 바탕 위에서 이루어진다.

이제 기업도 장애인 고용서비스의 중요한 소비자라는 발상의 전환이 요구되며, 기업은 양극화 문제의 발생 원인이 아니라 경제적 과실을 생산해 내는 해결의 주체로 인식되어야 한다. 이를 위해서 중증장애인은 경쟁 노동시장에 진출하기까지 철저한 준비를 해야 하며, 직업재활은 다양성을 바탕으로 그 정도와 유형에 관계없이 장애를 지닌 개인의 고용을 촉진할 수 있어야 한다. 그러기 위해 능력과 욕구를 발견하고 적절한 직업적 결정을 내릴 수 있도록 개인의 직업능력 유형과 직업강화 유형을 발견하는 동시에 고용의 기회를 만들어 내는 전문 과정이자 기술로서의 직업재활이 필요하다. 재활상담사는 고용주, 장애인, 그리고 사회발전에 기여하는 조직 사이에 위치하고 있다. 따라서 이들은 고용주들에 대해 장애를 지닌 사람들의 보다 적절한 직업 환경과 능력에 관해 전문적 상담과 충고를 제공하여야 한다.

수천만 원대의 오토바이와 수억 원대의 고급 승용차를 생산하고 판매하는 유명한 독일계 회사 Bavarian Motor Works(BMW)는 전체 근로자 4만 명 중 장애근로자의 수가 5,000여 명에 이른다. 이것은 1970년대 독일 과기부(Federal Ministry for Research and Technology)의 시범 사업으로 시작한 장애인 직업재활 프로그램의 성과다(Woods & Akabas, 1985). 'Humanization of Work Life', 즉 장애인의 고용통합을 목표로 한 이 사업은 베를린 노동연구소와 더불어 수행한 BMW의 산재장애인에 대한 과학적 조사연구와 분석, 그리고 직무환경에 대한 철저한 이해를 바탕으로 시작되었다. 이 사업은 사람의 측면에서는 능력과 기술, 그리고 기업의 측면에서는 직무의 요구조건과 공학적 방법을 활용하는 작업장 변경 수단을 파악하였다. 팀접근이 필요했기 때문에 인사담당자, 인간공학전문가, 전문의, 안전 기술자, 직무설계사, 전담법률가 등이 장애인을 고용하려는 끊임없는 노력을 전개하였으며, 더불어 회사임원을 대상으로 수차례의 직무교육과 사내 연수교육을 실시하여 장애인 고용상의 문제점과 해결책, 그리고 부수적 쟁점을 교육하고 홍보하였다.

경제대국 미국에서는 500대 기업에 취직하는 인원보다 소기업이 제공하는 일자리에 취직하는 인원이 훨씬 많았고, 산업 측면에서 자영업은 매년 20%의 증가율을 보였다. 특히 경제 불황기에는 호황기에 비해 더 많은 사람이 자영업에 종사하게 되어 장애인이 실업으로부터 벗어나는 하나의 효과적 직업재활 전략이 될 수 있었다. 또한 사회보장 수급자의 경우 월 2,000달러를 넘지 않는 범위에서 SSI 수급과 자영업을 통한 소득을 모두 보장받을 수 있다(Griffin, 2002). 또 중증장애인은 자영업을 통해 회계, 판매, 구매, 운송 등 많은 부분에서 가족구성원이나 다른 사람의 지원으로 고용을 유지하기가 용이한 측면도 있다.

직업재활전문가와 국가는 발상의 전환에 따라 기업이 자발적으로 장애인을 고용할 수 있는 환경 및 여건을 조성하는 촉진적 역할을 성실히 수행해야 할 것이다. 특히 중증장애인의 고용에는 출퇴근, 숙소, 작업장 환경, 건축물의 접근성, 상담과 릴레이서비스의 제공 등 여러 가지 지원 대책이 필요하기 때문에 창업과 자영업에 대해 진지하고 심도 있는 학문적 논의가 필요하다. 미국은 1995년 National Rehabilitation Association(NRA)이 Mary E. Switzer 세미나를 주관하여 장애인 창업과 자영업에 대한 포괄적 자료를 축적하였고, 1998년의 'the 14th Institute on Rehabilitation Issues'에서 이 주제를 한 차례 더 다루었다. 미국 대통령고용위원회는 장애인의 고용에 필요한 각종 지원 체계를 연구하고 1997년 국회가 재활법을 개정할 때 자영업을 중요한 공공영역의 직업재활 목표가 되도록 조치하였다(Arnold & Seekins, 2002). 지금과 같은 다발성 장애유발 사회에서 장애로 인해 발생하는 모든 문제를 정부가 적극 해결하려고 노력하는 것처럼 장애인 실업유발 사회의 장애인 실업문제에 대해 공동체는 적극 나서야 한다.

2) 장애인 창업 및 자영업의 의미와 관련 서비스

Doyel(2002)은 창업계획을 수립하고 진행하는 데 있어서 사업상 한 번에 하나의 측면을 다루는 선형모형(linear business planning approach)보다는 마케팅, 재무, 사업운영 측면을 기능적으로 다루는 통합모형(integrated approach)을 취하도록 권장하였다.

내담자가 직업재활상담사에게 빈번히 묻는 질문은 창업과 자영업에 관한 것이다. 그러나 장애인은 일반적으로 모델링이나 사업경험 및 실전에 관한 정보가 부족하다는 한계를 지니게 된다. 따라서 자영업에 따르는 효과적인 전략과 방법을 많이 알고 이해할수록 직업재활전문가와 창업을 준비하는 장애인의 성공확률은 높아진다. 예를 들면, 중증 지체장애인의 경우에 스스로 경쟁력을 강화하는 일이 필요하며, 사업장 개조

(accommodation) 욕구를 지녀야 한다. 또 확실한 사업 비전과 적극적인 태도, 그리고 확고한 가치관이 요구된다.

창업을 할 때의 합리적 의사결정은 전문가의 부정적 견해, 부적절한 사업목표 수립 등의 위험 요인을 줄여 준다(Doyel, 2002). 한편, 다음과 같은 창업 방해요소와 도전도 많이 존재한다. 즉, 과거의 사업실패 경험, 장애상태의 악화 가능성, 창업에 필요한 자금 확보의 실패, 걱정과 근심, 위험부담을 요구하는 전문가의 망설임 등이다. 그러나 이런 위험요소가 있음에도 직업재활 측면에서 자영업의 장점은 다음과 같다(Doyel, 2002, p. 117). ① 자신의 흥미, 잠재력, 성격에 알맞은 직업활동과 목적의 성취, ② 적절한 수준의 잠재적 소득, ③ 기업의 소유와 경영에 따른 통제감 및 만족감, ④ 경험의 축적과 함께 증가하는 장기 고용상태, ⑤ 자존감 증대의 기회, ⑥ 개인적 성취를 인정하는 사회적 지위 획득, ⑦ 자신의 형편에 알맞은 직장환경, 근무시간, 공간과 주변 여건, ⑧ 장애상태와 사업진로를 스스로 시간이 경과함에 따라 조절할 수 있다는 점, ⑨ 다른 장애인에게 미치는 학습효과와 파급효과, ⑩ 장애인과 회사의 문화가 일치하는 점, ⑪ 지역사회 내 다른 사업자들과 만날 수 있는 기회, ⑫ 취미생활이 창업으로 이어질 수 있는 이점, ⑬ 하지 장애인의 경우 손기민성과 컴퓨터 기술의 활용 등이다.

다양한 서비스와 지원 체계는 자영업의 경우에도 동일하게 제공되며, 서비스 기관의 입장에서 보면 장애와 직업능력, 그리고 직업적응 사이의 관계는 매우 복합적이다. 온라인 쇼핑몰의 운영 등에서 얻을 수 있는 유연한 시간, 재택근무, 그리고 이를 가능하게 하는 인터넷의 발달은 장애인 창업 및 자영업의 새로운 가능성을 열어 놓았다. 미국정부는 Rehabilitation Service Administration(RSA)을 통해 5년 시한의 시범 프로젝트 7개를 지원하였는데 1993년 뇌성마비연합(United Cerebral Palsy Association: UCPA)에서 시도한 프로그램이 그 중 하나다.

자영업은 중증장애인이 통제력을 행사하고 지역사회에서 경쟁고용의 한 형태를 유지할 수 있게 하는 기회를 제공한다(Callahan, Shumpert, & Mast, 2002). 1994년에서 1999년 사이에 공공서비스를 통해 사례종결된 장애인의 직업재활 예산을 비교했을 때, The Business Enterprise Program(BEP) 사례들은 안정되었으나 다른 사례들은 지속적인 상승세를 보였다. 또한 자영업의 경우 일반 경쟁고용 사례보다 평균 약 1,600달러 정도의 낮은 비용을 보였다. 그리고 이러한 자영업의 경우 남성이 9%, 여성이 4%

를 점유하고 있는 것으로 나타났다(Moore & Cavenaugh, June/2003). 더불어 시골지역이 농촌지역보다 자영업을 공공직업재활서비스로 활용하는 경우가 많았고 지방정부의 영향도 강하게 받는 것으로 나타났다(Arnold & Seekins, 2002).

3) 중증장애인 고용지원 체계 구축과 관련 서비스의 개발

장애인이 종사할 수 있는 자영업에 대한 직업재활전문가의 우려는 ① 재택근무와 같이 물리적으로 소원한 방식의 직업은 동료들과의 상호작용 등에서 장애인을 제한하거나 격리를 조장하는 측면이 있다는 점과 ② 창업 및 자영업에 대한 기존의 지식, 전략, 기술이 매우 제한적이라는 점, ③ 자영업의 선택과 방향이 내담자의 희망에 의한 경우라기보다는 서비스 제공자의 권유에 의한 것이라는 점, 그리고 ④ 창업 및 자영업이 대부분 개시 후 1년을 넘지 못하고 실패했다는 측면에서도 찾아볼 수 있다(Callahan et al., 2002).

자영업을 포함하여 중증장애인에게 필요한 고용 관련 직업재활서비스는 매우 다양하다. 이런 서비스의 필요성이 의미하는 것은 중증장애인의 고용이 생각처럼 단순하지 않다는 것이다. 구직과 직업탐색, 생애주기별 단계에 따라 장차 고용에 필요한 준비기가 별도로 필요하며, 학교를 졸업한 후 사회에 진출해서도 평생 이용해야 할 지원서비스와 전달 체계가 법적으로 보장되어야 한다. 아무리 특수교육 장면에서 질 높은 교육과 좋은 환경, 훌륭한 장비를 이용한 좋은 혜택을 받았다고 할지라도 사회라고 하는 정글 속에 내던져지는 순간부터 스스로 생계수단을 찾고 유지하는 일은 그리 만만하지 않다. 즉, 고용상 직면하는 모든 문제해결책을 탐구하여야 하며, 여기에는 고용주의 적절한 편의제공이 수반되어야 한다. 편의제공 방법으로는 직장 내 보건간호사 배치, 장비와 환경의 개조, 잡셰어링, 근로시간과 관련하여 단축 등의 유연성 제공, 치료와 서비스의 제공, 통역사의 제공 등이 있으며, 이런 전략을 민간의 손에만 방치해서는 안 된다. 구직, 채용, 배치, 인사와 전보, 해고 등 고용의 전 과정에 따른 국가 차원의 차별해소 장치와 적절한 배려, 그리고 제도적 수단이 필요한 것이다.

1973년 재활법은 자영업도 공공직업재활서비스를 통해 도달 가능한 재활 목표로 인정하였다. 이후 1998년 개정 재활법(제105-220 공법)은 중증장애인에게 자영업을 더욱 강하게 권장하고 있다. 이 법은 공공직업재활서비스를 통해 자영업에 필요한 상품소비자 수요조사, 사업계획 수립, 특수보조기기의 구입 등을 가능하도록 하였다.

미국의 통계는 전체 노동력의 12%가 자영업에 종사하고 있으며, 장애근로자의 12%가 자영업에 종사하고 있음을 보여 준다(Moore & Cavenaugh, 2003). 최근 자료는 사례종결된 전체 직업재활 내담자의 3%가 자영업에 종사하게 되었고, 시각장애인의 경우 6%가 소규모 자영업에 종사하게 된 것을 보여 준다. 시각장애인이 자영업에 종사한 역사는 오래전 1936년의 랜돌프-셰퍼드 법률까지 거슬러 올라간다. 이 법에 의해 BEP나 다른 프로그램을 이용하여 시각장애인이 자기 사업을 전개할 수 있었고, 자판기, 농장, 가판대, 각종 사무실을 개업하여 소득을 보장받았다. 그러나 사실상 미국에서는 재활상담사가 창업이나 자영업을 일반 노동시장에서 일자리를 찾을 수 없는 장애인에게 최후로 고려되는 수단으로 여겨 큰 관심을 갖지 않았다(Moore & Cavenaugh, 2003).

2. 창업과 자영업의 지원 실태 및 문제점

한정된 국가 자원으로 생산을 최적화하기 위한 정부정책은 장애인 일자리 창출과 연계될 수 있도록 동기를 유발하는 일이 필요하다. 범국가적 어젠더로 평가받는 제2차 장애인 복지발전 5개년 계획(2003~2007년)은 장애인 창업지원 활성화를 위해 ① 창업자금 융자, ② 영업장소 제공, ③ 컨설팅서비스, ④ 관련 기관과의 협조 체계 구축을 권장하고 있다. 제1차 복지발전계획은 1995년 3월 김영삼 대통령의 삶의 질 세계화 선언을 계기로 1996년 12월 국무총리를 위원장으로 하는 장애인 복지대책위원회에서 수립하도록 결정되었고, 2005년에는 장애인기업활동촉진법이 제정되었다(보건복지부, 교육부, 노동부, 1997). 이처럼 우리나라에서도 장애인 창업과 자영업은 직업재활의 주요 수단으로 자리 잡을 전망이다.

1) 현황

정부 지원정책에는 장애인 다수고용 표준사업장과 복지공장 설립을 지원하도록 되어 있으나 수십억 원 규모의 복지공장을 설립한다는 것은 격리의 문제를 발생시키고 장애인 개인에게도 만족하기가 거의 불가능하게 만든다. 우리나라의 중소기업 사업체 수는 300만 개로 전체의 약 99.8%를 차지하며, 1,047만 명을 고용하여 87%의 고용률을 보이고 있다. 이런 맥락과 글로벌 경제에 있어서 중추적 역할을 하는 중소기업 및 자영업은 장애인 일자리 창출의 핵심이 된다.

2004년 11월 3일 16명의 여야 국회의원이 처음으로 발의한 장애인기업활동촉진법안은 본 회의에 상정되지 못했다. 하지만 2005년 6월 29일에는 국회를 통과해 장애경제인 5인 이상의 발기를 통해 장애경제인 100인 이상의 동의를 얻어 산업자원부 산하 중소기업청장에게 기업 설립허가 신청을 할 수 있도록 하였다. 또 현재는 한국장애경제인협회(www.kdea.or.kr)가 보증추천, 정보제공, 창업지원, 교육 · 훈련 · 연수, 경영활동과 판로 지원, 상담실 운영, 연구조사 사업을 위한 장애인기업 종합지원센터를 재단법인으로 설립하도록 하고 있다. 더불어 한국장애인기업협회(www.kaed.or.kr)가 결성되고 국공립 재산과 시설의 무상대부를 가능하도록 하면서 실태조사를 의무화하도록 하여 장래 희망을 갖게 한다.

'장애인기업활동촉진법'시행에 맞춰 장애인기업 2,836개 사(응답 713개 사)를 대상으로 실시한 중소기업청의 '장애인 창업 및 기업활동 실태조사' 결과에 따르면 전체 응답자의 58.8%가 임금근로자로 채용될 기회의 제약 등 구직 활동의 어려움으로 창업을 선택한 것으로 나타났다. 창업을 결심한 후 실제로 창업까지의 소요기간은 평균 25개월로 나타났으며, 특히 장애인의 관심과 연관성이 높은 업종(보건 · 사회복지업)의 경우는 31.3개월로 나타나 창업에 보다 신중을 기하는 것으로 조사됐다. 실태조사 결과 장애인기업은 대부분 법인보다는 개인회사 형태(94.5%)로 운영되고 있으며, 고용근로자 수와 매출액 규모 등은 영세한 것으로 나타났다(www.ablenews.co.kr, 2006년 2월 14일자). 이처럼 장애인기업은 장애인 고용에 대한 인식을 높이고, 장애인 고용비율도 높이는 것으로 나타나 새로운 장애인일자리 창출을 위한 중요한 국가 자원으로 활용된다. 한국장애인고용공단이 지원한 장애인창업의 경우 대상자의 순소득 증가율이 132%로 높아진 것으로 보고하고 있다. 창업 업종으로는 도 · 소매업(10.5%), 요식업(9.4%), 운수업(7.5%), 일반제조업(7.3%)의 순으로 높게 나타났으며, 부동산중개소와 안마시술소, 침술원을 창업한 경우도 있었다. 우리나라 장애인 자영업과 창업 지원제도는 크게 창업자금 융자와 영업장소 제공으로 나뉘는데, 그 우선순위는 다음과 같다.

① 창업 관련 직종 특허권, 전문자격증, 면허증 소지자
② 창업 관련 직종 재직경력 3년 이상인 자
③ 공동창업자
④ 동순위가 발생한 경우 중증장애인, 장기 창업훈련과정 이수자 우선

장애인 창업교육은 한국장애인고용공단과 몇몇 장애인 종합복지관에서 최근에 시도되고 있으나 아직도 매우 제한적이다. 공단의 자영업 창업자금 융자와 사업장소 지원은 초기 사업 아이템 선정부터 경영안정 단계까지 종합적으로 책임을 지고 지원하는 체계로 이루어져야 하지만 실상은 지원 금액의 상한선이 낮게 설정되어 있고 전문 컨설팅이 체계적으로 이루어지지 않고 있다.

이런 노력은 사실상 실질 경제적 효과보다는 계층 간의 사회통합이라는 경제 외적 효과측면에서 더욱 중요하다. '옥션장애인창업스쿨(www.educd.co.kr)'은 만 20세 이상의 장애인 중 기초적인 컴퓨터 사용과 인터넷 활용이 가능한 사람들을 대상으로 16주간 창업교육을 실시하고 있다. 몇몇 장애인 복지관은 소상공인지원센터 및 중소기업진흥공단과 연계하여 지역 특성에 알맞은 창업교육을 시도하고 있지만, 양극화 문제, 국민 간 · 계층 간 신뢰를 높이기 위해서는 정부가 적극 책임을 분담하고 나서야 할 것이다. 이러한 민간 영역의 활동과는 별도로 정부차원에서는 한국장애인고용공단을 통해 2000년부터 장애인 창업 자금지원제도를 시행하여 최근까지 모두 634명의 장애인에 대해 창업을 지원하였다(조성열, 김백수, 2005).

2) 외국의 사례

UN 비엔나회의는 중증장애인 고용활성화를 위해 ① 장애인 고용을 억제하는 차별적 법과 규칙의 개선, ② 장애인의 자유고용과 증진을 위한 직업훈련, 동기지향 의무고용, 유보고용, 수의 계약과 소상업 지원, 우선 생산권과 계약 권장, 장애인 고용업체에 대한 기술적 · 재정적 지원, 그리고 작업장 조정 권장, ③ 작업장과 직업환경 개선,

④ 고용에 필요한 신기술과 재활정책 조치 및 지원을 강조하고 있다.

일본은 전 세계가 주목하는 제3섹터 방식을 통해 전자와 전기 산업분야에서 임가공 생산 등 눈에 띄는 고용목표를 달성하였고, 이스라엘은 보석가공 산업분야에서 성공을 거두었다(Woods & Akabas, 1985). 이 중 일본의 사례를 살펴보자면, 1980년 10월 일본의 오카야마 현에서 최초로 지원을 시도한 키비-마츠시다사는 비디오카세트 조립에 필요한 작업을 장애근로자를 채용해서 수행할 수 있도록 지방자치단체, 키비-마츠시다사, 복지기관이 협력하였다. 정부가 장애인기업을 창업하도록 주도한 좋은 사례로서 건축물의 편의시설까지 초기설계에서 고려한 것이다. 제3섹터 방식의 경우 장애인근로자는 임금뿐만 아니라 사회복지급여도 동시에 받을 수 있다. 반면, 우리나라 1999년 직업재활시설 실태조사 결과에 따르면 이런 상품생산과 임가공의 경우 하청 완제품(48.5%), 하청 반제품(39.4%), 자가 반제품(9.1%), 자가 완제품(3%)으로 나타나 생산형태가 매우 열악하였고 많은 개선 노력이 요구되었다(성희선, 1999).

미국도 1935년의 사회보장법을 통해 시각장애인이 만든 상품을 판매하기 위한 안정된 시장을 조성하기 위해 노력하였다. 나아가 1938년의 와그너-오데이 법률은 장애인이 창업을 통해 생산한 물품의 정부구매를 의무화하였다. 1990년에 제정된 법률들 역시 소기업을 경영하는 사람들이 장애인의 접근성 개선을 위해 드는 비용을 연간 5,000달러까지 tax credits를 통해 보조받도록 하고 1만 5,000달러까지 세금 감면 혜택을 부여하였다. 이처럼 ADA와 1993년의 the Workforce Investment Act(WIA) 제정, 1999년의 the Ticket to Work and Work Incentives Improvement Act(TWWIIA) 제정, 그리고 1998년의 미국 대통령 장애인 고용 태스크포스 설립 등을 통해 장애인의 고용을 촉진하기 위한 국가차원의 적극적 노력이 있었으며 현재는 다음과 같은 서비스가 계획 및 제공되고 있다.

① 장애근로자에게 필요한 서비스의 제공

② 현존하는 일자리에 배치할 수 있는 지원 체계와 대안의 확립

③ 외부 고용을 포함하는 주변 자원의 활용

④ 필요시 진로개발, 승진, 고용결정 등에 따르는 훈련 제공

⑤ 예방과 건강 증진

일본의 제3섹터 방식은 장애인 고용을 정부가 주도해야 할 필요성을 강조하는 것이다. 미국에서는 자판기 운영을 통해 장애인 소득이 1999년 첫해 400달러에서 8,000달러로 증가한 것과 같은 사례가 흔하게 보고되고 있다. 또한 영국 Scottish Gas 사의 전체 노동인력 중 장애인이 차지하는 비율은 7%가 넘는 것으로 보고하고 있다(Woods & Akabas, 1985). 미국 대통령 장애인 고용위원회(the President's Committee on Employment for People with Disabilities)와 직업재활 사무소(Vocational Rehabilitation Agencies)는 내담자 지원 프로그램(CAP)의 일환으로 자영업을 지원하고 있다. 또한 대학부설로 장애인 지원센터(예: The University of Montana Rural Institute Center for Excellence in Disability Education, Research and Services) 등을 설립하도록 유도하고 정부가 재정을 지원하여 자영업을 촉진하고 있다. 이런 센터들은 창업과 자영업에 필요한 정보 및 컨설팅의 제공뿐만 아니라 심리적 동기부여, 조사연구, 창업과 자영업 지도, 장단기 효과의 검토, 필요한 지원서비스의 결정, 부수적 지원서비스와 내담자 특성에 따른 지원 체계 고안 등의 역할을 수행하고 있다.

미국은 전국에 704개 이상의 독립생활센터 관련 조직과 기구가 존재하고 있기 때문에 이곳에 각기 장애인을 5명씩 고용한다고 보더라도 3,500명 이상의 장애인이 고용될 수 있다. 따라서 중증장애인의 보호자나 가족의 도움으로 이루어지는 창업도 사회서비스, 재활서비스를 제공하는 영역에서 이루어지면 보다 효과적일 수가 있어 복지 관련 시설이나 독립생활재활센터는 중증장애인이 창업할 수 있는 새로운 산업분야가 될 수 있다. 미국 샌디에이고 대학병원 부속 재활병원에서는 9종의 하청업을 통해 재활병원 퇴원자와 재가치료 중인 환자의 직업개발을 가능하게 하였다. 즉, 자영업은 장애인의 직업재활 성공을 위한 중요한 하나의 방법이 되는 것이다(이달엽, 2011).

중증장애인이 보이는 사회성 결함은 동료나 관리자와 정상적인 관계를 갖지 못하게 하고, 언어 결함은 관리자가 지시하는 내용을 이해할 수 없게 하며, 빈약한 주의집중력은 고용주가 예상하는 생산성과 품질에 이르지 못하게 한다. 더불어 행동상의 문제는 다른 사람들에게 심각한 위험을 유발시킨다. 이런 문제행동의 극복전략이 사업체 현장에서 가능하리라고 기대하기는 어렵다. 이런 경우 가족의 도움을 통한 창업이 한 방법이 될 수 있다. 개인차원에서 중증장애인의 주요 특성인 사회적 · 의사소통상 · 문제행동적 요소를 조정하는 지원이 이루어져야 한다. 이를 위해 개인 역량강화와 더불어 가족지원을 통해 직업기능을 개발하고 유지할 수 있도록 장기적인 직업재활계획을 수립하는 것이 필요하다. 부적절한 행동과 의사소통으로 인하여 완벽히 사회적으로 수용되는 수준의 사회적 상호작용을 이루어내기 어렵기 때문에 필요한 지원사항 등을 이해하여 장기적으로 기초적인 환경을 조성하는 것이 무엇보다 중요하다. 따라서 1973년의 미국 개정 재활법은 내담자와 그 가족이 개별화 직업재활계획 수립에 참여하도록 의무화하였다. 또 일본에서는 정보기기 등을 이용한 재택근무가 가능하도록 국가차원에서 고용관리를 실시하고 있다(일본 노동성 직업안정국, 2000). 이외에도 유보고용, 보호고용, 경쟁고용, 산업재활센터, 고용재활센터, Skills Centers, DRO라고 하는 재활전문가를 국가가 제공하는 영국의 경우 Scottish Gas 사는 중증장애인 평가와 고용전담 부서를 운영하여 좋은 본보기가 되고 있다.

3) 고용활성화를 위한 접근방법

(1) 수요자 중심의 창업 · 자영업

우리나라의 창업 · 자영업 프로그램으로는 기초생활수급자를 대상으로 소규모 자본을 융자해 주는 생업자금 융자프로그램, 창업자금 대출을 담당하는 소상공인지원센터, 보건복지부의 자활공동체 창업지원 사업, 선교회 차원의 신나는 조합 등이 있긴 하지만 매우 열악한 조건으로 운영되고 있다. 중증장애인을 위한 지원고용, 취업 후 적응지도 및 훈련, 직업재활시설 운영, 고용장려금 지급, 여성장애인의 고용가산점 부여, 시설편의 자금융자 등 여러 가지 세제혜택과 근로유인책이 있는 것이 사실이지만 그 효과는 여전히 취약하여 자동판매기 설치운영권 부여 등 창업을 통해 경제적 자유와 사회적 권리확보를 위한 노력을 확대해야 한다. 미국의 직업전망 편람에 자영업은 성장하는 직업 분야에 포함되어 있고 특히 쇼핑몰과 전자상거래라고 하는 새로운 산업이 장애인의 고용가능성을 높여 주고 있다. 그러나 이런 모든 노력의 기초는 수요 중심의 장애인 창업활성화이며, 중증장애인의 고용은 기업주에게 과도한 보호와 주의, 지원을 요구하는 경우가 생길 수 있다. 장애인 고용으로 인해 발생하는 고용주의 추가비용, 생산성 문제, 출퇴근, 일상생활, 작업환경, 위생, 성생활, 의사소통 등에 대한 논의와 더불어 동료직원들과의 친밀감 형성, 직장 내에서의 적응 등 다양한 쟁점과 어려움의 해결책이 적극적인 고용기회의 제공 이후에도 지속적으로 논의되어야 한다. 신현석(1997)의 장애인의 자영업 활동에 관한 실태조사 연구결과에 나타난 지체장애인 유망 창업 직종은 〈표 11-1〉의 내용과 같다. 뿐만 아니라 지원고용의 소사업 형태와 정신장애인 및 청각장애인의 인쇄 · 제본 업종 종사 등이 특히 권장되고 있다. 보조공학 영역과 정보통신 특수보조기기 산업 역시 미래 발전 산업영역이며, 산업 특성상 소규모 창업, 자영업이 가능한 분야다.

표 11-1 창업 유망 분야

(단위: 명, %)

직 종	표본조사 사례	구성비
계	206	100.0
시계	21	10.2
금은세공	17	8.3
도장	25	12.1
전자	13	6.3
시계·금은세공	72	35.0
금은세공·도장	16	7.7
시계·도장	42	20.4

출처: 신현석(1997).

그러나 이러한 자료는 참고 사항일 뿐 장애인의 창업 영역을 사전에 미리 제한하지 않아야 하고 특히 창업당사자의 관심, 경험과 기술을 신중히 분석하고 고려하여야 한다.

(2) 정부가 취해야 할 노력

장애인 창업과 자영업 육성을 위해서는 먼저 기술개발, 기술금융, 인력공급, 정책자금 우대, 보증 혜택, 조세 감면과 각종 세제혜택, 광고, 경영시스템 구축, 이미지 제고와 판촉 등 정부의 제도적 지원이 필요하다. 호주에서도 장애인의 고용기회 균등을 위해 정부가 솔선수범하여 실천수단을 마련하고 시행하도록 권장하고 있다(서광윤, 김용성, 1998).

우리나라에서는 이후 공공영역의 고용과 더불어 창업, 자영업에 필요한 융통성 있는 제도를 마련하고 필요한 정보를 정부부처에서 제공하도록 조치하였다. 이는 정부의 리더십이 매우 중요하다는 점을 시사한다. 정부와 지방자치단체는 국가 자유경쟁과 공정경쟁을 크게 침해하지 않는 범위에서 장애인 창업에 따르는 촉진적 · 조성적 역할을 충실히 해야 한다. 이것이 정부의 존재 이유다. 따라서 국가인적자원 개발을 위해 수조 억 원의 예산을 사용하는 우리정부가 장애인 직업재활 예산을 200억 원 정도만 고용노동부를 통해 배정하고 있다는 사실은 부끄러운 일이다. 정부조달 물품의 확대, 창업 보조금과 지원금의 제공, 세제혜택, 장애인 창업 관련 데이터베이스의 구축, 판매우선권의 설정, 자판기와 가판대 운영권의 제공 등 창업에 필요한 적극적인 기반조성 노력이 필요하다. 특히 장애인 소상인 담당 전문 인력이나 지원센터를 통해 적극 지원하는 방안을 강구하여야 하겠다. 그러나 궁극적으로는 별도의 장애인 전용기관이나 조직보다 통합된 체계 속에서 전문가를 배치하는 것이 가장 이상적이다.

(3) 협회와 당사자

한국장애인경제인협회와 장애인직업재활시설협회 등 관련 기구와 조직은 많은 연구를 통해 창업 및 자영업 매뉴얼과 가이드라인을 제공하고 지속적으로 업그레이드를 통해 개선해야 한다. 하청, 일차생산, 서비스 등 창업 단계별로 필요한 경영기법과 시장조사와 마케팅, 회계매뉴얼, 건물, 장비, 대지구입, 건축, 직원 모집과 채용, 기술 인력의 유지, 기술훈련, 고객관리, 사업장 운영에 필요한 서비스 혁신과 생산관리, 그리고 인사관리와 노무관리에 필요한 정보 및 컨설팅을 제공할 수 있어야 하겠다. 이들 협회는 전자상거래 등 특히 지식사회에서 서비스와 지식산업 영역의 창업에 많은 관심을 기울여야 한다(Beauregard, 1979).

과거에는 정부 관련 부처가 예산을 나누어 주는 고마운 곳이었지만 이제는 중증장애인이 자원 확보를 위해 투쟁해야 할 중요한 표적 집단이 되었고, 주장력이 강한 자조단체가 더 많이 생겨나고 있다. 장애인 당사자에 의한 서비스가 효과적으로 제공될 수 있다는 사실은 독립생활재활 체계가 이미 입증하고 있다. 보호작업장과 같은 인간서비스 제공기관은 전통적으로 많은 수의 중증장애인을 고용하는 근로시설이자 고용장려금 같은 정부보조금으로 운영되는 시설이다(Levitan & Taggart, 1977). 이런 작업장 수를 대폭 늘리고 협회를 촉진시킨다면 감독자 혹은 근로자로서 기능하는 장애인

고용의 증가를 기대할 수 있다.

(4) 지역사회 관계와 컨설팅

지역사회에서 성공의 핵심은 고객의 욕구에 초점을 맞추는 노력과 고객창출에 있다(이재규, 2004). 따라서 시장개척과 경영혁신, 그리고 신기술 개발 등을 통하여 소비자의 후생 증대에 보다 기여하는 성공하는 기업을 만들어야 한다. 이를 위해 지역사회 전체가 관심을 갖고 고용주와 실업계를 관여시키도록 네트워크를 구축하고 자문하며 협력 체계를 공고히 하여야 할 것이다. 사회라는 거대한 구축물은 수많은 분업과 거미줄 같은 상호의존을 통해 변화 · 발전한다. 시장도 시대에 따라, 또 환경에 따라 끊임없이 분화와 발전을 거듭하는 생명체다.

(5) 경영지도와 컨설팅 및 대학 프로그램의 지원

시장개척과 자금의 투자 · 융자 지원, 창업가이드북의 제작 등을 통해 필요한 정보를 제공해야 한다. 기술개발, 상품과 서비스 생산 등 기업이라는 조직의 목적과 사명을 달성하는 요소를 극대화하기 위한 부단한 노력과 활동을 유지하도록 지원해야 할 것이다. 교육은 장래 창업을 통한 고용의 기회와 질을 높여 주는 순기능을 한다. 따라서 정부와 지방자치단체가 중증장애인 지도자 육성에 투자하도록 입법을 추진하여야 하겠다. 자영업으로 소득이 늘어 경제적 여유가 생기면 질 높은 교육서비스를 받고 싶어 하는 욕구도 증가할 것이다. 또 지역사회 거점대학을 장애인 창업 인큐베이터로 활용하는 방안도 적극 강구할 필요가 있다.

3. 국제동향과 제도적 접근

ILO는 1955년에 이미 '장애인의 직업재활에 관한 권고'를 통해 제7장 고용촉진수단 중 네 번째로 장애인이 기업을 대표하거나 유사한 다른 기업을 운영하고 협력함으로써 운영하도록 창업을 규정하였다(한국장애인재활협회, 1992). 또 1992년 4월 UN ESCAP 총회를 통해 33개국이 비준한 제48차 북경대회에서 채택한 '아 · 태 장애인 10년 행동계획(Agenda for Action for the Asian and Pacific Decade of Disabled Person, 1993-2002)'의 9개 항목 중 훈련과 고용(Training and Employment)에 관련된 8번째가 자영업을 촉진하는 것으로 되어 있다. 이 9개 항목은 ① 훈련과 고용 프로그램의 개발과 시행, ② 여성장애인, ③ 취업 전 훈련, ④ 직업훈련과 알선 프로그램, ⑤ 노동자, 고용주, 노동조합, 장애인 단체 등의 워크숍과 세미나 개최, ⑥ 직업재활서비스 강화와 기술 향상, ⑦ 장애인의 사업 경영기술, 자신감, 직업적 개발, 통합 훈련 및 교육 실시, ⑧ 자영업 촉진, ⑨ 협동조합의 설립과 발전 등이다. 이처럼 국제기구는 이미 오래전부터 창업과 자영업을 중요한 장애인의 고용목표이자 수단으로 설정한 것을 알 수 있다.

이는 장애인 고용정책이 정부가 다양하고 창의적인 사고를 통해 촉진적 · 조성적 입장에서 접근해야 할 분야라는 것을 암시한다. 장애인의 경제적 역량강화를 위한 자영업이 내포하는 고용의 의미는 궁극적으로 자기통제의 결정판이다. 따라서 역사적으로 볼 때도 자영업은 직업생활의 중요한 경로가 되어 왔다.

우리나라에서 장애인 창업지원제도의 기원은 법률 제1369호로 제정된 1963년의 원호대상자 직업재활법에서 찾아볼 수 있다. 여기서는 일찍이 기술교육을 이수하고 사업체를 경영하려는 사람에게 조합을 설립하여 지원하도록 하였다(이달엽, 1998). 최근에는 보건복지부에서 창업을 통해 재가장애인 생활안정을 지원하기 위해 장애인복지법 제37조에 의거하여 장애인 한 가구당 2,000만 원 규모의 자립자금을 3%의 고정금리로 대출하고 있다(보건복지부, 2006). 그러나 이런 접근방식은 정책주체가 보건복지부라고 하는 한계를 지니고 있다. 창업은 복지가 아니라 이윤 중심으로 이루어져야 하기 때문이다.

1) 자영업 및 창업의 유망 분야와 접근방법

장애인 경제활동인구 중 자영업이 40.2%로 나타나며, 특히 자영업은 시각장애인과 청각장애인 등 의사소통에 어려움이 있는 장애인이 선호하는 것으로 나타나고 있다(조성열, 김백수, 2005). 이를 입증하듯 2003년의 고용개발원 조사에 따르면 창업욕구를 지닌 창업희망 장애인의 많은 수가 고용 관련 경험이 없는 것으로 나타나고 있다. 자영업으로 흡수될 수 있는 장애인 계층과 노동시장에 고용됨으로써 흡수될 수 있는 장애인 계층의 특성이 상이하다고 볼 수 있다. 이런 연구결과는 장애인 직업재활정책과 접근방법이 지금보다 더욱 심층적이고 다양화되어야 한다는 사실을 보여 준다. 시장 중심의 창업이 성공률이 높다는 관점에서 IT를 활용한 새로운 분야의 창업은 이동성에 제약을 가진 지체장애인과 대중에 비해 의사소통이 제한적인 청각장애인이 특히 유리하다. 구체적으로 DB구축과 홈페이지 제작, 그리고 인터넷 쇼핑몰의 운영 등 장애인 창업과 자영업은 지식기반 사회에서 비중을 두어야 할 직업개발의 중요한 영역 중 하나다(조성열, 김백수, 2005).

자영업을 고려할 때 대상자의 고용훈련 경력, 직업기술, 장애상태, 이전소득, 평균 근무가능시간, 의료조건, 사업목표와 방향, 자영업 시기와 예산 등이 평가되어야 할 것이다. 여성장애인이 많이 종사하는 직종분야는 〈표 11-2〉와 같다(신현석, 1997).

표 11-2 여성장애인 종사 직종

(단위: 명, %)

직 종	표본조사 사례	구성비
계	58	100.0
상품소매	27	46.6
안 마 사	11	19.0
음 식 점	4	6.9
가 판 대	4	6.9
이·미용	3	5.2
학원운영	3	5.2
구두닦이	2	3.4
제 과 점	2	3.4
옷 가 게	1	1.7
농 사	1	1.7

출처: 한국보건사회연구원(2008).

장애인의 자영업은 일반적으로 높은 고용유지율을 보여 줄 뿐만 아니라 자기결정권의 신장, 소득증대를 통한 경제적 자유를 확대한다. 직업재활 측면에서의 자영업과 창업은 경과시간의 초점만 다를 뿐 실제적인 내용은 같은 것이다. 창업은 사전적 의미 이

외에도 직업재활에서 직업개발의 종류 중 또 다른 하나로 본다. 우리나라 2005년도 장애인 실태조사에 따르면 재가 취업 장애인의 8.9%가 판매종사자로 나타났다.

정시출근과 정시퇴근을 목적으로 하는 사업가는 아무도 없다. 업무 관련 출장과 시간의 활용이 곧 영업이익으로 나타나는 사업의 특성상 손익분기점을 넘어 경영안정권으로 진입하기까지 비장애인도 성공하기 어렵고 실패할 확률이 매우 높다.

창업자는 아이디어의 확보, 사업성 분석, 사업계획 수립, 계획의 실행 등을 주도하고 책임지는 주도자다. 이런 기능을 수행하기 위해 기업설립에 필요한 유형 및 무형의 자원(resource)을 동원하고 이들을 적절히 결합하여 기업이라는 시스템을 만들어 의도한 대로 기능을 발휘하도록 관리하는 역할을 해야 한다. 따라서 능력이나 가치관 등은 창업기업의 성패와 효율에 지대한 영향을 미치게 되므로 창업자는 매우 중요한 요소다. 사업아이디어란 설립되는 기업이 무엇을 생산할 것인가를 의미하는 것으로 생산품은 구체적인 형태를 가진 재화일 수도 있고 서비스일 수도 있다. 사업아이디어가 만족시켜야 할 조건은 생산 활동을 수행하는 결과로 기업의 목적인 수익을 발생시킬 수 있어야 한다는 것이다. 기업이 설립될 수 있는 여건이 만족되는 환경과 시점을 사업기회라고 하며, 자본이란 기업을 설립하는 데 필요한 금전적 자원뿐만 아니라 동원할 수 있는 토지, 기계, 기술자, 원재료 등을 포괄적으로 의미한다. 하지만 창업에는 자본조달이 어려운 문제가 있다. 따라서 창업을 위한 자금 공급의 필요성은 개인적 차원뿐만 아니라 공익적 차원에서도 그 중요성이 인정되어 여러 가지 제도가 운용되고 있다.

2) 창업 형태와 관련 법률

장애인 창업의 형태는 개인 창업, 가족 창업, 외부인사 영입 창업, 직업재활전문가 중심 창업, 유료창업컨설턴트 중심 창업, 체인점 가입 창업 등으로 나눌 수 있다.

창업은 개인의 결정권이 중요하기 때문에 고객의 욕구나 시장의 변화에 빠른 대처가 가능하고 성공할 경우 이익을 극대화할 수 있다. 또한 믿을 수 있는 가족을 동료로 삼을 수 있다면 각종 부담감을 훨씬 덜 수 있으며, 많은 업무를 분담할 수 있어 시간을 절약할 수 있다. 창업과 자영업은 두 사람 이상이 공동으로 출자하는 인적 결합에 의한 동업형태로 자본조달이 용이하다는 장점이 있으며, 이 중에서도 전문가 중심 창업은 직업재활전문가의 도움을 받아 창업을 시작하는 형태다. 또한 컨설턴트 중심 창업은 심리적 안정감을 동시에 얻을 수 있고, 높은 이윤과 개인아이디어 보장 등의 장점이 모두 합해진 장애인 창업의 모형이지만 전문 인력의 수급이 원활하지 않은 단점이 있다. 한편, 체인점 가입 창업은 실패의 확률이 적으며 전문적 창업 시작과 사업 확대가 용이하지만 비용이 많이 들 수 있고, 결정권이 호스트 기업에 치우치기 쉬운 데 반해 사업 실패 시 본인의 손실만이 생긴다. 또한 별다른 아이디어의 필요성이 적으며, 창업기간을 단축할 수 있고 경영노하우 등을 손쉽게 얻을 수 있는 장점이 있으나 가맹비, 보조금, 로열티 같은 부대비용이 들고 이윤율이 낮다. 인수 창업은 타인의 사업을 인수하여 새롭게 시작하는 것으로 흡수합병, 신설합병, 프랜차이징, 신규 창업을 들 수 있다.

표 11-3 우리나라 창업지원 유관기관 및 단체

① 중소기업벤처넷	② 중소기업청수출지원센터	③ 중소기업청창업넷
④ 신용보증기금	⑤ 기술신용보증기금	⑥ 근로복지공단
⑦ 한국여성경제인협회	⑧ 한국여성벤처협회	⑨ 중소기업진흥공단
⑩ 한국소프트웨어진흥원	⑪ 과기원신기술창업지원단	⑫ 서울신용보증재단
⑬ 경기신용보증재단	⑭ 소상공인지원센터	

장애인 창업지원 관련 법률의 구체적 내용을 살펴보면 다음과 같다.

(1) 장애인고용촉진및직업재활법[2008, 법률 제8852호]

이 법의 제2장 장애인고용촉진및직업재활의 제17조(자영업 장애인 지원)는 '① 노동부장관은 자영업을 영위하려는 장애인에게 창업에 필요한 자금 등을 융자하거나 영업장소를 임대할 수 있다.'라고 하였다. 더불어 제5장 장애인고용촉진및직업재활기금의 제71조(기금의 용도)에서 기금은 다음 각 호에 규정하는 비용의 지급에 사용한다. 즉, 자영업 장애인에 대한 창업자금 융자 및 영업장소 임대, 장애인 근로자에 대한 직업생활 안정 자금 등의 융자다.

(2) 장애인기업활동촉진법[2008, 법률 제9012호]

제3조(국가 및 지방자치단체의 책임)에서 '국가 및 지방자치단체는 장애인의 창업과 장애인의 기업활동을 촉진하기 위하여 자금 · 정보 · 기술 · 인력 · 판로 등의 분야에서 종합적인 지원 및 사업활동 기회가 균등하게 보장될 수 있도록 하여야 한다.'고 하였다. 또 제5조(장애인기업활동촉진에 관한 기본계획)는 '① 중소기업청장은 매년 초에 제6조의 규정에 의한 장애인기업활동촉진위원회의 심의를 거쳐 장애인기업의 활동을 촉진하기 위한 기본계획(이하 '기본계획'이라 한다)을 수립하고 이를 추진하여야 한다. ② 제1항의 기본계획에는 다음 각 호의 사항이 포함되어야 한다.'라고 하였다. 각 호는 다음과 같다.

1. 장애인기업활동촉진을 위한 기본목표 및 추진방향
2. 장애인의 창업을 지원하기 위한 사항

제8조(장애인의 창업지원 특례)는 '① 중소기업청장은 중소기업창업지원법 제4조제1항의 규정에 의한 중소기업창업지원계획에 장애인의 창업촉진을 위한 계획을 포함시켜야 한다. ② 정부는 중소기업창업지원법 제4조 제2항의 규정에 따라 소요자금을 투자 또는 융자하거나 그 밖의 지원을 함에 있어 장애인창업자 및 장애인창업지원에 관한 사업을 하는 자를 우대할 수 있다. ③ 중소기업청장은 장애인의 창업을 촉진하기 위하여 중소기업창업지원법 제6조 제1항의 규정에 의한 창업보육센터를 지정할 때는 장애인창업자에게 창업에 필요한 시설 · 장소 등의 지원을 주목적으로 하는 창업보육센터사업자를 우선 지정할 수 있다.'고 하였다.

제9조(자금지원 우대)는 '① 국가 및 지방자치단체는 중소기업에 대한 자금을 지원함에 있어 장애인기업을 우대하여야 한다.'고 하였고, '② 정부는 장애인의 창업 및 기업활동에 필요한 자금의 원활한 조달을 위하여 신용보증기금법에 의한 신용보증기금, 기술신용보증기금법에 의한 기술신용보증기금 및 지역신용보증재단법 제9조의 규정에 의하여 설립한 신용보증재단으로 하여금 장애인기업을 대상으로 하는 보증제도를 수립 · 운용하도록 할 수 있다.'고 하였다.

3) 창업의 원칙과 과정

장애인 창업지원의 가능성을 직업재활로 개발할 경우에 장애인 예비창업가와 가족의 자아존중감이 향상되고 경제적 · 문화적 · 사회적으로 자신감을 나타내는 등 삶의 전환기를 제공하게 된다. 장애인 창업지원의 원칙 5가지를 다음과 같이 살펴보자.

① 중단기 개입: 최하 6개월에서 24개월까지 상담과 전문컨설팅 지도를 통해 창업이 안정화에 이를 수 있도록 상담하게 된다.
② 구조화: 다른 어떤 접근보다도 다양하고 안전한 접근 절차를 활용한다.
③ 자기결정권: 창업에 관한 중요 문제는 장애인예비창업가의 의사결정에 따라 해당 분야의 전문가가 합리적으로 정보와 자료를 동원하여 지원한다.
④ 환경적 개입: 창업에 영향을 미치는 가족, 금융, 제도, 경제구조, 거시적 · 미시적 경제 전망, 실물경제에 대한 사회 · 환경의 종합적 문제점 등 창업에 따르는 위험을 최소화하기 위한 적극적 개입을 수행한다.
⑤ 책무성: 창업의 전 과정을 객관적으로 기록하고 진행사항에 대한 전문가 인력 풀을 가동하여 창업의 위험을 최소화한다. 창업상담 과정을 보다 세부적으로 살펴보면 다음과 같다.

• 착수
  - 고객과의 첫 접촉
  - 예비 진단
  - 컨설팅 프로젝트 계획 수립
  - 제안 및 컨설팅 계약

• 진단
  - 목적 및 문제의 분석
  - 사실의 발견
  - 사실과 분석의 종합

- 고객에 대한 피드백

• 활동계획 수립
  - 해결방안 개발
  - 다양한 대안의 평가
  - 고객에 대한 제안
  - 실행을 위한 계획 수립

• 실행
  - 실행에 대한 지원
  - 제안의 조정
  - 교육훈련

• 종료
  - 평가
  - 최종보고서
  - 실행된 사항들의 정착/강화
  - 사후관리(follow up) 계획 수립 및 철수

장애인창업과 관련한 컨설팅 과정의 종료는 ① 서비스가 완결된 경우, ② 고객 간 관계가 상호 만족스러운 경우다. 평가과정은 조직적인 인간시스템의 변화에 내재되어 있기 때문에 어려움이 발생한다. 직업재활에서와 마찬가지로 창업에서의 사후지도 또한 중요하다. 컨설팅 평가과정에서는 컨설턴트로서 고객이 사후관리에 관심을 보인다는 확신을 지니는 경우와 고객에게 제공할 만한 것을 더 갖고 있는 경우가 흔히 발견된다. 이를 최종보고서를 통해 고객에게 제안하고 고객과의 회의에서 공론화해야 한다. 컨설팅 종료 후 신기술 도입 등 고객의 입장에서는 컨설턴트가 제안한 사항을 실행에 옮기는 가운데 새롭게 맞는 경영환경에 대해서도 컨설턴트가 지속적으로 점검해 주기 원하는 경우도 있다. 이 경우 고객이 사후지도에 관심을 가질 수 있어 사후관리계획에 따라 컨설턴트가 정기적 혹은 한시적으로 고객을 방문하거나 새로운 중재를 제공해야 할 필요성이 발생할 수도 있다.

4. 결론적 귀결

우리나라 장애인 복지발전 5개년 계획 중 노동부의 장애인 일자리 신규 6만 개 창출 선언내용이나 빈부격차 해소의 해법은 보호자적 온정주의 발상을 내재하고 있다. 등을 따뜻한 방바닥에 붙이고 편안히 살아가기보다 의미 있는 활동을 하면서 바쁘게 살아가고 싶은 사람이 더 많은 이유는 그들이 자신의 경제적 자유와 삶에 대한 선택권을 포기하지 않기 때문이다.

자본주의 사회 속에서 경제력을 수반하지 않은 역량강화는 현실적이지 않다. 기초생활수급이라는 함정에 빠져 평생에 걸쳐 사회적 기회와 자아존중감, 경제적 독립이 위협받거나 정부와 다른 사람의 손에 자신의 삶을 맡기는 것이 아니라 중증장애를 지닌 시민도 경쟁과 자기이익 추구에 동등하게 나서야 한다. 사람은 종종 스스로 경제적으로 자신을 책임질 수 없을 때 자존감과 인격적 존엄성을 무시받기 쉽다. 직업재활은 개인의 독립 쟁취를 위한 도전과 위험을 권장하고 무릅쓰게 한다. 미국에서는 1965년에 장애연금 수급자를 위한 직업재활정책을 강화했으며, 1972년에는 공공부조의 개혁을 통해 복지수급보다는 장애인의 경제력 신장을 위한 노력을 추구하였고 역사가 그 효과를 입증하였다(Levitan & Taggart, 1977).

사회통합과 빈부격차 해소는 정부지원이나 비탄력적 복지예산의 증대가 아닌 소외계층에 대한 장기적 교육투자와 직업재활예산의 투자가 이루어질 때 가능하다. 즉, 소외계층의 보호와 사회공동체의 이익을 동시에 실현하는 것이 직업재활이다. 적절한 비유가 아닐지 모르지만 녹슨 자전거를 훌륭하게 사용할 수 있도록 만드는 노력이 곧 직업재활이라고 할 수 있을 것이다. 희년과 토지 무르기, 이삭과 곡물을 밭에 남기는 것 등 종교적으로도 모세의 율법은 소외계층에 필요한 생계수단과 스스로 먹고살 수 있는 기회를 제공하여 생명보호의 안전장치를 마련하였다(김상득, 2004).

먹고사는 문제, 잘 살기 위한 방편을 찾으려는 인간의 노력은 역사를 통해, 또는 학문적 관심을 통해 지속적으로 추구되어 왔다. 매스컴, 대중, 학계 등에서는 사회발전상 장애문제를 다루는 것을 달가워하지 않지만 미래 사회에서는 인간생명과 장애가 초유의 관심사가 될 것이다. 전쟁, 교육, 공학과 경영학, 그리고 정부조직의 관심은 온통 생산성이나 물질적 자원의 사용과 확장에 초점을 두고 있다. 사람의 행복과 만족은 최소한의 물질적 기반 위에 가능하리라는 맥락에서 장애를 지닌 시민이 스스로 살아갈 수 있는 수단과 방편을 절대적 통제력을 지닌 정부와 국가사회가 제공해야 한다. 개인의 노후대비에 필요한 국민연금의 혜택은 소득이 없는 장애인을 또 한 번 소외시킨다. 따라서 연금제도 밖에 있는 사각지대의 문제를 해결하기 위하여 장애인 근로기회를 한층 증진해야 한다.

장애인의 창업은 질적 · 경쟁적 고용시장에서 매우 중요한데 훈련, 파트타임 등의 환경조정이나 잡셰어링, 경제적 자원, 기술적 지원을 필요로 한다. 장애인의 창업과 자영업은 자기결정권, 성취, 사회적 기회, 삶의 질, 생활만족, 독립성, 경제성, 진로, 안전, 권력, 사회적 신분, 창조성의 촉진을 위해 바람직스럽다. 특히 시간적 융통성이나 신체적 제약 면에서 하나의 매력적인 직업재활 대안이 된다. 다시 말해, 사회복지서비스와 현물급여, 공공부조에 의존하지 않은 생활양식을 확립할 수 있게 해 주는 것이다. 장애인 창업과 자영업 지원에 투입된 국가예산이나 비용은 막대할 것이지만 역설적으로 장차 발생할 수 있는 사회적 위험을 대폭 줄이고 장기적으로는 더 큰 사회적 이익을 가져다준다. 즉, 장애인을 포함하는 소외계층에 대한 직업재활 예산은 궁극적으로 사회복지 예산 지출의 감소와 조세부담의 축소를 의미한다. 또한 Adam Smith의 자본주의 도덕철학에 따르면 기업의 사회적 봉사와 책임은 경제적 성공을 의미할 수도 있을 것이다.

제12장

직업적응

1. 장애인 취업의 특성

1) 심리적 반응

중증장애인에 대한 인식은 개발도상국이나 선진국이나 큰 차이 없이 대부분 부정적으로 나타난다. 장애의 종류와 정도에 따라 인식의 차이는 있을 수 있으나 대체로 장애인을 사회적으로 '다른 사람들'이라고 구분하며 관계 맺기를 꺼려하는 경향이 많다. 따라서 냉담, 놀람, 회피, 낙인, 거부, 고정관념, 그리고 편견적 행동 등을 통해 부정적 견해를 돌출시킴으로써 장애인과의 의사소통은 물론 시각적 · 신체적 접촉까지도 피한다. 물론 이와 같은 행동이 직접 표현되지 않을 때도 있으나 우리 사회에 만연한 장애인에 대한 부정적 인식은 의식 수준에서뿐만 아니라 사용하는 생활 언어에서도 깊게 뿌리내리고 있다. 이러한 부정적 인식은 장애인 당사자의 심리적 측면에 큰 영향을 미치며 장애정책, 장애인의 인권존중, 생활권, 법적 보호, 공공서비스의 접근, 교육 등 각종 프로그램에도 많은 영향을 미친다.

장애인에 대한 부정적 인식의 근원은 여러 가지 측면에서 해석할 수 있지만 과거에는 장애발생 원인을 특히 정신장애인의 경우 신의 저주 또는 악마의 소행이라고 생각하여 저주와 두려움의 대상으로 여기는 경우가 많았다. 그래서 악령을 몸 밖으로 내쫓는 종교적 제례도 행해졌다. 이와 같은 상황은 우리나라에서도 볼 수 있는 현상이다. 아직도 우리나라에서는 선천적 장애의 경우 장애발생 원인을 부모나 조상이 지은 죄의 결과라는 의식이 만연해 있다. 이러한 장애에 대한 인식은 전반적인 사회적 편견뿐만 아니라 장애인의 가족, 그리고 장애인의 자아감 형성에도 부정적으로 작용하고 있다.

부정적 사회 인식과 장애인이 장애로 인해 느끼는 사회심리적 갈등은 장애로 인해 생긴 기능문제보다 성공적인 재활에 더 많은 장벽을 초래한다. 이러한 문제점은 장애인의 사회참여와 통합을 실현하는 과정에 있어 큰 걸림돌이 될 수 있다. 따라서 신체나 정신적 기능의 한계보다도 장애인의 자아감, 동기부여, 그리고 삶의 원동력이 되는 심리적 요인에 보다 주목해야 한다. 전문가는 직업재활 과정에서 장애인의 사회심리적 부분을 이해하고 부적응 부분은 상담을 통해 보완해 주어야 한다.

2) 장애인 제도와 고용문제

역사적으로 고찰해 볼 때 현대의 장애인 고용제도는 역사적 연속성을 가지고 변천해 온 것이 아니라 사회적 상황에 근거하고 있다는 점을 알 수 있다. 사유재산제도의 출현은 인간을 개별 노동의 주체로 만들었다. 이때 스스로 생산주체로서의 지위를 유지하고 향상시킬 수 없는 장애인은 예속된 존재로 전락한다. 고대국가의 대민정책은 국왕이 자비를 베푸는 인정의 차원만이 아니라 생산을 통해 국가가 존립하기 위한 정치상 · 군사상의 목적도 가진다.

우리나라의 장애인 고용문제도 초기에는 서구 각국에서와 마찬가지로 전쟁희생자에 대한 복지차원에서 다루어지기 시작했다. 환과고독의 사궁과 불능자존자의 노병빈핍은 사회적 구휼을 필요로 하였고 국력약화를 예방하기 위해 사회문제를 해결하고자 하였다. 이에 따라 우리나라에서는 한국전쟁으로 발생한 전상장애인을 위해 최초로 장애인고용제도를 성립하여 변천시켰으며, 그 후 장애인 복지시설에 수용된 장애인에 대한 보호수단과 보호고용, 그리고 경쟁고용형태로 발전하였다. 이후 산업발달에 따른 산업재해로 증가해 가는 산재장애인을 위한 정책의 일환으로 직업재활이 다른 한편으로 발전하였다.

장애인이 구빈과 자선의 대상이 되었던 것은 세계 공통의 현상이었다. 그러나 사회 인식의 변화는 장애인이 노동을 통하여 자립할 수 있다는 것을 보여 주었다.

장애인의 취업기회 보장을 위한 국가정책은 주로 제1차 세계대전 이후 다수의 전쟁 부상자를 대상으로 전개되어 오다 일반 장애인에게까지 확대된 것이다. 한국에서 장애인의 수가 급증하게 된 계기는 한국전쟁이었고 경제개발을 추진하는 과정에서 발생한 장애인, 즉 산업재해를 당한 장애인에 대한 조치가 1963년에 뒤따르게 되었다. 이 2가지 유형은 국가를 위해 부상당했다는 공통점을 높이 인정하여 같은 정도의 장애라도 발생 원인에 따라 국가의 처우가 다르게 나타나는 선택주의적 색채를 강하게 갖고 있다. 그러나 이런 정부의 접근방식은 전체 장애 자체에서 도출되는 서비스수요에 보편적으로 대응하지 못하여 선택주의에서 제외된 대다수의 장애인이 가족과 친지의 보호로 넘겨지게 만들었다. 단지 생활보호대상자에 속한 장애인에게만 국가가 보호를 제공하였던 것이다.

국내에서의 장애인 고용문제는 1980년대에 들어와 국제사회의 장애인 권익옹호를 위한 압력 및 장애인 당사자들의 노력으로 폭넓은 관심을 받기 시작하였다. 이러한 흐름에 맞춰 우리나라에서도 '심신장애자복지법'이 제정되었고 장애인이 법률상 권리의 주체로서 등장하게 되었으며, 장애인 복지를 발전시켜 나갈 기반이 마련되었다. 대다수의 장애 원인은 유전이나 개인적인 요소 때문이 아니라 교통사고, 산업재해, 전쟁, 질환, 환경문제 등에 따른 것이고, 경제활동 가능 연령인 장애인이 많아 장애인 고용문제는 중요하다고 할 수 있다. 즉, 이를 사회전체의 문제로 인식하고 아무도 장애로부터 자유로울 수 없다는 점을 강조해야 한다. 1990년대에 들어와서는 장애인 고용과 취업문제가 장애인 개인이나 그 가족이 전적으로 담당해야 하는 것이 아니라 사회도 어느 정도 책임져야 할 중요한 의무라는 관념이 대두되기 시작하였다. 즉, 장애인 고용문제를 정부와 개인만이 책임지고 해결해 나가는 데는 한계가 있다는 것이다. 그러므로 지역사회가 일부분을 책임지고 통합화를 이끌어 나가야 하는데, 가장 중요한 역할은 이들이 생산적 활동에 종사할 수 있도록 기회를 제공하는 데 있었다. 장애인이 지역사회에서 일하는 기회를 얻어 비장애인과 함께 경제사회활동에 참여하여 보람을 발견할 수 있도록 각종 조치를 강구하는 것은 장애인정책의 우선 과제다. 특히 산업사회에서는 개인에게 고용이 차지하는 비중이 크기 때문에 장애인의 특성에 따른 적절한 취업

기회를 확보하는 것이 대단히 중요하다. 하지만 중증의 장애를 지닌 시민들에게는 입직도 중요하지만 취업 이후의 직업 유지가 더욱 큰 생애과제가 된다.

전환기 지적장애인이나 입직한 중증장애인의 삶의 질을 향상시키고 그들이 개인의 교육적 · 직업적 목표에 쉽게 도달할 수 있도록 하며 독립적 생활을 할 수 있도록 요구에 부합하는 서비스를 제공하는 것이 적응 훈련의 목적이다. 따라서 다양한 기초 훈련과 경험을 제공함으로써 기본적 일상생활과 사회생활이 가능하도록 하며, 궁극적으로 직업적응 능력을 배가시켜 사회적 존재로서의 가치를 부여하고 사회구성원으로서의 역할과 의무를 다 함께 할 수 있게 하여 사회를 통합하는 것을 목적으로 한다.

3) 직업적응훈련의 성격

직업훈련이 특정한 직업 종목의 기능을 배양하기 위한 과정인 데 비하여 직업적응훈련은 직업인이 되기 위한 기본 기술과 태도를 갖추는 훈련을 실시하는 것이라 할 수 있다. 장애인 직업재활에 있어 직업적응은 특수 의미와 일반 의미를 갖는다. 특수 의미의 직업적응은 신체 내인성, 능력개발, 새로운 정보와 경험의 획득, 부적절한 행동변화 등을 통해 개인의 직업 잠재력이나 능력을 증진하고자 고안된 상담과정을 의미하며, 일반 의미의 직업적응은 이러한 특수 의미와는 달리 노동경력 혹은 전체 직업생활을 보다 포괄하는 넓은 의미를 갖는다. 이러한 의미의 직업적응은 직장에서의 적응(vocational adjustment)을 의미한다.

미국에서의 정신장애인에 대한 직업치료(work therapy) 운동은 1960년대까지 번창하다가 사라졌고 이내 직업적응 운동이 시작되었다. 정신장애인에 대한 직업재활서비스는 1943년 직업재활입법을 시작으로 활발히 전개되었다. 지역사회 중재, 내담자의 전반에 걸친 접근, 정도가 심한 장애인의 직업 기능에 대한 관심 등이 정신장애인의 재활에 대한 사회적 노력을 증가시켰다. 과정 및 결과로서의 직업적응훈련은 직업 유지를 위한 기본적 직업기술과 사회적 기술이 부족한 내담자를 위해 고안되었다.

직업적응훈련 프로그램은 자연 환경 속의 실제이든지 보호작업장 환경 내의 모의 직업이든지 간에 일과 작업을 하나의 주요 요소로 삼아야 한다. 만성 정신장애인들 사이의 학습된 무용감(learned helplessness)이 특히 퇴원 후 직업재활을 방해하였다. 그

중에서도 정신장애의 일반적 범주에 포함되는 장애유형을 지닌 내담자가 가장 낮은 재활성공률을 보였다. 하지만 많은 직업재활내담자가 자신이 지닌 장애의 직접적 혹은 간접적 결과로서의 정서적 문제를 경험한다. 이때 이들은 정신장애의 영향을 극복하는 한편, 자신의 지적 능력에 상응하는 목표를 설정하여야 하며, 이들의 직업재활은 직업환경에서 나타나는 정신장애의 영향, 잔여 기능, 의료서비스, 지역사회 자원, 구체적 상담기술, 내담자의 장점 사정 등과 관련되어야 한다(McCue & Katz-Garris, 1983). 장애인고용촉진등에관한법률에 의해 제정된 '장애인 적응 훈련 기준'의 목적을 살펴보면, '장애인에게 스스로의 능력에 대한 자각과 직업생활에 대한 이해를 높이고 직업인으로서 갖추어야 할 소양과 기본적 기술, 기능을 습득할 수 있도록 하는 등 직업생활에 있어서 직업환경에 대한 심리적 · 기능적 적응성을 높이기 위한 훈련을 말한다.' 라고 명시되어 있다.

이와는 달리 심리학적 측면에서는 직업적응을 근로자가 주어진 작업환경에서 자기의 욕구를 충족시키면서 원활하게 맡은 바 임무를 수행하여 나가는 과정으로 개인적 욕구, 인간관계, 역할기대, 지역사회의 측면에서 느끼는 만족의 정도라 정의하기도 한다. 요약하면, 직업적응훈련은 고용에서 본질적 제한점을 지니는 중증장애인이 직업배치를 통해서든 지원고용을 통해서든 구직활동을 성공적으로 종료하여 직업을 갖게 되었을 때, 효과적으로 직업생활을 유지하도록 하기 위해 제공되는 제반 서비스와 노력의 총체라고 볼 수 있으며, 다음의 중요한 요소들을 포함한다.

(1) 개인적 욕구

직업적응에는 개인의 욕구충족이 필연적으로 수반되어야 한다는 것이다. 이것은 개인이 자신의 욕구를 충족시키지 못할 경우 소속집단 또는 직장에서의 적응이 불가능하다는 것을 전제로 하고 있다. 여기서 개인적 욕구라 함은 그 직장구성원이 회사에 소속됨으로써 갖게 되는 경제적 · 심리적 및 사회적 제욕구를 포함한다.

(2) 인간관계와 역할기대

어떤 집단 혹은 조직이든 개인 간의 상호작용을 전제로 하고 있는 이상 개인이 원만한 인간관계를 갖지 못하고서는 직장집단에서 적응할 수 없다고 보는 것이다. 또 집단은 자체의 존속과 목표 달성을 위해 기대, 욕구, 지시사항 등을 구성원들에게 부과하고 있다. 이러한 외적 규제로서 주어진 각종의 역할기대나 규범을 집단구성원이 자기 인성 내에 동화시키지 못할 경우에 적응은 불가능해진다.

(3) 지역사회생활

개인의 직업적응은 직장이라는 제한된 부분만으로는 이해할 수 없는 경우가 많고, 직장을 둘러싼 환경인 지역사회생활에 적응하지 못한다면 원만한 직업생활의 유지는 어렵게 된다. 직업적응훈련 영역을 구체적으로 살펴보면 다음과 같다.

① 진로계획 및 의사결정
② 진로 및 직업정보
③ 직업 습득 및 보유기술
④ 진로 성취를 위한 태도 및 인식 통찰
⑤ 인간관계 기술
⑥ 진로성취를 위한 자기 탐구 및 평가
⑦ 개인적 · 직업적 · 사회적 훈련
⑧ 진로 선택에 영향을 미치는 경제적 요인
⑨ 교육 및 진로교육관계

2. 직업적응훈련의 분류와 훈련 내용

1) 직업적응훈련의 분류

지적장애 및 행동장애로 인하여 직업능력이 제한되고 인간관계와 사회적응에서 문제를 지니는 대부분의 지적장애인은 학교를 졸업한 후 적절한 훈련의 부재로 가정 내에 방치된다. 이에 따라 직업적응훈련 프로그램의 필요성이 점차 대두되고 있다. 직업적응훈련의 내용영역으로는 독립기능, 개인 · 대인관계 행동, 정보처리, 학습 · 대안전략, 직업 전 기능 향상 등을 들 수 있고, 직업훈련은 구체적 직업기술을 개발하는 것에 초점을 두는 반면, 직업적응훈련 프로그램의 구성내용은 직무 관련 기능, 작업수행, 직업생활태도, 취업정도기능 등을 포함해야 한다. 직업적응훈련을 내용상으로 살펴보면 몇 가지로 분류할 수 있다. 한편, 직업적응훈련을 대인적응 훈련, 직업 전 훈련, 보완기능훈련으로 구분하기도 하는데 다음과 같이 살펴볼 수 있다.

(1) 대인적응 훈련

대인적응 훈련은 인간관계, 습관, 태도, 통찰력, 기술 등을 개발하는 데 사용될 수 있다. 일의 세계에서 요구하는 사항과 조화될 수 있는 태도, 자신의 행동에 대한 책임감, 일의 세계에서 수용될 수 있는 작업습관, 다른 사람들과 잘 어울리는 능력, 칭찬뿐만 아니라 비판까지도 수용할 수 있는 능력 등은 중증장애인이 고용 가능성이 있는 기술을 가지고 입직한 후에 직업을 유지하는 데 있어 모두 필요한 것이다.

(2) 직업 전 훈련

직업 전 훈련은 직업적 과정이나 취업과 관계되는 것으로 직장에 들어가기 위해 요구되는 지식과 기술의 습득을 용이하게 하거나 보충 · 보완해 줌으로써 이루어지는 훈련을 포함한다. 따라서 직업재활에 있어서의 직업 전 훈련에서는 장애인이 이미 가지고 있는 직업적 지식과 기술을 완전히 활용하는 데 방해가 되는 교육적 결함을 제거하기 위한 목적으로 훈련을 제공하기도 한다. 예를 들면, 읽기를 가르치고 취업을 위해 구직응시원서를 작성하는 것 등에 대한 교육은 이 시점에서 이루어지는 경우가 보통이다.

(3) 보완기능훈련

보완기능훈련은 신체 일부의 상실이나 감각기능의 상실을 보충하기 위하여 특수한 목적을 위한 기능을 훈련함으로써 중증장애인이 직무를 수행할 수 있도록 원조해 주는 훈련이다. 보완기능훈련의 예를 들어 보면 보행 훈련, 시각장애인을 위한 운동 훈련, 말하기 훈련 등이 있는데 이러한 훈련은 장애인이 정규훈련 프로그램에 들어가거나 경쟁고용시장에 들어가게 될 때 요구되는 것들이고 최고의 효과를 얻을 수 있도록 만드는 매우 특수한 기능의 훈련을 의미한다. 조사연구자료들은 이런 훈련이 수행된

기간이 길어질수록 미취업 사례는 감소되는 현상을 보여 준다.

무엇보다도 중요한 것은 장애를 예방하는 일과 함께 이미 발생한 장애인들에 대해서는 각종 정책을 강구해야 한다. 생계유지와 자아실현 등 인간다운 생활을 위해서는 직업활동이 요구되지만 장애인들이 직장을 구하는 데는 여러 어려움이 있다. 통근과 이동 등 장애가 심해서 직장생활을 못하는 비율이 높고 구직에 있어서 경증장애인보다 더 큰 어려움을 겪고 있다.

2) 직업적응훈련 전략과 기법

장애 정도에 알맞은 직업개발이 필요한데 장애인이 취업을 주저하는 주된 이유 중 하나는 '적합한 직종이 없어서'다. 이들에 대한 적합한 직종 개발이 우선되기 위해서는 장애유형과 정도를 감안하고 이들의 독특한 욕구 체계를 조사하여 직업개발을 함으로써 직업선택의 제한을 완화시켜야 한다. 자영업을 선호할 경우에는 장애인이 보다 쉽게 사업을 시작할 수 있도록 재정적 지원을 확대하고 장애인 직종을 개발해야 한다.

또한 장애인이 보다 자유롭게 밖으로 이동할 수 있게 하기 위한 장치의 마련 방법을 강구해야 할 것이다. 특히 장애인 이동권에 대한 폭넓은 방안을 강구하고 장치를 마련해야 할 것이다. 예를 들면, 장애 정도가 심하여 출퇴근이 어려운 장애인의 경우 이들에게 맞는 직종개발과 이들이 이용할 수 있는 교통수단 도입 등의 방법을 찾아야 할 것이다. 그리고 장애인이 일상에서 보다 자유롭게 생활할 수 있는 보조 장치나 재정 지원 방안을 강구할 필요가 있다. 장애를 가진 사람들이 경쟁적 고용이 될 수 있도록 돕는다는 것은 전문가가 교사, 상담사, 심리학자, 촉진자, 고문, 코치, 조언자, 그리고 친구로서의 기능을 하도록 요구한다. 이러한 역할을 성공적으로 수행하기 위해 채택할 수 있는 다양한 상담 전략과 기법이 있다. 폭넓은 범위에서 효과적으로 사용할 수 있는 전략과 기법, 그리고 이론 교육과 인간서비스 훈련이 개발된 것이다. 오리엔테이션과 훈련은 특성과 요인이론, 인지이론, 행동과 학습이론, 시스템이론, 직업적응 전략, 그리고 선택적 상담기술을 포함한다. 〈표 12-1〉은 훈련전략의 개략과 서비스대상자를 돕기 위해 권고하는 기술을 담고 있다.

표 12-1 각종 전략과 기술

전략과 목적	기술
특성과 요인: 내담자의 성격 특성과 능력에 적합한 대안	□ 직업-진로 평가 □ 직무와 개인의 매칭 □ 직무 분석
인지: 내담자를 둘러싼 양가감정의 원인이 될지도 모르는 심리적 갈등과 장벽의 구체화	□ 빈 의자 기법 □ 역할 바꾸기
행동: 고용을 유지하도록 배우고 수행하는 행동	□ 자기관리 □ 행동계약 □ 모델링 □ 행동 예행연습 □ 역할놀이 □ 적극성 훈련 □ 이완 훈련
시스템: 고용 상태에서 변화하기 위해 내담자의 중요한 사람들로부터 얻을 수 있는 수용과 지지	□ 소시오그램 □ 일상 역할 변화의 예측
상담: 지원 원조의 제공을 통한 전환의 촉진	□ 정보제공 □ 결정 과정 □ 문제해결
직업적응: 적응에 필요한 제품 사용 혹은 직무조건이나 작업환경의 변화	□ 직무 재구성 □ 일터의 변화

(1) 특성과 요인 전략

고용은 성공적인 전환을 달성하고 생산적이고 만족할 만하다고 판단할 수 있는 직업상의 표적을 설정할 때 유지될 수 있다. 특성과 요인 상담의 중요한 목적은 내담자의 효과적인 진로생활을 돕는 것으로 이론의 원칙은 다음과 같이 요약할 수 있다. ① 각각의 사람은 고용 특성의 유일한 프로파일을 가지고 있다. ② 각각의 직업은 독특한 근로자 특성을 요구한다. ③ 진로는 요구되는 직무 특성과 개인의 직업특성을 짝짓는 과정이다. ④ 생산성과 직무만족도는 개인의 이런 특성이 일치할 때 발생한다.

직업재활전문가는 내담자가 일에 대한 양가감정을 나타낼 때 때때로 당혹스러움을 나타내고 실망하게 된다. 그러나 직업에 대한 양가감정은 장애를 지닌 사람들에게만 한정되어 나타나지 않는다는 사실을 주목해야 한다. 많은 사람은 서비스와 훈련을 받고 상담을 이용하면서 실패했을 때 직업에 대한 양가감정을 가지게 되고, 이런 감정을 극복하게 될 때 고용이 유지된다. 그러므로 전문가는 내담자 인식의 장벽을 인지해야만 한다. 그들이 내담자가 직업에서 부정적 피드백을 받고 있는 이유를 알지 못한다면 결국 내담자는 그들에게 실망하게 될 것이다. '무언가 나에게 잘못이 있는 것일까?' 혹은 '나를 싫어할까?'라고 자문하기 시작하면서 내담자는 점차 불확실성의 원인이 되는 좌절감을 지니게 된다. 또한 특수한 문제를 가진 사람으로 보이거나 장애라는 명칭을 부여받는 것만으로도 자발성이 손상될 수 있는 인식 장벽을 초래할 수 있다.

행동주의적 용어로서의 직업윤리 혹은 직업은 특정 직업에 성공적으로 적응할 수 있도록 하는 직업장면의 훈련에 대한 내담자의 특별한 반응이라고 규정할 수 있다. 여기서 특정의 개인이 지니는 직업윤리는 '나는 현재의 일이 싫지만 생활에 꼭 필요한 것을 획득하기 위한 금전이 필요하기 때문에 직장에서 요구되는 것을 수행해야 한다.'라고 하는 형태일 수 있다. 이런 견해는 개인이 자기실현을 위해 추구하는 형태로 직업을 간주하지 않더라도 그것을 최소한으로 규정하게 되는 정의라고 볼 수 있다. 따라서 일은 어떤 목적을 성취하기 위한 하나의 수단으로 간주된다. 여기서 특정한 형태의 직업윤리 없이는 개인이 생산적 직업장면에서 바람직한 행동을 유지하는 데 곤란을 겪으며, 대다수의 지적장애 근로자 중 특히 중증장애인의 경우 앞서 언급된 실용주의적 직업윤리조차 결여되어 있다는 가정을 할 수 있다.

따라서 장애인이 사전에 다양한 직업적 선택을 경험하고 거기에 대한 인식을 높일 수 있도록 기회를 제공하는 것이 중요하다. 다른 유형의 직업과 진로방향에 노출되고 그것을 경험하도록 만드는 교육훈련 프로그램에 대한 접근은 중증장애인이 직업흥미와 목표를 개발하도록 원조한다. 또한 여러 가지 유형의 직업에 대해 토론하고, 그것을 설명해 줄 수 있는 지역사회 현장 근무자를 초대하여 이야기 듣는 직업설명회(career day)를 개최하며, 직업현장을 방문하는 것이 내담자의 직업에 대한 인식을 높이는 좋은 방법이다.

(2) 인지재구조화와 기법

인지재구조화란 내담자가 자기-성장 태도와 함께 자기-좌절 사고와 태도를 교정하도록 돕는 것이다. 상담환경에서는 내담자의 개인적 논리와 독백을 검토하는 것뿐만 아니라 내담자 자신, 직업세계, 고용주, 그리고 고용 실천에 대한 내담자의 긍정적 인식을 기를 수 있는지 평가한다. 직업재활전문가는 자기-좌절 사고를 지닌 내담자가 그들 자신의 엇갈리는 관점 및 경쟁적 행동과 함께 더욱더 객관적이고 조화로운 환경을 재구성할 수 있게 노력해야 한다. 그러한 인지재구조 과정은 다음을 수반한다. ① 자기-좌절 인지 부분을 구체화한다. ② 불완전한 인지와 자기-좌절 혹은 비생산적 행동 사이의 관계성을 확립한다. ③ 내담자가 그들 자신의 상황을 바라보는 것과 상반된 방식을 조사한다. 그리고 ④ 새로운 긍정적 인지과정이 적합한 행동을 위해 어떠한 방식으로 기여하는지 검토한다. 다음의 2가지 인지 전략은 빈 의자 기법과 역할 바꾸기로 알려져 있다.

우선 빈 의자 기법은 게슈탈트이론에서 일반적으로 사용되며 심리극에 뿌리를 두고 있다. 이것은 내담자의 양가감정, 낮은 자아존중감 혹은 적합하지 않은 직업적 자아개념의 원인이 될 수 있는 갈등적 사고 안에서 통찰력을 얻도록 하는 데 유용하다. 이 기법에서는 갈등을 유발하거나 적합하지 않은 사고양식에 대해 논의할 수 있도록 해당 사고양식을 구체화한다. 또한 내담자 자신의 잠재적으로 적합하지 않은 2가지 측면을 선택해 함께 토론해 보게 하며, 반대되는 측면의 자아와 함께 새로운 자아와 대화하거나 교대로 대화하는 것을 포함한다. 내담자는 한쪽 측면에서 다른 쪽 측면으로 번갈아 가면서 자신의 양 측면 모두를 가정해야 한다. 빈 의자 기법에서는 내담자가 그들 자신의 반대 측면을 나타내기 위해 반대쪽 의자에 위치한다. 그리고 말하고 있는 동안 나타내고자 하는 내용을 명확히 하기 위해 의자를 교환한다. 예를 들면, 고용에 적격한 자아가 반대쪽의 비어 있는 의자에 앉은 고용에 부적격한 자아에게 설명하는 것이다. 이후 그 내담자는 의자를 교환해야 하고 고용에 부적격한 자아의 위치에서 고용에 적격한 자아에게 대답을 해야 한다.

이때 전문가는 대화를 통해 좌석을 이동하도록 만들고, 더욱더 직접적인 토론을 위해 부정확성을 확인하도록 함으로써 내담자를 안내해야 한다. 내담자는 종종 성공이 불가능하도록 만드는 적합하지 않은 생각에 대한 강한 통찰력을 발전시켜야 한다. 예를 들면, 상담사는 직장생활을 괴로워하는 30세의 남성에게 '나는-직업을-원하지-않는다' 측면에서 '나는-직업을-원한다' 측면으로 이동하도록 돕는다. 그 과정을 통해 적합하지 않은 태도를 인지하는 한편, 단지 자신이 즐길 행동을 찾을 수 있다. 또 한편으로 그는 직업의 세계에 대해 거의 알지 못했고, 알지 못한 직업은 고려하지 않을 것이므로 모든 직업을 부정하였을 것이다. 따라서 전문가는 직업을 방해하는 적합하지 않은 태도에 대해 이야기하고 나서 그 갈등을 해결하는 방법을 논의할 수 있다.

역할 바꾸기는 게슈탈트의 심리극과 합리적-정서 기법에서 활용하는 다양한 잠재적 상담법으로 내담자가 자신과 다른 사람의 역할을 수행함으로써 상황을 다른 관점에서 바라보도록 돕기 위해 특별히 사용할 수 있다. 예를 들면, 그들의 직무 인식이나 가족구성원이 중요한 영향을 미칠 수 있는 것에 대해 논의하는 역할을 수행할 수 있어야 한다. 이런 역할 속에서 내담자는 자신의 태도나 다른 사람의 신념에 대한 새로운 통찰력을 얻을 수 있을 것이다. 이 교체된 역할에서 내담자는 자기 자신이 실제로 있으며, 다른 사람인 것처럼 응답해야 하는데 특히 다른 사람으로 사실상 존재하는 것처럼 응답해야 한다. 바뀐 역할에서 표현된 태도와 인식은 내담자가 공유하거나 독점적으로 가지려고 하는 태도에 대한 투사일 수도 있다.

학습장애를 가진 18세의 어느 소녀는 자신의 어머니, 아버지, 자매, 그리고 자신이 가장 좋아하는 교사의 역할을 수행하도록 요청받았다. 이 각각의 역할에서 그녀는 스스로를 게으른 것으로 설명했으며 아버지로서는 매우 사교적이지 못하다고 설명했다. 또한 자매로서는 재미있다고 설명했으며 그녀가 가장 좋아하는 교사로서는 유쾌하고 영리하다고 설명했다. 이러한 인지는 역할 바꾸기를 통해 구체화된다. 전문가와 내담자는 혼합된 자기 묘사에 대해 논의할 수 있다. 어떠한 관점을 가지고 있든 간에 이러한 인식은 직업을 유지하기 위한 능력에 영향을 미칠 것이다.

(3) 행동주의 학습 전략

일반적으로 일자리를 유지하는 경쟁고용에서 내담자에게는 명백한 행동이 요구된다. 몇몇 내담자는 고용상 각종 전문원조를 필요로 할 수도 있다. 내담자는 장애가 주는 압박에서 벗어나 충분히 동기부여를 하고 포괄적인 행동계획을 개발하며 실행할 수 없는 행동과 학습 전략은 새로이 배우고, 산출하고, 유지해야 한다. 이론적으로 행동주의 학습이론은 내담자와 그들의 환경에 대한 결과물 모두에 접근하는 관점이다. 이미지를 변경된 바람직한 행동으로 산출하는 실제의 전략은 자기관리, 행동 계약, 모델링,

행동 예행연습, 역할놀이, 적극성 훈련, 이완법을 포함할 수 있다. 내담자는 직업을 유지하는 데 필요한 책임을 담당하기 위한 조사에 다음과 같은 자기관리 전략을 사용하게 된다. 상담관계에서 적극적인 행동가가 되도록 기대하는 경향을 구체화하고 ① 직무 목표를 선택한다. ② 성공하기 위해 도움이 되는 조건을 만든다. ③ 직무 행동을 모니터한다. 그리고 ④ 효과적인 결과를 안정시킨다.

행동계약은 내담자가 어떤 시일이 명시된 직무를 수행할 수 있도록 하기 위해 전문가 사이에 계약을 맺는 것이다. 그 계약은 일반적으로 긍정적인 강화물을 포함하며, 내담자가 그들의 동의에 따르는 데 실패할 때 바람직하지 않은 몇몇 결과를 포함할 수 있다. 따라서 이는 회피행동 패턴을 보이는 특정한 행동상태를 헤치고 나가는 것을 돕거나 회피행동 패턴을 해결하는 데 도움이 될 수 있다. 행동계약은 내담자가 명시된 고용유지를 위해 필요한 행동을 완료할 것을 요구한다. 그래서 내담자가 그 직무를 수행하는 데 필요하거나 원하는 품목을 구매함으로써 그 자신에게 포상하도록 하고, 계약에 실패한다면 한 주 동안 가족을 위해 봉사하도록 한다.

모델링은 내담자가 이용 가능한 적합한 행동적 특성을 명백하고 뚜렷하게 이행하는 것을 말한다. 이것은 전문가나 다른 내담자 혹은 비디오를 통해 가능한데, 일반적으로 고용유지에 필요한 행동방법을 설명하는 데 특히 유용하다. 또 내담자는 교육이나 모델링 모두를 통해 배운 특정한 행동을 미리 연습한다. 그 행동 예행연습의 기법은 특히 모델링으로 선행되고, 전문가의 코치에 따를 때 더 효과적이다. 예를 들면, 전문가가 세부 직무에 대해 고용주에게 전화를 걸어 대화를 나눈 후 건설적인 피드백을 제공받는 동안 준비된 행동을 연습할 수 있다. 역할놀이는 내담자가 직무와 직장의 사회적 상황에서 예상되는 행동의 반응을 연습하도록 한다. 이것은 대부분 내담자에게 구두나 비디오 녹화를 통한 피드백이 제공될 때 가장 효과적이다. 적극성 훈련은 소심하고 수동적인 내담자가 행동 반응을 개발하고 커뮤니케이션이나 행동의 유효성을 증대시키는 데 그 목적이 있다. 직무를 두려워하거나 위협을 느끼는 내담자에게 적극성 훈련은 이익을 가져다줄 수 있다. 적극성은 교육, 모델링, 그리고 행동 예행연습의 결합을 통해서도 달성될 수 있으며, 전문가의 피드백은 항상 유익하다. 또한 이완 훈련은 근육을 조직적으로 이완시키는 방법과 신체 긴장 및 스트레스의 심리적 경감을 위한 정신적 이미지에 초점을 맞추는 방법을 배우는 일을 포함한다. 내담자는 직무와 관련된 회피 행동을 완화하기 위해 이완법을 통하여 불안감을 감소시키는 방법을 배운 후에 직업활동을 재개할 수 있다.

3) 시스템 전략

시스템은 조직된 전체를 구성하는 상호작용이라고 정의할 수 있는데 가족구성원, 친구, 지인, 그리고 지역사회 조직으로 만들어진 사회적 관계망의 한 부분으로 간주된다. 사람들은 판에 박힌 일과와 사회적 공간 안에서 변화를 만들어 간다. 결과적으로 그들의 역할과 일상에 영향을 미치고, 특히 사회적 환경에서 만들어진 사람들에게 영향을 미치게 된다. 모든 역할은 더 큰 사회적 그림으로 통합되게 된다.

내담자들 사이에서 발생하는 직무 역할의 변화는 때때로 그들에게 중요한 사람의 역할 변화를 불가피하게 할 것이다. 예를 들면, 장애아동이 있는 부모는 때때로 조력자의 역할을 취하게 되고, 아동이 독립적인 청소년으로 자란다면 부모는 이러한 변화에 순응해야 할 것이다. 몇몇 부모는 아이의 독립을 힘겹게 받아들일 것이며, 주저하거나 지원을 망설일 것이다. 집 안에만 있는 장애인은 때때로 가정에서 청소, 심부름, 그리고 아이 돌보기와 같은 가치 있는 역할을 한다. 취업을 위해 이러한 역할을 포기한다는 것은 누군가가 떠맡아야 할 더 많은 일이 남겨진다는 것을 의미한다. 따라서 내담자는 자신의 바람직한 새로운 역할을 찾을 수도 있지만 가족구성원은 자신의 일상에서 바람직하지 않은 변화를 찾을지도 모른다.

전문가는 내담자의 일상에 변화를 촉진하기 위해 노력함으로써 사회적 관계망에서 역할 변화를 촉진시킬 수 있다. 때때로 내담자는 교통수단, 금전, 주택, 음식, 그리고 정서적 지원과 같은 필요성으로 인해 직장환경에서 사람들에게 의존하게 된다. 결과적으로 내담자의 일상에서 변화를 위해서는 부모, 보호자, 배우자, 친구, 교사 혹은 생활환경 조사원의 지지와 승인이 필요할 수 있다. 이 시스템 전략은 내담자의 일상에 중요한 영향을 미치는 타인을 판단하고 일상에서 일어날 수 있는 역할 변화를 예측하기 위해 사용되는 소시오그램을 포함한다. 소시오그램은 전문가가 변화를 촉진하는 데 영향을 미칠 수 있는 내담자에게 중요한 영향을 미치는 타인을 확인하기 위해 사용될 수 있다.

(1) 일상 역할변화에 대한 예측

소시오그램이나 역할 바꾸기를 완료한 후에 전문가는 직장에서 내담자가 적응하기 위해 필요한 변화를 가져오도록 도울 수 있다. 즉, 내담자와 중요한 다른 사람들 사이에서 정보를 제공하고 계약이나 지원을 요하는 서류작성과 명확한 역할을 조언하여 매끄러운 역할 전환이 이루어지도록 하는 방법이다. 이외에도 부가적으로 내담자가 직업을 유지할 수 있도록 돕는 상담기술을 사용할 수 있는데 정보 제공, 결정 과정, 그리고 문제해결을 포함한다. 내담자는 그들 자신과 직업의 세계에서 가장 적합한 곳은 어디인지, 지역 자원과 경쟁할 수 있는 직업을 유지하기 위해 무엇을 해야 하는지에 대한 정보를 필요로 한다. 또 전문가는 내담자와 관련 있는 지지 체계에서 선택권을 찾고 대안을 고찰하며, 위험을 감지하고 희망하는 변화를 위해 전략을 계획하는 것을 도와야 한다. 전문가는 내담자와 함께 일할 때 나타날 수 있는 많은 문제를 준비하고 예상해야 한다.

직업적응은 장애를 지닌 사람이 자신의 조건에 알맞은 수준에서 작업을 수행할 수 있는 직업환경이나 직장에 적절히 적응하는 것을 말한다. 여기서는 개인의 장애 정도와 특성, 직무 필요조건, 작업환경, 그리고 제안된 적응상의 과제를 포함한 적응의 종류와 요구를 평가한다. 직업적응은 작업의 재배치, 특히 보조공학기구나 기술적 장비에 적응하는 것, 혹은 작업조건이나 일과를 재편성하는 것을 포함할 수도 있고 직무재구조화와 일터의 변화를 포함할 수도 있다. 보조기기는 확대경, 전기광학 기구, 전화증폭기, 확성전화, 음성계산기, 점자 장치, 통신 보드, 그리고 다른 간단한 도구와 같은 특수 장비와 보조 장치를 포함한다.

직무재구조화란 개인의 장애에 대한 기능적인 제한을 해소하기 위해 사용할 수 있는 직무개조를 포함한다. 직무재구조화에서 개인이 수행할 수 없는 직무는 제거되거나 다른 사람에게 옮겨지게 된다. 직무수행과 관련된 적절한 편의제공의 한 형태로 본질적인 직무기능이나 주변 직무기능이 수행되는 방법 혹은 시간을 바꾸는 것이 있다. 그래서 특정한 근거에 기반을 두어 본질적인 직무기능이 아닌 것은 주변 직무기능으로 결정된다.

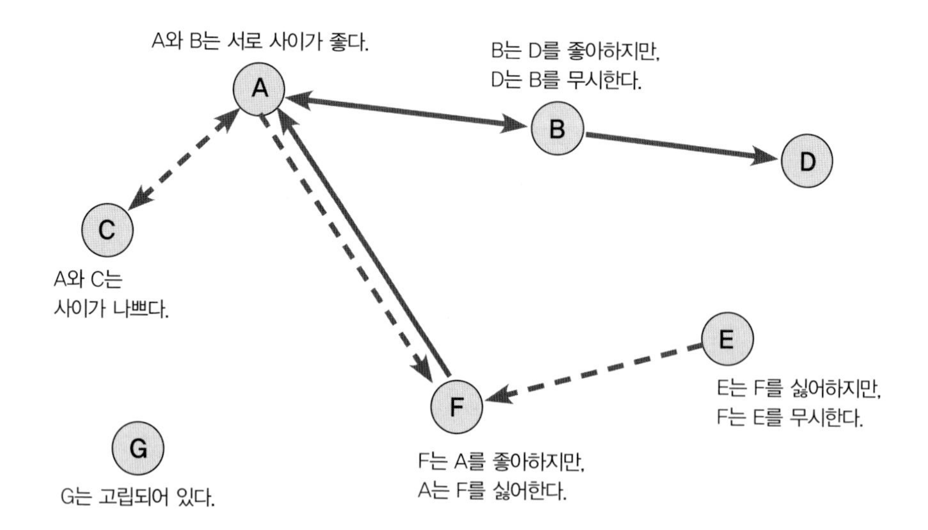

[그림 12-1] **시스템 전략에 사용될 수 있는 소시오그램**

(2) 일터의 변화

일터의 변화는 기계장치의 변화 혹은 개인의 장애로 인해 초래되는 기능적 제한을 해소하기 위한 물리적 변화를 포함한다. 조지아 대학교 공과대학은 작업장 변경에 필요한 기술적 연구와 개발을 위해 2002년 11월부터 연방정부로부터 보조금을 받았다(www.gettech.com.pk). 특히 소비자네트워크를 구축하고, 시각장애 · 인지장애 · 지체장애 영역의 연구 활성화를 위한 조사연구를 활발히 하였다.

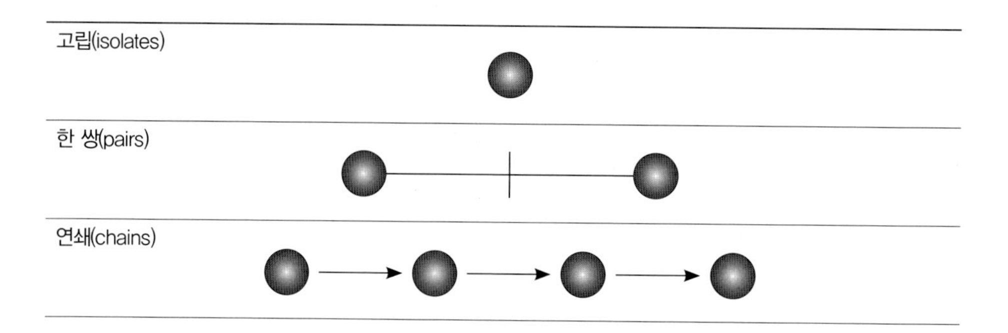

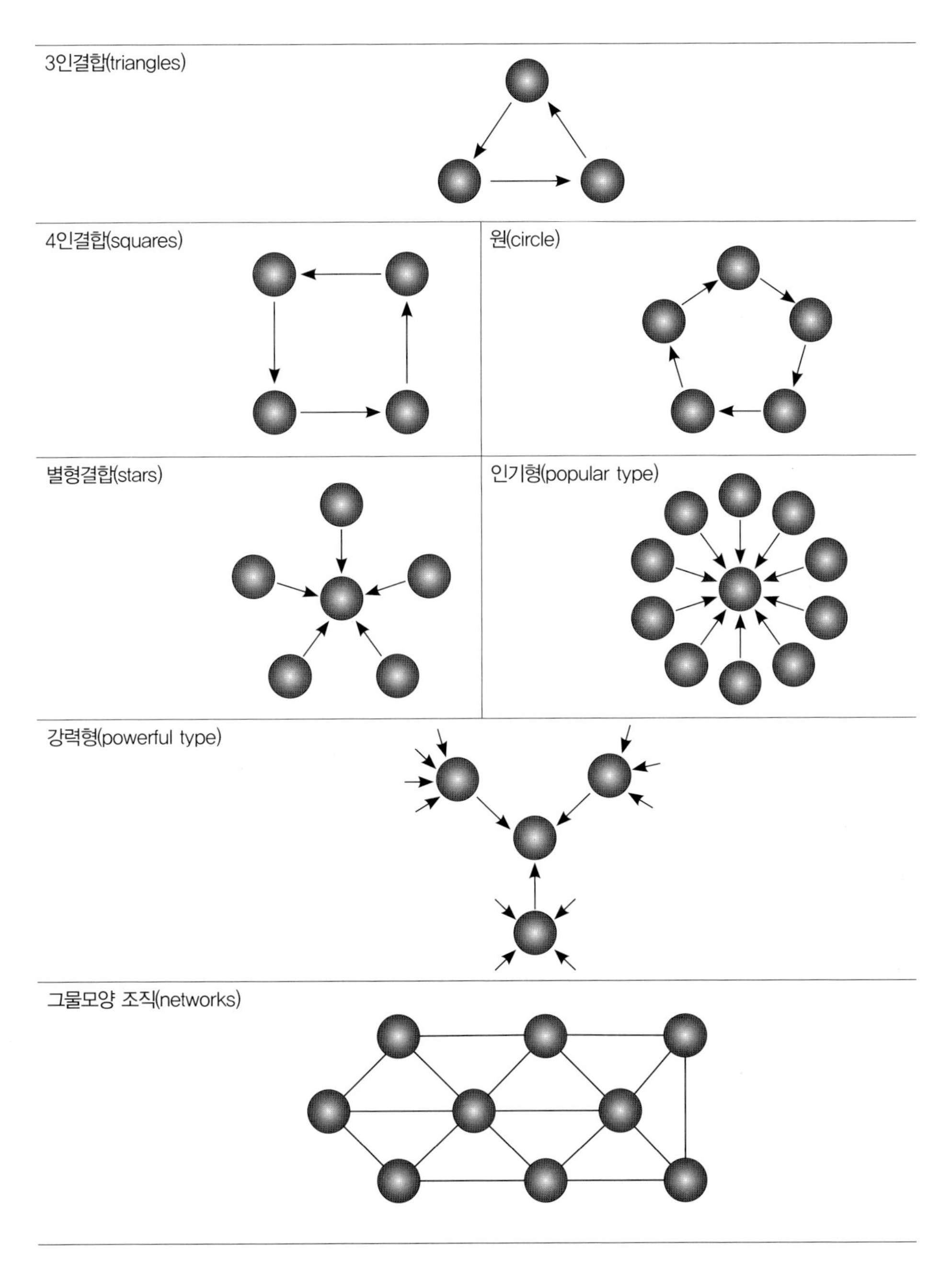

[그림 12-2] **소시오그램의 단위개념**

3. 직업윤리의 계발

1) 직업윤리의 요인

직업윤리 계발의 한 요인인 금전의 구매력에 대한 개념은 수입증가에 대한 예측이나 보장, 약속이 대다수의 지적장애 근로자 사이에서 강한 동기가 되지 않는다는 전문가들의 경험 및 관찰과 직접적으로 관련되어 있다. 이것은 아마 대부분의 지적장애 근로자가 매우 제한된 정도 외에 금전의 구매력이 지니는 의미를 잘 이해하지 못하고 있다는 요인으로 설명될 수 있을 것이다. 이러한 직업윤리 계발요인은 금전의 저축과 같은 다른 개념과 다소 혼돈되지만, 금전을 하나의 강력한 이차적 강화제로 설정하는 일이 금전의 구매력을 설정하는 것으로 간주할 수 있다.

보상적 활동으로서 직업의 개념은 특정한 직업장면에서 개인이 갖는 생산적 활동과 그에 따라서 획득된 금전의 양 사이에 하나의 관계가 견고히 선정되어 있다는 것을 말한다. 이것은 월급생활을 하는 지적장애인보다 실적급에 따라 일당을 받는 지적장애인에게 더 사실에 가까우며 중요하다. 지적장애인에게 있어서 이상적인 직업행동은 그들의 생산적 행동이 수입의 양을 직접적으로 결정한다는 인식에 토대를 둔다.

금전의 구매력이 직업윤리 계발의 동기로 보일 수 있는 한편, 생산적인 일과 보상정도 사이의 관계는 직업윤리 계발의 핵심이 된다. 따라서 보상과 일에 따른 생산물 사이의 관계를 인식하지 못하거나 확대 해석할 수 없는 개인에게 있어서 오랜 직업경험과 구매력이란 별 의미가 없다.

2) 윤리계발 방법

작업생산성에 관한 이전의 연구는 여러 가지 행동수정 기술이 지적장애인의 작업수행력을 향상시키는 효과가 있다는 것을 보여 주었다. 예를 들면, 금전과 음악은 생산율을 유지시키는 데 있어서 효과적인 유발사건(contingency)으로 나타났다. 또 다른 연구들에서는 직접적인 지시(instruction)가 경쟁방법(competition)과 유인제 사용방법

만큼이나 효과적인 것으로 나타났다. 또한 많은 연구의 목적은 목표설정(goal setting)이 지적장애인의 직업동기에 대한 하나의 유용한 기술일 뿐만 아니라 프로그래밍 접근의 하나인 것을 보여 준다.

실험실이나 산업장면 모두에서 특정한 성취에 대한 명확한 목표를 설정하는 것에 따르는 효과를 기록한 많은 조사결과와 경험적 문헌은 목표설정이 지적장애인의 직업동기에 대한 하나의 접근으로서 매우 매력적이라는 것을 보여 준다. 목표설정 기술은 또한 산업경영에 있어서 포괄적으로 사용되는 작업동기 기대유발이론에 포함될 수 있다. 과제목표는 직업에 대한 동기의 몇 가지 요소에 영향을 미칠 수 있다. 이 이론적 준거에 따르면 직업 동기는 대상자의 노력이 특정한 형태의 보상이나 이러한 보상에 부여된 유발성에 이른다는 믿음으로부터 기인한다. 목표는 성장, 성취, 책임, 인정, 제휴, 그리고 안전에 대한 욕구를 만족시킨다고 간주된다(이달엽, 1998).

또한 장기저축을 통해 금전을 하나의 조건화된 강화제로 발전시키려는 노력을 할 수 있다. 보호작업장에서 금전은 자연적 강화제일뿐만 아니라 금전과 유사하게 조건화된 강화제로서 각각의 일차적 강화제와 연합될 때 보다 큰 유인가치를 지닌다. 강화전략의 지연은 중증 지적장애인에게 거의 사용되지 않지만, 강화(금전)와 비축된 강화제의 교환 사이의 지연은 소거에 대한 저항을 증가시키는 것으로 밝혀졌다. 또한 다른 연구결과에 따르면 보다 가치 있고 값비싼 비축강화제를 구매하는 것이 내담자에게 조건화된 금전의 강화가치를 증가시킬 수 있고 장기목표의 획득에 대한 성취감을 단기목표의 성취감보다 크게 얻을 수 있게 한다.

4. 잡셰어링

1) 개념

잡셰어링(job sharing)은 하나의 직무에 둘 이상의 근로자가 배치되어 일하는 형태로, 가령 월 · 화요일은 갑, 수 · 목요일은 을, 그리고 금요일은 병이 순환근무를 하는 것이다. 두 사람이 같은 요일에 근무하는 경우에는 서로 협력하여 다양한 업무를 동시에 수행할 수 있다(www.answers.com/topic/job-share).

잡셰어링은 유연한 근로시간, 압축된 근무요일, 그리고 생산성 유지라는 측면에서 텔레커뮤팅의 대안이 될 수 있고, 삶에 있어서 흥미롭고 중요한 활동을 추구할 수 있는 기회를 제공하며, 비록 소득은 감소하지만 삶의 질을 높일 수 있다.

또한 잡셰어링은 하나의 일자리에 필요한 시간과 책임을 두 명 이상의 근로자가 나눔으로써 경제 상황이 개선될 때까지 해고 없이 파트타임 근로를 유지시킬 수 있다는 점과 대량 해고의 대안이 된다는 측면에서 최근에 많이 권장되고 있다. 이런 형태의 근무는 정기적 혈액 투석이 요구되는 신장장애인과 특별히 신체 피로가 잦은 중증장애인에게 매우 유용하다(Wikimedia, 2013).

그러나 잡셰어링을 파트타임 직업과 혼동해서는 안 된다. 인생에 있어서 금전보다 더욱 중요한 자신의 가치와 관심을 추구하는 사람들에게는 돈이 다른 기회들보다 중요하지 않다. 이런 형태의 고용기회에는 일반적으로 통상적인 일자리에서 요구되는 모든 형태의 책임, 주의, 헌신이 필요하다.

잡셰어링은 소규모 사업을 하는 사람들에게 특히 유연한 근무시간을 통해 일자리를 잃지 않고 자신의 직업을 유지해 나갈 수 있게 한다. 또한 중요한 근로자가 그 직업을 떠나더라도 새로이 근무하게 되는 직업을 신규로 직무교육시킬 필요성이 크게 줄어든다는 이점이 있다. 물론 잡셰어링으로 인해 인사 관리자들은 증가된 서류와 행정, 다른 부수적 업무가 생겨 불안해할 수 있다. 그러나 개별 직무에 관해 적절한 계획이 수립되고 근무자들이 자신의 업무를 책임질 수 있다면 이런 쟁점은 해결될 수 있다.

2) 직업계획 수립

잡셰어링 프로그램이 성공하려면 견고한 계획이 수립되어 적절하게 수행되어야 한다. 프로그램관리자는 시스템이 잘 작동하고 있는지에 관해 철저한 주의를 기울여야 하고 관계되는 사람들과 파트너들 사이에 견고한 의사소통 체계를 유지하도록 하여 프로그램에 참여하지 않는 근로자들에게도 관심을 가져야 한다. 잡셰어링이 효과적으로 이루어질 때 생산성이 고도 수준에 다다를 수 있다.

잡셰어링 프로그램 수행의 초기 단계는 그 직업이 분할(share)될 것인지를 결정하고 대상자는 누가 될 것인지를 파악하는 일이다. 외부에서 지원자를 모집하기도 하지만 잠재적인 서비스 대상자들은 그 직장에 이미 종사하고 있는 사람들이다. 개별 직무와 업무들이 뚜렷이 구별되는 직업이 잡셰어링의 목표가 되지만 종종 이런 직업들보다 더욱 복잡한 일자리들이 잡셰어링의 초점이 된다. 따라서 관리자와 프로그램에 참여하는 잡셰어링 근로자들은 모두 여기에 헌신해야 한다.

3) 근로자들과 잡셰어링

잡셰어링을 위해서는 표적 직업과 밀접히 관련되거나 일치하는 의사소통 기술, 질적 기준, 직업 습관과 선호, 그리고 직업 유형을 가진 사람들을 찾는 일이 가장 중요하다. 따라서 서비스 대상 근로자가 자신과 일치하는 조건을 지닌 직무를 자유롭게 선택할 수 있을 때 크게 도움이 된다. 고용주는 충분한 역량을 지닌 근로자를 선호하겠지만, 그렇지 않은 경우에도 크게 문제될 것이 없다는 점을 알 필요가 있다. 예를 들면, 어느 직장의 숙련된 직원이 신입 직원에게 잡셰어링 관련 직무를 가르친다고 할 때 거기에 소요되는 비용과 시간을 고려하여 신입 직원에게서 수당을 삭감하고 그 일부를 숙련된 직원에게 금전적 보상의 형태로 제공하게 되면 고용주에게 손해가 되는 것은 없다.

잡셰어링 근로자는 자신의 직업상 책임을 몇 가지 상이한 방식으로 나눌 수 있다. 즉, 표적 직무를 매우 동일한 형태로 세분하거나 직업에 임하는 개인별 특수성에 비추어 보다 적절한 형태로 세분할 수 있다. 만일 근무 주간을 반분해야 한다면 첫 번째 근로자는 주당 3일을 근무하고 두 번째 근무자는 주당 2일을 근무하여 추후 교대하는 형태로 나눌 수 있으며, 따라서 근로자는 자신의 근무 일과를 확인하고 서로 협력하여 직무가 요구하는 것을 잘 충족시키고 있는지 항상 확인하여야 한다.

4) 잡셰어링의 이점

잡셰어링의 가장 큰 수혜자는 근로자다. 이런 근무 형태는 근로자가 자신의 가족을 돌보고 학업을 진행하거나 다른 형태의 개인적 관심을 추구할 수 있는 기회를 제공하고 그 가능성을 높여 준다. 어머니가 되기를 희망하는 여성에게는 자기 아이들을 종일

위탁시설에 맡겨야 한다는 죄책감이나 스트레스에서 벗어나 질적인 직업과 삶의 패턴을 유지할 수 있도록 해 준다. 숙련된 퇴직 근로자나 고령층의 근로자도 비록 임금은 종전에 비해 줄겠지만 이전 직업경력을 충분히 활용할 수 있는 기회와 더불어 같은 시기에 하나 이상의 진로를 탐색해 나갈 수 있는 좋은 경험을 얻는다. 뿐만 아니라 잡셰어링을 하는 근로자들은 종종 이런 형태의 직업이 소진이나 직업 관련 스트레스의 완화에도 도움이 된다는 것을 발견한다.

잡셰어링은 거시적으로 혼돈의 가능성이 있고 번거로운 특징도 있지만 소기업을 운영하거나 경영하는 사람들에게는 이점을 주고 바람직하다는 인상을 준다. 먼저, 단순하게는 하나의 일자리에 다양한 장점과 역량 특성을 지닌 여러 근로자가 종사하게 되어 그 직업을 확장시킬 수 있다는 이점이 있다. 어떤 경우에는 잡셰어링이 근무 일수를 늘려서 시간당 초과 수당을 지불할 필요 없이도 생산성을 더욱 높일 수 있다. 고용주는 또한 바쁜 영업시간대에 더 많은 근로자를 확보할 수 있어 임시 근로자를 훈련시키거나 고용하지 않고도 사업을 잘 꾸려 나갈 수 있다.

잡셰어링의 또 다른 장점은 사업이나 업무상 차질을 초래할 수 있는 휴가, 병가, 결근과 같은 업무 공백에 현명하게 대처하여 시간 손실을 크게 줄여 줄 수 있다는 것이다. 잡셰어링 근로자들은 업무 흐름을 유연하게 할 뿐만 아니라 동료들이 서로 근무 일과의 준수에 관심을 갖도록 만든다. 또한 업무 공백이 발생하였을 때 시간을 축적하고 동료들에게 도움을 제공하여 직무의 완성도를 높일 수 있다. 마지막으로, 이런 형태의 근무는 회사가 더 많은 수의 근로자를 고용하는 한편, 사무실 공간의 사용을 줄여서 소규모 사업장의 활동을 더욱 효율적으로 만들 수도 있다.

5) 공유된 직무의 유연성 유지

하나의 직무를 공유하는 근로자들은 그 자체만으로 서로 의사소통하거나 그 직무가 수행되었다는 것을 확인할 수 있는 자원의 무기를 확보한 셈이다. 이런 자원으로는 이메일, 전화, 팩스 메시지, 체크리스트와 업무일지 등이 있다.

잡셰어링에 참여하는 근로자가 업무를 유연하게 처리하고 각자의 성취 수준에 잘 이르고 있는지가 소상공인들의 최고 관심사가 된다. 그리고 이에 대한 평가는 개별 근로자에 대한 평가나 팀 회의의 형태가 될 수 있다. 근무 팀에서 각 개인이 차지하는 비중과 업무가 공평하게 나누어지고 있는지에 고용주가 관심을 보일 때 경영상의 문제와 잡셰어링 프로그램의 문제가 잘 구분되어야 한다.

직무상 회의가 필요할 때 근로자와 관리자 혹은 고용주는 서로에 대해 관심을 가져야 하고, 동일한 근무 일자에 일과를 확인하여 상호작용할 수 있다면 좀 더 유연한 소통이 이루어질 수 있을 것이다.

잡셰어링에 참여하는 근로자들의 복지는 상이한 여러 가지 방식을 통해 극대화시킬 수 있다. 근로자 복지 수당의 일부 혹은 전부가 구체적 상황에 따라 제공되고, 연금이나 건강보험과 같은 혜택은 중재하기 용이하게 제공되며, 종종 업무량에 비례하여 제공되기도 한다. 휴가 기간, 병가와 연가, 심지어 그 개인이 투입한 시간의 정도에 따라 임금이 조정되기도 한다.

영세 소규모 창업자는 사회보험이나 근로소득세와 같은 임금근로자 비용이 생산성을 증대시키기에 충분한지를 결정해야 한다. 그러나 기본적으로 잡셰어링 근로자들은 전통적인 정규 근로자에 비해 짧은 시간을 근무하기 때문에 이런 상황에서 시간 외 근무 수당은 논의할 필요가 없다.

5. 유보고용

제1차 세계대전 이후 세계 각국은 장애인의 고용을 위한 조치를 적극 취하게 되었고, 제2차 세계대전 이후에는 1944년 필라델피아에서 개최된 제26회 ILO 총회에서 노동능력에 따른 직업기회를 천명하였다(안병즙, 강위영, 우재현, 1984). 여기서는 중증장애인의 고용에 적용할 수 있는 여러 종류의 직업에 대해 우선권을 주도록 규정하고 할당고용, 유보고용(reservation system), 우선권 설정(allocation & preference), 그리고 채용 및 해고제한 입법을 이루어 내었다.

이 중 유보고용은 일정한 직종을 지정하고 그들 전부 또는 일부의 종업원을 장애인으로 충당하도록 하는 제도인데 우리나라 시각장애인 안마사 직업을 대표로 들 수 있다. 우선권 규정도 종종 여기에 포함되는데 특정 장애인을 동등능력을 가진 장애를 지니지 않은 사람보다도 우선적으로 고용하거나 특정 장애인에게 필요한 자격기준을 완화해 주는 등 우대조치를 강구하는 것이다(안병즙 외, 1984). 영국에서는 1946년 9월에 등록된 장애인에 대해 승객용 엘리베이터의 출발 신호계 혹은 조작계와 야외 주차장의 정리계의 두 직종을 지정하였고 그 뒤를 이어 전화교환수가 추가되었다. 우리나라도 이처럼 특히 뇌병변 장애인의 선호직종을 정책 차원에서 유보고용 영역으로 지정할 필요가 있다.

제13장

지원고용

1. 개념과 발전배경

세계의 많은 국가는 보호작업장과 같은 격리된 보호고용의 형태가 아닌 장애인지역사회고용형태를 취하기 위해 노력을 아끼지 않고 있다. 이러한 추세는 경제성은 물론이고 인간이 사회적 지위나 개인의 특성 및 출생 신분을 떠나 누구든 동등한 삶의 권리를 가지고 있다는 인식을 바탕으로 하고 있다. 직업재활을 위한 다양한 대안은 헌법에서 보장하는 근로권과 노동권을 확보할 수 있도록 만든다. 장애인 고용을 어렵게 만드는 것은 접근할 수 없는 건축물 구조와 대중 및 고용주의 장애인에 대한 편견이다. 전자를 물리적 장벽, 후자를 사회적 장벽이라 할 수 있다. 또한 직업적 좌절감과 불안감을 적절히 해소하고 좋은 직업 태도를 함양시켜 주는 일은 장애인의 효과적 직업재활을 위해 필수적이다. 중증장애인도 근로할 수 있다는 전제에서 출발(Gardner, Chapman, Donaldson, & Jacobson, 1988)하는 지원고용은 비용효과의 재정적 측면에서 종래의 전통적인 서비스프로그램보다 많은 금전적 반대급부를 사회와 중증장애인들에게 제공한다.

지원고용, 즉 'supported employment'라는 용어는 미국에서 도입된 합성어로 장애인에 대한 사회적 처우와 인식의 개선에 따라 생겨난 것이다. 직업재활서비스는 비용효과라는 경제적 측면 이전에 모든 사회구성원의 근로권 보장과 국가 프로그램의 무

배제(zero rejection) 원칙을 지향하여 장애 정도가 심한 사람들도 가능한 한 직업재활 과정에 참여할 수 있도록 1986년 재활법의 개정을 통하여 이를 제도화하였다. 사전적으로 'support'는 무엇을 옹호, 지원, 후원하는 것을 의미하며, 'employment'는 고용, 일, 직업, 업무를 나타낸다. 지원고용은 능력이 제한된 중증장애인이 지역사회 내에서 생활하고 일할 수 있게 하며, 스스로 생활의 일부나마 책임을 지게 하여 정부 공공프로그램에 대한 의존도를 낮추게 만든다. 학습이론과 응용행동분석이론에 토대를 둔 지원고용은 행동주의적 훈련기법을 기본 바탕으로 실제 작업환경에서의 작업 기술 훈련을 강조한다. 지적장애인이 지니는 직업 결함의 해결방법 결핍으로 인해 종종 이들은 직업적 선호, 흥미, 열망 그리고 기대에 관계없이 보호작업장이 유일한 고용장소였다.

미국에서는 취직 후 60일이 지나면 획일적으로 종료하던 기존의 직업재활서비스가 적절하지 않다고 판단하여 다음과 같은 이유로 지원고용을 정착시켰다.

① 대부분의 중증장애인은 직업을 획득하고 유지할 때까지 적절한 전문가의 계속적인 도움이 필요하다.
② 중증장애인의 장애특성 및 학교직업교육과 실제적 고용의 차이로 인해 기술의 전이가 어렵다.
③ 기존 장애인 직업교육의 노후, 기술적 후진성 그리고 단순성이 경쟁고용에 제한을 초래하였다.

미국에서 지원고용 제도는 1986년 개정재활법인 제99-506 공법에 의해 마련되었는데, 그 구체적 프로그램 가이드라인은 〈표 13-1〉에 잘 나타나 있다(Moon et al., 1990, p. 2).

표 13-1 지원고용프로그램 가이드라인

- 전통적인 종래의 재활서비스 적격요건을 충족하지 못하는 중증장애인의 고용을 유지하기 위한 계속적 지원(on-going support) 기금 제공
- 재활 프로그램의 계속적 지원을 포함하는 개별화 직업재활 계획서(IWRP) 수립
- 정규 임금 노동시간이 주당 20시간을 초과할 것
- 하나의 지원고용장소에 장애인이 8명 이하일 것

- 지원고용장소에서 직업코치를 제외한 장애를 지니지 않은 근로자들과 정규적으로 접촉을 가질 수 있을 것
- 공정노동기준에 의해 정규 임금을 지급할 것
- 정부재활기관은 지원고용에 대한 재정을 직업배치부터 시작하여 18개월까지 지원할 것
- 만성정신질환자를 제외하고 지원고용대상자는 그들의 지속적 서비스의 일부로서 적어도 월 2회 직무기술훈련을 할 것
- 직장의 계속적 지원서비스는 무제한적일 것

이처럼 지원고용은 통합된 환경에서 일할 수 있도록 제공되어야 하는 본질을 지닌다(Gardner et al., 1988). 따라서 직업에서 실패하는 사람은 장애 자체보다는 부적절한 지원 체계 때문이라고 본다.

1) 전통적 방법의 한계와 행정부의 관심

지원고용이 중증장애인의 중요한 직업재활 대안으로 자리 잡게 된 배경은 1970년대 이전의 직업재활서비스와 방법의 효과에 대한 반감, 그리고 경제적 측면에서는 시설 직업재활이 최선의 길인가 하는 의문에서 출발하였다. 이때 사람들은 서비스 예산 수십억 달러가 얼마나 효과적이었는지에 대해 의문을 가지기 시작하였다. 시설의 한 형태인 보호작업장에서 이루어지는 직업평가와 직업적응훈련은 전형적으로 연방 및 주정부에 의해 재정지원이 이루어졌고, 서비스는 제한적인 기간 안에 제공되었다. 따라서 정부기금을 받는 훈련기관의 입장으로서는 내담자의 고용가능성에 초점을 두게 되었다.

이에 따라 정규보호작업장 프로그램 입소가 불가능한 장애인들은 다양한 직업활동센터와 주간보호센터에 입소하기 시작하였다. 그러나 이러한 프로그램의 대상이 된 장애인들은 매년 1~3%만이 다음 단계의 프로그램으로 이동할 뿐이었다. 따라서 평균 21세에 학교를 마치게 되는 중증장애인이 주간보호센터를 통해 최초의 직업을 가지기까지는 주간보호센터 37년, 보호작업장 10년, 정규보호작업장 9년, 총 56년이 소요되어 77세에나 취업이 가능한 것으로 나타났다(Bellamy et al., 1988). 특히 성인주간보호센터, 보호작업장, 직업활동센터와 널싱홈에서 지낸 수많은 중증장애인은 사회적 격리와 더불어 심각한 자아존중감의 상실을 경험하였다. 이들 대다수는 재활시설에 남는 것으로 나타나 종래의 직업재활 프로그램은 성공적이지 못할 뿐더러 세금을 낭비하는

결과를 초래케 하였다는 비판이 커졌다. 또한 격리현상, 심각한 빈곤문제, 그리고 정부 부담도 크게 늘어 이에 대한 대안의 필요성이 제기되었다.

1976년에서 1984년 사이에는 주정부 기관에서 운영하는 직업활동센터를 이용하는 장애인 수가 4배 이상 증가함에 따라 연간 행정비용을 제외한 정부지원만 10억 달러에 이르렀다(Bellamy et al., 1988). 이러한 비용과 함께 지적장애인을 위한 직업재활 대안이 많지 않던 당시 상황은 일대일 훈련이라는 새로운 직업재활방법을 추구하게 만들었는데, 이것은 중증장애인이 장애인연금(disability pension)에서 벗어나 자유롭고 독립적인 생활을 모색할 수 있는 노력 중 하나였다. 경쟁 노동시장에서는 고용이 어려운 발달장애인이 직업코치의 계속적인 지원을 통해 다양한 직업 현장에서 일할 수 있도록 하였다. 납세자가 되어 스스로 자아존중감을 높일 수 있는 지원고용프로그램은 미국 Reagan 행정부의 교육부 특수교육 및 재활서비국 과장인 Madeleine Will이 강력하게 추진하였다(Gardner et al., 1988).

1985년 특수교육 및 재활서비스국은 미국의 12개 주에 지원고용 시범사업 프로젝트를 위해 5년 동안 예산지원을 하였으며, 이듬해에는 15개 주에 시범사업 프로젝트를 추가하여 지원하였다(Gardner et al., 1988). 지원고용에 대한 미국 행정부의 관심은 매우 커서 1986년 지원고용이 최초로 승인되었을 때 약 11만 명의 장애인이 주정부 지원고용서비스를 신청하였고, 한 해 동안 수조억 달러의 정부예산이 제공되었다(Lavery, undated). 미국의 사회보장청(SSA)은 일하고 싶어 하는 중증장애인들을 위해 취로계획(Plan for Achieving Self-Sufficiency: PASS) 수행에 필요한 가이드라인을 마련하였다.

2) 장애인과 가족의 불만

1970년대 중반 미국의 장애인 직업재활 환경을 바꾸기 시작한 것은 장애인과 그 가족의 강한 욕구에 있었다. 보호작업장과 직업재활시설은 여타 장애인 수용시설보다 더 나아 보이지 않았고, 보다 높은 수준의 직업에 종사해야 한다는 생각을 갖게 하였다. 헌법이 보장하는 근로권과 생존권을 충분히 누리지 못하는 장애 정도가 심한 시민들은 사회적 격리와 편견, 건축구조와 같은 물리적 장벽, 그리고 자기 자신의 심한 신체적 · 지적 기능부족으로 인해 건강한 직업생활을 상상할 수 없었다. 어떻게 보면 기관, 기업 중재와 내담자 중재에 필요한 지원 체계가 성숙되지 않았던 것이다. 재활 사무국(Rehabilitation Service Administration: RSA)에 따르면 지원고용된 장애인 28%가 최저임금인 시간당 4.25달러에 미치지 못하는 임금을 받았지만, 다른 근로혜택과 경력을 개발할 수 있는 기회를 얻게 되었다. 하지만 사회적 변화에 용이하게 적응할 수 있는 가벼운 장애를 지닌 시민들에 비해 이들은 다른 사람들의 수동적 배려에 만족해야 했다. 1980년대 이전까지의 직업재활서비스는 장애 정도가 가벼운 신체장애인을 중심으로 이루어져 다양한 형태의 중증장애인이 지닌 직업적 욕구를 충족시켜 주지 못하였다(강위영, 1993). 이들의 직업적 욕구나 필요는 지역사회와 대중에 의해 자연스럽게 무시되어 왔다.

결국 종래의 보호작업장과 같은 지역사회로부터 분리된 시설고용형태의 직업재활서비스 모형에 대한 반감이 일어났다. 더불어 장애인과 그 가족의 강한 옹호활동 역시 이루어져 과거에는 주로 직업활동센터와 주간보호센터에서 소일하던 중증장애인에게 직업적 기회가 열리기 시작하였다. 비록 그것이 5,000~6,000달러에 불과한 연봉과 같은 형태이긴 했지만 개인에게는 유의미한 경력 추구가 가능해졌으며, 국가는 다른 장애인 프로그램에 소요되는 예산을 절감할 수 있었다.

3) 재활 기술의 진보

1950년대 후반과 1960년대에는 직업재활 프로그램이 확대되었고, 1960년대 후반과 1970년대 초반에는 전국에 걸쳐 탈시설화라는 지역사회의 반응이 일어났다. 이에 힘입어 중증의 지적장애인 및 신체장애인을 위한 주간서비스는 크게 발전할 수 있었다. 학교에서 사회로의 성공적인 전환은 지원고용을 통해 가능해졌는데, 근대적 의미의 지원고용은 1970년대 초 뉴욕 시에 소재한 the Wildcat Service Corporation이라는 비영리 단체가 미국 보건, 교육 및 복지부(Department of Health, Education and Welfare: DHEW)의 후원을 받아 수행한 것이다. 이 단체는 마약중독자, 범죄자 등 만성적 실업 상태에 있는 사람들을 3~7명씩 작업단(work crews)으로 구성하여 직업적 재구성 및 작업환경의 변경을 통해 고용을 꾀하고자 노력하였다(Friedman, 1978). Wildcat 사는 작업자들에 대한 일차적 라인 감독을 단장(the crew chief)이 담당하게 하고, 다시 이들 5명의 단장을 한 사람의 슈퍼바이저가 감독하게 하였다. 이들은 직업계획, 작업일정, 생산, 품질관리, 훈련, 평가 등을 수행하여 1972년에서 1974년 사이 약 1,400명이나 되는 사람을 지원고용을 통해 자립하게 하였다.

장애인에 대한 직업재활서비스는 국가의 정책적 이니셔티브와 서비스 욕구의 변화에 적절히 반응하면서 발달해 왔다. 미국의 재활전문가들은 중증장애인 고용문제의 심각성을 인식하여 왔으나 적절한 해결방법을 찾아내지 못하고 있었다. 그러던 중에 지원고용은 하나의 획기적인 방법으로 여겨져 미국의회가 제정한 1978년의 전장애아교육법(The Education for All Handicapped Children Act, 제94-142 공법)이 지원고용 서비스의 배아를 제공하게 되었다(Gardner et al., 1988).

지원고용은 1981년 총괄예산조정법(the Omnibus Budget Reconciliation Act)상 보건행정을 통해 주정부가 재정을 지원할 수 있는 하나의 서비스로 인정받았고, 1984년 제정된 발달장애인법(the Developmental Disabilities Act)은 주정부의 권한을 강조하였다. 이로써 지원고용은 뇌손상(traumatic brain injury) 장애인에 대한 미국 교육부의 특수교육 및 재활서비스국(Office of Special Education and Rehabilitation Services)의 주요 사업이 되었다(Gardner et al., 1988; Wehman, Kreutzer, Wood, Morton, & Sherron, 1988). 장애아동을 대상으로 한 의무교육의 실시는 성인 장애인서비스를 요구하였고, 따라서 1984년 정부의 발달장애 부서는 고용프로그램, 전환프로그램, 그리고 성인프로그램에 대한 이니셔티브를 강조하여 먼저 전국의 7개 주에서 지원고용모델 프로그램에 대한 예산지원을 하였다(Gardner et al., 1988).

특수교육의 진보와 더불어 미국 정부는 1986년 이래로 지원고용을 제도화하여 시행한 결과 많은 성과를 얻었다. 1986년 개정 재활법에서는 지원고용의 특수한 요소로 8명 이하의 장애인이 작업장에 근로해야 하고, 이들 근로자가 전체 노동력의 5% 이상을 점하지 않도록 규정하고 있다. 특히 1988년의 장애인보조공학법(PL 100-407)은 헤드포인트, 컨트롤 패널, 터치 센스, 음성장치를 통해 복사기와 직장에서의 각종 사무기기 사용을 가능하게 만들었다. 또 'tax credit' 및 'wage reimbursement'와 같은 제도의 활용은 중증장애인의 고용을 더욱 촉진하였다.

4) 대중의 태도와 인식의 개선

종래의 직업재활 프로그램이 중증장애인의 삶의 질을 크게 바꿔 놓지 못했다는 반성과 함께, 1960년대와 1970년대를 풍미한 미국의 소비자 보호운동과 인권운동은 지원고용이 많은 지지와 관심을 받게 만들었다. 따라서 하나의 새로운 직업재활방법으로서 자연스럽게 발전하였고, 정상화와 평등의 정신을 통해 시설에 수용된 지적장애인의 수를 1968년 19만여 명에서 1978년 4만여 명으로 감소시켰으며, 재활서비스나 프로그램이 지역사회를 중심으로 이루어져야 한다는 점을 다시 한 번 확인시켰다. 지금도 선진국에서는 대규모 시설에 정부예산을 지원하지 않는다.

우리나라 역시 1980년대 장애인 권익운동의 영향에 고무되어 1990년대 초 중증장애인의 직업재활 방안을 활발히 모색하던 서울의 몇몇 장애인종합복지관이 지원고용 프로그램을 소개하여 점차 확대시켰다.

지원고용은 중증장애인이 경제활동을 하는 동시에 정상적인 직업생활을 누릴 수 있도록 기회를 제공하며, 중증장애인을 특수한 방법으로 배치하고 훈련시켜 산업 및 직업현장의 요구에 효과적으로 대처할 수 있다는 장점을 지닌다(강위영, 1993; 박석돈, 이상욱, 정대영, 1993). 이러한 중증장애인의 경쟁 노동시장에서의 직업생활은 장애를 지니지 않은 대다수 사회구성원의 상당한 협조와 이해를 바탕으로 한다.

2. 지원고용 철학

지원고용은 인간의 삶의 질에 대한 관심 증대와 사회적 역할 강화를 통하여 중증장애인이 지역사회 내에서 생활하고 직업을 가질 수 있도록 하는 데 큰 의의가 있다. 근로의 개인적 · 사회적 · 경제적 이익은 누구에게나 적용되고 중요한 것으로 이해된다. 중증장애인의 독립생활은 유급고용을 획득함으로써 대부분 달성될 수 있지만, 이를 위해 상당 기간의 복합적인 서비스가 필요하다(강위영, 1994). 중증장애인도 공적 사회복지 의존 감소, 세금과 기타 소비생활, 생산으로부터 오는 이익을 경험하여야 하며, 다른 사람들처럼 지역사회에 기여하여야 한다.

장애인 직업재활의 궁극적인 목적은 가족과 사회에 의존하는 생활을 해 왔던 중증 장애인이 직업생활에 필요한 여러 가지 태도와 기능을 습득하며, 자신의 역량과 기대에 알맞은 직업을 획득하고 유지 · 강화하여 독립적인 생활을 하고, 이를 통해 생산적인 시민이 되는 한편, 직업을 통해 자아성취와 자기충족의 자유를 누리게 하는 데 있다.

1) 사회적 관계망의 형성 · 유지

지원고용은 고용주, 직무감독자, 그리고 동료 근로자와의 협조 및 의사소통을 중요시한다. 중증장애인의 사회기술은 격리된 장소에서가 아닌 직장동료들과 함께 사회적 상호작용을 하는 곳에서 발전한다. 사실 근로자들이 직장에서 실패하는 이유의 과반수는 본질적으로 사회적인 것, 즉 대인관계의 문제로 인해 발생한다.

내담자의 직업적응에 있어서 직장상사나 동료 근로자가 결정적으로 중요한 역할을 하며, 그들과 참다운 교류 및 대화를 함으로써 기능을 익히는 동료감독(buddy mentoring) 체계를 유지한다. 직장상사와 고용주는 멘토링과 훈련을 제공하는 핵심 인물이다. 또한 고용주와 동료 근로자는 교사, 훈련자, 친구, 조언자 등으로 기능하며, 이들을 통해 중증장애인은 자신의 자아개념을 높일 수 있다.

가족은 중증장애인의 재활 과정에 있어 중요한 의사결정자이므로 그들의 지각을 이해하고 경청하는 것이 중요하다. 장애인 가족의 헌신이 없을 때 지원고용은 성공할 수 없다. 가족은 내담자의 일생(life span)에 걸쳐 그들을 지원하고 그 삶에 관련된다. 더불어 가족은 보다 복잡한 직업재활의 내용과 과정에 대해 이해하며, 건강, 심리적 지지, 활동보조인의 연결, 촉진과정을 수행할 수 있다.

2) 자연적 훈련장소

실제의 직업 맥락에서 문제해결 기술, 의사소통, 교육 기술, 일상생활 활동유형 기술, 교통, 오락 및 사회적 활동과 금전관리 기술을 가르친다. 내담자는 표준적인 교육훈련 방법에 잘 반응하지 않거나 전혀 반응하지 않기 때문에 직업준비도의 평가는 고용에 대한 선행조건(precursor)이 아니다.

직업재활서비스의 두 번째 준거로서의 자연적 훈련장소는 지원자의 고용가능(employability)에 초점을 두며, 내담자의 특수한 직업적 · 사회적 결함은 직업배치 이전이 아닌 직업의 맥락에서 교정된다. 여기서는 내담자의 삶의 질을 극대화하기 위해서 내담자 유발(driven) 활동을 추구한다. 내담자 유발 형태의 서비스는 중증장애인의 삶의 질을 극대화하기 위해 내담자에게 필요한 권한을 부여하고, 고용에 있어서 그들이 유지할 수 있는 기술을 습득할 수 있도록 필요한 서비스는 무엇이든 제공한다. 또한 내담자 권한부여(empowerment)를 통해 내담자의 독립 및 사회적 통합의 성취, 수입 증가와 같은 지대한 긍정적 효과를 산출한다. 특히 내담자가 독립적으로 기능하는 각각의 환경은 다르다는 사실을 인식하도록 도와준다.

지원고용은 내담자가 직업을 준비하게 하거나 직업에서 제외시키는 것이 아니라 오히려 내담자의 기술, 능력, 흥미, 그리고 선호를 중심으로 서비스를 전달하는 한편, 내담자가 전형적으로 어디에 살 것인지, 어떤 서비스를 받고 싶은지, 어디에서 일하고 싶은지 등에 대해 선택할 기회를 확대시킨다(West & Parent, 1992). 따라서 시간이 경과할수록 보다 독립적이 될 수 있다는 전제 아래 체계적으로 내담자에 대한 지도감독을 줄여 나가야 한다. 지원고용에서는 물리적 통합과 함께 사회적 통합을 추구하므로 지원고용은 통상 직업장면이나 정규 직업장면에서 실시해야 한다.

3) 지원고용 대상 장애인의 특성과 환경

지원고용 서비스 대상자는 자신이 살고 있는 지역사회에 거주하고, 고용을 유지하기 위해 다양한 범위의 전문적 재활 및 지원 서비스를 원하는 중증장애인이다. 종래 일할 수 없다고 생각되던 장애인(자폐범주성장애, IQ 40이하의 사회적 기술이 빈약한 심한 지적장애, 기타 중복장애)에 대한 편견과 그들을 위해 어떻게 훈련을 실시해야 할지 모르는, 혹은 그들을 위한 프로그램은 현존하는 보호고용보다 많은 비용이 들 것이라고 간주하는 관련 전문가들의 생각을 전면 거부한다(Moon et al., 1990). 이들 중 많은 사람이 흔히 자폐, 간질, 언어 및 청각장애, 시각장애, 뇌성마비와 같은 장애조건뿐만 아니라 자기자극적 (자해) 행동, 자기학대적 행동, 부적절한 언어표현, 독립생활기능 부족 등의 문제를 가지고 있다. 이와 같은 대부분의 중증장애인은 독립적 판단을 하고 다른 사람들과의 상호작용에 필요한 기술을 배우거나 습득하는 데 많은 어려움을 지니고 있다. 이런 중증장애인에게 자연스러운 직업환경 속에서 특정 직무에 요구되는 직업 기술을 가르치는 적합한 방법이 지원고용이라 할 수 있다.

실제적 직업환경을 제공하는 직업코치에 의한 일대일 직무감독이라는 지원고용의 정신은 중증재활인구에 가장 적합한 것으로 고려되었다(Hanley-Maxwell & Bordieri, 1989). 지원고용은 장기간의 집중적이고 계속적인 지원을 받지 않고서는 직업생활을 영위하기가 어려운 발달장애인과 중복장애인에게 가장 적합한 직업재활 프로그램으로 각광받고 있다. 적절한 편의제공 등 지원고용은 강렬하고 지속적이며, 개별화된 직업지도와 감독, 그리고 공학서비스가 종종 필요하다는 점에서 초기에 많은 재정과 인력을 필요로 한다. 이런 단점이 있기는 하지만 중증장애인을 그 욕구에 따라 효과적으로 직업재활할 수 있도록 도울 뿐만 아니라, 특히 학습일반화와 새로운 직업적 환경에의 적응에 많은 시간이 소요되는 중증의 지적장애인에게 적절히 사용될 수 있다는 장점을 지닌다. 훈련가능급, 중도 및 최중도 지적장애, 농맹, 자폐, 중복장애 등으로 분류되는 광범위한 장애유형이 지니는 공통적 특징은 개인의 학습(learning) 능력을 심각하게 저해시키는 중요한 신체적 · 지적 · 행동 문제들이 조합(combination)되어 있다는 것이다.

장애상태(disablement)와 그에 대한 반응은 장애와 장애인의 특성에 의해 결정될 뿐만 아니라 환경에 의해서도 결정된다. 가족의 수용 및 지원, 수입, 지역사회 자원, 절친한 친구의 유무와 같은 즉각적인 환경과 광범위한 문화적 맥락은 장애에 대한 정서적 · 행동적 반응에 강력한 반향을 미친다. 따라서 통합된 환경은 자신의 실제적 신체는 물론 다른 어느 누구와의 관계도 자유롭게 만들 것이다(Wendell, 1989).

침묵의 전염병(silent epidemic)이라고 부르는 뇌손상은 35세 이하의 사망 및 장애관련 원인에서 매우 큰 비중을 차지하며, 우리나라의 경우에도 매년 교통사고로 인해 3만여 명의 장애인이 발생하는데 이들 중 10% 정도가 특정 형태의 뇌손상을 입었기 때문이라고 한다. 이러한 수치를 가정하면 매년 3,000여 명의 뇌손상 장애인이 발생한다고 볼 수 있다. 또 외부적 충격 및 손상, 종양, 뇌졸중, 약물과 알코올중독, 태아의 영양이나 생화학적 환경, 그리고 출생 시의 사고 등으로 인해 사람들은 평생 회복이 불가능한 다양한 뇌손상을 입게 된다. 정신적 · 정서적 · 행동적 과정에서 큰 변화를 경험하게 되는 뇌손상 장애인의 현실적인 직업재활을 위해서는 손상으로 인해 어떠한 대뇌변화가 일어나고 이것이 어떻게 행동에 영향을 미치는지에 대한 기본적인 이해가 필요하다. 뇌손상은 걸음걸이, 손발의 마비, 눌어, 시력저하, 균형장애 등을 초래할 수 있고, 또 다른 통상적인 문제로는 발작증세(seizure disorder)와 약물 및 알코올내인력 감소를 들 수 있다. 특히 직업재활을 가로막는 중요한 요인으로는 각성력 결핍, 주의집중 장애, 학습과 기억상실, 추상적 사고, 개념화, 문제해결 능력감소를 들 수 있다. 뇌손상 장애인은 자기 자신의 약점과 장점을 현실적으로 평가할 수 있는 능력이 손상되어 비현실적일 뿐만 아니라 다른 사람들의 기분이나 반응을 고려할 줄 모른다. 자기 행동을 스스로 조절하고, 보고, 판단하고, 교정하는 능력이 저조하기 때문에 동기부족으로 간주되기도 한다. 또 성격변화가 나타나 주위 사람들은 뇌손상 장애인이 이전과 같지 않다고 말하게 된다.

지적장애는 발달기 이전, 즉 18세 이전에 발생하여 지능이 낮고 같은 연령의 사람들보다 신변정리와 사회적응 행동이 현저히 뒤떨어진다. 지적장애의 발생원인은 250여 가지에 이르고 있으며, 많은 경우 뚜렷한 원인을 찾지 못한다(Moon et al., 1990, pp. 10-14). 수용될 수 없는 사회적 행동은 몸을 흔들어 대는 상동적 신체행동, 기괴한 비명지르기, 철회(withdrawn) 행동, 아무나 껴안아 대는 행동과 같은 행동적 무절제(excess)의 형태로 나타날 수 있다. 그리고 행동결함의 경우 블리스 상징(Blissymbol) 등 언어보조기구가 제공될 경우에도 중증장애인 근로자의 의사소통 기술은 전반적으로 지연되어 직업적 발전을 가로막는다. 특수학교에 재학 중인 많은 학생의 교육 목표가 주요 생활기술의 습득에 있듯이 지원고용의 특성 중 하나도 고용 이전이 아닌 고용된 동안에 이러한 기술들을 계속적으로 개발할 기회를 제공하는 데 있다. 특수학교에서 제공되는 구체적 훈련은 자연적 환경과 지역사회에서 독립적으로 여행하고 이동하는 데 충분한 기여를 하지 못하지만 지원고용프로그램은 교통수단, 가족과 친구, 그리고 자원봉사자에게 의존하여 이동하는 방법을 배울 수 있게 만든다. 독립적인 도로횡단, 출근표 적기 등과 같은 생활 기술이 직업환경에 적응하기 위해 보다 중요할 수 있다. 상호작용은 버스의 동승과 같은 근접(proximal), 식사와 착탈의를 돕는 원조(helping), 그리고 놀이와 각종 활동에 자발적으로 참여하는 상호호혜(reciprocal)의 3가지 수준으로 나뉠 수 있다.

3. 지원고용의 요소

1986년 이전의 재활법에 의한 직업재활은 장애인이 작업장에 배치되기 이전에 훈련을 받거나 준비하게 하는 '훈련직업배치'의 모형을 사용하였다. 그러나 많은 장애인이 훈련을 거쳐 지역사회 내의 직장에 배치되지 못하였을 뿐만 아니라 직업배치가 이루어졌다 하더라도 동료 근로자와 원만한 관계를 형성하거나 적절한 생산성을 유지하기 힘든 경우가 많아, 새로이 적응 훈련을 받거나 곧 보호작업장으로 되돌아가곤 하였다(Nisbet & Hagner, 1988). 특히 지원고용은 경쟁고용, 통합된 작업환경, 그리고 계속적인 훈련 및 서비스의 제공이라는 3가지 기본 전제를 바탕으로 하고 있다. 지원고용에 있어서 정상화 원리는 효과적인 서비스 전달 체계의 개발을 위해 환경제한을 최소한으로 줄이는 것이 중요하다는 점에 있다. 자기충족적 예언(self-fulfilling prophecy)에서 볼 수 있는 것처럼 많은 사람은 자신과 주위 사람들이 기대하는 대로 행동을 만들어 가며, 이것이 내적 신념(initial belief)으로 고착된다. 내담자는 위험에 대한 존엄(dignity of risk)이라는 개념에 토대를 두고 시행착오를 통해 배울 수 있도록 무엇이든 할 수 있는 기회를 얻어야 한다.

Bellamy 등(1988)은 몇몇의 개척자적 시범사업, 구체적으로는 버지니아 대학교의 고용가능프로젝트(Project Employability), 버몬트 대학교의 전이고용(Transitional Employment I and II), 그리고 오레곤 대학교의 특수훈련 프로그램을 소개하고 있다(Nisbet & Hagner, 1988). 지원고용의 핵심은 장애를 지니지 않은 사람들과의 사회적 상호작용 증가(social and physical integration), 경쟁고용, 교육훈련기술, 행동강화 체계(reinforcement schedule), 지원 체계의 축소계획(fading schedule), 계속적 평가와 사후지도(intensive on-going follow-up), 참된 옹호(true advocacy)에 있다.

1) 통합

통합(integration)은 중증장애인이 특정한 장소에 격리되어 근로하지 않고 지역사회에 물리적 및 사회적으로 통합된 직업생활(working life)을 영위하는 것이다. 직업의 사회적 통합 정도는 동료들의 수용 정도와 의사결정 과정에의 참여 수준에 의해 결정된다. 이것은 광범위한 지역사회 환경에 접근할 수 있음을 의미하고, 지역사회와 빈번한 접촉을 통해 주민의 장애인에 대한 전반적 인식과 태도를 개선시킬 수 있다는 점을 말한다. 재활전문기관 및 장애인 옹호기구들은 중증장애인이 장애를 지니지 않은 다른 사람들과 함께 즐기며 생활할 수 있는 서비스 접근방법의 개발에 주의를 기울였다. 이러한 방법의 장점은 직업의 통합적인 장소와 환경에서 우정을 배우고, 비공식적 인간관계와 필요한 사회적 기술을 더 쉽게 개발할 수 있다는 점이며, 중증장애인이 흥미와 활동을 동료와 나누게 됨으로써 정상적인 지역사회 자원을 이용할 수 있다는 것이다. 대부분의 근로자나 직장의 구성원은 장애를 지니지 않으며, 장애를 지닌 근로자는 소수의 근로집단을 형성한다.

2) 경쟁고용

시간제 근로든 전일제 근로든 중증장애인은 주당 평균 20시간 이상을 근로하여야 하며, 통상의 노동법 혹은 근로기준법의 적용에 따라 여러 가지 혜택이 주어지는 경쟁고용의 직장에서 근로하여야 한다. 해당 직업이 임금과 각종 복지혜택에 있어서 최저임금에는 미치지 못하더라도 장애인근로자에게 보수가 지급되는 유급고용이어야 하며, 다른 근로자들이 받는 병가, 휴가, 보험과 같은 직장에서의 복지혜택을 누릴 수 있어야 하고 장애를 지니지 않은 여타의 근로자들과 동일한 처우를 받아야 한다. 적은 보수를 받는 것이 아니라 실제 동일산업에 종사하는 근로자들이 받는 것과 동일하거나 유사한 임금을 받아야 한다. 유급고용은 자아존중감과도 관계가 있으며, 기술개발이 아니라 직업적 성취에 초점을 둔다. 중증장애인에 대한 임금보조가 때때로 필요하기도 하지만, 이것은 정부재정 부담 증가, 생산성의 고착, 훈련 기회의 박탈, 역기능적 고용주 인식과 태도 등 여러 가지 부작용을 야기할 수 있다는 점에서 거부된다.

3) 계속적이고 융통성 있는 지원

내담자에게 필요한 광범위한 계속적인 지원(on-going support)과 직업을 유지할 수 있도록 하는 이동, 가족 및 동료관계, 상담, 금전관리, 직무조정 등 모든 유형의 서비스가 지원고용의 전 과정을 통해 제공된다. 일정한 생산을 유지할 수 있을 만큼 독립적으로 되면, 직업코치는 직장에서의 접촉을 줄여 나가는(fading out) 한편, 장기적이고 안정된 지원을 제공한다. 계속적 지원의 종류는 고용주 만족, 내담자 작업성취의 주기적 점검, 필요시 직업훈련 및 재훈련 제공, 이동보조, 공적부조의 획득 원조 등을 포함하며, 포괄적으로는 직무에 대한 지식과 방법의 훈련, 내담자의 가족을 대하는 기술 등도 필요시 제공되어야 한다.

내담자 고용의 전 과정, 시작과 끝을 통해 제공되는 서비스라는 장기 지원의 요구는 직업환경 속에서 내담자가 효과적인 기능을 유지할 수 있도록 하며, 적어도 1개월에 2회 이상 접촉을 유지하도록 한다. 내담자 서비스는 직업적 준비가 아니라 신변처리, 이동 등과 같은 다양한 형태로 나타날 수밖에 없다. 지원의 종류와 정도는 개인에 따라 다양하겠지만, 계속적 지원은 고용주, 동료 근로자 혹은 비영리 서비스 기관에 의해 제공될 수 있고 이것은 내담자의 욕구, 직업적 기회, 지역사회 조건, 그리고 유용한 재원에 달려 있다.

4) 내담자 선택

선택(choice) 혹은 선별(selection)은 유사한 몇 가지 대안 중에서 가장 선호하는 것을 고르는 개인의 행동을 의미하며, 강요가 전제되지 않아야 한다. 흔히 선택에는 선호, 과정, 그리고 자치성과 존엄성의 표현이라는 3가지 요소를 고려해야 한다(Dwyre & Trach, 1996. p 42).

① 선호(preferences): 대안이 존재한다는 기본적 인식 및 선호하는 것과 그러한 경향(propensity)까지를 포함한다.

② 과정: 개인이 선호를 표현하고 그러한 선호를 능동적으로 선택할 수 있는 능력을 보이는 하나의 의사결정 과정이다.

③ 가치와 존엄성의 표현: 개인이 자신의 가치를 규정할 수 있고 사건을 통제하고 결정할 수 있는 권한을 갖는 것을 말한다.

의사결정과 선택은 특히 인지장애를 지닌 사람에게는 문제가 식별되는 방식, 의문이 규정되는 방식, 부과되고 통합되는 장래전망, 그리고 가치표현에 의한 확신, 추론을 하는 능력과 같이 개인의 결정에 영향을 미치는 모든 요소와 관련하여 매우 제한되어 왔다. 인지장애를 지닌 사람들의 진로계획이나 직업선택에 관련한 사회적 서비스 및 장래전망에 대한 불일치는 그동안 많이 존재해 온 것이 사실이다. 이러한 문제를 야기하는 광범위한 3가지 장벽을 Dwyre와 Trach(1996)는 능력에 대한 지각, 선택에 필요한 기회의 부족, 그리고 서비스 체계의 문제로 들었다(pp. 42-47).

① 능력에 대한 지각: 중증장애인은 종종 직업적 선택을 할 수 없는 것으로 간주되고 의사결정 과정에서 배제됨으로써 즐겁고 경쟁적이며 성공적인 직업배치의 기회를 얻지 못한다. 의료적 · 일상적 · 일탈적 서비스 모형은 개인의 잠재력보다는 자연히 결함에 초점을 두게 되고, 서비스 제공자가 재활 목표를 손쉽고 안전하며, 빠르게 결정함으로써 내담자를 주어진 조건에 짜 맞추려 하는 것이다.

② 선택에 필요한 기회의 부족: 장애인은 선택할 수 있는 능력이 부족하거나 무능하다는 사회의 묵시적 지각의 결과로서 선택 기회를 거의 얻지 못하고, 심지어 그것을 표현할 기회마저 박탈당해 선택에 필요한 정보조차 불충분하고 부적절하게 얻게 된다. 또한 다양한 선택보다는 피상적 선택 혹은 '예, 아니요'라는 2가지 대답만 가능한 상황에 놓이게 된다. 뿐만 아니라 이들은 의사결정에 필요한 경험, 방법, 훈련 기회에서 상당히 멀어져 있다.

③ 서비스 체계: 중증장애인은 공식적인 방식으로는 의사결정과 선택기술을 습득할 수 없고 적절한 교육훈련 프로그램마저 결핍되어 독립이나 주도성과는 상치되는 행동을 강화하는 강요된 의존을 하게 된다. 또한 재활서비스 제공자들은 때때로 효율성과 편의성을 앞세워 사전에 치료 장소, 일정, 활동 등을 선택하거나 재활 목표를 설정하는 경향이 있다. 하지마니 장애인 스스로의 선택은 참여, 선호, 성취를 증가시키고 문제행동을 감소시키는 경향이 있다.

지원고용의 대상자는 직업재활 프로그램 속에서 개인적 대안을 선택할 수 있다는 것을 충분히 알고 그 대안에 대한 선택의 자유를 행사할 수 있다. 그뿐만 아니라 직무의 유형, 직장 소재지 등 시행착오를 통해 배울 수 있는 위험에 대한 기회(dignity of risk)가 제공된다. 내담자 선택은 자아개념의 향상, 다양한 사회적 기술의 습득, 복합적인 사회환경에의 참여, 자연적 지역사회서비스의 이용, 독립, 자치성과 존엄성의 표현 등 장애인의 '삶의 질' 문제와 직결된다. 의사결정과 선택의 학습에 있어서 자신의 신체적 욕구, 의사소통, 사회적 역할 수행 등에 대해 배우는 것은 개인 발달과정의 중요한 한 부분이 된다. 중증장애인에게 권한을 부여하는 일(empowerment)은 그들의 존엄성, 성공, 그리고 참여에 대한 동기를 증가시킨다. 훌륭한 선택을 하는 능력은 의사결정의 결과 및 대안과 함께 과정에 대해 많은 경험을 할 때 길러진다.

지원고용의 성공을 위해 재활기관에서는 유급직장의 발견, 작업장의 사회적 · 물리적 통합, 내담자의 계속적 지원욕구 충족, 지원고용에 대한 재활기관의 능력 유지, 직업적 계약, 고용유지, 잠재적 고용주의 발견, 만족 평가 및 유지, 직무와 과제의 조직, 작업 수행 및 감독을 위한 체계 수립, 정규적 작업과정의 계획, 자원의 배분, 통합, 결과의 유지, 서비스 제공 및 유지, 내담자 평가와 선발, 서비스, 지원욕구의 평가 및 정립, 운영정책 과정 수립, 외부기관의 욕구 충족, 기구 경영 및 재정적 안정의 확보 등을 위해 노력해야 한다.

4. 지원고용의 4가지 유형

전통적인 직업재활방법은 내담자의 정서를 효과적으로 통제하고 상담할 수 있다는 장점이 있지만, 인위적 장면에서 내담자의 장점과 약점을 변화시켜 장애에 의해 나타나는 제한과 결함을 실제의 직업장면에서 극복할 수 있게 하는 효과적인 접근은 아니다. 지역사회 노동시장에 존재하는 산업에 필요한 노동수요 및 욕구를 충족시킬 수 있는 지원고용은 지역사회의 인사관계자, 재활기관의 유용성, 가족지지, 재정적 자원 등에 매우 민감하게 반응할 수 있다는 장점과 함께 통합된 직업장면, 직업환경에서 직업적 만족을 누릴 수 있다는 측면이 부각된다. 1986년 미국 개정 재활법이 이러한 지원고용근로자들에 대한 서비스의 준거 틀을 제공함으로써 중증장애인에게 가치있는 직업적인 결과를 산출하기 위해 개별배치, 소집단 현직훈련, 이동작업단, 그리고 소규모

사업이라는 4가지 지원고용 유형이 확정되었다.

1) 개별배치 유형

이 유형(individual placement)은 지원직업 유형(supported jobs model)이라고 부르기도 하며, 가장 빈번히 사용되는 지원고용의 형태다. 중증장애인이 사업장에서 하나의 직무(job)에 배치되는 진정한 의미의 지원고용이며, 직업코치(job coach)와 내담자 비율이 일대일일 것을 요구하는 고비용 프로그램이다. 가장 높은 임금과 복지혜택, 통합된 직업환경 등으로 특징지어지며, 지역사회의 비영리 기관에서 출장지도하는 직업코치가 고용주 접촉, 임금과 노동시간 중재, 직무현장에서의 내담자에 대한 지원과 훈련의 형태로 이루어진다.

내담자의 작업수준이 고용주의 기대기준에 이르게 되면, 현장의 훈련과 지원은 점차 감소하여 최소 안정선에서 유지된다. 즉, 상담사의 감독지도 횟수를 줄여 나가면서 추수지도로 이행하여 마침내 장애인 스스로 업무를 수행할 수 있도록 돕는다. 직업현장에 배치된 다음에 작업방법, 사회성 기능, 독립생활 기술, 출퇴근 등에 대해 포괄적 훈련이 제공되며, 사실상 종료하지 않는 계속적인 지원이 제공된다. 이 유형은 사회통합면에서 4가지 지원고용 유형 중 가장 이상적이며, 내담자에게 제약이 가장 적은 접근방법이다.

2) 소집단 현직훈련 유형

이 유형은 'enclave model'로도 불리며, 일반산업체(business, industry)의 작업장 내에 장애인 근로자를 포함하는 6~8명으로 구성된 소규모 집단이 포장과 조립 같은 생산라인 일부(enclave in industry)를 담당하거나 제품생산 공정에 종사하는 작업형태를 띤다. 이는 균형 잡힌 임금을 유지하고 통합의 이익을 보장받는 한편, 근로자에게 필요한 지원을 제공하는 보호고용 및 경쟁고용에 대한 또 다른 대안이 된다. 직업코치는 작업장 혹은 공장에서 수행하는 소집단의 근로자 또는 감독자로서 함께 작업에 참여하여 소집단내의 장애 내담자들과 함께 일련의 직무 과제를 수행하게 된다. 직업코치 한 사람이 몇 명의 장애인을 동시에 취업시킬 수 있으며, 특정 직업에 적절히 적응하지 못하는 사람에게도 고용기회를 줄 수 있다는 장점이 있다(강위영, 조인수, 정대영, 1993). 또한 개별배치 유형에서보다 더 장기적인 훈련을 받을 수 있으며, 경제성에 있어서 효율적이고 소속된 회사에서 규정된 적절한 임금과 복지혜택을 받을 수 있다.

3) 이동작업단 유형

이동작업단(mobile crew)이란 지역사회에서 각종 직무(service jobs)를 근로시간대에 수행하며, 소형 봉고차(van)를 이용하여 이동하는 소규모 집단을 의미한다. 'mobile crews' 혹은 'work crews'로 불리는 장애인을 포함한 3~8명으로 구성된 근로자 집단이 작은 차량을 이용하여 지역사회의 여러 장소를 찾아다니면서 직업코치의 지도감독 아래 수위, 차량관리, 쇼핑몰 관리, 도로정비, 건물청소, 과수원 및 농원, 운동장, 공원 관리와 같은 특별히 계약된 작업을 수행하면서 근로하는 형태다. 이 지원고용 유형은 소집단 현직훈련 유형에서 직업코치가 제공하는 것보다 더 많은 지도감독이 필요한 행동문제가 잠재적 고용주의 인내를 넘어서는 내담자에게 유용하고 공장이 적은 중소도시에서 활용하기가 보다 적합하며, 장애인 재활시설에 부속되어 운영될 수 있다.

직업코치는 사업경영자인 동시에 훈련감독자의 역할을 통해 계약된 일련의 작업을 수행하며, 1명의 직업코치는 4명의 내담자와 함께 지역사회를 순회하면서 작업을 수행한다.

경비직종과 같이 근무시간이 종료된 야간이나 주말에도 작업을 수행할 수 있기 때문에 장애근로자가 장애를 지니지 않은 근로자들과 작업할 수 있는 기회가 없어서 통합 측면에서는 가장 불리한 지원고용의 유형이 되지만, 정규적 작업장과 비장애인이 출현하는 일자리에서 전형적인 지역사회 자원을 이용한다는 점에서 통합의 의미를 발견할 수 있다. 이는 내담자의 훈련 수준 및 속도에 맞게 조정할 수 있으며, 직무과제를 통해 최대의 임금과 생산성을 성취할 수 있도록 하고, 직무선택에 있어서 개인적 선택기회의 증대, 그리고 내담자의 고용기술을 증가시켜 줄 새로운 직무를 계속적으로 배울 수 있다는 장점이 있다.

4) 소규모사업 유형

소수의 장애인과 함께 장애를 지니지 않은 근로자들을 고용하여 소기업(small business, benchwork)을 구성한 후 지원고용프로그램을 운영한다. 사업 유형으로는 선물가게나 식당 등과 같은 것이 있는데 일차적으로는 장애근로자가 장애를 지니지 않은 근로자들과 함께 사업체를 운영하며, 1명의 직업코치는 6명까지 장애인을 지도감독할 수 있다. 공장 형태를 갖추고, 소규모 하청 및 원청을 수행할 수 있는 계약, 판매 등의 업무를 하는 소규모 기업을 설립 · 운영하는 것으로 8명 이하의 중증장애인을 고용한다. 최초의 사례로는 미국 전역에 걸쳐 작은 전자조립사업의 네트워크를 형성하여 운영된 특수 훈련 프로그램(the Specialized Training Program) 벤치워크 모델이 있다(Wehman & Moon, 1988).

서비스 사업, 선물가게와 같은 생산물 판매를 위한 산업이 많이 이용되며, 직업코치와 장애인의 비율은 대략 1:6으로 한다. 사업장 위치(work place site)의 선별은 지원고용에 있어서 통합의 조건을 충족하기 위해 중요하기 때문에 대중음식점이나 상가에 가까운 장소는 근로자가 출퇴근 및 휴식시간을 취하는 중에 훌륭한 통합 기회를 제공할 수 있다. 또한 제한된 신변(self-care) 기술과 행동결함을 지닌 근로자들을 적절히 직업배치할 수 있다. 소규모사업 지원고용이 성공하기 위해서는 소비자와 계약주의 관심을 이끌어 낼 수 있어야 하고, 근로자는 생산성의 정도에 따라 임금을 받게 되기 때문에 그들에게 충분한 일거리를 제공하며 생산성을 제고하기 위한 훈련을 제공할 수 있어야 한다(Wehman & Moon, 1988).

5. 지원고용의 단계

지원고용은 흔히 직업배치, 현장훈련과 옹호, 계속적 평가, 그리고 사후지도의 4단계로 나뉜다(Gardner et al., 1988). 이를 요약하면 〈표 13-2〉와 같다.

표 13-2 지원고용의 단계

과 정	세부 내용	재활기관
직업배치	지역사회 직무분석, 지원서비스의 결정	업체 개발, 대상자 의뢰, 선정정보 제공
현장훈련/옹호	직무기술 훈련, 작업장 개조 협상, 내담자 옹호	작업코치의 훈련, 행동주의 기법 활용
계속적 평가	고용주와 내담자 욕구, 만족 평가	정규적 평가와 적응 훈련 조치, 의뢰
사후지도	잠재적 고용상 문제 발견과 해법 제공	부수적 훈련 변화에 대응, 조정과 개입

1) 직업적 계획

'내담자를 위해 적절한 직업은 무엇인가?' '어떤 직업에 내담자는 관심을 보이는가?' 등을 고려하여 팀 접근을 함으로써 현실적인 계획을 수립할 수 있다. 따라서 직업적 계획단계에서는 내담자를 위해 바람직한 결과를 예상하고 이러한 결과가 필요한 합리적 이유와 목표를 개발한다. 이런 정보는 지원고용프로그램에 고용주가 참여한다는 확신을 심어 주기 위해 사용된다. 이때도 가장 중요한 사람은 내담자이며, 가능한 한 최선의 직업적 대안을 나열하고 내담자에게 보다 많은 기술을 훈련시키기 위한 인풋(inputs)을 제공해야 한다. 내담자의 동기, 사회적 기술, 이동수단, 직무기술을 평가하고 가족적 지지를 획득하기 위해 직업배치 이전에 가족을 면담한다.

지원고용에 대한 팀 접근의 필요는 중증장애인의 재활에 있어서 보다 많은 전문가가 관계하는 다학제적(interdisciplinary) 접근의 효과로 입증된다. 정보, 팀 구성, 창조적 전략 마련, 고용주 교육 및 지역사회 네트워크, 주택 및 교통 등 많은 부분이 지원고용의 성공을 위해 필요하며, 이는 많은 전문가의 협력을 필요로 한다. 전문가들은 내담자가 최고의 재활 목표를 성취할 수 있도록 협력적으로 일하며, 하나의 시스템으로 기능한다. 다학제적 접근의 준거 내에서 각기 다른 영역의 관점, 인풋(input), 다양한 사람들의 의견이 도움이 되며, 다음과 같은 전문가를 포함하게 된다.

① 의사 및 간호사: 의학적 지식을 가지고 있으며, 의약품의 부작용에 대한 충고를 할 수 있다.

② 심리학자: 지적장애를 진단하고 그 정도를 결정하며, 동기, 인성, 학습양식, 행동분석, 강화계획의 수립 및 개발, 행동변화 전략의 수립 및 시행을 한다.

③ 가족: 중증장애인의 경우 99%의 의사결정은 그 가족구성원에 의해 이루어지며, 지원고용의 성공에 필수적인 내담자의 자기지각이나 태도 등에 상당한 영향을 미친다.

④ 그룹홈 등 주거프로그램 전문가: 중증장애인의 생활에 필요한 배려(arrangement)를 효과적으로 함으로써 지원고용의 성공에 기여한다.

⑤ 언어치료사: 내담자의 구두 언어능력의 수준을 평가하고 치료한다.

⑥ 작업 및 물리치료사: 소근육 운동과 대근육 운동을 평가 · 치료하며, 신체 균형(balance)을 유지하도록 도와준다.

⑦ 사회복지사, 행동분석 및 치료사: 내담자의 사회환경적 변화 및 행동치료를 효과적으로 계획하고 원조할 수 있다.

⑧ 재활상담사 및 고용주: 고용이나 직업배치 전반에 걸친 지도와 자문을 행한다. 내담자 자신으로부터의 인풋(input)을 획득하고 내담자의 의사결정을 도와준다. 재활에는 내담자의 인풋(input)이 반드시 필요하다.

⑨ 감독자 및 동료: 고용주와 마찬가지로 해당 직무에 있어서 최고의 전문가이며, 훌륭한 충고를 제공할 수 있다.

⑩ 특수학교 관계자: 특수학교 관계자들은 학생들이 지원고용을 준비할 수 있도록 철학적 기초를 개발하고 재정계획을 수립하며 지원고용 시행에 필요한 규칙을 제정 · 수행하는 등의 원조를 행할 수 있다. 특히 장애학생의 자연스러운 직업적 전이(transition)가 이루어질 수 있도록 자원을 발견하고 지원고용 과정에 많이 개입되어 활동할 수 있는 여건을 조성하여야 한다.

2) 직업개발

직업개발은 근로자의 흥미, 이전의 훈련경험, 고용가능성, 신체적인 요구조건에 대응할 수 있도록 이루어지고 내담자 평가 또한 이에 맞게 이루어진다(Wehman & Moon, 1988). 직업개발을 위해 잠재적 고용주들과 접촉을 하며, 구인광고지, 사업체 목록, 지역 상공회의소 명부 및 자료를 이용하여 내담자를 위한 직업 혹은 직종을 개발한다. 내담자의 흥미, 적성, 사전훈련, 교통, 신체 요건 등을 고려하여 가장 적합한 직업을 탐색하고 직업분석 등을 통해 작업환경 조건을 분석함으로써 이루어지는 직업개발은 장애인 내담자의 고용기회를 발견하고 창조하며, 직무 요구조건에 접근하고 성공적으로 충족시킬 수 있도록 원조하는 과정이다. 내담자의 적응행동, 보호자의 태도, 교통편 이용 가능성, 표현된 작업자 발성, 내담자의 직업적 인내력, 감정, 내담자의 집단생활 선호 여부, 내담자가 선호하는 직무환경 등을 파악한다(West & Parent, 1992, p. 48).

직업을 발견하고 고용되어 유지하도록 준비시키기 위해 여러 가지 양식과 입사지원서를 작성하고 면접 등을 수행할 수 있도록 하며, 내담자는 이러한 책임을 직업코치와 나눈다. 내담자에게 가장 효과적인 학습양식을 파악하고 훈련전략을 수립하는 일도 중요한 과제이며, 지역사회 고용주들에게 지원고용프로그램을 소개하고 프로그램 참여를 권유하는 등의 접촉과 잠재적 고용주들에 대한 대면 접촉은 지원고용프로그램을 심도 있게 논의하고 마케팅할 수 있는 기회를 제공한다.

고용주가 나타내는 부정적 반응을 수용하고 고용주의 욕구측면을 조사한다. 고용주가 지원고용프로그램에 대해 탐탁지 않게 생각할 경우에 직업코치는 프로그램 참여에 있어서 지각된 문제와 장벽에 대해 창조적 해결방법을 찾아야 한다. 지역사회 노동시장의 평가를 통해 표적 직업환경의 평가를 위한 직무분석과 고용주 조사를 함으로써 지역사회 고용주의 욕구를 파악한다. 고용주들이 지원고용프로그램에 참여한다고 결정하였을 경우, 다음 단계는 고용주와 지원고용 담당기관 상호 간의 책임을 구체화하고 그것에 대한 동의를 이루는 일이다.

3) 직무분석과 지원자 매칭

직무의 진술, 직업명칭과 설명, 직업환경 등 직업에 관한 자료를 수집하고 직업 및 직무 관련 기술의 요구 조건을 파악한다. 표적 직업을 수행하는 근로자들을 직접 관찰하고 직무진술을 행하며, 직무에 대한 물리적 · 사회적 환경을 구체적으로 진술하고 습도, 온도, 실내 혹은 옥외 직업 여부를 표시한다. 파악된 내담자의 흥미 및 직무기술에 대해 직무에서 요구되는 중요한 요소(components)가 어떻게 연결(matching)될 것인지에 대한 적합성 분석(compatibility analysis)을 하고 파악된 직업에 가장 적합한 내담자를 선발한다(compatable match).

직업의 요구조건에 대해 지원자들이 적합한 정도를 분석하며 내담자 흥미, 동기, 신체 특성, 능력, 인성, 직업행동, 교통수단 등을 고려하게 된다. 직무현장에서의 관찰은 구체적 직업기술의 요구조건, 물리적 배치와 동료의 근접성 및 소음 같은 독특한 작업조건, 그리고 의사소통, 화장실 이용, 휴게실 사용, 유니폼 착용과 같은 원조적 기술을 결정할 수 있게 해 준다. 적합성 비교 및 지원 계획 양식은 〈표 13-3〉과 같이 구성하여 사용할 수 있다(박희찬, 김은영, 김서옥, 유병주, 1994, p. 184).

표 13-3 적합성 비교 및 지원 계획서

이름:	고용전문가:	
작성자:	사업체명:	작성일:
고용선별 요소	직업과 연결 가능성 좋음-G, 나쁨-P, 지원이 요구됨-SN	필요한 지원 정도/지원 계획
작업시간대		
임금		
출퇴근 기술		
물리적 환경(이동성)		
활동반경		
시간인식		
과제의 변화에 대한 인내력/연속성		
들거나 운반하는 힘		
지속력		
비율/작업속도		
과제에 대한 집중력		
의사소통		

(계속)

고용선별 요소	직업과 연결 가능성 좋음-G, 나쁨-P, 지원이 요구됨-SN	필요한 지원 정도/지원 계획
셈하기/읽기		
사회적 상호작용		
청결/외모		
강화의 제공정도		
스트레스 요인		

4) 직무조건과 훈련

직업적 개조(modification)라든지 작업장 조정(accommodation)은 내담자의 직업적 성공 확률을 더욱 높인다. 훈련에 필요한 직무조건을 결정하는 것은 해당 직업과 그 직업에 필요한 원조적 기술을 파악하기 위해 직업환경에 대한 주의 깊은 조사를 함으로써 이루어지며, 개별훈련 계획에 의거하여 체계적으로 내담자를 훈련시키는 노력이 중요하다.

직무분석 자료와 팀워크 활동에서 얻은 내담자에 대한 평가정보를 바탕으로 직업의 요건과 근로자의 특성을 판단한다. 직무와 관련된 직업태도, 의사소통 방법, 과제수행, 교통수단의 이용 등을 내담자에게 직접적이고 체계적으로 지도하며, 이것은 지원고용의 전 과정을 통해 계속해서 행해진다. 평가와 더불어 행동훈련 자료를 검토하고 고용주, 가족구성원, 직장 동료와 상호작용함으로써 얻을 수 있는 매일의 피드백은 내담자가 직장의 요구에 잘 적응하고 있는지 여부를 즉각적이고도 끊임없이 평가할 수 있게 해 준다(Wehman & Moon, 1988). 내담자 적응상의 문제영역으로는 작업의 질, 생산량(작업량), 감독에 대한 반응, 동료와의 관계(self-help, socialization), 출석, 시간관념, 용모 및 신체건강, 기초기능 습득이 있다.

직업훈련 과정은 내담자의 기술습득과 적응, 그리고 기술유지 및 일반화를 촉진시키기 위해 필요하다. 장애 정도가 심한 발달장애인에게는 직업코치의 지도감독 감소

(fading)와 함께 이루어지는 연습과 일반화가 지원고용 성공의 매우 중요한 관건이 되기도 한다. 훈련 기간의 이동수단과 일상생활 동작을 훈련하기도 하며, 내담자가 학습한 행동을 유지시키기 위해 직업코치는 언어적 단서(verbal cues), 신체적 촉진자극(physical prompts), 환경조성, 동작 촉진자극(gestural prompts), 모델링과 같은 행동수정 기법을 적극적으로 사용한다.

지원고용에서 제거되어야 할 내담자의 행동에는 과도한 행동, 성가신(annoying) 행동, 반사회적(antisocial) 행동이 있다. 소리 지르기, 콧노래 부르기, 부적절한 의상, 성적 행동, 반복적 행동과 언어, 자해행동을 포함하며, 반사회적 행동은 극단적 행동, 재물파괴, 생명위협 등의 행위를 포함한다. 문제행동이 일어나기 이전의 환경상황을 직업코치가 정확히 이해하고 훈련과 교육을 통해 그 행동을 대체할 수 있는 바람직한 다른 행동을 증가시키고자 노력해야 한다.

직업코치는 내담자의 의존을 줄여 나가기 위해 행동강화스케줄을 감소시키는 동시에 내담자의 직무상 차상급자나 감독이 하나의 대체적 역할모델을 제공할 수 있게 하여, 그들이 내담자를 대하는 올바른 태도를 배우도록 하여야 한다. 또한 내담자가 하나의 과제를 완성할 수 있도록 돕기 위해 환경을 구조화하고 정비하며, 계획된 방식(manner)으로 내담자의 행동에 반응해야 한다. 직업코치는 일관성 있는 행동, 예측할 수 있는 행동을 통해 내담자가 올바른/올바르지 않은 행동에 대한 스스로의 반응을 결정할 수 있게 도와준다. 더불어 직업코치는 교육적 전략에 있어서 다음 단계로 이동하여야 할 시기를 결정한다. 한 번의 진보에 한 단계씩 나아가도록 하고(one step making a progress) 주어진 단계에서 성공하고 나면 미리 분석된 과제에 있어서 내담자가 다음 단계로 나아가도록 한다. 행동강화를 위해서는 내담자에게 무엇이 중요한지(강화제)를 알아야 하며, 사회적 강화제, 물질적 강화제, 내담자가 좋아하는 활동, 그리고 상징적 강화제를 사용할 수 있다.

지원고용의 평가과정에서 중증장애인이 접근할 수 있게 하는 시설의 건축개조, 직무 재구성, 직무일정의 변경, 시간제 근무, 장비와 도구의 구입 및 개조 등의 노력이 필요하다. 고용주의 프로그램에 대한 소유의식(ownership) 개발에 있어서 매우 중요한 이 단계에서는 내담자 진보의 연속적 평가 및 점검이 중요하고, 이 평가는 내담자가 무엇을 할 수 있으며, 무엇을 하기 원하고, 어떤 기술과 행동을 학습할 필요가 있는지 결정하는 데 도움이 된다. 직업코치는 작업장에서 점차 훈련횟수를 줄인 후에도 내담자의 진전을 효과적으로 감독 · 평가하는 방법을 고안하여야 한다. 이처럼 지원고용의 성공을 위한 전문가로서 직업코치의 역할은 아무리 강조해도 부족하지 않다. 직업코치는 미국의 경우 전이고용, 지원고용, 산업체 협동 프로그램(Program With Industry: PWI) 등에서 많이 활동하고 있다. 1992년 개정 재활법은 정해진 직업재활서비스 기간 내에 서비스로부터 이익을 얻을 수 없다는 명확하고 납득할 만한 증거가 없으면 장애인은 서비스를 제공받을 수 있다고 규정한다. 그러므로 지원고용에서 직업평가의 목표는 구직자가 자신에 대해 더 잘 알게 하고, 이 정보를 알맞은 직업배치에 사용할 수 있게 하는 것이다.

6. 직업코치

1) 기능과 역할

직업코치의 가장 중요한 역할 중 하나는 지역사회 내에서 지원고용을 수용할 수 있는 기업체를 찾아내고 적절한 대상 장애인을 선정하는 일이다. 장애인 근로자와 고용주에 대한 계속적인 사후지도의 제공, 산업기준을 충족시킬 때까지 제공하는 내담자 훈련, 직무에의 내담자 배치, 산업상 직업 개발을 포함하는 다양한 지원고용의 측면을 관리하고 조정하는 전문 상담사가 직업코치다. 직업코치는 고용주와 내담자, 그리고 공학적 욕구에 직면하여 장애인 고용 혜택을 설명하고 작업장 변경, 개조 및 작업개조(accommodation or modification)와 관련된 조언을 제공하거나 내담자훈련을 직접 담당하여야 한다.

직업코치는 중증장애인의 잠재적 고용주 욕구에 적절히 대처해야 하는데 장애인에 대한 이해와 기업체 고용장려금 및 지원금이라든지 세제혜택, 혹은 중증장애인에게 직접 제공될 상담과 훈련 등에 관해 자세한 설명과 더불어 이해를 얻도록 노력해야 한다. 노동자의 생산성에 근거하여 임금을 지불할 수 있기 때문에 경제적 손실을 감내해야 하는 것이 아니라 정상적인 생산 활동에 대한 임금만을 지불하므로 추가의 부담을 가질 필요가 없다는 점을 이해시킨다. 이러한 과정에서 직업코치는 고용주나 내담자의 동료 근로자들과 밀접한 관계를 유지하며 상호작용한다.

가족과의 정보교환 및 계속적 상담을 통해 내담자에게 많은 지원을 제공하며, 내담자의 가족에게도 장차 내담자가 어느 정도의 수입을 얻을 수 있을 것인지, 상담사는 어떻게 도울 것인지, 그들이 무엇을 원하고 있는지 정확히 알아야 한다. 직업코치는 내담자의 자연적 직업환경의 특성에 따른 사회적 상호작용과 지원을 검토해야 한다(Nisbet & Hagner, 1988).

2) 직업코치의 교육

지원고용의 성패는 직업코치의 자질과 능력에 크게 영향을 받기 때문에 전문 인력의 교육과 양성이라는 큰 과제를 안게 된다. 직업코치가 직업재활기관, 중증장애인, 고용주 등 여러 사람과의 관계 속에서 다양한 역할과 기능을 효과적으로 수행하기 위해서는 인간의 발달과 행동에 관한 폭넓은 지식, 기업과 경영 전반에 대한 이해, 그리고 대인관계의 역동성에 대한 포괄적 지식을 지녀야 한다. 강렬한 직업으로부터 오는 신체적 · 정신적 소모를 이겨 낼 수 있는 조건을 제공하여야 하며 과도한 업무나 역할 갈등 혹은 모호성이 초래한 좌절된 역할기대도 고려해야 한다.

미국은 1954년 개정 직업재활법을 통해 집중적인 교과과정에 대한 연구, 연수교육 및 훈련체제를 갖추었다. 지식영역을 구성하는 미국재활상담협회의 교육프로그램은 〈표 13-4〉와 같이 소개할 수 있다.

표 13-4 재활상담사 교과과정

영역	내용
기초지식	재활역사, 철학, 장애인 관련법 직업재활 체계의 기본구조 재활연구법 및 분석 재활상담을 위한 법적 · 윤리적 문제

(계속)

영역	내용
중핵과정	상담의 이론과 쟁점, 상담의 실제 및 성격의 이론적 기초 사례관리 과정, 발견, 서비스 협력, 기타 훈련을 위한 의뢰 및 활용 내담자 지원, 직업재활, 직업평가, 직업적응이론의 방법 및 실제 장애의 의료적 관점과 기능적 제한성 장애의 심리측면과 장애측면에 대한 대인적 · 사회적 · 문화적 영향
서비스 계획과 전달	내담자 직업재활서비스 계획 지역사회의 자원과 서비스에 대한 지식
직업공학	여러 가지 작업의 요구조건 및 특성 이해 작업분석, 직업수정 및 재구조화에 대한 이해
직업개발, 배치 및 추수지도	직업정보와 노동시장 경향성의 분석, 이용 직업배치, 추수지도 서비스

직업코치가 적절하고 계속적인 연수교육 및 훈련을 제공하는 것과 슈퍼비전을 제공하는 것도 필요하며, 연수교육에 필요한 자료개발, 워크숍 개최 등이 이루어져야 한다. 직업코치는 앞서의 교육 내용과 관련하여 대체로 다음 영역에서 능력(competencies)을 지녀야 한다.

① 장애조건을 지닌 내담자의 직무요구 조건에 대한 지식
② 고용주의 직무요구 조건에 대한 이해
③ 효과적인 훈련 능력
④ 훌륭한 의사소통 기술 등 대인관계 기술
⑤ 과제 및 직무분석에 대한 지식 및 기술
⑥ 행동수정 및 훈련 기술에 대한 이해
⑦ 산업과정 및 기준에 대한 지식과 이해
⑧ 프로그램 성취목표의 설정 능력
⑨ 경영 기술
⑩ 재정운용 기술
⑪ 직무–환경 분석 기술
⑫ 유용한 내담자 평가 기술

⑬ 고용창출을 목표로 하는 고용주에 대한 서비스 마케팅 능력
⑭ 내담자부터 보호자에 이르기까지 교육 및 정보를 제공하는 능력
⑮ 효과적인 서비스 조정 및 옹호서비스 제공

미국 캔자스 주 재활고용국의 보고에 따르면, 직업코치는 90.8%의 업무 시간을 지원고용장소에서 서비스를 제공하면서 보내게 되는데, 이 중 13.2%는 훈련, 56%는 관찰, 22.4%는 관련된 서비스를 위해 사용하는 것으로 나타났다(RTC/IL Briefs, 1991). 이들의 주요 임무는 다음과 같다.

① 내담자의 생산성에 상응하는 보상 지급
② 고용주로부터의 각종 고용혜택 확보 및 의미 있는 직업 제공
③ 최적 · 최고의 생산성 유지
④ 고용유지를 촉진하기 위한 계속적 서비스
⑤ 장애 · 비장애 근로자들의 의미 있는 사회적 접촉과 상호작용 증대
⑥ 상호작용이 일어날 수 있는 지역사회환경에의 참여
⑦ 직업과 통상적으로 관련된 사회의 각종 혜택 및 접근성 확보
⑧ 비직업적 활동에의 대폭 참여
⑨ 선택의 의미 이해 및 일상생활에서의 선택 기회 확보
⑩ 내담자의 신변처리 능력이 증가함에 따른 가족과 신변보호자의 책임 감소
⑪ 자연적 조건에서의 내담자 생활양식 선택 결정

직업코치는 지원고용 내담자에게 직무과제를 훈련시키기 위한 계획을 마련하여야 하고, 이를 위해 강화제 메뉴와 직무과제의 훈련을 위한 주의 깊은 행동훈련 일과를 작성해야 하며, 필요하다면 복잡한 과제에 대한 과제분석을 수행하여야 한다. 구체적이고 실천 가능한 단계를 결정하고 내담자의 개인적 요인, 의료 등의 생물학적 요인, 환경적 요인, 그리고 프로그램을 결정한다. 직원배치와 인적 구성요인에 대한 고려를 하여야 하는 한편, 직업코치는 내담자의 고용을 유지시키기 위한 복합적 재활서비스 기능을 조정하여야 하고, 고용주 서비스, 이동 및 출퇴근 훈련, 부모교육, 행동훈련, 상담,

평가 등을 실행에 옮긴다.

장애인을 한 곳에 모이게 한다는 것은 장애인과 비장애인 사이의 사회적 거리를 멀어지게 하고 악화시키기 때문에 장애를 지닌 사람들이 직무에 적합한 행동을 유지할 수 있게 하기 위해 노력해야 한다(Rogan & Murphy, 1991). 이를 위해서는 실수를 용인하는 '에러 프리(error free)' 환경을 조성해야 하며, 실수에 수반되는 위험에 대한 존엄(dignity of risk)을 존중하여야 한다. 우리나라에서 공과 중심의 직업훈련 프로그램은 현장훈련 체제로 전환을 이루었고, 성인 재활 프로그램의 일환으로 시도되었다(박희찬, 이종남, 양숙미, 허경아, 이원형, 1996).

훈련된 인력의 부족 및 낮은 임금 체계와 관련하여 직업코치가 직업재활 기관이나 학교로부터 합리적인 훈련과 감독을 받을 수 있는 기회가 제한되어 있다. 지원고용에 대한 지식 부족과 정보 부족은 현장에서 일하고 있는 직업코치가 당면 문제를 적절히 해결할 수 없도록 한다. 독특하고 강렬한 개인적 욕구와 요구를 지니고 있는 발달장애인의 교육과 훈련에는 보다 많은 구체적이면서 복잡한 지식이 필요하지만 직업코치는 이러한 장애와 관련된 지식이 부족하기 때문에 여러 가지 어려움을 만나게 된다. 이러한 요인들이 직업코치의 좌절감과 소진현상을 상승시키는 역할을 한다. 따라서 직업코치의 격무에 따른 이직과 스트레스를 감소시키고 일반적인 복지종사자 이상으로 업무에 상응하는 높은 수준의 보수 및 급부 체계를 제공해야 한다.

직업코치는 장애근로자가 작업장에서 사회적으로 통합되는 것을 적극 원조하여야 한다. 이를 위해 내담자의 사생활을 존중하며, 직업 관련 행동에 대한 기대 및 개선 지침을 동료 근로자에게 제공하고 하나의 역할모델을 보여 주어야 한다. 그러나 가정을 유지하고 그 가족을 안락하게 유지시키는 데 필요한 재정자원이 결핍되어 있다면 직업코치는 직업만족이나 고도의 전문성을 유지하기가 어려울 것이다. 직업적 긴장과 부담이 심한 중증장애인을 대상으로 하는 직업코치의 정서적 스트레스는 결코 적지 않으며, 종종 내담자나 그 가족과의 강한 정서적 긴장과 불안을 함께 경험하기 쉽다. 재활기관에서 설정한 지원고용의 목표를 달성하는 것이나 지원고용의 질적 측면을 관리하는 것과 더불어 이러한 대인관계 스트레스는 직업코치의 일상생활과 사생활을 방해하고 좌절감을 안겨 주기 쉽다.

특히 직업코치 개인으로 봐서는 사회적으로 격리된 장소에서 중증장애를 지닌 근로자들을 감독하고 잦은 출장근무를 해야 하는 고통을 감수하여야 한다. 직장에서 중증장애인의 행동이나 안전문제는 예견하기가 어려워 24시간의 지도감독이 요구된다. 따라서 직업코치도 하나의 인간이므로 이들의 노력에 상응하는 높은 임금을 받을 수 있어야 한다. 직장상사나 동료들과 피드백, 의견, 걱정, 근심을 나누기 위한 체계와 정기적인 교육을 받을 수 있는 훈련 체계가 마련되어야 하며, 지원고용기관의 입장에서는 직업코치가 적정선의 과도하지 않은 임무를 수행하고 여러 가지 대인관계에서 오는 긴장을 해소할 수 있는 방안을 강구하여 실행하여야 한다. 더불어 직업코치 모임과 뉴스레터를 통한 정보교류의 채널을 마련하고 이들을 위한 다양한 보상 체계를 개발하는 것이 필요하다.

현실적으로 우리나라의 형편에서는 아직도 직업재활기관이나 특수학교에 전문적인 직업재활상담 혹은 지원고용을 담당할 전문가가 배치되어 있지 않으므로, 일반 사회복지사나 직업교사가 직업코치의 역할을 필요에 따라 담당해야 하는 경우가 많다. 이처럼 부족한 직업코치 인력의 공백을 메꾸기 위해 시설의 직업훈련 교사들을 대상으로 일정 기간 보수교육을 실시하여 이들을 활용하는 방안도 적극 추진해 볼 수 있을 것이다.

3) 내담자의 장애유형과 환경적 배려

행동과학에 대한 사회적 투자가 미흡한 우리나라에서는 장애 영역에서 일하고 있는 사람들 중 행동주의 기법에 익숙한 훈련된 전문가가 여전히 부족하다. 단편적 행동수정 기술만 가지고서는 중증장애인이 직장과 일상의 여러 장면에서 드러내는 행동결함을 효과적으로 교정할 수 없을 뿐더러 인권영역의 문제와 내담자의 존엄성을 저해하는 결과를 야기할 수 있다. 직장에서의 대인 상호작용에 관한 연구는 대부분의 근로자가 35~90%의 근로시간을 다른 사람들과 상호작용하면서 소모하고, 다양한 직업에 걸쳐 모든 근로자의 반수 정도가 동료 근로자들과 많은 시간을 대화하면서 보낸다는 결과를 보여 주었다(Nisbet & Hagner, 1988). 대화의 내용은 주로 장난, 놀리기, 작업보조, 수다, 작업의논, 다과 먹기, 신변 관련 잡담, 조언, 교육, 작업과제, 시연의 순으로 빈번히 나타났다.

지원고용 장애인의 1년 후 직업보유율은 44~70%에 지나지 않지만, 그 효과는 여타의 장애인 직업재활 방법과 큰 차이를 보인다(Nisbet, 1988). 경쟁고용(competitive employment)에는 미치지 못하지만, 지원고용의 효과가 내담자에게 주는 영향은 매우 크기 때문에 적정선의 임금을 유지하는 것은 직업코치가 직면하는 하나의 큰 과제다. 출퇴근 문제와 관련하여 보호작업장 같은 대규모 직업재활 시설에서는 승합차 등의 대규모 이동수단을 이용하여 내담자들을 출퇴근시킬 수 있지만, 중증장애인은 끊임없이 직장을 옮겨야 하고 지원고용은 많은 장소에 다수의 내담자를 직업배치해야 한다는 문제가 있다. 따라서 내담자의 주거지와 가장 가까운 장소에 있는 일자리를 발견함으로써 출퇴근 및 이동과 관련된 비용을 최소화할 수 있다.

1986년에 개정된 미국 재활법에 따르면, 지원고용은 경쟁고용이 불가능한 상태에 있거나 중증장애로 인해 고용이 중단 · 방해받게 된 사람을 대상으로 통합된 작업장에서 계속적인 지원서비스를 제공하는 것이라고 규정한다. 지원고용은 중증장애인을 주요 대상으로 하는 직업재활 프로그램이지만, 1978~1987년 사이에 미국 버지니아 주에서 시행한 지원고용프로그램의 결과는 대상자 944명 중 약 10% 정도만이 중도(severe) 이상의 장애를 지닌 것으로 나타났으며, 통합 정도에 있어서도 전체 대상자의 16%가 비장애인 직장동료와의 작업 관련 상호작용을 갖지 못하는 것으로 나타났다(박희찬 외, 1996). 이처럼 지원고용의 대상으로 규정하는 중증장애인의 범위는 제한적이지만 현실은 그 정도가 가벼운 장애인이 주된 대상자였다는 것을 알 수 있으며, 통합의 정도면에서도 아직은 불완전하다고 볼 수 있다.

이동작업단(work crews) 모형은 종종 아침과 저녁 시간대의 근무로 인해 가장 빈번히 격리되는 양상을 보인다. 또한 대부분 장애를 지니지 않은 근로자로 이루어진 하나의 지원고용프로그램에 8명 이하의 중증장애인을 배치하는 것은 쉽지 않다. 인쇄소나 식당과 같은 단순 반복작업이 이루어지는 장소가 지원고용이 많이 활용되는 일터로 나타나며, 무엇보다 이들을 위한 각종 근로혜택이 부여되는 일자리와 산업체를 발견하는 일은 쉽지 않다. 내담자가 처한 환경과 체계에 관련된 많은 쟁점은 성인 중증장애인의 고용 접근기회를 가로막는다. 이동수단, 제한된 지원, 사후지도와 직원교육의 필요, 그리고 협조의 부족과 같은 것이다. 예를 들면, 이동수단의 문제는 이동수단의 부족, 내담자의 적절한 이용기술 부족, 그리고 물리적 장벽으로 발생하는 제한점에 있다. 환경은 개인의 성장과 발달을 촉진시키고 삶의 질을 결정하며, 복지의 원천이 된다. 지원은 각종 대인관계 원조, 공학, 재활서비스, 의료, 상담, 생활보조 등을 포함하여 장애인의 독립과 사회활동을 촉진하는 기능과 역할을 한다. 지역사회 및 기관 상호 간의 협조가 중요한데, 지원고용의 책임 분할 및 인식된 책무성과 자원의 효과를 극대화하기 위한 기관 간 협조 등은 필요불가결하며, 기술적 원조(technical assistance)는 지원고용의 모든 영역에서 필수적이다.

지원고용모형의 출현은 전통적 직업훈련 및 재활방법의 한계라고 하는 임상의 한계와 단점을 극복하기 위한 하나의 중요한 시도 및 노력으로부터 나왔다. 그러나 아직도 우리나라의 장애인 직업재활서비스 및 프로그램은 너무 부족하고 열악하다. 중증장애인은 개별적으로 다루어져야 한다는 점에서 지원고용 방법이 보다 적절하며, 직업적 준비라든지 직업 전 훈련과 같은 측면을 강조하기보다는 즉각적인 직업 기회와 지역사회의 참여를 강조한다. 비록 중증장애인은 심각한 기능상의 제약으로 인해 직업재활이 가장 곤란한 인구 중의 하나이며, 다양한 행동적 · 인지적 결함을 지니는 경향이 있고, 장애상태의 개선은 매우 느린 속도로 이루어지지만 지원고용모형은 이러한 장애집단의 직업재활에 가장 이상적으로 적용될 수 있다.

통합된 지역사회 장면에서 직업코치의 계속적이고 융통성 있는 무제한적 사후지도 서비스의 제공은 중증장애를 지닌 내담자의 직업보유와 기술유지를 극대화시킬 수 있고 사회를 통합시킬 수 있다는 장점이 있다. 중증장애인의 재활에 관여하는 전문가의 인식전환과 인내는 필수적이다. 직업코치는 모든 가능한 노력과 창의력을 발휘할 수 있는데, 직업재활을 위한 지식, 경험, 정보를 축적함으로써 통합의 정도가 낮긴 하지만 중증장애인의 간헐적 특성으로서의 노동력을 활용할 수 있는 소집단(enclave) 현직훈련과 소규모 기업 형태 혹은 이동작업단 형태와 같은 지원고용 모형도 많이 활용할 수 있게 노력하여야 한다.

특히 중증장애인의 효과적 직업재활을 위해서는 많은 전문가의 헌신적 노력과 함께 적절한 사회적 처방이 마련되어야 한다. 장애인고용촉진과 직업재활의 제도적 틀 속에 중증장애인이나 정신장애인은 효과적으로 편입하지 못하고 있으며, 아직도 우리 사회는 능력을 가진 장애인조차 대중의 편견으로 인해 능력 발휘 기회를 박탈하고 있다. 장애인에 대한 사회적 편견과 중증장애인이 사회가 수용할 정도의 역량을 갖추지 못한 경우에 대해 해결 가능한 방법과 수단을 찾아야 한다.

7. 새로운 접근 및 마케팅

미국에서 생산 활동이 필요한 장애인의 실업률은 40~70%에 이른다. 다양한 장애상태로 인해 각자 종사하고 있는 직업도 다르지만 실업계에서는 가장 빈번히 대두되는 문제가 일자리에 적합한 사람이 없다는 것이다. 가장 규모가 크면서도 이용되지 않고 있는 노동 자원인 장애인구는 비정규직이 늘어난 최근의 경제추세에서 더욱 빈번하게 이직과 전직을 하고 있다. 따라서 기업의 요구에 부합하는 혁신적인 일자리 배치가 요구되는데 마케팅 접근이 그에 대한 방법이 될 수 있다. 기업이 일하고 싶어 하는 장애인을 모집하고 채용하는 방편에 직업재활전문가가 관심을 기울이고 적절히 이해해야 한다.

1) 마케팅의 개념과 방법

마케팅은 소비자의 욕구와 관련한 정보 획득 방법을 수립한 후 그 정보를 내적으로 사용하여 소비자만족을 위한 프로그램을 창조하는 것이다. 고용에 대한 마케팅 전략은 기업의 사회적 · 경제적 정당성을 강화하는 방식으로 이루어진다. 그러기 위해서는 고용주와 직업재활전문가의 관계가 활발하고 역동적이어서 서로의 욕구나 관심을 채워줄 수 있어야 한다. 마케팅은 조직을 위해 소비자의 욕구에 대한 정보획득 방법을 확정하고 내적으로 사용하여 소비자 만족을 위한 프로그램을 창조하는 것이다. 좋은 가치와 서비스를 통해 소비자 만족이 달성되면 그 관계는 계속 유지된다. 따라서 마케팅은 신뢰, 성실, 그리고 만족을 지속적으로 유지시키는 과정이기도 하다. 사회가 변화함에 따라 새롭고 혁신적인 직업배치 방법이 요구되어 왔다. 직업재활 프로그램은 생산과 이익 증대 등 지원고용에서 이용 가능한 질적 서비스를 제공하기 위해 시간과 노력을 투자하려는 의지를 지녀야 한다. 구체적인 마케팅 과정은 다음과 같이 살펴볼 수 있다.

① 목표설정과 임무선언: 관계자들에게 정보를 제공하고 목표를 선언한다.
② 상황분석: 소비자와 이해관계자를 조사하고 SWOT(Strength, Weaknesses, Opportunities, Threats) 분석을 한다.

③ 마케팅 전략 파악: 소비자를 결정하고 추가하거나 제외해야 할 서비스를 결정한다.
④ 마케팅 목표 계획: 재정을 준비하고 목표수행에 필요한 사람을 확보한 후 평가항목을 명기한다.
⑤ 마케팅 수행: 정해진 기간에 수행하고 보고서를 기록한다.
⑥ 평가: 집중적으로 특정 집단을 지도한 후 조사결과와 만족도를 발표한다.

마케팅의 성공을 위한 자문단은 직업재활 프로그램이 아이디어를 직접 수행하고 재정비하기 위해 그것 스스로 충고를 받아들이고 배우게 하는 목적을 지닌다. 직업재활 전문가는 상공회의소뿐만 아니라 기업들을 초청하고 질문하면서 감사를 표하게 된다. 기업의 요구뿐만 아니라 질적 서비스 향상에도 초점을 맞춘 협력 개발 전략은 기업에 맞는 문화와 언어의 학습, 기업의 욕구파악, 장애 이해 교육, 연락자로서의 헌신, 그리고 조직의 정책발전을 기하기 위한 노력을 자신의 업무에 포함시키는 것이다. 이를 통해 기업의 업무를 성공사례와 연결시키고 장애인공동체나 조직과 상호작용할 수 있는 고용기회를 발전시켜 나가게 된다.

기업의 핵심요소는 생산성과 비용의 절감이다. 기업이 긍정적인 고용 경험을 갖게 되면 그들은 장애인을 신뢰하게 되고 홍보자의 역할을 담당하게 된다. 교육을 통해서 관심을 형성하고 기업의 가능성을 확대시켜 나갈 수 있는 발전전략을 찾는 것은 조직적인 마케팅의 일환이다. 대부분의 고용주는 장애에 친숙하지 않으며, 여러 유형의 장애와 관리, 직장 편의에 대한 상세한 정보를 필요로 한다.

장애인이 직업선택의 기회를 얻고 소비자와 지속적인 관계를 유지할 수 있도록 하기 위해 서면을 통한 상호작용, 긍정적이고 친절한 태도, 자신감, 조직적 기술, 준비성, 계획의 실행과 창조성이 직업재활전문가에게 필요하다. 장애인 지원고용전문가는 특히 조직을 마케팅할 수 있어야 한다.

2) 조직의 마케팅

많은 재활조직은 전통적인 일자리에 대한 방식보다도 마케팅 전략의 단순하고 직관적인 철학을 선호한다. 마케팅은 소비자를 위해 소비자욕구에 대한 정보를 획득하고 고객에게 만족을 줄 수 있는 가치와 서비스를 개발하기 위해 노력하는 것이다. 직업재활서비스 제공자들은 종종 마케팅을 빨리 일자리를 제공하기 위한 하나의 수단으로 본다. 그러나 소비자 만족에 지름길은 없으며 시간과 노력이 필요하다. 따라서 소비자 만족을 위해 마케팅의 접근방식을 알고 소비자와의 만족스러운 관계를 위해 무엇이 요구되는지 이해해야 한다. 직업재활 프로그램에서는 지속적으로 고용의 요구와 소비자에게 만족을 줄 수 있는 방법을 연구해야 한다. 프로그램과 적합한 직업재활 과정에 의해 잘 계획되고 실행된 마케팅 성과는 실업상태의 장애인에게 큰 영향을 미치며, 이 영향은 지속될 수 있다. 많은 직업재활 프로그램이 목표선언 후 자신의 일이 끝났다고 생각하고 프로그램을 종결한다. 그러나 이것은 단지 첫 번째 단계일 뿐이다. 실행과정상 고용주의 충고와 제안을 고려하기 위한 단계는 다음과 같이 살펴볼 수 있다.

① 장애인 일자리를 제공할 수 있는 기업 파악: 상공회의소와 접촉하고, 지역사회 기구를 확인하며, 기업대표자들과 교류한다.
② 단체회의를 위한 준비: 시간과 장소, 자료, 그리고 일정을 수립하고 회의를 갖는다.
③ 기업 초청 후 출석 여부 확인: 시간과 장소를 확인하기 위해 서신을 보내고 전화로 확인한 후 특정 기업에 질문할 사항을 결정한다.
④ 특정 기업이나 단체에 질문할 사항 선정: 현재 가장 크게 요구되는 것, 프로그램 계획, 장애인 고용 경험, 장애인 고용 시 가능한 세금혜택, 비용, 발생할 수 있는 사건, 재활기관이 기업의 고용요구를 충족시킬 수 있는지 여부를 알아본다.
⑤ 기업 및 특정 단체와 결과에 대해 소통: 감사를 표하고 회의 결과를 요약하여 보낸다.

조직의 마케팅에 있어서 주의해야 할 점은 마케팅을 위한 모임의 형태가 직업재활 프로그램을 위해서 이루어지는 것이라고 착각해서는 안 되고 기업의 요구와 질적 서비스에 초점을 맞춰야 한다는 것이다. 성공적인 직업재활 프로그램은 기업체의 공통적인 요구에 대해 결정하는 과정을 담고 있어야 한다. 따라서 사원배치에 대해 기업과 논의할 때 기업의 의견에 귀를 기울이고 그들의 기대에 대한 이해를 발전시키는 일이 매우 중요하다. 기업들과의 관계를 개선하고 더 발전된 관계를 형성하기 위해 생각을 나누고 공개 토론을 하며 기업의 충고와 정보를 새롭게 받아들여야 한다. 직업재활 프로그램에서는 기업의 충고에 맞게 추진 방향을 바꾸고 새로운 과정을 도입해야 할 것이다. 직업코치의 역할은 직무 분석, 근로자 오리엔테이션, 직무설정과 분류, 훈련 일정, 과제 분석, 그리고 훈련 프로그램에 국한되지 않는다.

1997년 버지니아 주 재활연구소는 다국적 기업 대표들을 초청하여 위원회를 구성하고 회의를 개최하였다. 이때 모인 40여 명의 대표는 실업상태에 있는 장애인의 고용에 대해 논의하고 고용주들의 참여를 통해 직업재활 프로그램이 필요한 많은 제안을 만들어 낼 수 있게 만들었다. 나아가 이런 제안은 미국 대통령 장애인 고용위원회에 장애인 고용과 직업재활 프로그램 간의 더욱 발전된 관계를 형성하기 위한 전략을 제공하였다. 이에 따라 직업재활 프로그램과의 생산적인 관계를 유지하기 위해 장애인 고용에 방해가 되는 다음과 같은 고려 사항이 밝혀졌다.

① 기업문화와 언어의 학습: 지역사회에 존재하는 기업문화를 배우고 기업에 대해 많이 아는 것은 직업재활 프로그램의 중요한 과제와 목표를 달성할 수 있도록 만든다. 그러므로 기업의 제품, 직원, 재무구조와 상태에 관한 정보 및 언어를 배워야 한다. 이런 노력은 신뢰와 업무수행에 필요한 소통력을 증대시키는 데 도움이 된다.

② 전문용어의 사용 제한: 기업은 장애인 직업재활 분야에서 사용되는 각종 언어와 문자를 알지 못할 뿐만 아니라 사용하지도 않는다. 기업의 진정한 관심은 빠른 정보의 획득, 이익 창출과 인력 관리에 있다.

③ 기업욕구에 대한 관심: 장기적 관계를 유지하고자 한다면 더 큰 이익을 발견하기 위한 기업의 욕구에 관심을 갖고 관련 지식을 개발하며 연구하는 자세가 필요하다.

④ 긴박감: 현재가 기업의 고비라는 생각은 직업재활 프로그램이 소비자에게 더욱 책임감 있고 친절하게 다가서야 하는 이유가 된다. 기업은 정부서비스를 지나치게 느리게 느끼고 고용주는 빠른 정보 전달과 각종 문제해결 방안의 제시를 요구한다.

⑤ 장애에 대한 교육: 대부분의 고용주는 일반적으로 장애에 친숙하지 않으며, 장애인 고용에 대해 많은 정보와 도움이 되는 문제해결책을 알고 싶어 한다. 따라서 직업재활전문가는 직장에서 장애인 개인의 가치 유지에 힘써야 하며, 고용주가

편안하게 다가설 수 있는 조력자로서의 역할을 수행해야 한다.

⑥ 재활기관정책 개발에 기업 참여시키기: 직업재활기관이 새로운 서비스를 개발하고 자료를 발간하며 프로그램과 기회를 제공해야 한다. 직업재활기관의 핵심가치는 슈퍼바이저, 동료, 다른 이해관계자들과 상호작용하는 동안에 나타나며 지원고용이 성공하기 위해 필요한 지지를 촉진한다. 기업이 발전하고 경제가 성장하면 기업은 더욱 적합한 전략을 창출하기 위해 애쓴다. 이런 사례들이 직업재활 프로그램과 중증장애인에게 기회를 제공하고 있다.

3) 직업재활전문가의 역할

지원고용의 도입으로 경쟁고용 상태인 장애인의 수가 크게 늘어나게 되었지만 장애인 실업률은 여전히 높다. 직업재활전문가의 노력으로 새로운 직업기회가 중증장애인에게 늘어났지만 여전히 장애인구와 일반 인구 사이의 실업률 차이를 줄일 수 있는 전문가의 역할은 더욱 확대되고 있다. 이에 따라 직업재활전문가가 재정적 · 인적 지원을 기업에 제공하는 존재로 등장하면서 그들의 결정적 역할은 기업체와 친숙해지는 것이 되었다.

(1) 작업장 편의

기업중재를 위해 전문가들은 특별한 지원을 계획하고 직업배치, 근로자 선정, 직무재구조화, 작업 일정 조정, 기타 필수 직업 기능을 수행하는 데 필요한 지원 역할을 담당하게 된다. 그러기 위해서는 장애 근로자와 기업주 사이에 파트너십을 먼저 형성하고 유용한 자원과 도구를 활용할 수 있어야 하는데 이런 편의 제공은 다른 근로자에게도 이익이 될 수 있다는 점을 보여 주어야 한다. 대부분의 시간배려, 물리적 구조와 훈련계획 등 잘 짜인 과정과 절차는 고용주에게 직접 비용을 초래하지 않는다. 오히려 정부의 각종 혜택과 서비스는 고용주에게 인센티브로 작용할 수 있으며, 한편 일정 수정이나 작업장 배려, 그리고 직무재구조화는 사업주에게 직접 비용을 부과하지 않더라도 동료 근로자나 상사 또는 슈퍼바이저에게 불공평하다거나 부정적인 느낌을 초래할 수 있다. 따라서 이들은 장애근로자의 직업성공을 위해 협력하여 노력해야 하고 참여나 과정의 시행 및 평가에 있어서 지원고용서비스 제공자와 기업 간의 파트너십 역시 필요하다. 또한 작업장 편의 제공에 필요한 정보, 편의 욕구 충족에 필요한 자원, 그리고 촉진자로서의 역할을 충족시키려는 노력이 요구된다.

(2) 촉진자 역할

장애근로자의 직무수행에 필요한 기계적 지원과 사회적 지원, 직무상 멘토링과 훈련은 경쟁고용 환경에 적합해야 하고 사회적 통합을 증진시킬 수 있어야 한다. 유용한 사회적 자원으로서 직업재활전문가는 조직 속에서 리더십과 모델링을 제공하는 촉진자의 역할을 통해 다양한 훈련에 참여할 수 있다. 이들은 훈련에 필요한 목표와 그것의 달성을 촉진하고 내담자의 기능을 향상시킬 수 있는 활동을 제공해야 한다. 또한 고용을 유지하는데 필요한 조직화 단계를 기획하고 지원욕구를 다루며 다른 근로자들의 태도나 행동에 영향을 미치는 역할을 수행해야 한다. 전문가의 충고는 큰 영향력을 행사하며, 적절한 피드백과 리더십 수행에 요구되는 기회를 만들어 낸다.

기업 내에 생산적인 환경을 조성하기 위해 정보를 제공하고 기대에 맞는 현실적인 문제를 책임감 있게 해결하기 위해 필요한 흥미로운 점을 제안하는 직업재활전문가는 기업의 정책과 네트워크, 그리고 참여에 제약을 초래하는 장벽을 확인하고 그것을 관리하는 데 필요한 전문 원조를 제공한다. 근로자 보조 프로그램(Employee Assistance Program: EAP)이 그 한 예다. EAP 서비스는 장애 근로자에게 효과적인 지원을 제공하며, 장애인 고용과 훈련 과정에 추가적인 지원이나 변화를 초래하기 위한 방식을 알려 준다.

기업의 요구뿐만 아니라 장애근로자의 욕구와 그것이 소비자에게 미치는 영향을 평가하고 원조하는 지원고용전문가의 역할은 매우 중요하다. 장애인에게 필요한 기업중재 지원은 장애 관련 프로그램, 편의조치, 임의 구성을 통해 가능한 고용 방안으로 확장된다. 이런 프로그램은 고용주와 장애근로자의 욕구를 충족시키고 필요한 자원에 초점을 맞추는 연속체로 고려되어 결정적 역할을 수행하게 된다. 'job carving'은 지원고용근로자의 직무를 재편성하여 최대의 생산과 능률을 이끌어 내는 기회를 찾는 것이다. 고용주는 가능한 한 많은 직무와 기능을 수행할 수 있는 지원자를 찾지만 지원고용의 토대는 개인의 재능, 욕구, 흥미를 직업에 맞추는 데 있다. 많은 고용주가 투자에 대한 회수와 비용에 대한 걱정으로 인해 장애인 채용에 따른 시간손실 및 생산성, 비용, 그리고 장애근로자가 초래할 혼란을 우려한다. 따라서 전문가의 지원에 기초한 직무개발은 고용주의 근심을 감소시키고 장애인 고용을 가능한 현실로 만드는 데 도움이 된다. job carving의 구체적 단계는 다음과 같다.

① **직무기능 및 욕구와 관련하여 내담자 정하기**: 특정한 직무에 적합한 지원자를 찾기 위해 광범위한 재능과 분야, 그리고 기능을 탐색하고 직무수행에 필요한 의무를 탐색하게 된다.
② **직업개발에 이르는 매칭전략의 개발**: 지원자가 원하는 직무개발은 풍부한 전략에서 나온 것이어야 한다.
③ **기업체의 개발**: 유명한 표적 기업을 찾고 특정 직무의 성격과 근무조건을 파악해야 한다.
④ **수용적인 고용주 접근방법의 사용**: 표적 기업 및 지원고용의 이익을 취할 기업과 관련하여 여러 가지 가능성을 검토하고 회사와의 접촉 등 세부 행동을 수행한다.

job carving은 기업의 관심을 이해하고 문제해결에 필요한 자원을 찾아 줌으로써 질문을 자극한다. 직무매칭은 직무뿐만 아니라 지원자의 흥미, 판단력, 작업장 분위기, 방해 요소, 직무속도, 정확도, 지원과 슈퍼비전 정도 등 복잡성을 요한다. 그러므로 문서화된 고용제안서는 job carving의 핵심이며 최종 결정판이다.

표 13-5 고용제안서 양식

고용제안서
① 고용혜택:
② 제안되는 직무:
③ 적합한 장애 유형:
④ 근무시간과 임금:
⑤ 실행 일정:

제14장

프로그램 평가와 슈퍼비전

1. 프로그램 평가의 중요성과 목적

프로그램 평가는 재활전문가가 장애인내담자에게 전달한 재활 프로그램이 그 내담자의 삶에 어떻게 기여하였는지를 확인하기 위해 필요하며, 내담자의 삶을 개선하기 위한 전문가들의 노력과 사회적 자원의 유용성을 극대화하려는 경영과정의 한 부분으로 사용되는 응용연구다(Royse, 1992). 전통적으로 인간서비스 전문직은 분석적이지 못했다. 인간서비스가 양으로 측정될 수 없다는 설명과 함께 책임문제에 대한 과학적 증명이 어렵다고 주장하였기 때문이다. 인간서비스는 사회적 문제를 다루기 위해 설계된 프로그램으로 특징지을 수 있으며, 다양한 전문분야와 조직화된 세팅에서 제공될 수 있다. 하지만 인간서비스 전문직은 문제해결을 위한 사회자원투자의 중대한 성장에도 불구하고 그 효과를 증명하는 데 실패했기 때문에 책임위기에 직면하고 있다.

프로그램 평가는 이론적 연구와는 달리 사회적 서비스에 대한 체계적 검증이 가능해야 한다는 실용적 이유에서 필요하며, 재활서비스의 행정적 의사결정에 있어서도 필요하다. 의사결정을 내리는 사람들 또한 특정 프로그램이 목적을 달성하였는지, 이후에도 프로그램을 계속할 것인지, 혹은 보다 비용을 적게 투입하여 동일한 결과를 얻을 수 있는지 알기 원한다. 물론 프로그램 평가는 평가 틀을 개발하고 자료를 수집하여 분석하는 조사연구의 위계적 순서나 논리에 따른다는 점에서는 기본 연구활동과 다를 바 없다. 조사연구와 프로그램 평가는 문제해결 과정이나 과제 중심의 과정과 유사하며, 평가는 사회과학 연구방법을 이용하여 재활, 보건, 교육, 사회, 기타 서비스의 적합성 및 효과성과 효율성을 점검하고 계획성을 판단하여 개선하려는 노력이다(Royse, 1992).

조사연구의 주요 이유는 특정 집단이나 개인을 설득하는 데 영향을 미치기 위해서, 특수한 대중을 위한 서비스와 생산물을 변경하거나 창조하기 위해서, 학문적 혹은 전문직업적 목적으로 사람의 행동이나 조건을 예측 · 이해하기 위해서다(Alreck & Settle, 1985). 특히 생산적인 사회는 인간자원의 중요성과 그 자원을 효율적인 방법으로 제공하여야 할 중요성을 인식하고 실천한다(Posavac & Carey, 1992). 최해경(1995)은 프로그램 평가가 하나의 전문직 책무성(accountability) 문제라고 지적하였다.

직업재활 프로그램은 시설이나 표준화된 조직과 같은 기반 환경으로 인해 변화한다. 프로그램 평가의 목적은 사회적으로 기대되는 목표달성의 객관적 평가와 인간서비스의 질을 높이는 데 있다(Posavac & Carey, 1992). 재활 프로그램의 정당성을 입증할 수 있는 중요한 수단이며 재활의 효과를 측정하기 위한 이론적 모형과 실천방법의 개발은 재활서비스행정에 있어 주요 정책 노력의 하나다. 또한 포괄적인 평가전략의 수립이 있어야 프로그램계획, 운영 및 서비스 전달과정이 발달한다. 포괄적인 평가모형은 다양한 방법으로 통합하고 체계적인 평가전략을 계획하여 수행할 수 있는 프로그램을 말한다. 프로그래밍은 목표가 제시하는 체계에 따라 실행방법과 자원을 연결하고 산출물을 내는 것이다.

직업재활 프로그램은 최적의 자원 활용과 더불어 사회문제를 감소시킬 수 있다는 점을 나타내어야 한다. Posavac과 Carey(1992)는 프로그램 평가의 주요 목적으로 인가조건, 예산회계, 정보욕구에 대한 해답, 프로그램의 선택, 프로그램의 개발과 개선, 그리고 예기치 않았던 프로그램의 효과측정을 들었다. 인가활동은 서비스의 질적 수준을 유지하도록 도우며, 예산회계는 기금의 효과에 대한 의문을 해소한다. 정보욕구는 프로그램 활동에 지속적인 예산지원을 할 것인지 결정하도록 하고 프로그램 선택과 관련한 조사를 통해 많은 행정적 결정을 내릴 수 있다. 프로그램 개발을 위한 노력은 프로그램 구조와 임상방법을 개선시킬 수 있다. 특히 직업재활 분야에서의 연구 활동은 새로운 재활 프로그램의 성과나 가설검정, 서비스 프로그램의 효과 입증, 프로그램 및 방법의 개발, 그리고 문제해결 등 그 필요성이 크게 증가하고 있다.

우리나라의 경우 이제 각종 직업재활기관의 설립과 정부시책에 따른 많은 재활 프로그램의 개발이 활성화되기 시작하고 복잡화되어 그 틀을 잡아 가고 있는 시기다. 일반적으로 사회서비스의 발달에 따라 프로그램의 개발, 양적인 증가와 함께 정착 단계에 이르러서는 각종 사회서비스의 평가 및 효율성 제고가 큰 문제로 부각된다. 일반적으로 프로그램 평가는 다음과 같은 중요한 목적을 갖는다.

① 시설의 효과성과 효율성을 평가하여 운영 방향을 정립할 수 있도록 돕는다.
② 조직 내에 상호 간의 이해와 유대를 강화시킨다.
③ 프로그램에 대한 객관적인 정보를 제공하여 프로그램을 보다 잘 이해할 수 있도록 함으로써 일정 수준 이상의 서비스를 유지하는 데 도움을 준다.
④ 시설의 질적 수준을 체계적으로 판단하여 그 결과를 사회에 공포함으로써 사회적 인정을 받게 한다.
⑤ 프로그램의 정당성을 확보한다.
⑥ 서비스계획과 정책분석에 필수적이다.
⑦ 재활조직의 발달에 기여한다.

2. 프로그램 평가의 정책적 측면

직업재활서비스는 사회적 기대와 서비스대상자의 욕구를 동시에 충족시켜야 하기 때문에 객관적으로 납득할 만한 질적 기준을 지녀야 한다. 직업재활은 설비, 시설, 기구, 프로그램, 그리고 다양한 전문분야의 숙련된 인력에 의해 제공되는 서비스를 핵심으로 한다.

1) 서비스 준거

직업재활은 장애인의 포괄적 상담, 교육, 훈련, 보건서비스를 제공하여야 하며, 다음의 준거기준을 충족해야 한다(Acton, 1972).

① 보편성(universality): 전체 문제를 위한 적절한 서비스가 필요하다.
② 접근성: 직업재활을 요구하는 모든 사람을 위해 서비스는 접근 가능하도록 준비해야 한다.
③ 융통성: 변화하는 사회구조, 기술의 진보, 장애와 질병의 변화 경향에 반응하기 위해 노력해야 하고 장애의 정의는 사회적 · 문화적 문제와 관계된 사람들, 영구 장애를 지닌 사람들, 일시적 장애를 지닌 사람들을 포함할 수 있도록 충분한 융통성을 지녀야 한다(Acton, 1972).
④ 포괄성: 직업재활의 모든 국면을 포괄하는, 효과적으로 조정되고 전인지향적인 고려 아래 서비스를 제공해야 한다.
⑤ 연속성: 장애 혹은 질병의 시작부터 서비스를 개시해야 하며, 종결에 이르기까지 일관성 있는 형태로 서비스를 제공해야 한다.
⑥ 완전성(completeness): 장애인이 사회로 통합될 때까지 서비스는 끊임없이 제공해야 한다. 나아가 직업, 교육, 사회, 보건 서비스 사이의 조정과 연락기구, 지역, 국가, 지방 단위의 연락기구 사이의 유기적 협조와 도움이 필요하다(Acton, 1972).
⑦ 내담자 만족도: 장애인의 삶에 영향을 주었는지에 대한 정확한 정보를 제공해야 한다. 내담자 만족도 측정은 프로그램 평가의 주요 초점이 되어 왔다.

2) 정책적 관점

프로그램 평가는 미래의 발전을 위해 바람직한 목표에 더 빠르게, 그리고 더 많이 도달하고자 합리적 정책을 조화시키는 것이다. 예산으로 성취할 수 있는 객관적 증거에 기초하여 프로그램을 정당화하기 위한 압력은 법규와 행정상의 결단에 따라 자주 바뀌게 된다. 가령 1960년대에 미국의 복지예산은 GNP의 18.5%였다가 1979년에는 21.6%로 증가하였다. 따라서 사회적 문제의 해결에 막대한 정책비용이 소요될 것이라는 인식이 생겼고, 이윽고 이러한 정부지출의 급속한 증가에 대해 인간서비스프로그램 비용을 점검하라는 요구가 생겨났다.

정책은 다양한 집단(정당, 회사, 민간기관, 노동조합과 같은 사회의 단위)이 채택하고 추구하는 행동 과정이나 지침적(guiding) 원칙이다. 또한 재활정책은 좋은 사회를 만들기 위한 목표와 과정을 설정하고 그것을 실행하는 과정이다. 따라서 한 국가의 프로그램 및 서비스를 통해 모든 사회 구성원이 지닌 본질적인 인간잠재력의 실현을 도모하는 일은 다원주의적 민주사회에서 매우 중요한 일이며, 그것은 내적 일관성과 포괄성을 지녀야 한다.

재활정책과 프로그램은 권리, 접근원, 자원, 사회적 기회, 집단주장의 재분배를 통해 사회적 불공정을 완화하려는 노력에 초점을 맞춘다. 장애인이 제기한 사회문제나 장애인이 표출한 개인적 욕구를 충족시키기 위한 사회의 조직적 노력이라고 볼 수 있다. 이러한 관점에서 중요한 요소는 다음과 같이 정리할 수 있다.

① 철학적 개념: 사회구성원이 문제해결을 위해 노력하는 것이다.
② 하나의 생산물: 사회의 일탈과 와해, 그리고 사회생활과 지역사회 조건을 개선하기 위해 관련된 사람들이 만든 결론으로 구성된다.
③ 하나의 과정: 사회가 안정을 유지하고 구성원들의 상태를 개선하고자 하는 기본적인 과정이다. 따라서 이런 정책은 사회가치와 조건에 따라 끊임없이 변화한다.
④ 행동준거: 행동을 위한 준거로서의 재활정책은 생산물인 동시에 과제다. 따라서 관련된 집단의 조건, 가치, 구조에 있어서 잠재적 변화의 맥락에서 수행된다. 궁극적으로 직업재활서비스는 사회통합을 촉진하고 인간의 취약점과 격리를 소거한다.

재활정책의 개념적 모델에 있어서 일차 목적은 그 일반적 영역인 초점을 발견하는 것이다. 이것은 정책 및 활동의 범위, 목적, 내용, 삶의 질, 인간관계, 생활상황(situation)과 관련된다. 이러한 정책 영역은 3가지 보편적이고 상호 관련된 과정 혹은 사회적 기제(mechanism)로 나뉜다.

① 자원개발: 진로강화 등을 위한 자원, 서비스 재료, 우선순위의 결정이 중요하다.

사람들은 본질적인 물질적 욕구가 충족되면 비물질적이고 비본질적인 욕구가 생겨난다.

② 노동, 과제 혹은 인력의 배분: 사회 전반에 걸쳐 개발되고 배분되어야 할 구체적 과제를 개인 혹은 집단에 할당하는 일이다.

③ 권리의 배분: 일반적인 권리부여(entitlements) 과정, 보상, 제한 등을 통해 개인이나 집단에 특수한 진리를 배분하는 것이다.

3. 평가기준과 전문가 역할

1) 평가기준과 요소

평가는 단순한 개인의 의견이 아닌 사실적 증거수집과 발견을 위한 체계적 노력으로서 주관적 사실과 객관적 사실의 균형을 유지하는 것이 필요하다. 평가에서 다루어야 할 일차적 내용은 서비스 단위로 이루어진 것을 결정하는 효과성, 적당한 이용자에게 잘 제공되고 있는지를 알게 해 주는 접근성, 그리고 서비스가 내담자 욕구에 알맞은지의 적절성 요소 등이다. 프로그램을 평가할 때는 다양한 기준의 설정이 필요하며, 내담자가 프로그램에 참가함으로써 얻을 수 있는 것을 양과 질의 측면에서 정확히 평가할 수 있도록 하는 다양한 관점을 통해 도출된 측정방법을 포함해야 한다. 평가기준은 평가를 수행해야 하는 정당성과 평가결과가 지향하는 주요 결정방향을 설명하며, 평가자의 역할에 영향을 미칠 수 있다. Posavac과 Carey(1992)에 따르면 평가기준은 다음과 같이 요약할 수 있다(pp. 49-53).

① 프로그램은 관계자들의 가치와 일치하는가
② 프로그램은 내담자들의 욕구와 일치하는가
③ 프로그램은 당초 계획을 충족하도록 수행되었는가
④ 프로그램은 당초 계획대로 수행되었는가
⑤ 프로그램 진행 중 가치갈등은 일어나지 않았는가

⑥ 프로그램의 성과는 목표와 일치하는가
⑦ 성취된 프로그램 성과의 수준은 바람직한가
⑧ 프로그램은 수용할 만한가
⑨ 프로그램을 위한 자원은 적절히 사용되었는가
⑩ 평가의 필요성이 목적과 함께 유용하게 표현되었는가
⑪ 평가에 소요되는 시간을 결정하였는가
⑫ 평가에 필요한 수단은 합리적이고 적절한가

프로그램 평가란 의사결정을 목적으로 프로그램 가치에 대한 정보를 체계적이고 지속적으로 제공하는 과정을 말한다. 이러한 프로그램 평가의 5가지 요소는 다음과 같다.

① 체계성: 신중하고 계획적인 노력을 필요로 한다.
② 지속성: 직업재활기관의 운영철학과 조직에 있어 본질적이고 영구적인 일부가 되어야 한다.
③ 정보: 조직, 구조 및 명료화의 의미, 즉 자료를 조직화한 것이다.
④ 가치: 의사결정의 목적을 가지고 있어야만 직업재활기관이나 시설에서 필요한 것으로 인식될 수 있다. 따라서 실제적이어야 하며, 직업재활기관의 정책분석과 일반적인 의사결정을 도울 수 있는 것이어야 한다.
⑤ 의사결정: 프로그램 평가의 초점은 기관의 의사결정 욕구에 있다.

2) 평가과정과 전문가의 역할

(1) 평가과정과 체계

평가과정에서는 직업재활시설의 이념, 직업재활의 목적, 목표의 체계성, 직업재활 목표 진술의 구체화 및 명료도, 시설이념과 직업재활 목적의 한계, 직업재활 목적과 프로그램 목적의 연계, 일관성 등을 고려하게 된다.

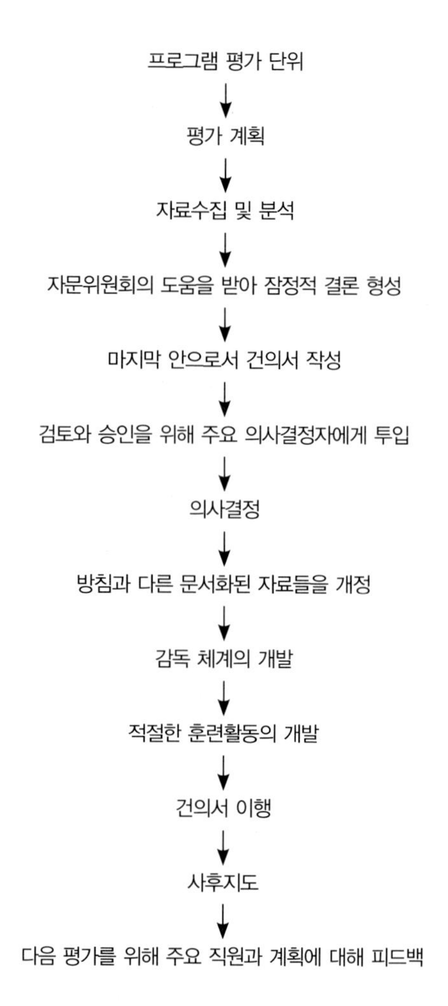

[그림 14-1] 프로그램 평가 단위

프로그램 평가에는 담당기관의 의도된 가치(mission statements)와 표현된 가치가 관련되고 후자는 기관의 산출 결과를 검증함으로써 파악할 수 있다. 평가과정은 다음과 같은 몇 가지 단계로 이루어져 있다.

① 직업재활기관이 프로그램을 통해 내담자의 존엄성, 성장, 소득증대, 선택의 자유, 통합, 그리고 대인관계와 같이 시행하려는 가치를 결정하고 우선순위를 결정하는 것이다(상대적 가치를 결정하는 일).

② 각각의 가치에 대해서는 측정 가능한 방법으로 조작적 정의가 이루어져야 한다.

존엄성이나 통합과 같은 가치는 Wolfensberger의 PASS 평가 척도에 의해 다루어질 수 있고 선택의 자유는 내담자에게 제공했던 대안적 고용프로그램의 수에 따라 측정될 수 있다. 수입은 총임금, 근로시간당 수입 등에 의해 결정될 수 있다.

③ 우선순위가 정해진 각각의 가치에 대한 이행 정도가 백분율(%)과 같은 방법으로 평가된다. 이 외에도 평가항목으로 고용 대안, 내담자가 지닌 장애의 정도와 심각성, 작업장의 통합 정도, 수입보장을 위한 직원훈련과 중재효과를 포함할 수 있다.

프로그램 평가 모형의 구성요소는 상호 관련되어 있지만 반드시 연속적인 형태로 상호작용하지는 않는다. 프로그램 평가에서는 기관이나 시설이 지속적인 기능을 하며, 주요 기능은 의사결정 과정과 연결되고 또한 그것을 지원한다. 프로그램 평가의 결과는 특히 기간의 설정에 있어서 계획적이고 체계적이며, 기능상의 효과를 가져다준다. 이러한 평가 체계의 구성은 〈표 14-1〉과 같이 제시할 수 있다.

표 14-1 평가 체계의 구성

비용 · 효과 분석(고차원의 효율성)	내담자나 지역사회에 가져다준 전체적인 효과의 측면에서 특정 프로그램사업의 비용관계를 분석한다.
비용 · 효과 분석(저차원의 효율성)	특별한 활동이나 사업의 비용 및 효과적인 수행이나 목적 성취의 관계를 평가한다.
서비스 체계의 프로그램 분석	넓은 영역에서 인간서비스 활동 및 프로그램의 질을 객관적으로 수량화하는 평가를 실시한다.
조직적인 조사	문제해결과 조정을 위해 과학과 수학을 응용한다.
예비 조사	모의실험을 실시한다.
체계 조사	목적 달성을 위한 접근의 대안을 모색한다.

(2) 전문가의 역할

프로그램 책무성(accountability)에 대한 의문을 해소하려면 측정 가능성과 보고 가능성을 위한 요구조건의 압력이나 정책적 요구에 따른 프로그램 분석기술이 필요하다. 프로그램 분석기술은 과정분석과 효과분석(impact analysis), 그리고 이익-비용 분석을 포함하며, 이러한 분석은 관련된 의문, 사용한 자료의 복잡성, 그리고 분석 노력의 복잡성에 달려 있다. 그렇게 함으로써 직업재활서비스를 계획하고 수행하는 기관의 철학(mission), 목표, 프로그램의 과정, 프로그램을 후원하는 기관, 프로그램 종사자 등의 역할범위와 기능이 보다 명료화되고 효과적인 의사결정과 서비스 전달이 이루어질 수 있다. 프로그램 평가에 있어서 전문가의 구체적 역할은 다음과 같다.

① 프로그램 평가활동의 참여자: 프로그램 평가와 감시에 기대되는 결과 과정이나 목적을 이해한다.
② 소비자: 산출에 따라 프로그램 평가 정보를 어떻게 사용하고 어떻게 행동해야 할지 결정한다.
③ 프로그램 평가 노력에 대한 비평: 평가결과의 적절성과 의미를 판단할 수 있는 기술을 가질 필요가 있다.
④ 개인적 사용: 개인적 담당 사례와 전문적 발전을 위해 필요하다.

4. 평가방법

프로그램 평가를 이해하기 위해서는 보다 나은 개념 틀을 만드는 것에 관심을 가지고 모형을 개발해야 한다. 또한 직업재활기관 내의 모든 수준, 즉 상담사, 감독자, 지역행정관, 정부관리 등의 각기 다른 차원에서 평가를 수행할 수 있는 방법론을 포함하고 있어야 하며, 이러한 모든 수준에서 피드백을 제공할 수 있어야 한다. 프로그램 평가에는 전문가의 판단과 연구방법, 검사, 임상사례 연구 혹은 비공식적 관찰을 체계적으로 사용하는 것이 포함되며, 실제적인 정보를 얻기 위한 특성, 인과관계 분석 등 평가설계와 자료 분석이 요구된다. 평가내용은 임무진술, 프로그램의 목적과 목표를 포함한다. 즉, 평가가 무엇을 달성하려고 하는가에 역점을 둔다.

미국 재활시설인가위원회(Commission on Accreditation of Rehabilitation Facilities: CARF)의 정의에 따르면, 프로그램 평가는 재활 프로그램의 효과성과 효율성을 결정하기 위한 하나의 체계적인 과정이다. 달리 말하면, 프로그램 평가는 하나의 인간서비스가 필요한지, 합리적으로 사용되는지, 파악된 욕구를 충족시키기에 적절하도록 충분히 강력한지, 서비스가 계획대로 제공되어 필요한 사람들을 실제로 돕는지 결정하려는 노력인 것이다. 이러한 프로그램 평가의 주된 영역은 투입, 결과, 과정, 효율의 관점에 의해 결정되며, 그 주된 목적은 ① 직업재활내담자의 이익 증대, ② 제공되는 서비스의 효율성 증대, 그리고 ③ 보조금에 대한 정당화, 유지 및 확대/지역사회지원 획득에 있다. 평가방법론에는 평가의 유형과 변수, 기준, 측정도구, 디자인, 자료수집, 자료 분석, 결과판단 체계, 피드백, 의사결정과 행동이 포함된다. 다음은 몇 가지 가능한 평가의 방법이다.

1) 목표평가

많은 직업재활시설은 훈련 프로그램에 참가하고 있는 내담자가 발전하고 있는지, 혹은 필요한 목표를 달성하고 있는지 알아보기 위해 목표와 성취평가 접근법을 활용한다. 또한 기관의 프로그램 평가를 위해서도 이 접근법을 흔히 활용한다. 여기서 운영자는 목표성취 접근법을 활용하여 프로그램이 달성하고자 했던 것을 성취하였는지 묻는다. 이 접근법의 저변에 있는 논리는 프로그램이 설정된 목표를 달성했는가 하는 기준이다. 그러나 이 접근법을 분명하게 적용하기는 어렵다. 프로그램의 목적과 목표는 종종 가치판단에 의해서 설정되기 때문에 실제적으로 목표나 목적의 가치에 대한 의견이 분분할 수 있기 때문이다. 목적과 목표 가치가 논쟁이 된다면, 목적과 목표가 충족되는 것을 나타내는 자료의 가치 역시 마찬가지다. 어떤 목적 혹은 목표가 많은 사람에 의해 가치 있는 것으로 인식될지라도 성공적이라고 할 수 있는 조건과 측정 내용을 분명히 밝히는 것은 어려운 문제일 수 있다.

2) 투입평가

투입평가(input evaluation)는 프로그램이 계획대로 수행되었는지 여부에 초점을 두고 프로그램에 대한 지역사회의 욕구를 파악하여 프로그램을 시작한 연후에 직업배치, 재료, 공간과 같은 프로그램 투입요소가 제대로 배치되었는지 평가한다. 즉, 어떠한 직업재활 프로그램이 계획대로 수행되었고, 목표집단에 제공되었는지를 파악하는 것이다.

3) 노력평가

노력평가는 '무엇을 했는가' 그리고 '어떤 범위까지 했는가'를 질문하는 것으로, 프로그램으로 만들어지는 중재의 범위와 그 양을 연구하는 것이다. 노력평가는 사람들에게 프로그램의 효율성에 대하여 아무것도 말해 주지 않는다. 과거에 재원기관은 단지 노력자료로서 종종 만족하였다.

4) 결과평가

결과평가(output evaluation)는 서비스프로그램이 종료된 후 내담자가 성취한 이익을 평가함으로써 프로그램의 효과를 검증하는 것이다. 결과평가는 노력보다 결과를 측정한다. 비록 목표평가가 유용한 첫 단계일지라도 기관목표가 실제로 달성되었는지를 말해 주는 평가는 결과평가다. CARF는 프로그램의 가치를 최소한의 제한적 환경에서 기능하는 내담자의 생활에 영향을 미친 범위로 보며, 결정되는 프로그램의 가치를 강조한다. 달리 말하면, 결과평가는 내담자가 프로그램을 종료함으로써 취하는 프로그램의 최종 이익을 평가하는 것이다. 예를 들어, 특정한 고용프로그램의 결과 목적은 표현된 내담자의 만족과 더불어 경쟁고용이나 최대임금의 획득과 같은 것이다. 이와 유사한 것으로는 영향(input), 생산물(product), 그리고 총합(summative) 평가가 있다.

5) 과정평가

과정평가는 프로그램에 참여하는 내담자가 수용한 활동과 서비스의 질을 평가하는 것이며, 장기 · 확대 프로그램에 있어서 내담자의 변화 정도를 평가하는 것이다. 때때로 중증장애인을 위해 계획된 프로그램은 서비스를 종료한 개인을 측정하는 것만으로는 그들을 적절히 평가할 수 없다. 앞서의 평가형태들은 프로그램이 계획대로 이행되었는지와 그것이 효과적이고 적당하며 효율적이었는지를 말해 준다. 이러한 기준은 프로그램의 성공을 결정하지만 프로그램이 성공적이었는지 아는 것에 덧붙여 종종 왜 성공적이었는지, 혹은 성공적이지 않았는지를 아는 것이 필요하다. 과정평가는 바로 이처럼 어느 것이 성공적이고 그렇지 않았는지 밝히는 서비스 프로그램의 구성성분을 평가하는 것이다.

과정평가는 기관 직원들이 프로그램의 결과목표와 관련되거나 기대된 내담자의 변화 및 서비스 질을 평가하는 것을 가능하게 만든다. 달리 말하면, 프로그램 평가의 이러한 측면은 결과측정만으로 프로그램의 효과수준을 적절히 반영할 수 없는 경우에 평가를 가능하게 한다. 과정평가는 기관 직원들이 내담자의 기능 영역에 있어서의 개선, 유지, 퇴행 정도를 파악할 수 있도록 해 준다. 예를 들면, 뇌졸중 환자의 신체적 재활 프로그램 평가의 일부는 결과목표인 '퇴원하여 가정으로 복귀한 환자의 수'를 기록하는 것일 수 있지만, 부수적으로 중요한 평가요소는 일상생활 기술, 의사소통, 그리고 이동영역 각각에 있어서 내담자의 진보를 파악하는 것일 수 있다.

6) 효율평가

효율평가는 책무성의 특성으로 인해 직업재활에 있어서 점차 프로그램 평가보다 중요한 영역이 되고 있다. 이 영역은 전향적인 프로그램의 활동과 프로그램 자원이 유용화되는 범위를 파악한다. 효율성은 비용 억제에 대한 완곡한 표현이 되기 때문에 비용과 가치의 균형을 맞추는 일이 필요하다. 정책결정자들은 프로그램과 소요 비용의 관계를 보여 주는 평가를 요구한다. 이때 사용하는 효율평가는 프로그램 수행의 비용에 대한 평가에 역점을 둔다. ① 프로그램 수행의 이익이 비용을 정당화할 수 있는가? ② 동일한 결과에 이를 수 있는 비용이 적게 드는 다른 대안이 있는가? 전형적으로 비용-편익 분석이라고 불리는 기술이 첫 질문의 답이 된다. 여러 비용과 편익에 할당된 재정의 가치에 대한 순수한 경제적 결과로서 총비용이 총편익으로 나뉜다. 다시 말해, 프로그램을 시작할 수 있는지, 계속할 수 있는지를 결정하는 프로그램의 경제적 효율성을 평가하는 데 유용한 도구다.

7) 비용 · 효과 분석

프로그램 평가에 있어 비용 · 효과 분석(cost-effectiveness analysis)의 기본적인 개념은 프로그램의 결과를 소요된 비용과 연관시키는 것으로서 결과와의 등식을 말한다. 구체적인 목표와 관련해서 설정된 프로그램서비스의 비용효과는 기관운영자에게 다음과 같은 자료를 제공할 것이다.

① 구체적인 직업재활 목표를 달성하는 데 소요되는 실제적인 비용
② 정부재원으로 충족되지 못하는 비용(추가로 보조받아야 하는 비용)
③ 합리적으로 책정할 수 있는 서비스 비용
④ 이미 책정된 자금의 확보 및 유지 여부
⑤ 특정 프로그램 비용의 유지 · 감축 · 확대에 관한 결정에 유용한 자료

비용 · 효과 분석은 사업의 생산성 측정에 매우 유용하다(Posavac & Carey, 1992). 의사결정에 있어서 비용 · 효과 분석이 사용될 수 있는 방식은 첫째, 일정한 투입예산에 비해 최대의 성과를 낼 수 있는 대안의 탐색, 둘째, 프로그램에 이용할 수 있는 여러 가지 가능한 접근방안의 비교, 셋째, 특정한 문제해결에 동원되는 접근방안에 대한 상이한 비용 · 효과 수준의 파악 등이다.

비용 · 효과 분석의 구체적 단계를 소개하면 다음과 같다.

① 프로그램 규정: 평가자는 목표 인구와 생산을 위해 설계된 특별한 프로그램을 완전히 이해하는 것이 중요하다.
② 비용 산정: 평가자는 프로그램이 작동하는 동안 전체 비용을 계산해야 한다.
③ 프로그램 산출의 산정: 평가자는 프로그램의 여러 가지 지표를 통해 성공도를 입증해야 한다.
④ 비용 · 효과 비율의 계산: 비용 · 효과 비율은 프로그램에 사용된 모든 비용을 성과 지표로 나누어 계산한다.
⑤ 민감성 분석: 마지막 단계로서 비용 · 효과 자료를 기초로 민감성 분석을 한다.

비용 · 효과 분석은 가장 적은 비용으로 가장 많은 사람에게 제공할 수 있는지 여부를 전제한다. 그러나 최저비용의 접근이 항상 최고의 효과를 나타내는 것은 아니다. 이것은 단지 비용과 그에 따르는 효과를 나타내는 것일 뿐이다.

8) 욕구평가와 체계 분석

프로그램 고안자와 평가자에게 종종 도움이 되는 또 다른 형태의 조사는 욕구평가다. 인간서비스의 필요와 서비스 사용 유형을 결정하기 위하여 고안된 조사 및 계획 활동인 욕구평가는 종종 새로운 프로그램 확립이나 존재하는 프로그램의 확장에 필요한 자료를 제공하는 데 유용하다. 욕구평가를 행하는 데는 5가지 접근방법이 있다. 이것은 ① 핵심 정보제공자, ② 지역사회 공개 토론회, ③ 치료율 접근, ④ 사회지표 접근, ⑤ 조사 접근 등이다.

욕구조사는 계획 수립의 목적을 달성하기 위하여 욕구를 구분하고 우선순위를 정하는 일련의 과정이며, 현재의 상태와 바람직한 상태 간의 차이점을 결정짓는 일련의 과정이다. 평가와 욕구조사의 공통점은 의사결정에 도움이 된다는 것이다. 욕구조사는 효과적인 계획 수립에 필요한 근거 자료를 제시할 수 있을 뿐만 아니라 결과적으로 욕구를 충족시키기 위해 수행하는 계획의 성공 가능성을 위한 근거 또한 제시해 줄 수 있다.

체계 분석적 접근은 프로그램의 가치판단에 도달하기 위한 기능적인 조직 체계의 분석에 초점을 둔다. 따라서 프로그램의 효과성은 단지 설정된 목표와 관련해서만 결정되는 것이 아니라 전체 시설의 기능적 운영에 대한 프로그램의 기여도에 의해서도 결정된다고 본다. 많은 양의 자료수집에 의존하는 이 접근법이 널리 사용된 것은 개인용 컴퓨터의 영향으로 많은 양의 자료 분석이 손쉬워진 데 있다.

수집된 자료는 복잡한 프로그램이라도 다양한 조건에서 결과를 투사해 보는 데 유용하다. 따라서 체계 분석은 프로그램 평가의 예측적인 기능을 통해 기관운영자의 프로그램 계획을 도울 수 있어 프로그램의 생산과 기관운영 문제를 파악하고자 하는 데 가장 유용하다. 반면, 조사하고자 하는 대상이 무형인 경우, 예를 들면 직원들의 도덕심 혹은 내담자의 만족감 같은 것을 평가할 때는 유용한 접근이 되지 못한다.

5. 슈퍼비전의 개념과 기능

1) 개념

슈퍼비전(supervision)이라는 말은 다른 사람이 하는 일에 대해 책임을 지고 지켜보는 관리 혹은 감독자(overseer)의 일이라는 의미가 있다. 슈퍼비전은 과정(process)으로 정의되며, 관계(relationship) 속에서 진행된다. 흔히 훈련을 받는 사람을 'trainee'라고 부르는 것처럼 슈퍼비전을 받는 사람을 'supervisee'라고 부른다. 실무자는 지지, 격려, 정보 제공을 통해 기술적 보완, 단점이나 불안감 해소, 능력향상 고수, 행정, 촉진의 기능을 수행한다. 단기적으로는 업무를 효과적으로 수행하기 위한 작업배경을 제공하거나 슈퍼비전의 장기목표를 달성하기 위한 수단이 되며, 장기적으로는 특정 서비스를 효율적이고 효과적으로 제공한다.

슈퍼비전의 단기목표는 재활전문가가 자신의 업무를 더욱 효과적으로 수행할 수 있도록 능력을 향상시키는 것이고 행정적 기능의 단기목표는 업무를 효과적으로 수행할 수 있는 작업환경을 제공하는 것이다. 이와 같은 목표는 슈퍼비전의 장기목표 달성을 위한 수단이 된다. 슈퍼비전의 기원은 성경에 등장하는 모세의 출애굽기에서 찾기도 한다. 목표는 성취해야 할 바람직한 결과에 대한 진술의 한 형태다. 슈퍼비전의 모형으로는 개인 모형, 자문 모형, 동료집단 모형, 목표관리 모형, 집단 모형, 그리고 과제 중심 모형이 있다. 종종 경영학에서 사용하는 MBO(Management by objectives)라는 개념은 계획 수립 기능과 관련된 슈퍼바이징의 한 형태로 간주된다. 목표 설정에 필요한 요소는 다음과 같다.

① 인력: 목표성취에 따르는 책임을 부여받는 실무자를 말한다.
② 서면진술: 문서로 작성된 목표는 보다 주의를 끌기 쉬우며, 정기적으로 갱신이 가능하다.
③ 측정과 이해 가능성: 목표는 일반적으로 계량화된 방식으로 정해야 하며, 성취 기간 역시 정해야 한다.

④ 진취성과 현실성: 일반적으로 목표의 성취난이도는 능력보다 조금 높게 설정된다.

⑤ 정기적 갱신: 낡은 목표는 자원낭비라는 인식하에 목표는 주기적으로 갱신되어야 한다.

⑥ 목표의 우선순위: 실무자나 슈퍼바이저 모두 목표는 중요성에 있어서 차등이 있다는 점을 이해하여야 한다.

전문가에게 필요한 또 다른 기술은 의미 있는 목표와 측정 가능한 목적을 정의하는 것이다. 목적은 측정할 수 있어야 하고 목적을 위한 수단과 관련이 있어야 한다. 분석적 도구는 의사결정자에게 그 자신의 능력을 확장할 수 있는 기회를 제공하며 상황이 더욱 복잡해질수록 분석에 대한 욕구는 증가한다.

2) 슈퍼비전의 기능

슈퍼비전은 특정 조직에 있어서 가장 일차적인 경영형태다. Kadushin은 이러한 슈퍼비전의 기능을 행정 · 교육 · 지지 기능으로 분류하기도 하였다.

(1) 행정적 기능

직업재활 프로그램은 장애를 지닌 개인의 독립성과 생산성을 증진시키려는 시도에서 발달하였다. 또 서비스 전달에 포함되는 많은 자원은 전문직의 소유가 아니라 지역사회의 소유물이며, 장애인의 욕구와 기대, 그리고 공동체의 공유면이 끊임없이 변화하고 있는 상태다. 이러한 측면에서 슈퍼비전을 통해 기관의 목적 달성을 극대화할 수 있다.

(2) 교육적 기능

슈퍼비전의 학습과정을 회복하기 위해 슈퍼바이저는 상호작용의 초점을 재설정 할 필요가 있다. 슈퍼바이저는 교수활동을 주도함에 있어서 새로운 지식과 기술을 개발하기 위한 것이든지 이전의 지식과 기술을 향상 · 유지시키기 위한 것이든지 간에 공식적 · 비공식적 접근법 모두를 이용할 수 있어야 한다. 슈퍼바이저는 적극적이고 협력적인 교수 · 학습 활동에 관여되었을 때 새로운 실천이나 이론적 가능성을 배우고, 분석하고 개념화하며, 위험을 감수할 가능성이 더 높다.

직업재활전문가는 장애인을 공동체에 통합시키고 공정한 기회를 제공하기 위한 일들을 촉진시켜 나가야 한다. 직업재활에 있어서 중요한 두 종류의 고객은 장애인과 지역사회다. 그들의 욕구와 기대가 직업재활의 출발점이 된다. 특히 최근에는 평생학습이 개인과 전체의 변화를 위한 필수적인 요소가 되며, 교육은 직업훈련, 훈련원, 세미나, 경험 창조라는 차원 이상으로 확대되었다.

(3) 지지적 기능

사적 생활과 직장 생활 영역 모두에서 상호 인간관계를 발전시키고 유지하는 데 기여하는 요인으로는 신뢰, 배려, 개방성, 상호의존과 같은 것이 있다. 장애인은 직업재활 과정에서 객체가 되기를 원하는 것이 아니라 적어도 동등한 파트너가 되기를 원한다.

6. 슈퍼바이저

1) 역할과 기능

서비스 전달에서 슈퍼바이저는 직접 기관을 운영하기보다는 슈퍼바이지가 내담자 욕구, 기관목표, 전문적 가치, 대중책임에 적합한 효과적 서비스를 제공할 수 있게 돕는다. 직업재활기관에서 슈퍼바이저의 위치는 중간관리층이다. 기관장은 주로 프로그램 기획, 정책수립, 기관예산 확보, 지역사회 관계와 같은 외적 운영에 책임을 지니는 데 비하여 슈퍼바이저는 프로그램 관리 및 시행과 같은 내적 운영에 책임을 지닌다. 따라서 슈퍼바이저는 프로그램 계획을 수립하고 조직하며, 직원구성과 동기부여, 그리고 다른 사람들의 업무를 조정할 수 있어야 한다. 슈퍼바이저의 특성은 다음과 같다.

① 지식: 전문적 · 실제적 지식과 기술 요구
② 실천기술: 사업실천에 필요한 기본적 능력과 전문성 요구
③ 개방정책: 문제 상의 등 필요한 지도 및 감독에 대해 항상 열린 자세

④ 사명감: 슈퍼비전에 대한 사명

⑤ 솔직한 태도: 제기된 질문에 대한 적절한 응답 및 제안

⑥ 감사와 칭찬: 적극적인 강화를 위해 동기를 유발하고 전문성 발전에 기여함

슈퍼바이저는 조직환경에 의해 생성되는 실무자들의 긴장, 스트레스, 그리고 갈등을 다룰 필요가 있다. 서비스 전달과 슈퍼바이지에 영향을 미치는 조직 및 사회의 압력에 민감할 필요가 있으며, 슈퍼바이지가 자기를 향상시키고 자기주장을 할 수 있도록 끊임없이 자극을 제공하여야 한다. 나아가 인간관계 기술과 의사결정 기술, 그리고 행정력과 과학기술력을 갖추고 있어야 한다. 의사결정을 위한 합리적인 접근은 각각의 선택 관련 비용과 마찬가지로 목표를 성취하기 위한 가능한 모든 선택대안을 확인하고, 또 우선 순위가 매겨진 목표를 공정하게 완수하는 것이다. 합리성과 책임성은 매우 밀접히 관련된 개념이다. 의사결정의 목적은 긍정적 합리성보다는 오히려 참여자들 사이의 동의를 위해 재정립하는 것이라고 할 수 있다. 인간서비스조직은 합리성과 책임성의 범위를 강화하는 기능을 하는 계획자에게 많이 의존한다. 그러므로 인간서비스 전문가가 책임의 도전에 적절하게 반응하기 위해서는 새로운 규칙에 따라 프로그램을 계획하고 분석하기 위해 필요한 능력을 개발해야 한다.

슈퍼바이저는 슈퍼바이지가 조직의 목표와 목적을 달성하도록 긍정적으로 동기부여하고, 그들이 조직에 기여하도록 격려하게 되며, 효과적인 의사소통과 작업할당을 하고 훈련에 임하게 된다. 따라서 직업재활 프로그램의 성공은 슈퍼바이저의 역할에 달려 있다고 볼 수 있다. 슈퍼바이저는 일반적으로 업무성적이 뛰어나고 훌륭한 리더십과 업무능력을 갖춘 실무자들 중에서 선발하며, 다음과 같은 5가지의 기능을 수행하게 된다.

① 계획 수립: 계획 수립은 다시 현재 상황의 평가, 목표수립, 목표달성에 유효한 수단의 결정이라는 세 단계를 거쳐 이루어진다. 슈퍼바이저의 계획 수립 활동 단계는 예산의 수립, 인적자원 수요예측, 계획 수립, 자원할당, 그리고 일과 확정을 통해 이루어진다. 슈퍼바이저가 제시할 수 있는 차트의 유형으로는 Gantt 차트 외에도 CPM(critical path method)와 PERT(program evaluation and review technique)가 많이 활용된다.

② 조직화: 조직화는 다양한 실무자들 사이에 임무를 부여하고 업무의 흐름이 원활하도록 도모하는 일과 관련된다. 따라서 업무의 구조와 수준을 결정하고 구체적 임무를 할당하게 된다.

③ 인적 구성(staffing): 인적 구성은 적절한 사람들을 확보하고 인적개발을 담당하는 것이다. 보통 슈퍼바이저가 원하는 업무는 실무자를 통해서 성취할 수 있기 때문에 인적 구성은 매우 중요한 기능이 된다.

④ 동기부여: 동기부여는 실무자가 직무를 수행하는 동안 최대의 성과를 거둘 수 있게 장려하는 일이다.

⑤ 통제: 통제는 계획한 업무가 얼마나 잘 성취되었는지 비교하는 것과 관련이 있다. 기본적으로 실제 성취한 업무 수행도를 평가하고 필요한 교정적 행동을 취하게 된다.

이러한 슈퍼바이저의 기능은 다시 [그림 14-2]와 같은 연쇄구조로 표현할 수 있다.

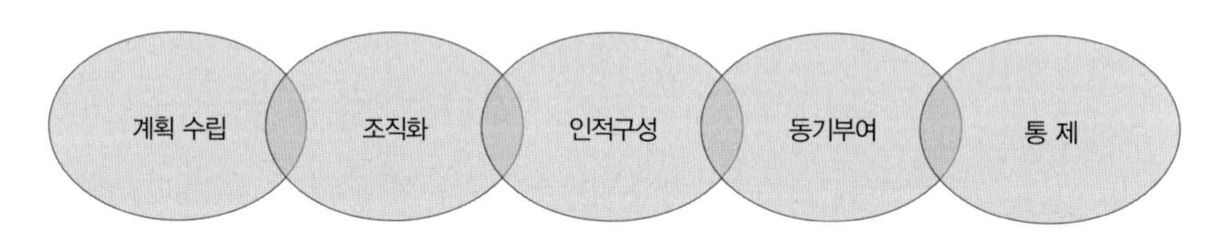

[그림 14-2] 슈퍼바이저의 기능

2) 성공적인 슈퍼바이저의 특징

슈퍼바이저는 슈퍼바이지에게 고도의 전문적 기준을 고취시켜야 하고 윤리적 갈등을 해결할 수 있는 지침을 제공해야 한다. 다방면의 기술, 능력, 지식이 요구되는 슈퍼바이저의 성공을 위해 필수적인 5가지 특징은 다음과 같다.

① 업무 위임능력: 다른 사람들에게 업무를 적절히 위임하고 부여할 수 있어야 한다.
② 권위의 적절한 사용: 자신에게 부여된 권위를 사용하지 말아야 할 때가 언제인지 아는 것도 중요하다.
③ 좋은 역할 본보기: 실무자는 공정한 대우를 원하고 일관성 있는 행동을 기대한다.
④ 역할 연쇄구조의 인식: 슈퍼바이저는 중개 역할을 잊지 말아야 하고 객관적인 태도를 유지해야 한다.
⑤ 적극성: 직업능력뿐만 아니라 인간관계, 행정능력, 의사결정과 같은 여러 방면의 소질을 끊임없이 개발해 나가야 한다.

참고로 슈퍼바이저가 슈퍼바이지를 평가하기 위해 사용할 수 있는 양식과 결과활용 분포도는 〈표 14-2〉와 같다.

표 14-2 슈퍼바이지 수행평가 점수 산출 양식

요인 \ 점수	5점	4점	3점	2점	1점	점수
작업의 질	탁월	평균 이상	평균	평균 이하	빈약	
작업량	탁월	평균 이상	평균	평균 이하	빈약	
작업신뢰도	탁월	평균 이상	평균	평균 이하	빈약	
작업 주도성	탁월	평균 이상	평균	평균 이하	빈약	
협동성	탁월	평균 이상	평균	평균 이하	빈약	
동료와의 친화력	탁월	평균 이상	평균	평균 이하	빈약	
슈퍼바이저 날인( ), 슈퍼바이지 날인( )						총점수

3) 슈퍼바이저의 의사소통 저해 요인과 향상방법

슈퍼바이저는 대인관계의 의사소통이 저해될 때 적게는 50%에서 많게는 90%까지도 이 저해 요인에 시간을 소요한다.

① 빈약한 듣기 습관: 훌륭한 대인관계 의사소통 기술은 메시지를 전달하는 일뿐만 아니라 수용하는 일에도 관련된다. 따라서 듣기는 메시지 수용의 일차적인 방법이다.
② 피드백의 결핍: 의사소통은 양방향으로 이루어지는 과정이기 때문에 이 과정이 효과적이기 위해서는 정보의 흐름에 민감해야 한다.
③ 지각의 차이: 지각은 사람들이 상황을 어떻게 받아들이는지와 관계된다. 경험, 성격, 의사소통 방식이 서로 다르면 메시지는 보낸 사람의 의도와 다르게 지각된다.
④ 해석의 오류: 용어나 사용된 표현은 다른 사람들이 어떻게 지각하고 해석하느냐에 따라 의미가 있다.
⑤ 빈약한 사례 제시: 의사소통의 결핍을 초래하는 슈퍼바이저의 상황은 종종 빈약한 사례에 의해 야기된다. 이때 감정이입이 최선의 전략이 된다.
⑥ 상대방의 관심 부족: 메시지 수용자의 관심과 주의 부족은 종종 대인관계 의사소통의 실패를 초래한다.

반면, 슈퍼바이저의 조직 의사소통(organizational communication) 능력을 향상시킬 수 있는 방법은 다음과 같다.

① 회의의 주재: 일대일 대화에서 사람들은 많은 것을 배우게 된다. 그러므로 슈퍼바이저는 화술과 집단 대화를 이끄는 기술을 지녀야 한다.
② 지시: 종종 슈퍼바이저는 교육에 필요한 지시를 하는 데 많은 시간을 보내게 된다. 따라서 효과적인 지시 방법과 다른 사람들을 설득하는 기술을 지녀야 한다.
③ 비공식적 의사소통 체계의 활용: 비공식적 모임과 활동은 정보 수집에 매우 중요한 역할을 한다.

또 슈퍼바이저는 실무자가 불충분한 정보에 기초해서 일할 경우가 있음을 기억해야 한다. 'Supervisor's Personal Inventory(SPI)'를 간략히 소개하면 〈표 14-3〉과 같다.

표 14-3 슈퍼바이저 인성 프로파일 SPI

다음 항목들은 중요한 슈퍼바이저의 직업관계와 행동을 가리킵니다. 자신과 직업재활기관에 관련하여 각 항목을 거의 해당되지 않는 경우에 1점, 가끔 해당되는 경우에 2점, 그리고 항상 해당되는 경우에 3점을 부여하시기 바랍니다.

항 목	거의 해당하지 않는다 (1점)	가끔 해당한다 (2점)	항상 해당한다 (3점)
1. 나 자신의 업무를 충분히 이해한다.			
2. 나 자신의 슈퍼바이지 업무를 이해한다.			
3. 우리 기관의 목적과 업무과정을 이해한다.			
4. 슈퍼바이지에게 기관의 목적과 과정을 설명한다.			
5. 나 자신의 목표와 과정을 명료하게 진술할 수 있다.			
6. 상충되는 기관 목표와 과정을 해결하려고 노력한다.			
7. 업무기준을 명백하게 설정할 수 있다.			
8. 슈퍼바이지에게 업무기준을 시달할 수 있다.			
9. 슈퍼바이지 업무수행도를 평가할 수 있다.			
10. 부수적 업무기준을 개선하려고 노력한다.			
11. 스스로 업무기준을 설정하고 따를 수 있다.			
12. 슈퍼바이지는 나로부터 무엇을 기대하는지 알고 있다.			
13. 자기중심주의를 피하려고 애쓴다.			
14. 슈퍼바이지를 배려한다.			
15. 슈퍼바이지의 장점과 단점을 파악하고 있다.			
16. 슈퍼바이지에게 중요한 일들을 잘 알려 준다.			
17. 의사소통 채널을 열어 둔다.			
18. 필요하면 적극적으로 슈퍼바이지를 훈계한다.			
19. 슈퍼바이지가 할 수 있는 일을 스스로 하게 한다.			
20. 불공정한 비평을 삼간다.			
21. 사적인 자리에서 슈퍼바이지에게 충고한다.			
22. 적절하고 필요할 때 보상한다.			
23. 공개적으로 슈퍼바이지에게 명령한다.			

(계속)

항 목	거의 해당하지 않는다 (1점)	가끔 해당한다 (2점)	항상 해당한다 (3점)
24. 슈퍼바이지에게 한 번 주었던 보상의 몰수를 피한다.			
25. 슈퍼바이지를 존중한다.			
26. 슈퍼바이저를 존경하도록 요청한다.			
27. 공정하게 교육한다.			
28. 슈퍼바이지의 인풋에 감사 표시한다.			
29. 말로 표현한 것을 실천한다.			
30. 실수했을 때 솔직하게 용인한다.			

7. 팀 구성

조직의 구조는 종종 직무집단과 직무활동에 의해 이루어진다. 이러한 직무집단을 조직하는 일을 종종 인적 구성 혹은 직원개발이라고 부른다.

1) 의의

직업재활기관은 특히 새로운 직원을 모집할 때 미래의 문제를 조심스럽게 고려하는데 이때, 기관 계획의 성취는 전문요원의 기술과 능력에 달려 있다. 직업재활기관의 전략과 인적자원계획을 통해 직원을 배치하는 것은 조직을 성공으로 이끄는 주요 요소다.

궁극적으로 직업재활전문가 스스로 내담자 개개인의 경험 속으로 들어가기 위한 노력을 게을리하지 않아야 한다. 직업재활 분야의 전문가는 어떤 지식 내용을 잘 알고 있다는 정보의 소유 측면에서가 아니라 행위하는 바에 의해서 드러난다는 점을 인식하여 실천하는 측면에서 평가받아야 하기 때문이다. 신생 학문 영역이 지니는 성격과 분류의 불명료성 문제를 안고 있긴 하지만 직업재활 영역에 있어서 바람직한 지식이 더욱 확장되고 지적 발전의 가능성이 신장되기 위해서는 인적자원과 질적 실무자를 확보하는 일이 매우 중요하다.

슈퍼바이저는 직업재활기관의 목적을 실무자의 노력을 통해 달성해야 하기 때문에 좋은 인력을 확보하기 위해서 구인, 선발, 오리엔테이션, 그리고 훈련을 담당하게 된다. 슈퍼바이저가 기관의 구인에 대해 일차적 책임을 담당하지는 않지만 구인기능의 일부를 원조하게 된다. 인적 구성에 있어서 각 단계는 인적자원 계획으로부터 요구와 프로그램을 정확히 이행하기 위해 필요하다.

① 훈련되고 개발되며, 평가되고 좀 더 효과적으로 일하기 위해 배치가 필요하다.
② 지속적 과정으로 멈추지 않고 계속된다.
③ 인적자원계획은 미래를 향한 것뿐만 아니라 현재 상태의 평가도 포함한다.
④ 조직에서 개인의 현재 능력과 관심의 평가는 인적자원계획의 필수적 구성요소다.
⑤ 자료는 보통 3가지 방법 중의 하나로 나타나는데, 이는 조작적이고 분석적인 기록이다. 그리고 도표나 요약서를 이용하여 평가하고 해석하는 방법도 있다.

2) 수요와 공급 분석

인적자원에서 수요와 공급의 분석이 필요하다. 공급예측에는 두 가지 원칙이 있다. 첫째, 내적 공급은 공백이 예견되는 승진 · 전근 가능한 현재의 피고용인들로 구성된다. 둘째, 외적 공급은 그런 공백을 채우고 보충하며, 고용될 수 있는 조직 외부의 자격이 있는 개인들로 구성된다.

또한 현장이나 전문직에서 요구하는 피고용인 전체를 평가하는 일과나 수요예측도 필요하다. 수요예측은 주로 경제적 · 사회적 · 정치적 영향과 같은 외부적 요소, 즉 입법, 시장과 경제, 변화하는 기술, 그리고 인구와 노동력에 의존한다.

수요와 공급의 예측은 인적자원계획의 전략을 위한 시작점으로 사용될 수 있다. 인력의 효용성, 인적 구성, 그리고 훈련은 인간서비스 노동시장의 환경에서 고려될 수 있다. 성인서비스 체계의 경우에는 발달장애가 있는 사람들의 요구를 충분히 충족시켜 줄 전문적인 인적 구성원의 수가 현저히 부족하다. 작업치료사, 물리치료사, 언어치료사, 심리학자, 그리고 발달장애인을 대상으로 한 상담과 치료 자격을 갖추고 훈련을 받은 전문가가 지역사회에 많이 있는 것은 아니다.

인적 구성 모형과 훈련 모형은 서로 의존하는 변수들의 교차점을 반영한 것이다. 또 노동력 공급의 질적 및 양적 특성은 새로운 프로그램 계획이나 발달의 방향 혹은 강도에 영향을 미칠 것이다.

① 노동공급
② 고용의 책임과 그에 상응하는 임금을 규정짓는 프로그램의 범위
③ 이용 가능한 교육과 훈련기술의 사용

직업재활 분야는 많은 변화와 발전을 거듭해 오고 있으나, 탈시설화에 접어들면서 인력배치, 즉 인적 구성이 인간서비스 측면에서 중요한 요소로 부각되었다. 이에 따라 더욱더 전문적이고 세분화된 인적 구성원이 필요하게 되었다. 전문가 공급도 날로 늘어 가고 있는 실정이지만 그 인력이 제 위치에서 제대로 기능을 발휘하고 있는가는 생각해 봐야 할 문제다.

3) 프로그래밍

프로그래밍은 계획 수립 과정에서 사용할 수 있는 단계로 목표와 목적을 이루기 위해 무엇을 해야 하는지 결정하는 것을 포함한다. 서비스프로그래밍의 본질적 사항은 대안을 확인하고 각 대안에서 발생할 수 있는 프로그램의 결과를 정의하며 각 대안의 프로그램 비용(cost)과 결과를 결정한 후 프로그램 선택을 위해 기준을 확인하고 이러한 기준을 사용하는 것이다. 프로그래밍은 프로그램의 명확한 목표 설정, 프로그램의 효율성 향상, 프로그램의 효과성 증진, 외부의 지지도 향상, 업무의 효과성과 직무만족도 향상, 대상자의 역량강화 등의 이유로 중요성을 지닌다.

대안을 확인하는 작업이 프로그램 계획 수립을 위한 기본적 접근 중에서 가장 구별되는 과정이다. 욕구자료분석 이전에 하위목표를 어떻게 나눌 것인지, 욕구에 대한 자료분석 없이 하위목표로 해야 하는 것은 무엇인지, 만약에 하위목표에 대한 첫 번째 정의를 내리지 못한다면 어떻게 그들이 조사를 위한 욕구자료를 알 수 있겠는지와 관

련하여 대안은 몇 개의 수준에서 검토될 수 있다. 대안은 다양한 수준에서 개념화되는데, 프로그램계획자의 업무는 이 중 어느 수준이 가장 적당한지를 결정하는 것이다.

대안을 비교하는 가장 명백한 기준 중 하나는 비용이다. 이러한 비용은 서비스 단위 혹은 소비자의 수에 따라 다르게 결정된다. 특히 얼마나 많은 서비스를 제공할 것인가의 결정은 비용정보에 의존한다. 프로그램을 수립하는 본질적 구성요소는 각 대안의 비용분석이다. 예산수립의 역사에서 1966년 5월 Johnson 대통령은 프로그램 기획 및 예산관리 시스템(Planning-Programming-Budgeting Systems: PPBS)을 사용하도록 연방 정부의 모든 부서에 요청했다. 이에 따라 정부의 모든 부서는 5가지 기본적 특징, 즉 ① 프로그램 결산, ② 다년도 비용, ③ 활동의 상세한 기술과 측정, ④ 제로베이스 예산수립, ⑤ 대안의 양적 평가를 가지고 예산 형태를 정하도록 요구받았다. 프로그램 결산은 각 목적에 따라 얼마나 많은 예산이 사용되었는지 밝혀 내는 방법으로 프로그램 정보를 조직하는 방법 중 하나다. 앞서 언급한 예산 형태 결정의 5가지 특징 중 비용–효율 분석은 2번째 수준이며, 비용–효과 분석은 3번째 수준이다.

4) 네트워크의 활용

네트워크는 사람들의 관계 양태 또는 조직을 나타내는 용어로서 장기적인 관계를 맺는 둘 이상의 조직체로 이루어지며 도구적 네트워크, 전략적 네트워크, 그리고 상호 행위적 네트워크로 나눌 수 있다(박용관, 1997). 네트워크란 공유감각 내지는 콘텍스트를 함께하는 자주적 개개인 혹은 구성 단위들이 자율적으로 연계하여 이루는 분권적이며 유연한 협력 시스템으로서 또 하나의 조직을 말한다. 이상적인 네트워크의 경우 출입은 자유롭고 고정적이며 형식적인 역할과 규칙은 별로 없는 구조를 갖는다. 특별히 리더가 있는 것은 아니고 차례대로 그 역할을 교대하거나 많은 리더가 동시에 있거나, 관심을 갖는 쟁점에 적극적으로 참여하도록 독려하거나 활동하는 사람 혹은 회비의 관리나 사무적인 활동을 하는 사람이 있을 뿐이다. 멤버는 모두 평등하고 자율적이며 서로의 의견을 존중한다. 서로 다른 의견이나 문제는 충분한 논의를 통하여 해결하고자 노력하는 가운데 자기 조직화되어 가는 것이다. 그러므로 직장에서의 네트워크는 종래의 계층제 조직과 근본적으로 다르다. 네트워크를 계층제 조직과 구별하는 핵심조건은 자율성, 콘텍스트의 공유, 분권적 시스템 등이 보장되어 있는지에 있다.

네트워크가 활성화될 수 있는 주변조건은 개방시스템(open system), 멤버의 중복성(overlap membership), 장황성(prolixity) 등이 인정되는지 여부다. 정보통신 네트워크 등의 물리적 네트워크는 도구를 사용하는 행위에, 조직의 생산성 향상을 위해 조직 구조를 네트워크형으로 개편하여 나가는 것 등은 전략적 행위에, 그리고 자율적 개개인 내지는 단위끼리 자유로이 연결되어 확장되어 나가는 네트워크는 상호 행위에 각각 해당한다고 볼 수 있을 것이다. 종래와 같이 고용주에게 고용되고 종속되어 업무를 수행하는 이미지를 갖는 '종업원'이라는 명칭은 이미 시대착오라는 것이다. 그 대신 조직 구성원 각자가 보다 자율적이며 자성적으로 일에 임함으로써 공동 작업을 하는 동료, 친구, 동지라는 의미를 갖는 '파트너' '협동자' 내지는 '조력자(associator)'라는 호칭을 사용해야 한다는 것이다.

오늘날의 국제화 사회에서는 네트워크의 중요성을 급격히 강조하고 있다. 정보사회로의 극적인 변화에 직면하여 Don Failla는 1984년에 자신이 저술한 작은 책자에서 미국 내 100조 원 이상의 상품과 서비스가 네트워크 마케팅 기업에 의해 유통되고 있다는 사실을 지적하였다(김상미 역, 2001). 이러한 정보기술 혁명은 1980년대부터 진행되어 온 자본주의 체제의 근본적인 재구조화 과정을 가능하게 하는 수단이었다. 그 과정에서 정보기술 혁명은 경제적으로는 선진 자본주의의 논리와 이해관계에 따라 스스로 발전해 왔으며, 지구적 네트워크를 통합되게 하였다.

특히 새로운 정보화 발전양식에서 지식생산, 정보처리, 상징 커뮤니케이션은 기술생산성의 원천으로 자리 잡았다. 미디어와 정보 부문이 고용과 수입의 주요 원천인 동시에 사람들의 생각과 가치, 기대를 이끌어 내는 데 필요한 통합된 상징 환경을 제공하고 있기 때문이다. 국가가 광범위한 변혁의 임무 수행에 필요한 과정을 시작할 수 있는 가능성은 정보 체계가 제 기능을 다하면서 개방적으로 작동하는지 여부에 달려 있다(김동춘 역, 2002).

최근의 연구는 성인 75%가 일주일에 하루 정도 스트레스를 경험하고 있고 나머지 25%의 성인은 일주일에 5~7일 정도 스트레스를 경험하고 있다는 것을 보여 준다. 급격히 변화하는 사회환경에서 재활전문가들도 많은 스트레스에 직면하고 있다(Flett, Biggs, & Alpass, 1995). Flett 등(1995)의 연구는 자원 결핍감과 정서적 지지감 부족이

재활전문가들의 이직 및 소진(burnout)과 상관이 있다고 보았다. 재활전문가와 서비스 이용자들은 정보와 학습의 기회를 계속 맞이하고 있으며, 이러한 정보와 학습의 기회를 현명하게 사용할 줄 알아야 한다.

직장 내외의 네트워크는 직업성공에 영향을 미치는 주요한 하나의 조직 변수다(노임대, 2003). 직업성공은 개인 · 가족 · 조직 요인의 영향을 받는다. 네트워크 자원 활용을 촉진하는 상태에 있는 사람은 일반적으로 비촉진 상태에 있는 사람에 비해 질적 차원과 양적 차원에서 훨씬 높은 성취를 보인다. 네트워크의 중요성을 인식한 정부도 여러 영역에서 협력과 통합이라는 요소를 강조하고 있다. 요양인가기관(Continuing Care Accreditation Commission: CCAC)과 CARF의 2003년 기준 매뉴얼은 모두 8개 인증(accreditation) 영역 중 하나를 'Network Administration'으로 지정하였다. CARF의 합병은 직업재활 분야에서 이루어진 기관 간 연계의 한 형태로 간주될 수 있다.

지역혁신 체계(Regional Innovation System: RIS)는 여러 단체와 상호 협력하여 지역혁신에 필요한 지식과 사람을 연결해 주는 네트워크의 중심 역할을 수행할 것으로 기대된다. 정부는 전통적 조직 체계를 기능별로 전환하려는 시도를 통해 업무의 효율성과 부서별 역할 분화를 촉진시키고 전문 영역 간의 연계를 강화하려고 노력한다.

정보가 중요한 생산수단의 역할을 하는 사회에서 소외 계층의 문제는 심각하다. 장애인에게도 정보화 교육 기회를 확대하여 그들이 실질적인 재활 수단을 확보할 수 있도록 노력해야 한다. 정보접근권은 이동권, 물리적 접근권과 함께 장애인이 누려야 할 사회적 권리(rights to accessibility)에 속한다. 인구는 기하급수적으로, 식량은 산술적으로 증가한다는 Malthus의 이론처럼 지식격차 가설(The Knowledge Gap Hypothesis)은 대중매체가 생산하고 전파하는 정보가 다양한 사회계층에 따라 어떻게 전달되고 그 효과는 어떠한가를 적나라하게 보여 준다(이근민, 2003).

보건이나 인간서비스 조직의 가장 중요한 요소는 물리적 설비, 건물, 장비, 지역, 기계, 하이테크, 기술공학 등이 아니라 인적 구성이다. 인간서비스 조직 내 경영자들의 주요한 책임은 계획 수립, 구성, 고과, 평가와 성공적인 요원 배치다. 전통적으로 조직이론은 조직 내부변인에만 초점을 둔 채 조직 외부의 역동적이고 변화하는 환경과의 관계는 고려하지 않는 폐쇄 체계로 파악되었다. 반대로 개방 체계이론은 변화하는 주변 환경과의 상호작용 없이는 조직이 효과적으로 기능을 수행하기 어려우며, 조직 내의 상호작용은 물론 조직 외부 변인과의 상호작용 역시 중요하다는 것을 강조하고 있다. 개방 체계가 지니는 특징으로는, ① 체계 환경과의 상호작용, ② 균형을 유지하려는 속성, ③ 자기통제 내지 조절력, ④ 항상성의 유지, ⑤ 상하위 체계 간의 역동적인 상호작용이 있다(양용칠 외 7인, 1999).

멘토(mentor)관계는 조직 내에서 경력자와 신입구성원 사이에 강렬하고도 지속적인 관계를 형성하고 발전을 촉진하거나 지속하는 일련의 과정이다. 경력자는 조언자 등으로 표현되며, 경험이 많은 연장자로서 신입 직원의 진로계획과 대인관계 개발에 관련된 지원, 지도, 피드백을 제공하여 장래 직업 기회에 영향을 미치게 된다. 멘토관계는 승진과 같은 진로기능과 직업역할의 명료성 및 유효성 증대와 같은 심리사회적 기능을 가지며, 여기서 얻은 정보는 상하 양방향으로 소통되어 구성원과 조직 모두에 유익하다. 또한 멘토관계의 사회화 기능에서 나아가 대인관계의 유지 측면에서도 이 관계는 지속된다.

8. 팀워크와 스트레스 관리

인적 네트워크는 흔히 지연, 학맥, 인맥 등으로 표현되는 연고를 기초로 형성되는 사람들 사이의 관계로 볼 수 있다. 많은 인적자원의 계획은 미래를 향하는 것뿐만 아니라 현재의 조직에서 개인의 능력과 성취도, 잠재력의 평가를 필요로 한다. 직업재활에서 인적서비스 계획 수립의 과정은 획일적 방식에서 다양한 지역 중심의 방식으로 나아갈 전망이다. 따라서 개별 재활기관은 올바른 인력관리와 운영 계획을 스스로의 욕구에 부응하는 방식으로 수립하고 실천하여야 한다.

1) 직업재활의 팀워크

인적계획 수립은 기본적으로 의사결정 과정이며, 최종 의사결정 과정은 명료하여야 하고 재활기관이 이용할 수 있는 수단과 자원을 고려하여야 한다. 참여, 리더십, 전문적 지식의 3가지 요소가 중요한 의사결정은 기본적으로 여러 가지 대안 사이의 선택으로 이루어진다.

중증장애란 하나 이상의 직업재활기술이 적용되어야 하는 경우로, 몇 가지 해결되어야 할 장애 관련 문제를 지닌 상태다. 많은 전문가가 이 문제를 효과적으로 해결하기 위해 한 장소에서 함께 일하고 상호작용하며 직업재활 기술을 적용할 수 있어야 한다(이달엽, 1998). 작업치료사, 물리치료사, 재활간호사, 직업평가사, 특수교사, 사회복지사, 청각훈련교사, 언어치료사, 재활공학사 등의 전문가는 장애문제의 전반적 평가뿐만 아니라 응용 가능한 모든 유용한 방법을 동원하여 내담자를 돕는 데 그들 자신의 전문성을 투입한다. 직업재활팀은 내담자 진보의 평가, 재활 목표의 수정, 재활 프로그램을 변경하기 위해 상호작용하며, 환경을 변화시키도록 방향을 설정한다. 직업재활전문가는 경험을 통해 장애인에게 성공적으로 봉사하기 위한 기술을 발전시키고 정보를 교류해야 하며, 지식과 기술을 개선시키기 위한 교육프로그램에 지속적으로 참여하여야 한다.

팀워크의 중요성은 사회복지학, 경영학, 교육학을 포함하는 수많은 전문 영역의 연구 논문이나 서적에서 찾아볼 수 있다. 직업재활영역 역시 다학제적 팀(Interdiscipplinary Teams: IDTS)은 내담자의 만족과 서비스의 질을 높여 줄 것으로 생각하고 있다. 또 효과적인 직업재활이 팀워크에 의해 가능하다면 팀의 기능 수행에 영향을 미치는 구조적이고 유기적인 변인에 대한 이해는 필수적이다. 팀워크는 인간 조직을 통합시키는 접착제로 간주되기는 하지만 종종 가장 예측하기 어렵고 계량화시키기 어려운 것으로 파악된다(Flett et al., 1995).

유감스럽게도 아직까지 직업재활의 팀워크에 관한 논의나 이해는 매우 제한되어 있다. 예를 들면, 팀은 어떻게 구성되어야 하고 그것이 의미하는 바는 무엇이며, 상담이나 진단평가와 같은 과정에서 실제로 어떤 책무를 수행하는가에 대한 합의도 형성되지 않았다. 마케팅학이나 사회복지학, 심리학, 특수교육학이나 산업공학과 같은 직업재활의 인근 영역은 전문 분야에 명백히 기여할 수 있지만 이들의 역할도 명료하게 다루어지지는 않았다.

예를 들면, 직업개발 과정에 있어서 다양하게 구성된 직업재활팀은 지역사회 자원의 무한한 네트워크 활용에 있어서 중요한 역할을 수행할 수 있다. 이러한 팀은 그 자체로서 장애인의 고용기회를 넓힐 수 있는 네트워크가 되며, '백지장도 맞들면 낫다.'는 옛날 속담처럼 다음과 같은 방식으로 도움이 될 수 있다.

① 자원의 확장
② 인적 네트워크와 의뢰 체계의 제공
③ 다양한 관점의 제공
④ 사고 체계의 확장
⑤ 기술적 자문
⑥ 개별 경험의 공유
⑦ 정서적 지지

또한 팀워크의 효과적 활용을 위해 고려해야 할 요소는 다음과 같다.

① 효과성(effectiveness): 효과성은 팀 구성원 상호 간의 의사전달이 원활하도록 구성원 간의 생각 및 감정 공유가 양방향(two-way communication)으로 이루어질 때 달성된다.
② 효율성(efficiency): 직원 상호 간에 개방적으로 의사전달을 함으로써 효율성이 향상된다.
③ 사기(morale): 의기투합될 때 사기가 올라가고 서로에게 지지적으로 되며 목표달성을 위해 노력한다.

구성원 사이의 의사전달 유형은 몇 가지 방식으로 논의될 수 있다.

① 공식적 의사전달: 의사전달이 공식적인 조직에서 문서와 구두 등 공식적 의사전달 통로 및 수단을 통해 이루어진다.
② 비공식적 의사전달: 조직의 자생집단에서 비공식적 방법으로 이루어지는 의사전달이다. 유익한 정보전달과 사회생리적 만족감을 높여 주기도 한다.
③ 수직적 의사전달: 조직의 상하계층 간에 쌍방적으로 이루어지는 의사전달로 명령, 지시, 일반정보, 편람, 핸드북, 뉴스레터 등에서 나타난다.
④ 수평적 의사전달: 동일계층의 사람이나 상하관계에 있지 않은 사람들 사이에 이루어지는 의사전달로 하위조직 간의 목표와 갈등의 조정을 가능하게 만든다.

⑤ 언어적 의사전달: 직원회의, 위원회, 인터뷰, 휴식시간 중에 일어나는 구어적 의사전달이다. 이를 통해 개인과 집단이 대화함으로써 메시지를 교환한다.
⑥ 비언어적 의사전달: 몸짓, 표정, 기타 비언어적 방법을 통해 메시지를 교환하는 것이다.

팀워크에서 요구되는 지도력이란 사람들이 집단목표를 위해 스스로 노력하도록 영향력을 행사하는 활동으로 지위와 능력으로 정의할 수 있다. 지도력과 관련된 5가지 권력유형은 다음과 같다.

① 보상적 권력: 성취에 대해 정적 보상할 수 있는 능력으로 보상 크기에 권력의 힘이 의존된다.
② 위압적 권력: 처벌에 근거한 권력으로 기대에서 온다.
③ 합법적 권력: 여러 가지 조직의 규범과 가치에 근거한 권력으로 지도자의 영향력을 수행해야 할 의무가 있다고 생각하는 데서 온다.
④ 대상적 권력: 지도자와의 동일시에 근거한 권력으로 지도자가 표상하고 있는 것(referent)에 근거한다.
⑤ 전문적 권력: 지도자의 신뢰, 전문적 지식에 의지한 권력으로 지도자에 대해 갖는 존경과 호감, 믿고 따름에 의존한다.

팀을 통솔하는 리더십 기술의 성격은 다음과 같다.

① 지속성: 사려 깊고 계획을 잘하며, 지속성과 적절한 재정을 지닌 결단력 있는 지도자로 공정한 해결 용기와 자신감을 뒷받침해 줄 수 있는 일관성이 필요하다.
② 시간관리: 시간의 활용(time management) 계획, 현명한 사용, 우선순위, 시간의 유효한 활용을 통해 성취할 수 있는 능력이다.
③ 타협: 자신이 모든 해결책을 갖고 있지 않다는 인식을 토대로 개방성 있게 참여시키고 양보하며 타협한다. 의사소통의 문호를 개방하고 타협적인 태도를 가질 수 있도록 하는 노력이다.

④ 유머성: 기관의 목적과 욕구, 그리고 정책의 범위에서 부하직원에게 가능한 한 많은 자유를 허용하고, 인격을 지닌 상사로 자신을 보게 하며, 능력을 충분히 개발시켜 주고 승진을 도와주는 태도를 보이며 급변하는 제 여건에 적절히 적응할 수 있는 신축성을 지닌다.

⑤ 창의성: 독창적인 방법으로 사고하고 행동하며, 항상 새롭고 효과적인 기관 서비스를 제공하기 위해 노력한다.

2) 스트레스 관리

'스트레스'라는 단어는 중세영어 'stress(고난, 고통)'에서 파생되었고, stress는 고대 프랑스어 'estresse(좁음)'에서 유래되었다. 또한 이 단어는 라틴어 'stringere(잡아끌다, 팽팽하게 죄다)'에서 나온 통속 라틴어 'strictia'에서 유래하고 있다. 생물학적으로 스트레스라는 개념을 가장 처음 정의한 Selye는 프라하에서 교육을 받은 후 캐나다 몬트리올로 이민을 간 사람으로서 영어 단어에 대한 이해가 부족하여, '다리 난간에 걸리는 긴장'을 표현하는 물리학적 용어를 차용하여 '스트레인(strain)'이라고 해야 할 것을 '좁다' 내지 '팽팽하다'는 의미로 사용되는 '스트레스(stress)'라는 단어를 쓰기 시작하였다고 한다.

이러한 스트레스의 개념을 인간에게 가장 먼저 적용한 사람은 Cannon으로 감정의 변화(공포, 불안 등)가 일정한 법칙에 따라 교감신경계 긴장 등 생체에 변화를 일으킨다는 사실을 최초로 증명하였다. Selye는 스트레스를 일반 적응증후군(general adaptation syndrome)으로 정의하면서 스트레스 요인(stressor)으로부터 인체를 적응 또는 방어하기 위한 기제를 사용한다는 의미에서 '적응'으로, 그리고 그로 인해 일어나는 '종합적인 반응'으로 설명하였다. 스트레스는 인간의 삶의 만족도를 높이기 위해 탐구해야 하는 부분으로서 최근에 고려되는데 '생리적 반응이나 행동적 반응을 일으키는 실제 위협 또는 (실제로는 아니나) 자신이 위협으로 받아들이는 것'으로 소개되고 의학적으로는 '경험에 의해 부신피질호르몬 및 카테콜아민이 상승하는 상황'이라고 되어 있다.

욕구좌절이나 갈등 혹은 압박감, 심리적 측면에서 스트레스를 바라보는 관점은 인간의 적응과정을 보다 강조하고 있는데, 대체로 자극으로서의 스트레스, 반응으로서의 스트레스, 그리고 역동적 상호작용으로서의 스트레스의 3가지로 나누어 볼 수 있다.

① 자극으로서의 스트레스: 스트레스 반응을 일으키는 상황을 의미한다. 스트레스는 삶을 위협하거나 압력이 될 수 있는 사건 자체를 말하는 스트레스원으로 개인의 특성과는 무관하게 발생하며 객관적으로 기술될 수 있는 성질을 가진 자극이라고 볼 수 있다.
② 반응으로서의 스트레스: 스트레스를 경험할 때 일어나는 반응으로 일시적인 분노, 공포감 등 부정적인 것에서 경험할 수 있고, 장기적으로는 개인에게 스트레스성 신체질병이나 우울증, 불안 등 심리장애를 일으킬 수도 있다.
③ 역동적 상호작용으로서의 스트레스: 개인과 주위 생활환경의 특성에 관련지어 스트레스를 분석하며, 반응의 매개체로서 개인의 특성을 강조하고 있는데 환경의 자극요소와 스트레스에 대한 대처능력 등도 환경의 중요한 일부분으로 영향을 미친다는 견해로서 단순한 작용이 아니고 상호작용 또는 역동적 작용으로 보는 것이다.

스트레스의 원인을 스트레스 요인 또는 유발인자(trigger)라고 하며, 상황적 원인과 심리적 원인의 2가지로 구분해 볼 수 있다. 직무와 관련하여 발생하는 스트레스는 건강에 나쁜 영향을 미치며, 이는 직무성과에도 부정적 영향을 미친다. 개인은 스트레스원으로부터 스트레스를 지각해야만 비로소 스트레스를 느끼게 된다. 따라서 다음과 같이 스트레스에 대한 개인의 지각방법을 전환함으로써 잠재적 스트레스원에 반응하는 방법이나 내적 스트레스 반응을 일으키는 범위를 변경시킬 수 있다.

① 건설적 자기대화: 부정적이고 자기 방어적이며, 자기 말살적인 것을 긍정적이고 강화적이며, 합리적인 자기대화로 바꾸어 가는 것이다.
② 심리적 퇴행 방지: 심리적 퇴행 또는 정서적 격리는 본질적으로 잠재적인 스트레스원을 비스트레스원으로 재정의하는 것이기 때문에 스트레스를 회피하는 또 하나의 기법으로 이용될 수 있다. 어떤 직업에서는 어느 정도의 심리적 퇴행이 필수적이라 할 수 있는데 죽어 가는 환자에 대한 지나친 관심에서 생겨난 스트레스는

자연적 정서 반응을 퇴행시키지 않고는 진정될 수 없다. 이것의 변형된 형태로 선택적 무시가 있는데, 골치 아픈 상황에서 긍정적인 면을 찾아보고 자신의 관심을 집중시켜 해로운 측면을 제거하는 방법이다(Perlin & Schooler, 1978).

체중조절, 혈압조절, 작업능력개선, 호르몬 반응조절, 그리고 신체운동은 스트레스를 경감시킨다. Selye의 일반적응증후군(General Adaptation Syndrome)에 따르면 스트레스를 느끼는 단계는 다음과 같다.

① 경계단계(alarm stage): 정신적 · 신체적 위협에 노출되었을 때 나타나는 최초의 즉각적 반응단계로 충격기와 역충격기로 구분한다.
② 저항단계(resistance stage): 신체가 외부 자극에 적응하여 대항하는 단계로 증상은 소멸되는 단계다.
③ 탈진단계(exhaustion stage): 스트레스에 계속 노출되었을 때 스트레스 적응에너지의 한계로 증상이 재발하고 신체가 탈진하는 단계다.

스트레스에 관한 연구는 1950년대에 그것을 인지적으로 다루어야 한다고 주장한 Lasarus에 의해 본격화되었다. 산업사회 근로자는 일생 중 수면을 제외한 시간의 절반 이상을 직장에서 보내게 된다. 스트레스는 심장병 및 심장마비, 암, 근골격질환, 궤양, 성적 관심 쇠퇴 등의 개인적 결과와 직무수행 감소, 결근 및 이직, 직무 불만족이라는 조직적 결과를 초래한다. Selye는 동물의 스트레스에 대한 저항 능력을 적응력(adaptation energy)이라 명명하고, 지속적으로 스트레스 요인에 노출된 동물은 경보, 저항, 고갈의 3가지 특징적 단계를 거쳐 간다고 설명하였다.

장애로 인해 손상과 기능제약, 심리적 제약을 경험하는 장애인은 자신의 장애 및 여러 제약요소와 관련하여 무능한 존재로 전락해서는 안 된다. 이를 위해 다른 사람과 자신의 다른 모습(장애로 인한 신체적 차이, 능력의 한계 등)을 자신이 비장애인보다 못하기 때문에 발생한 것이라고 봐서는 안 되며 하나의 독립적인 차이로 인식하여 장애로 인한 심리적 굴레에서 벗어나 직무 스트레스를 관리하여야 할 것이다.

독립적인 장애인은 인생에서 중요한 직업생활을 통해 한층 더 발전된 인간으로 성숙해 나갈 수 있도록 직업재활을 이룩해야 한다. 장애로 인하여 자신에 대한 올바른 가치가 정립되어 있지 않거나 왜곡되어 있는 구직자에게 취업을 위한 적절한 직업재활 프로그램에 참여하도록 유도함으로써 자신에 대한 긍정적 정체감 및 자아유능감을 강화시킬 수 있도록 적절한 서비스지원을 제공해야 한다. 이를 통해 사회적응력은 보다 강화되며, 성공적 직업재활에 더욱 근접하게 될 것이다(이은진, 1993).

효과적인 스트레스 관리법에는 여러 가지가 있으며, 생각 바꾸기, 운동, 호흡법, 근육이완법, 대화법, 취미생활, 적절한 수면과 영양 등이 여기에 속한다. 이러한 여러 가지 방법 중 자신에게 적합한 방법을 선택하고 개발함으로써 직무 스트레스에 보다 효과적으로 대처할 수 있을 것이다. 모든 일을 '흑 아니면 백' '선 아니면 악'처럼 양극단으로만 가정하여 중간층은 생각하지 않고 양분적 선택만 해서는 안 된다. 일반적으로 자신의 책임을 다른 사람에게 전가하는 비난은 언제나 그 사람이 자신에게 잘못을 하고 있으며 자신은 아무런 책임이 없다고 생각하는 것이다.

자신의 견해와 행동이 늘 올바르다는 점을 증명하기 위하여 지속적으로 노력해야 한다. 이러한 사고를 한다면 자신의 의견에는 거의 변화가 없을 것이다. 호흡법은 스트레스 상황에서 나타나는 빠르고 가쁜 호흡을 느리고 깊은 호흡으로 바꾸어 긴장을 풀어주고 마음을 편안하게 해 주는 방법이다. 또 스트레스를 받을 때 나타나는 근육긴장과 혈압상승, 심장박동 증가와 같은 신체변화를 이완법을 통해 안정시킬 수 있다. 6초간 신체의 각 부위를 힘껏 긴장시키고 다음 8초간 그 부위의 긴장을 풀고 이완시켜 몸 전체가 긴장되고 이완될 때까지 반복한다.

Visualization과 심상법은 분명하게 기억해 낼 수 있는 즐겁고 편안했던 경험을 머릿속에 떠올림으로써 그때의 즐거웠던 기분을 재경험하게 하는 것이다. 신체도 그때의 기분을 느낄 수 있어 즐거워지고 마음이 편안해지며 신체도 이완된다. 운동을 하고자 한다면 자신의 나이와 신체적 능력에 맞는 종목을 골라야 한다. 또한 오랫동안 꾸준히 지속적으로 해야 효과를 거둘 수 있으며 약간의 준비운동이 필요하다. 이처럼 자신이 좋아하고 즐겨하는 행동을 통해 긴장을 해소하고 여유 있는 생활을 할 수 있다. 여기에는 운동뿐 아니라 춤, TV 시청, 전자오락 등의 여가활동도 포함되며 특별히 자신에게 촉발요인이 아닌 경우에는 피할 필요가 없다. 음악의 효과에 관한 연구는 전기피부반응, 근육긴장, 심장박동률과 혈압에서의 중요한 생리적 변화를 증명하였다.

제어이론적 관점에서 스트레스는 '환경에서 발생한 실제 상태가 유기체의 바람직한 상태의 허용범위를 벗어나고 신체적 · 심리적 · 사회적 · 영적 항상성 유지에서 문제가 발생하며 이러한 문제를 유기체가 해결하지 못하거나 못한다고 지각하는 조건'에서 발생한다.

제15장

전환교육과 직업재활

1. 전환교육과 직업재활의 관계

우리나라 교육현장에서는 기술교육의 직업기능적 측면만을 지나치게 강조하고 있어 정작 직업생활에 필요한 가치습득이나 태도형성이 상대적으로 소홀히 다루어지고 있다. 장애인 직업재활에서는 무엇보다도 예측할 수 있는 준비된 서비스의 제공과 다면적이고 포괄적인 접근방식이 요구된다. 직업재활이라는 상위목표의 달성을 위해 동원되는 수단은 보다 정교하고 정밀하여 내담자가 시간을 낭비하거나 시행착오를 반복하는 일을 최소화시켜야 개인의 고유한 인권을 보장할 수 있기 때문이다.

최근 장애인에 대한 사회적 관심이 높아짐에 따라 재활영역에서도 많은 쟁점이 새로이 나타나고 있다. 지난 몇 십 년 동안 특수교육의 확대는 많은 장애학생에게 양적으로 균등한 교육기회를 제공하였다. 그러나 장애인 재활의 궁극적인 목적이 경제적 · 생산적 능력을 가진 한 독립된 개인으로서의 삶을 영위할 수 있는 사회참여에 있다고 한다면 특수교육은 평생교육과 학교교육의 장 이후를 고려해야 하고 나아가 직업재활의 영역과도 협력해야 한다. 그렇지 않을 경우 특수교육의 성과나 의미는 퇴색될 수밖에 없다. 최근의 입법 경향은 특수학교와 성인 재활기관, 그리고 사회복지기관 간의 긴밀한 연계를 통해 중증장애인의 사회진출을 돕도록 하고 있다. 전환교육의 궁극적 목표에 도달하기 위해서는 과정별 · 단계별 과제를 점검할 수 있는 진로지도 단계와 평가 및 피드백을 제공하기 위한 기초 준거가 필요하다. 또 학교생활에서 성인생활로의 전환에 따르는 직업적 요구에 대한 판단을 내리기 위해서는 직업재활 프로그램의 개발과 사회참여를 위한 제반 서비스의 제공이 연계되어야 교육의 현실적 효용성이 증대할 것이다.

성인기는 항상 경제적 독립과 사회적 독립이라는 특징을 지닌다. 장애학생이 학령기 이후에 접하게 될 지역사회 내에서의 적응에 대한 진단과 사회참여를 가능하게 하기 위해서는 특수교육과 전환교육 체계 내에서 직업생활 및 직업에 대한 인식 증대를 통해 장애인이 구체적으로 직업을 준비하고 독립된 삶을 영위할 수 있도록 계획적이고 체계적인 서비스를 제공해 나가는 것이 필요하다.

1) 전환교육의 의미

병상에서 직장으로 복귀하는 것처럼 학교를 졸업하고 사회에 나가는 시기를 전환 시기(transition period)라고 부르며, 이러한 전환을 촉진하는 체계적 노력을 전환교육이라고 한다. 따라서 전환교육은 진로교육(career education)의 일환인 동시에 구체적 직업을 준비시키는 교육으로, 중증장애인이 독립된 삶을 영위할 수 있게 하는 직업재활 영역과의 협력적 노력이라고 볼 수 있다.

많은 수의 장애학생이 학교에서 직업으로의 원활한 전환에 이르게 하는 프로그램이나 훈련 과정의 미비로 학교를 졸업한 이후에도 가정에 머물러 있거나 생활시설에 방치된다. 이에 따라 불완전한 고용상태나 실업으로 열악한 환경에 처하게 되어 지역사회와는 격리된 상황에 놓인다. 장애인의 취업률은 시각장애인의 경우 약 18%, 지체장애인은 약 25%, 지적장애인은 약 18%로 낮게 나타나 장애인과 비장애인의 차별 상황, 즉 비장애인에 비하여 장애인은 매우 낮은 고용기회와 임금수준을 보이게 된다(박석돈, 2001).

장애학생은 자신이 살고 있는 지역사회에서 사회활동과 여가활동에 참여하고 직업을 획득하는 과정을 주로 학교에 의존하고 있기 때문에, 학교는 이러한 욕구에 부응하기 위해 직업생활 및 사회생활로의 전환을 도울 수 있는 전문적이고 체계적인 교육이나 훈련을 제공해야 한다(Luft & Koch, 1998).

특별히 장애학생의 진로지도를 전환교육이라고 칭하는 것은 그들의 진로가 원활하지 못하고 특수교육에서처럼 특수한 생애 지원 체계를 필요로 하기 때문이다. 따라서 전환교육서비스란 진로개발에 취약성을 지닌 장애학생을 위해 학교에서 졸업 이후의 활동, 즉 학령기 이후의 교육, 직업훈련, 지원고용(supported employment), 평생교육, 성인서비스, 독립생활이나 지역사회참여에의 빠른 대비 등을 촉진하는 체계화된 노력과 활동의 집합을 의미한다.

일반교육에서 강조되어 온 진로지도는 개인의 진로를 합리적으로 표현하는 인간교육이며, 합리적인 직업준비 교육이다. 이는 학생 개개인의 잠재가능성을 토대로 하여 흥미와 적성, 능력과 인성, 신체 조건, 환경에 알맞은 진학 및 직업 과정을 마련해 주고, 개인의 장래생활을 만족할 수 있게 해 주며 풍요롭게 해 준다. 학생이 선택한 진학과정이나 취업을 통해 자신의 잠재가능성을 최대로 발휘하게 함으로써 주어진 환경에 적극적으로 적응하여 삶의 보람과 긍지를 느끼고 저마다의 행복한 인생을 누릴 수 있도록 하는 조직적이고 체계적인 교육활동 프로그램인 것이다(김충기, 1988).

Wehmen과 Kregel, Barcus(1985)는 전환교육을 관련서비스 제공자에 의하여 시작되는, 학교를 졸업하거나 떠나게 될 장애학생에게 취업 및 직업훈련을 계획하고 시행하기 위해 세밀히 계획된 과정으로 정의하고 있다. 그러나 사실 전환교육은 구체적 직무기술(skill)을 습득시키는 직업교육(vocational skills training)과는 구분되는 것이며, 보다 포괄적인 내용을 담고 있다. 이러한 맥락에서 Halpern은 주로 직업훈련에 초점을 둔 Wehmen 등(1985)의 전환교육 개념의 범위를 지역사회에서의 적응으로 확장시켰다. 전환교육을 단순히 취업의 측면에서만 강조하는 것이 아니라 지역사회 내에서 성인으로 살아가는 데 필요한 '전반적인 측면'으로 고려한 것이다.

직업재활은 장애인이 자신의 능력과 적성에 알맞은 직업을 찾아 심리사회적 · 경제적 안정을 이루고 사회적 역할을 수행함으로써 사회에서 독립적인 생활을 할 수 있도록 돕는 전문적 활동이다. 즉, 장애인이 고용될 수 있도록 특별한 욕구와 고용잠재력을 개발하고 계획하는 조직적인 과정으로, 장애로 인해 사회적 역할을 수행할 수 없는 사회적 불리(handicap)를 지닌 사람들이 직업을 구하고 유지하게 함으로써 사회적 역할을 지속적으로 수행할 수 있게 하는 것이다(Antony & Liberman, 1986; Parker & Szymanski, 1998).

미국 특수교육 및 재활서비스국(The Office of Special Education and Rehabilitative

Services: OSERS)은 학교에서 직업생활로의 전환을 '고용으로 이끄는 다양한 서비스와 경험을 포함하는 결과 위주의 과정'으로 장애인교육법(Individuals With Disabilities Education Act: IDEA)에서 정의하고 있다. 이처럼 전환교육은 교육재활과 직업재활 사이를 연결하는 가교 역할을 하는 것으로, 두 영역의 긴밀한 협조와 상호보완적 노력을 필요로 한다. 장애학생이 졸업하기 5~7년 전에 이미 전환교육계획이 수립되므로 전환교육에는 학교 관련 전문가만 참여하는 것이 아니라 졸업 후 접하게 될 성인기관의 전문가들도 참여하여 협력해야 한다(유애란, 1999).

2) 전환기 진로지도 모형

1984년의 Carl Perkins법(제98-524 공법)은 특수교육 교사가 장애학생에게 다양한 직업교육의 기회를 마련하는 데 필요한 제반 서비스를 '직업교육' 프로그램 안에서 연방정부의 예산으로 지원하도록 명시하고 있다. 이 법은 직업교육 프로그램을 직업훈련 프로그램과 과학기술교육 프로그램의 두 분야로 나누어 학생들에게 서비스를 제공하도록 지정하고 있다. 여기서 직업훈련 프로그램은 일반적으로 취업 준비 단계 과정의 취업에 필요한 기본 작업 태도나 기초 기술을 가르치는 과목들을 개설하고 있다. 이 법에 의해 지원되고 있는 일반적인 교육프로그램은 수년에 걸쳐 장애학생을 위한 지원서비스를 개발해 내고 있는데, 다음과 같은 요소들을 요구한다.

① 직업교육은 최소한의 제한된 환경에서 제공되어야 한다.
② 장애학생은 제공된 모든 영역의 프로그램에 접근할 수 있어야 한다.
③ 학생들은 직업교육 프로그램 담당자들로부터 신중히 평가받아야 한다.
④ 전환교육과 상담서비스는 학생들이 성인사회로 전환하는 과정을 촉진한다.

전환교육 프로그램 모형에 대해서는 학자마다 조금씩 다른 견해를 보이고 있으나 기본적인 철학은 정상화 개념에 뿌리를 두고 있다. 대표적 모형으로 OSERS 모형, Halpern 모형, Clark 모형 등이 있다. 이러한 전환교육 프로그램 모형들의 구체적 내용을 살펴보면 다음과 같다.

(1) OSERS 모형

1983년 제98-199 공법의 특수교육 및 재활서비스국(OSERS) 모형은 당시 교육부 차관이었던 Will(1984)과 OSERS 관계자들에 의해서 발전되었다. 이 모형은 학교교육과 고용이라는 2가지 측면에서 전환교육 프로그램의 3가지 전제를 가정하였다. 첫째, 학교 졸업 후 모든 장애학생의 효과적인 전환을 위한 적절한 지역사회에서의 기회제공 및 서비스 협력은 개인의 환경과 부합되도록 개발해야 한다는 것, 둘째, 전환교육 프로그램은 장애학생에게 초점을 맞춰야 한다는 것, 셋째, 전환교육 프로그램의 목적은 학교 졸업 후 즉시 혹은 직업서비스 제공 기간이 끝난 후에 직업을 얻도록 하는 것이라는 것이다(박석돈, 2001).

Will의 주장을 다시 요약하면, 학교에서 성인사회로 전환되는(transition from school to work) 시기에는 인생 전반에 걸친 단계로서 진로선택, 주거선택, 사회적 생활, 경제적 범위를 고려해야 하며, 전환교육이라는 것은 졸업 후 취업에 이르게 하는 폭넓은 서비스와 경험이 수반된 성과 중심의 과정이라는 것이다(유애란, 1999). OSERS 전환 프로그램 모형은 학교에서 직업으로의 전환을 다음과 같이 3가지로 구분하여 설명하고 있다(박석돈, 2001).

① 특별한 서비스가 결여된 전환(transition without special services): 일반적인 서비스는 지역의 고용담당 정부기관과 학교의 생활진로 차원을 비롯해서 다수의 장애인이 이용하는 고용서비스다.

② 시간제 서비스를 수반한 전환(transition with time-limited services): 시간제 서비스는 고용을 위한 일시적인 서비스로 구성되며, 직업재활부, 산업프로젝트(PWI) 또는 직무훈련 지원과 같이 장애인을 대상으로 하는 전문적인 재활 및 성인서비스다.

③ 지속적인 서비스로의 전환(transition with going services): 지속적인 서비스는 특히 중증장애인에게 요구되는 것으로 직무와 직업사회에서 성공적인 통합 및 성취를 뒷받침해 주고 유지시키기 위해 필요한 서비스이며, 지속적인 직업기회의 연계가 가능하게 하고 지원정책과 지역적으로 서비스가 설정되는 것을 포함한다.

Wehman 등(1985)은 OSERS 모형의 일반적 서비스, 시간제한적 서비스, 지속적 서비스를 통해 고등학교부터 취업까지 이르는 과정에 존재하는 기본적인 가정을 수용하였다. 전환교육 과정을 취업에 이르기 위한 과정의 한 단계로 본 것이 아니라 그것 자체를 3단계(학교교육, 전환과정을 위한 계획, 의미 있는 직업배치)에 걸쳐 이루어지는 과정으로 설명하였다. 첫 번째 단계에서 적절한 직업적 전환교육을 위한 특수교육 프로그램은 비장애학생과 통합할 수 있도록 교과과정이 능동적이어야 한다는 특징을 갖는다. 두 번째 단계에서는 실질적인 전환과정에서 부모와 재활에 관련된 주요기관이 의미 있게 협조하는 것을 반영한 공식적인 개별화전환계획(Individual transitional planning: ITP)이 수립된다. 그리고 세 번째 단계에서는 학교프로그램이나 전환교육 계획과정이 학생들에게 졸업 후 주어질 가능한 취업의 성과에 대한 고려와 함께 이루어지는 것을 나타낸다(유애란, 1999). 개별화전환계획은 장애학생이 학교 졸업 후 통합된 사회에서 직업생활을 성공적으로 영위하는 것을 목적으로 하는 요소를 포함한다. 이는 졸업 후의 교육, 지역사회참여, 주거계획, 직업적 선택, 레크리에이션과 여가활용 등에 관련된 목적이나 목표를 수립하는 것이며, 이를 위해서는 장애인이 생활하고 있는 지역사회 환경 내의 공공시설이나 지원시설과의 연계 구축이 중요하다고 할 수 있다. 각 기관과의 연계는 이미 각 기관이 보유하고 있는 프로그램자료나 인적자원을 서로 나눔으로써 효율적으로 전환계획을 수립하고, 공동으로 활용함으로써 학교에서 졸업 후 전환 서비스를 제공할 때 필요 없는 중복 서비스를 줄이며, 최상의 서비스를 제공하도록 하는 것이다(유애란, 1999).

성공적인 전환은 다양한 직업에 접근하기 위해 지역사회에서 이용할 수 있는 것들을 요구한다. 여기에는 직무에 맞는 특별 훈련, 사회교육 프로그램, 지원고용과 경쟁고용 등이 포함된다. 무엇보다도 주의 깊은 직업평가를 요구하는데, 객관적으로 교육과정 발달에 초점을 둠으로써 효과적인 서비스를 위한 가장 좋은 방법을 결정하고 학생과 부모를 준비시켜서 성공적인 전환을 위해 필요한 서비스를 제공한다.

(2) Halpern 모형

Halpern(1985)은 OSERS의 개념규정에서 나아가 지역사회에의 적응이라는 개념을 확장시켰으며 사회적 · 대인관계적 기술이 전환과정에서 가장 중요한 요소라고 보았다. Halpern은 수정된 모형에서 장애학생의 성공적인 지역사회 적응을 위해 고용 이외에 2개의 다른 차원, 즉 적합한 주거환경의 질과 사회적 · 개인적 지원망을 포함해야 한다고 규정하였다. 우선, 장애인이 성공적으로 성인사회에 적응하기 위해 고려되어야 하는 첫 번째 영역은 취업이다. 따라서 이 영역은 취업과 직접적인 관계가 있는 직업훈련 프로그램에서부터 직업조사 기술, 최저임금 수준의 고려 등 간접적인 관계에 있는 것까지도 모두 포함한다. 두 번째는 주거환경에 대한 영역으로 주거지역에 접근할 수 있는 거리 내에 지역사회서비스와 레크리에이션 활용기회가 있는지 여부와 이웃의 관계 및 안전 등을 포함하는 독립 가능한 질적 거주 환경인지를 봐야 한다는 것이다. 세 번째는 가장 중요한 영역으로 사회적 대인관계 기술이다. 이 영역은 일상 의사소통 기술, 자아존중, 가족지원, 정서적 성숙, 우정, 친밀한 관계와 같은 대인영역이다. 취업은 질적 주거환경 및 원만한 사회적 · 대인관계 기술이 수반될 때 성공적으로 이루어진다. Halpern 모형은 이처럼 전환교육의 영역을 취업 영역부터 주거환경 영역과 사회적 · 대인관계 기술 영역까지 포함함으로써 전환교육의 범위를 확대 · 발전시켰다(유애란, 1999).

(3) Clark 모형

Clark 모형은 교육과정을 학생들이 생활에 적응하기 위해 필요한 개념과 기능에 초점을 맞춘 것으로 정의하였다. 이러한 개념과 기능은 기능중심 평가를 통해 각 아동에게 개별화되어 결정되며, 현재와 미래에 대한 교육적 욕구가 중심이 된다.

학문적 교육과정을 논리적이고 지속적으로 가르칠 수 있는 것과 마찬가지로 기능중심 혹은 생활중심 교육과정도 조직적으로 가르칠 수 있다. 이러한 생각은 2개의 분리된 교육과정을 가져야 한다는 것이 아니라 학생의 현재 욕구와 졸업 후 목표 사이의 연속성을 다루어야 함을 말한다. 즉, 학생이 학교를 졸업한 후에 사회생활에 성공적으로 적응하기 위하여 교육과정이 적응에 필요한 기능을 습득할 수 있도록 교육해야 한다는 것이다. 이 모형은 4가지의 기본적인 구성요소로 이루어져 있는데, ① 가치, 태도, 버릇, ② 인간관계, ③ 직업정보, ④ 일상생활의 기술과 취업 등이다.

3) 전환교육 실태

진로지도는 1970년대 초기에 일반 교육분야에서 이론 틀을 마련하며 교육학의 한 분야로 자리매김하였다. 예를 들면, 미국에서는 1974년에 진로교육국이 만들어졌고 1977년에는 학교에서 진로지도를 위한 교과를 설정할 수 있도록 연방정부 예산을 제공하였으며, 1979년에는 특수아동협의회(Council of Exceptional Children: CEC)에 진로교육 분과가 만들어지기도 하였다(Brolin, 1985).

미국에서는 1984년에 퍼킨스법(Perkins Act)이 제정되면서 제204장에서 평가서비스, 특수 적응서비스, 상담과 전환서비스를 규정하였다. 1990년의 전장애아교육법(Education for All Handicapped Act)은 장애학생에게 16세 이전까지 전환교육 프로그램을 제공하도록 규정하였으며, 고등학교 유효 인력개발법(High School's Competitive Work Force Act)은 국가 수준에서 각종 직업 관련 검사와 직업훈련, 기술적 지원, 그리고 직업자격증을 획득하기 위해 훈련기금을 사용하도록 규정하였다. 1990년의 전장애아교육법에서 포함하고 있는 특수교육의 전환계획과 서비스 전달의 내용에는 직업재활의 목적 및 원리, 학습장애인을 위한 적격성 판정 조건, 중증장애인을 위한 법적 영향력, 학습장애인을 평가하기 위한 직업재활 방침, 유용한 서비스 범위 등이 포함되어 재검토되고 있으며, 특별히 권고하는 것은 직업재활 과정에서 가족 및 장애인, 직업재활전문가, 특수교육 교사가 더욱 효율적인 협력자가 되도록 도와야 한다는 것이다(Dowdy, 1996).

우리나라는 1982년부터 1986년까지 5개년 동안 주한 UNICEF의 지원을 받아 한국교육개발원에서 진로지도에 대한 연구사업을 본격적으로 시작하게 된 이래로 1990년에는 교육정책 차원에서 전국 각 시도 교육연구원에 진로교육부를 설치하여 진로지도 자료를 개발하고 교원연수를 실시하였다(김충기, 1995). 그러나 일반교육에서의 이러한 동향에도 불구하고 장애학생을 위한 진로지도 관련 연구와 자료개발은 1980년대까지 거의 이루어지지 않았다. 장애학생의 직업재활에 대한 교육부의 본격적인 논의는 1986년 11월에 이루어진 교육개혁심의위원회 제24차 회의에서 찾아볼 수 있다. 이 위원회에서 장애인의 직업재활 보장 문제가 거론되었고, 이후 특수학교의 직업교육에 대한 인식 변화가 나타나기 시작했다(오길승, 2001).

1990년대 이후에는 모든 장애아동에 대한 교육과 서비스를 일반아동과 통합함으로써 독립성과 생산성을 향상시킨다는 입장에서 교육 전반에 그 목표를 두고 있다. 이러한 맥락에서 장애학생의 진로지도를 위한 전환교육이 강조되었고 장애학생의 특성과 필요를 고려한 자료개발도 이루어지고 있다(이상훈, 주명환, 2001). 특수학교의 체계적 직업교육의 일환으로 1993년부터 2년간 국립 특수학교를 중심으로 전공과를 시범적으로 운영하였고, 이러한 시범운영의 결과를 토대로 전공과를 확대 실시하기 위해 노동부와 협의하여 장애인고용촉진기금을 통해 필요한 시설과 설비를 지원받았다. 전공과가 정식으로 설치 운영되기 시작한 것은 1996년부터이며 2013년 현재 우리나라에는 특수학교에 설치된 전공과 학급에 402개 3,579명의 학생이 재학하고 있다.

장애학생의 졸업 후에 취업을 담당하는 인적자원은 직업훈련기관 교사, 복지관 직업재활상담사, 직업평가사, 지역사회 성인서비스 담당자 등이다. 이러한 기관과 전문가들 간의 협력은 장애학생에게 중복된 서비스를 제공하는 것으로 인한 시간 낭비를 줄이고 가장 체계적이고 최상의 필요한 서비스만을 제공하도록 만들어 학생들이 최대한의 능력을 개발하고 성공적인 전환을 이루게 하는 데 중요한 역할을 한다(유애란, 1999). 지적장애인에게 사용되어 온 평가기술은 프로그램의 수준이나 배치를 결정하기 위한 행동관찰을 포함한다(Bellamy, O'Connor, & Karan, 1979). 많은 지적장애인은 지역사회 내에서 어떻게 독립적이거나 반독립적으로 기능할 수 있는지 배워야 한다. 주의가 요구되는 영역으로는 내담자 주거 내의 자조 및 사회적 기능, 요구되는 지역사회 서비스에 대한 접근, 이동수단에의 접근과 이동, 그리고 여가와 레크리에이션 활동을 경험할 수 있는 기회 등이 있다. 가족의 태도 또한 내담자의 성공이나 실패에 중요한 결정 요인이 되며, 성인기에도 자신의 본래 가족과 여전히 생활하고 있는 내담자들에게 특히 그러하다.

직업재활은 장애인이 경제적 · 사회적으로 하나의 독립된 주체로서 생활하고 직업에 적응할 수 있도록 돕기 위해 계획된 서비스로, 목표 지향적이고 개별화된 일련의 연속적 과정이다(Emener, 1980). 특수학교는 지역사회 내에 장애인을 위한 평생교육체제를 구축함으로써 단지 학령기 중심의 학교체제로만 존재하는 것이 아니라 여러 연령층의 장애인이 생애교육프로그램에 참여하는 장소가 되어야 하며, 이를 위해 다양한 전환교육 및 직업재활 프로그램을 개발하여 운영하여야 한다(김병하, 2001). 학교에서 성인사회로의 전환이 효과적으로 이루어지기 위해서는 체계적인 진로지도 과정이 학교프로그램 속에 통합되어야 한다.

4) 생활중심 진로지도 모형

Brolin 등은 지난 20년 이상 생활중심 진로교육(Life Centered Career Education: LCCE)을 발전시켰다. LCCE의 첫 번째 구성요소는 '개인이 성인으로서 역할을 수행하고 기대에 맞게 행동함으로써 보다 효과적인 사람이 되기 위해 필요한 기술은 무엇인가?'라는 질문에 초점을 두고 있다. LCCE는 지속적인 연구를 토대로 첫 번째 구성요소로서 성공적인 어른이 되기 위해 습득해야 할 22개의 주요한 기술과 능력을 체계화하였다(박희찬, 양숙미, 1997; 조인수, 장병연, 1995). 〈표 15-1〉에서 이것을 소개하고 있다.

LCCE의 두 번째 구성요소는 진로 · 직업교육의 4단계인 진로인식, 진로탐색, 직업준비, 직업동화다. 진로인식은 올바른 직업관을 갖기 위한 태도와 직업의 다양한 종류에 대한 정보, 그리고 자신의 적성을 파악하는 자기이해의 단계다. 진로탐색은 진로인식과 진로준비 사이의 단계로 개인의 능력 및 요구와 지역사회 내의 실제 직업에 대한 정보를 통합하는 단계다. 또한 직업준비는 이전의 진로인식과 진로탐색 기간에 획득한 것을 토대로 하여 적절한 직업영역을 선택하고 특정 직업기술을 발달시키는 단계다. 마지막으로 직업동화는 실제 직업에 종사할 수 있는 기회를 제공하는 단계로서 직업훈련 프로그램 중 가장 현실적인 단계다.

LCCE의 세 번째 구성요소는 교육이나 훈련이 이루어지는 3가지 중요한 장소다. 비록 많은 교육이나 훈련이 특정 기관을 중심으로 이루어지지만, 가정과 지역사회를 기반으로 한 경험 역시 상당히 강조한다. 먼저 학교나 기관은 장애인이 장래에 성공적인 직업수행을 준비하는 데 중요한 역할을 하고 있음을 인식하고, 그들의 능력을 적극적으로 발전시킬 수 있도록 노력해야 한다. 가정은 장애인의 직업교육과 훈련에 중요한 의미를 갖게 되므로 학교나 직업재활기관 관계자는 부모나 가족과 지속적으로 협력해야 하고 지역사회의 발전에 기여할 수 있어야 한다. 또한 지역사회의 여러 기관과 단체는 장애인이 개인적 · 사회적 기술을 습득하고 직업 관련 교육 및 훈련을 위한 경험을 갖도록 충분한 기회를 제공하는 지원을 할 수 있어야 한다.

표 15-1 진로교육 영역

【일상생활 기술】	12. 사회적으로 책임 있는 행동 발전시키기
	13. 적절한 대인관계 기술 유지하기
1. 가정 재정 관리하기	14. 독립성 성취하기
2. 주택의 선택, 관리 및 유지하기	15. 문제해결 능력 습득하기
3. 개인적 욕구 충족하기	16. 타인과 적절하게 의사소통하기
4. 자녀 양육 및 가족생활 유지하기	
5. 식품 구입 및 준비하기	【직업적 기술】
6. 의복 구입 및 관리하기	
7. 시민 활동에 참여하기	17. 직업가능성을 알고 탐색하기
8. 여가 및 레크리에이션 참여하기	18. 직업을 선택하고 계획하기
9. 지역사회에서 이동하기	19. 적절한 작업습관 및 행동 나타내기
	20. 충분한 신체적-손 기술 나타내기
【개인-사회적 기술】	21. 특수한 직업기술 습득하기 (하위 능력은 학생의 직업선택에 따라 달라짐)
10. 자기인식 성취하기	22. 고용 탐색 · 획득 및 유지하기
11. 자기확신 획득하기	

5) 적응행동과 영역별 특징

장애인을 위한 기능 평가는 그들 개개인의 능력과 기능을 정확하게 파악함으로써 직업과 관련하여 적절히 분류하거나 교육훈련의 계획 및 효과를 판단하려는 데서 그 이유를 찾을 수 있다. 즉, 장애유형 혹은 장애등급이 동일한 장애인이라 할지라도 그들의 신체적 능력과 기능은 차이가 있기 때문에 일률적인 프로그램의 적용은 그 효과면에서 한계가 있으며, 따라서 개개인의 능력과 단점, 그리고 기능을 정확하게 판단할 수 있는 평가방식이 필요하다. 직업전 평가(prevocational evaluation)에서는 서비스대상자의 직업적 잠재력을 파악하기 이전에 신체적 · 정서적 · 심리적 특성을 분석하게 된다. 여기서 평가목표는 직업적 흥미, 지능, 육체적 능력, 태도, 심리적 적응 등에 관한 예비적 통찰력을 얻어 최선의 내담자 진로계획과 재활계획을 수립하는 데 있다. 적응행동능력검사(Adaptive Behavior Scale: ABS-SE)는 1부와 2부로 나누어져 있는데, 1부는 개인과 지역사회 요구 충족 및 개인적-사회적 책임감과 관계된 9가지 행동영역에서 개인의 기술과 습관을 평가할 수 있도록 구성되어 있고, 제2부는 12개 영역의 39개 문항으로 구성되어 있으며, 성격 및 행동장애와 관련 있는 적응행동을 측정할 수 있게 구성되어 있다(<표 15-2> 참조).

표 15-2 적응행동 영역별 특징

영역	하위 영역
1. 독립기능	식사, 용변, 청결, 외모, 의복관리, 입기·신기·벗기, 왕래, 기타 독립기능
2. 신체발달	감각발달, 운동발달
3. 경제활동	돈의 취급과 예산 세우기, 구매기술
4. 언어영역	언어표현, 언어이해, 사회적 언어발달
5. 수와 시간	수와 시간
6. 직업 전 활동	직업 전 활동
7. 자기관리	솔선, 인내, 여가
8. 책임	책임
9. 사회화	협력, 배려, 상호작용 참여
10. 공격	폭행, 소유물 손상, 분노행동
11. 반사회적 행동	활동방해, 거친 언어 사용
12. 반항	규칙 무시, 지시 거부, 반항
13. 신뢰성	거짓말
14. 위축	활동 부족, 수줍음
15. 버릇	상호행동, 특이한 버릇
16. 대인관계 예법	부적절한 대인관계 예법
17. 발성 습관	좋지 않은 발성 습관
18. 습관	기괴한 습관, 구강 습관, 이상 성향
19. 활동 수준	과잉행동 성향
20. 증후적 행동	능력 과대평가 경향, 우울 성향, 비판 수용 능력 결여, 과도한 관심과 칭찬의 요구, 불안증상
21. 약물복용	약물복용 문제

현재 우리나라에는 특수학교에 특별히 전인적 영역에 걸친 직업준비를 위해 따로 마련된 프로그램이 결여되어 있는 실정이다. 지적장애인이나 발달장애인의 경우 그들의

사회적 자립 또는 직업생활은 기본적인 생활습관 및 생활 기술의 지도로부터 그들을 둘러싼 환경에 이르기까지 모든 부분을 포함하여 사회생활에서 원만한 적응을 할 수 있게 교육이 이루어지고 있지만, 그 외 장애인의 경우 그러한 교육적 부분이 배제된 상태에서 단지 직업재활을 위한 직업적 기능만을 습득하고 있는 실정이다. 직업인으로서 가져야 하는 전인적인 부분은 스스로 가져야 하는 개인적 소양으로 치부해 버리는 현실에서 장애학생의 진로지도를 위한 배려는 제대로 이루어지지 않고 있으며, 직장에서의 고용유지에 커다란 걸림돌이 되고 있다. 그러므로 이러한 직업준비를 위한 종합적 프로그램이 중요시되지 않는 현실에서 직업기능훈련은 실효성이 낮을 수 있고, 따라서 장애인의 전인적 직업준비도에 영향을 미칠 수 있는 방향을 제시해 주는 연구가 필요하다.

직업배치와 관련한 우선적 목표는 내담자와 상담사에게 직업성공의 가능성에 관련된 정보를 제공하는 것으로 이 경우에는 포괄적인 직무분석과 작업조건, 가능한 고용기회에 접근할 수 있는 자료가 필요하며, 평가사는 장애인의 직업능력과 조화되는 지도를 제공해야 한다. 전문가는 다양한 정보를 활용할 수 있다. 정보는 권한부여(empowerment) 수단이기 때문에 평가를 진로방향 설정, 진로 수정, 삶의 질 개선을 위해 필요한 가치 있는 서비스로 인정하고 있다.

Johnston(1996)은 인간기능의 연구에서 타이밍이 기능성취의 숙달에 중요함을 강조하면서 만약 어떤 활동이 적절하지 못한 시기에 수행된다면 그 활동은 붕괴되고 만다고 하였다. 일반적으로 숙련된 사람은 일정한 장면에 있어서 재빨리 예측하고 반응하기 위한 시간적 여유를 지니고 있다. 특수교사는 장애아동의 행동결함을 분석하여 특징에 따른 지도 목표를 수립하고 내용을 선정하여 수업을 실행하며 결과를 평가하게 된다. 또한 필요에 따라 의학적 진단과 신경학적 실험 결과를 진단 · 평가 및 판정의 자료로 활용하게 된다.

적응행동 영역 그 자체는 아직도 분류를 위한 만족할 만한 측정 근거가 마련되어 있지 않다. 바인랜드(Vineland) 사회성숙 척도와 AAMD 적응행동 척도 도구 혹은 다른 유용한 도구들도 4가지 수준의 지적장애를 구분함에 있어서 정밀한 심리측정 점수를 산출하기에 충분히 타당하거나 신뢰롭지 않다. 그러한 준거를 기반으로 하여 AAMD는 적응행동의 발달적 기술을 제공하는 행동적 영역을 다음의 8가지로 구체화하였다.

① 감각운동 기술
② 의사소통 기술
③ 자조 기술
④ 사교 기술(다른 사람들과 상호작용하는 능력)
⑤ 일상생활 활동에 있어서 기초학습 기술의 응용
⑥ 환경적응에 필요한 사고와 판단의 적절한 응용

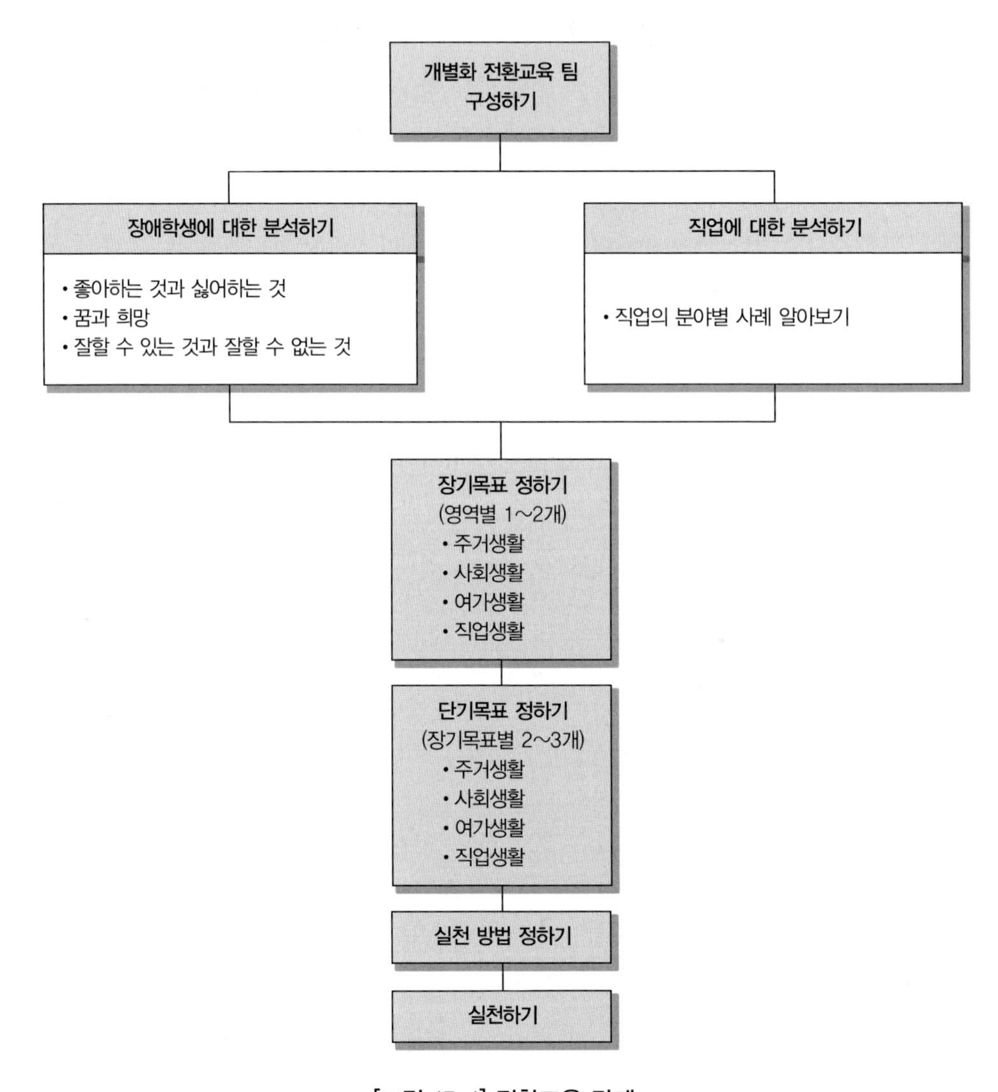

[그림 15-1] 전환교육 단계

⑦ 사회적 기술(집단 활동과 대인관계에의 참여)

⑧ 직업적 및 사회적 책임과 그 실행능력

독립생활은 의사결정을 내리고 일상적 활동을 수행하는 데 있어 다른 사람에 대한 의존을 최소화시킬 수 있다는 점과 그런 만족할 만한 선택을 할 수 있다는 점에 근거하여 자신의 인생을 통제할 수 있는 것으로 정의할 수 있다(Frieden, Richards, Cole, & Bailey, 1979). 이것은 일상생활에서 일어나는 사소한 일, 즉 지역사회에 전적으로 참여하고, 일련의 사회적 역할을 수행하고, 자기결정(self-determination)을 하며, 다른 사람에게 비생산적인 신체적 · 심리적 의존을 최소한으로 하게 하는 것을 포함한다. 독립이란 최상의 선택을 통해 그 선택에 대한 책임도 지고 그 선택이 생산적이 되게끔 하는 것을 암시한다. 나아가 정신적 · 신체적 능력에 제한이 있음에도 장애를 가진 각 개인에게 반드시 지원과 격려를 아끼지 말아야 하고, 높은 삶의 질을 위해서 문화적 혹은 하위 문화 제휴를 통해 존중해야 하며, 최소제한적 환경에서 독립과 생산성을 성취할 수 있게 하는 것 또한 포함해야 한다. 궁극적으로 독립생활이란 모든 형태의 장애인에게 적용되는 것을 의미한다(National Council on Disability, 1983). 이것은 선택에 의한 생활양식 및 사회에 생산적으로 공헌할 수 있는 잠재력을 확인시켜 줄 수 있는 기회제공을 의미한다.

De Jong(1979)은 '독립생활재활'이라는 용어를 그 이전의 직업재활전문가는 직업재활과 별개의 것으로 다루어 왔지만 이것은 자기 자신의 성취를 향해 나아가는 것이기 때문에 직업재활의 목적과 독립생활 목표 사이에 밀접한 관련이 있다고 보았다. 아칸소 대학교의 재활훈련센터와 아칸소 재활연구소는 독립생활을 위한 평가과정을 만드는 데 큰 기여를 했는데, 그것은 독립생활 프로그램의 효과적인 평가를 위한 4개의 중요한 영역으로 사람들의 변화를 다룬다. Roessler와 Rubin(1980)은 이 프로그램서비스가 신체적 기능성, 직업적 잠재력, 교육적 기술, 취미에 대한 흥미, 사회심리학적 기능, 그리고 경제적 독립을 내담자가 획득하는 데 기여하게 될 것이라고 인정하였다.

독립에 대한 다양한 관념은 4가지 구성요소로 수렴할 수 있는데, 첫째, 자신의 삶을 조절하는 인식, 둘째, 신체적 · 인식적 자율성, 셋째, 심리적 자기의존, 넷째, 환경적 자원이다. 조절이란 바람직한 결과에 도달할 수 있는 것과 바람직하지 못한 것을 피하는 행동을 결정할 수 있는 기대를 지각하는 것이다(Baron & Rodin, 1978). 이것은 자기조절과 환경의 조절 모두를 내포한다. 자기조절은 Bandura의 자기효능개념에서와 같이 기대되는 행동방향을 실행할 수 있는 확신을 포함해야 하고, 또한 Haworth(1986)의 능력 개념 속에서 받아들여진 것과 같이 사람의 신체적 · 정신적 능력, 정서 등을 관리할 수 있어야 한다. 환경조절은 사람의 삶에 특별한 효과를 끼치는 환경 속에서 사람과 물질의 요인을 바탕으로 발휘할 수 있는 인식을 말한다. 이와 같이 환경조절을 통해 직업재활로의 가능성이 확대되는 것이다. 그런데 재활영역에서의 많은 연구는 내담자의 능력이 과대평가되는 경향이 있다고 보았다(Bond, Bordieri, & Musgrave, 1989). 내담자의 직업준비능력을 실제 능력에 비해 과대평가하는 경향은 내담자를 직업에서 실패하게 만들 것이다. 또한 내담자 자신에 대한 기술부족을 인식하지 못하기 때문에 재활 프로그램 속에서 그들의 행동을 훈련하고 변화시키기보다는 직업실패에 대해 비난적 행동과 충돌을 일으킬 것이다(Keim & Strauser, 2000). 이러한 문제점은 바로 내담자에 대한 정확한 평가가 이루어지지 않고, 또 그 정보가 내담자에게 제공되지 않았기 때문에 일어나는 것이다. 자신에 대한 정확한 평가정보를 제공하는 것은 내담자의 자아개념 형성에 큰 영향을 미친다.

자아개념은 특정 사회에서 인정되는 자기평가에 따른 확신, 자신감, 상호적 신뢰관계, 통일성 감각, 그리고 신체상에 의해 형성된다(이달엽, 1997). 특히 신체상은 신체적 외모와 기능에 대한 개인의 지각에 관련되어 있기 때문에 자아개념을 형성하는 가장 근본적인 요인이 된다. 따라서 정확한 자기 신체기능에 대한 평가는 본인의 신체상에 대한 정확한 이해를 갖게 만들고 정확한 자아개념을 형성하도록 이끌어 주며, 직업준비능력을 올바로 인지하도록 하여 내담자가 올바른 태도로 직업재활에 참여할 수 있게 도울 것이다.

2. 전환교육의 단계와 방법

장애인이 사회에서 독립적으로 살아가도록 하는 데 필요한 전환교육 계획을 세울 때, 그리고 훈련과정에서 직업재활을 함께 고려해야 한다. 전환교육에 필요한 전문가에는 특수교육, 재활상담, 장애인을 위한 직업교육 및 훈련교육, 직업평가, 직업재활, 사회복지 등을 전공한 사람들이 포함된다.

전환교육이 효과적으로 이루어지기 위해서는 ① 유용한 학습이 가능한 학교프로그램에 배치되어야 하고, ② 전환과정에 필요한 연계프로그램이 활성화되어야 하며, ③ 장애학생과 그 가족이 선택할 수 있는 일련의 사후지도와 지원이 이루어져야 한다.

지적장애인에게 사용해 온 평가와 사정의 역사 및 기술을 개관하면 진단 정보가 이들 일반 목표 모두를 사용해 왔다는 것을 알 수 있다. 이 역사의 분석은 흥미로운 발견을 이끌어 낸다. 심지어 사정은 목표를 분류하기 위해, 프로그램 모니터링 사정의 타당성 및 분류목표에 대한 사정의 타당성을 입증하기 위해 더욱더 광범위하게 사용된다. 예를 들어, IQ나 일반적성이 지체된 사람의 학습능력지표는 그것의 타당도가 거의 증명되지 않았음에도 일반적으로 교육이나 훈련 프로그램의 배치를 결정하는 선택 및 분류를 결정하는 기초로 사용된다. 이와 반대로, 직접적인 행동관찰로부터 나온 측정은 의사결정 목표를 위해 거의 사용되지 않는다. 비록 그것이 과거의 훈련이나 계속적인 훈련의 영향을 정밀하게 반영한다고 입증된다 하더라도 말이다. 이 일반적인 상황은 오늘날 중증 지체장애인에게 사정기술을 사용하는 데 있어서 매우 지배적이다(Bellamy, O'Connor, & Karan, 1979). 내담자 평가는 다음의 특성을 포함한다.

① 지적장애인에게 타당한 것으로 알려진 심리검사만을 사용해야 한다.
② 평가는 직업적 기능뿐만 아니라 사회적 · 직업적 기능 또한 포함해야 한다.
③ 기능습득이 예견될 때 검사형식은 지적장애인이 평가과정 동안 목표 기능을 이행할 수 있게 허락해야 한다.
④ 많은 지적장애인의 직업적 흥미가 안정되지 않을 수 있기 때문에 흥미검사의 결과는 배치 결정을 내리는 데 있어서 매우 조심스럽게 사용되어야 한다.
⑤ 지적장애 내담자에 대한 직업평가는 작업표본을 포함해야 한다.

많은 지적장애인은 자신의 지역사회 내에서 어떻게 독립적이거나 반독립적으로 기능할 수 있는지 배워야 한다. 주의가 요구되는 영역은 내담자 주거 내의 자조 및 사회적 기능, 요구되는 지역사회 서비스에 대한 접근, 교통수단에의 접근과 이동, 그리고 여가와 레크리에이션 활동을 경험할 수 있는 기회 등이다. 가족 태도 또한 내담자의 성공이나 실패에 대한 중요한 결정 요인이 되며, 성인기에도 자신의 본래 가족과 여전히 생활하고 있는 내담자에게 특히 그러하다. 지역사회 적응행동과 지역사회 적응기술은 아주 유사하게 사용되고 거의 구분하여 사용하지 않는 경우가 많다. 하지만 적응행동과 달리 지역사회 적응기술은 지역사회에서 살아가는 데 필요한 적응행동 목록을 습득하고 활용할 수 있는 능력이라고 말할 수 있다.

체계적으로 계획된 전환교육프로그램은 개인을 그 자신의 독특한 욕구와 특성을 고려한 성공에 이르게 한다. 학교에서의 전환교육과정을 특별히 투입, 과정, 결과의 3단계로 설정하기도 한다. 기초프로그램(individualized plrogam for transition: ITP)을 작성할 때는 지도목표를 설정하고 부모, 특수교사, 직업교사, 직업재활상담사, 코디네이터, ITP위원회 등 교육에 참여할 구성원을 결정한다. 이들 사이에는 빈번한 의사소통, 신뢰, 상호이해가 필요하며, 지역의 자원을 공유하는 일이 중요하다.

(1) 1단계

체크리스트를 작성하고 이를 토대로 실태파악을 하며, 기초프로그램을 작성하고, 지도 후 효과를 평가하게 된다. 장애학생에 대한 이해, 작업세계에 대한 이해, 학생의 현재 수준 파악 등을 전환교육 계획 작성을 위한 기초 자료로 삼는다. 장애학생을 이해하기 위하여 좋아하는 것과 싫어하는 것, 꿈과 희망, 잘할 수 있는 것과 잘할 수 없는 것이 무엇인지 조사한다. 그리고 이 학생용 자료를 중심으로 학생의 현재수준을 파악할 수 있어야 한다.

우리 주변에는 중증장애학생이 일할 수 있는 직업의 사례가 많다. 이러한 직업 가운데 중증장애학생이 어디에 얼마나 관심을 지니는지 조사하게 된다.

(2) 방법

① 대상: 특수학교 고등학교 과정과 전환교육을 위한 전공과 과정에 배치된 학생은 보호자의 서면허락을 득한 후 교육대상으로 한다.

② 체크리스트를 통한 실태 파악: 1단계에서 작성한 체크리스트를 활용하여 적절성과 정확성 정도를 평가한다.

③ 기초프로그램의 작성: 체크리스트로 얻은 평가결과를 기초로 지도목표, 내용, 기간, 횟수, 빈도, 그리고 장소 중심의 프로그램을 작성한다.

④ 기초프로그램에 따른 지도효과의 평가: 기초프로그램에 기초해서 지도를 전개하고 그 효과를 평가한다. 지도효과의 평가는 적절성, 정확성, 이해도, 태도의 일관성, 본인/담임/보호자에 의한 평가를 포함한다.

이런 과정을 통해 일상생활 활동능력의 향상에 있어서도 효과를 가져온 것은 아닌지를 살펴볼 수 있다. 더욱이 불가능했던 부분이 가능하게 됨으로써 자신감이 생겨 새로운 일에 도전하는 등 의욕면에서의 변화에도 영향을 줄 수 있다. 또한 '기초지도'를 영역별로 나누어 평가의 관점을 교사에게 알기 쉽게 설정함으로써 학생 스스로가 어떻게 활동하면 좋은지, 보호자와 담임교사가 어떻게 원조하면 좋은지 등의 프로그램을 통한 활동 정보를 일상생활에서 활용할 수 있다는 점도 효과를 불러일으킬 수 있다.

모든 직업이 모든 사람에게 똑같이 즐거운 것이고 바람직한 것일 수는 없으며, Holland의 말을 빌리지 않더라도 사람은 다양한 생활경험과 유전적 소질로 인해 상이한 직업적 욕구 및 특성을 지니게 된다. 또 열망이나 적성, 직업적 요구조건의 불일치, 준비부족으로 인해 직업에서 오는 좌절감, 취업으로 인한 각종 사회복지 혜택의 박탈, 동료와 상사로부터의 불편한 관계에서 야기되는 불안감과 거부감은 직업에서 얻을 수 있는 가치를 파괴시키거나 희석시킬 수 있다. 이러한 증거는 많은 심리학자가 산업이나 고용서비스와 관련된 일에 종사하고 있는 것만 보아도 알 수 있다(Obermann, 1965).

또한 국가는 무조건적인 복지의 대안으로서 구성원의 독립성 회복에 필요한 재활을 격려해야 하므로 정부는 가급적 직업을 통해서 장애인을 부양하려고 노력해야 한다. 즉, 장애인이 장애로 인해 사회참여에 제한을 받거나 차별받지 않고 건강한 노동을 하며 살아갈 수 있도록 장애정도와 유형별, 그리고 개인적 특성에 기초한 서비스프로그램으로 이들의 총체적 삶의 질 향상에 관심을 갖고 접근해 나가야 한다. 더불어 그들이 직업재활 과정을 통해 직장에 복귀하고 사회에 재통합되는 시점에 이르기까지 포괄적이고 지속적으로 서비스를 제공해야 한다. 이를 위해 특수학교 장면부터 직업재활 과정별로 몇 가지 직업적 기능장애 수준에 알맞은 방향(track)을 설정하고 서비스를 제공하는 합리적 장애인 직업재활 체계의 구축이 필요하다.

3. 환경적 고려와 공학

1) 의의

우리나라 장애인 관련 법률과 제도는 외국 제도의 유입, 정치적 상황에 따른 제도의 변화, 국제적 압력, 장애운동 세력의 요구 등에 따라 발전해 오고 있다. 그러나 우리 사회에서 장애인을 인식하는 수준은 예나 지금이나 별로 변한 것이 없는 것도 사실이다. 즉, 장애는 신의 징벌이나 불운의 결과라고 생각하는 경우가 많고 장애인은 장애로 인해 생활에 곤란을 겪기도 한다. 바뀐 것이 있다면 예전에는 장애인이 비하와 놀림의 대상이면서도 지역사회에서 돌보아야 할 존재였다면 현재는 무관심과 꺼림의 대상이 되었고 국가가 최소한의 생활을 보장하여야 하는 존재가 되었다. '장애인 전용'이라는 이름표가 붙은 시설이 많은 사회는 결코 아름다운 사회가 아니다. 법률과 제도가 발전했음에도 우리 사회의 지배적 인식은 여전히 장애인을 사회적 참여에 적합하지 않은 능력의 결함을 갖고 있는 존재로 보고 있으며 보이지 않는 이런 인식이야말로 가장 돌파하기 어려운 사회적 장벽으로 존재하고 있다. 따라서 장애인에 대한 올바른 이해 및 편견의 해소와 더불어 환경적 접근 수단의 확보가 직업재활에 있어 중요하고도 시급한 과제다.

2) 편의조치와 재활 기술의 발전

ADA는 차별과 관련하여 적절한 편의조치와 함께 혹은 편의조치 없이 장애인이 희망하거나 보유하고 있는 직무의 필수기능(essential functions, duties)을 수행할 수 있는 사람을 유자격 장애인으로 정의한다. ADA의 제1편 규정은 어떤 직무기능은 몇 가지 이유로 필수적인 것으로 고려될 수 있다고 정의한다. 여기서 직무의 필수기능에 관련 직무의 주변 과업은 포함시키지 않는다. 예를 들면, 기본 직무가 서류 작업을 하는 사무직인 간질장애인의 경우 전화 응답과 같은 비본질적 혹은 주변적 직무기능을 수행할 때 말을 더듬는다는 이유로 그 사람의 채용을 거부한다면 그 고용주는 ADA 제1편을 침해하는 것으로 간주할 수 있다. ADA의 제1편 규정 내용은 다음과 같다.

① 일자리가 존재하는 이유가 그 기능을 수행하는 것이므로 그 기능은 필수적일 것이다.
② 그 직무기능을 수행하는 것이 제한된 숫자의 근로자들에게 유용하다면 그 기능은 필수적일 것이다.
③ 그 기능은 고도로 전문화되어 해당 일자리에 대한 의무는 그 독특한 기능을 수행하는 능력이나 전문성에 의해 충족된다.

재활 기술은 상업적 재활제품, 맞춤형 혹은 유일한 장비, 건축학적 및 기타 환경적 변경, 축적된 전문 지식 등을 의미한다. 용어의 범위가 넓어서 모든 경우에 있어 재활 기술은 잠재적 도구가 된다. 기술은 상담사, 임상치료사, 평가사, 교사 및 기타 전문가가 재활 서비스 공급 및 결과 향상을 위하여 사용할 수 있으며, 장애인이 직업적 · 교육적 · 기타 독립적 생활 기회를 향상시키기 위하여 사용할 수도 있다. 도구로서 기술의 가치는 단지 직업재활 및 독립적 생활 목적을 이루기 위하여 얼마나 잘 사용되는가에 달려 있다. 이것은 기술이 본질적으로 가치가 있는 것이 아니라 그것이 무엇을 할 수 있는가가 중요하다는 것을 의미한다. 더욱이 재활전문가가 기술의 존재와 그 능력을 인식하고 있는지 여부가 그것의 사용을 결정한다. 예를 들면, 특정 고객에게 옵션을 제안하기 위하여 작업평가의 복잡성에 대한 기본적인 이해를 해야 하는 것처럼, 상담사 역시 잠재적인 기술적 자원(예: 제품, 장치, 전략 및 인원)의 범위에 익숙해져야 하며 필요시 그러한 도구를 충분히 활용할 수 있기 위해 각각이 고객에게 어떻게 도움이 되는지 이해하여야 한다.

기술의 이해는 2가지 수준으로 발전될 수 있다. 우선 재활전문가는 특정 고객의 요구를 식별하기 전에 기술의 일반적인 인식을 전개하여야 한다. 이 수준에서 목적은 고객의 요구에 직면할 가능성에 대비하여 기술에 대한 충분한 이해를 취득할 수 있게 하는 것이다. 또 요구가 식별된 후에는 기술의 능력을 이해하는 것이 더욱 중요하다. 이 수준에서 목적은 더 이상 준비 단계가 아니기 때문에 특정 기술 도구를 선택하여 활용하는 것을 포함한다.

직업재활상담사는 보철전문가나 교정전문가, 직업치료전문가, 물리치료사, 정형외과의, 신경전문의 혹은 병원 및 의학 재활센터에서 근무하는 기타 전문가가 가지고 있는 기술에 일반적으로 익숙하다. 따라서 공급자는 임상강의 혹은 워크숍을 통하여 이러한 재활상담사에게 새로운 컴퓨터 시스템이나 보청기, 대화보드, 휠체어, 소형 운반 차량 등 고객이 직업적 재활에 성공하는 데 필요한 유사 제품의 교육을 실시해야 한다. 재활 공학센터 혹은 유사한 기관과 가까운 곳에서 근무하는 재활 상담사는 주문형 장치를 사용할 수 있다. 직업재활은 학교에서 직장으로 전환하기 이전에 광범위한 공학 욕구를 지닌 중증장애인을 식별해야 한다. 이를 통해 직업재활전문가는 예측가능한 공학문제에 대한 적극적 해결방안을 강구하고 현장분석을 통해 작업수행의 보완적 전략, 작업상의 적응, 지원 등의 다양한 기술을 파악하여 문제를 해소할 수 있다.

과학기술이 발전하면서 중증장애인은 일반 사회에서 더욱더 소외되어 가고 있다. 이때 보조공학은 그들의 삶의 질을 높여 줄 수 있고 사회참여의 기회를 제공할 수 있는 새로운 분야라고 할 수 있다. 보조공학의 다양한 활용을 통해 그들에게 이동의 자유를 보장할 수 있고 표현의 자유를 부여할 수도 있다. 보조공학은 장애인의 직업적응 및 유지와 밀접한 연관관계를 가지며 새로운 고용의 창출에도 영향을 미치고 있다.

3) 직장의 적절한 편의제공

고용주는 ADA 제1편에 따라 유자격 장애인 구직자나 피고용인에게 과도한 부담을 초래하지 않는 범위에서 적절한 편의를 제공해야 한다. 또한 장애를 지닌 전일제 혹은 시간제 피고용인은 적절한 편의제공 권리를 지닌다. 일반적으로 장애인은 고용주에게 어떤 편의가 필요하다는 것을 알려야 한다. 그 후 고용주는 그 장애인에게 장애의 본질, 장애 관련 기능제한, 해결되어야 할 직장 내 장벽, 그리고 그 장벽을 해소하기 위한 (장애인이 알고 있거나 모르고 있는) 편의조치 유형에 관해 질문해야 한다.

장애인 구직자에 대해 고용주가 적절한 편의제공을 거부하는 것은 고용차별이라는 법률위반에 이른다. 나아가 적절한 편의조치의 제공의무는 일회 책임이 아니다. 그것은 지속적인 것이며, 개인의 장애상태 변화나 직무변경에 따라 필요하게 될 수 있는 것이다. ADA에 수록된 적절한 편의제공 범주에 속하는 몇몇 조치는 다음과 같다.

① 점심식사 장소, 회의실 혹은 화장실을 장애인이 접근 가능하게 만드는 것과 같은 물리적 환경의 수정

② 직무를 수정하여 장애인이 필수기능을 수행할 수 있도록 하는 것: 여기에는 정규 시간 근무나 주 5일 근무가 불가능한 (피로나 지속적 의료치료에 기인하는) 장애인을 위한 시간제 근무 일과나 수정 근무 일과가 포함될 수 있다. 정신과 의사를 일주일에 2번 만나기 위해 2시간의 외출이 필요한 회계사와 혈액투석이 필요한 근로자를 법과 관련한 지속적 의료치료의 사례로 들 수 있다. 직업재구조화 내의 편의로는 유자격 장애인이 수행할 수 없는 비필수적 주변 직무기능을 고용주가 재할당하거나 재분배하는 것을 고려할 수 있다.
③ 청각장애인을 위한 전화기 헤드셋 증폭기와 같은 도구나 장비의 제공
④ 구직과정의 수정(즉, 난독장애를 지닌 구직자에게 구두로 구직시험을 시행하는 방법 등)
⑤ 회사 정책의 변경(즉, 장애인이 작업장에 안내견이나 서비스견을 동반하도록 허락하는 것)
⑥ 유자격 리더나 통역자의 제공
⑦ 지체장애인에게 스트레스를 줄일 수 있는 개인 작업 공간의 제공
⑧ 장애인에게 휴가를 허락하는 것: ADA에 수록되지 않았더라도 휴가는 휴식이나 재활을 통해 생산적 직업복귀를 하도록 하는 적절한 편의제공의 부수적인 유형으로 법원과 EEOC에 의해 인정되었다.
⑨ 장애인을 빈 일자리에 배치하는 것

다른 한편, 고용주에게 적절한 편의조치로서 휠체어, 청력보조기 혹은 직장의 일상생활수행에 있어서 필요한 보조기 같은 개인 사용 항목을 제공하도록 요구하지는 않는다. 친차별적(prodiscrimination) 편의조치는 비록 ADA가 규정한 장애 정의에는 미치지 못하는 소수집단의 일원이나 특정 여성에게 편의제공으로 간주될 수 있지만 소수집단과 여성의 차별을 금하는 시민권 법을 통해서는 구제받지 못한다. 예를 들면, 보고서 준비와 다양한 문서의 읽기를 요하는 어떤 직업에 있어서 고용주는 ADA 규정에 따라 유자격 맹인근로자에게 리더를 제공할 필요가 있다. 하지만 여기에 재정이 부족한 격리된 학교가 열악한 교육을 받은 결과 적절한 읽기 이해력과 글쓰기 기술이 결여된 흑인 피고용인을 채용하는 사례는 해당되지 않을 것이다. 장애근로자에게 구두로 읽어 주고 보고하도록 한다면 그는 확실히 문서를 이해할 수 있을 것이므로 편의제공이 합당하겠지만 장애를 지닌 것으로 볼 수 없는 근로자는 고용주에게 자신의 장애에

대한 편의제공을 법률로 요청할 권한이 없는 것이다.

ADA에서 규정하는 적극적 행동조치로서의 적절한 편의제공 개념은 기존의 고용차별금지법과 ADA를 구별시킨다. 고용차별금지법에 있는 적극적 행동의 논리에 반하여, ADA의 직장에서 고용주가 장애인에게 적절한 편의제공을 이행하도록 하는 규정은 해당되는 사람들을 적극적으로 구제하도록 하는 것으로서 이전의 잘못된 차별에 기인함이 없는 적절한 편의제공 의무를 규정한다. 따라서 ADA는 과실에 기초하지 않은 유형의 책무를 부과하는 것이다.

4) 과도한 부담

적절한 편의제공의 요구에는 제한이 없지만 고용주에게 과도한 부담이 되는 편의제공의 의무 역시 없다. 과도한 부담(undue hardship)은 채용된 인원의 크기, 유용한 범위의 재원, 그리고 사업의 본질에 따라 고용주에게 '심각한 곤란이나 비용'을 초래하는 특정 행동으로 ADA는 규정하고 있다. 과도한 부담의 결정시 고용주의 재정적 자원, 직장의 구조와 운영요소를 고려해야 하기 때문에 이러한 규정은 상대적 기준이 된다. 따라서 어떤 고용주에게 있어서 합리적이라고 간주되는 편의제공은 다른 고용주에게는 비합리적일 수 있다. 이런 차이는 다음의 사례와 같이 지적할 수 있다. 청각장애인 컴퓨터 프로그래머를 채용한 중규모의 컴퓨터 회사에는 그 직원이 다른 동료 근로자와의 대화 및 직원회의 시 수화통역사를 고용하도록 하는 것이 과도한 부담이 아닐 수 있다. 그러나 만약 어떤 작은 식당에 청각장애인 구직자에게 편의제공을 하기 위해 전일제 수화 통역사를 채용하도록 요구하는 것은 과도한 부담이 될 수 있다.

고용주가 편의제공 비용을 감당하기 위해 유용한 외부 재원을 찾는다면 편의제공이 과도한 부담을 유발할 가능성을 줄일 수 있다. 따라서 고용주가 그러한 외부재원을 인식하는 것이 중요하다. 예를 들면, 주 재활기관은 장기 개별화 현직훈련(OJT)을 통해 보다 성공적으로 필수 직무기능 수행방법을 배울 수 있는 지적장애인에게 직무코치의 비용을 부담할 수 있다. 음성인식장치나 특수 컴퓨터 모니터 혹은 포터블 리딩 머신 같은 몇몇 장애인 피고용인 편의시설은 매우 큰 비용이 될 수 있다. 그러나 미국에서는 많은 회사가 고용주와 피고용인 사이의 협력을 전제로 할 때 대부분의 편의

제공비용이 100달러 이내라고 보고하고 있다. 편의제공에 관한 자문을 제공하는 Job Accommodation Network(JAN)는 장애인 근로자에 대한 편의제공이 저렴한 직업훈련 비용과 보험료, 근로자 생산성의 증가, 그리고 산재 후 재활 비용의 감소라고 하는 형태로 많은 근로자에게 금전적 절감을 제공한다는 것을 발견하였다.

피고용인의 요청에 의해 직무재구조화의 우선순위가 결정된 선임자와 같이 기존의 선별적으로 절충식 동의가 된 곳에서 나타날 수 있는 상황은 장애인 피고용인의 적절한 요청으로 이루어졌던 적절한 편의조치조차 고용주가 과도한 부담으로 고려하게 만들 수 있다. 예를 들면, 현재 단 한 자리가 비어 있는 사무직에 대해 다음 2명의 피고용인이 직무재구조화를 요구하는 상황을 고려해 보자. 허리디스크가 악화되어 자신의 직무기능을 더 이상 수행할 수 없는 4년차의 선적항 근로자와 자신의 가족을 돌보는 데 더 많은 시간을 갖기 원하는 6년차 화물차량 운전자가 있다. 이 경우 고용주가 적절한 편의제공을 위해 비어 있는 사무직에 노동조합 계약을 위반하고 장애인 피고용인을 직무재할당한다면 그것은 과도한 부담으로 간주될 수 있다. 보수가 좋은 직업이 필수 직무기능을 많이 수행할수록 그것은 진보된 공학기술 사용에 의존적이게 될 것이므로 더욱더 많은 장애인이 원하는 고용을 확보하는 데 있어 ADA의 적절한 편의보장을 받지 못하게 될 수 있다.

5) 공학 관련 ADA 조항

ADA는 구직과정상의 의료적 검사와 질문에 관한 요구사항을 상세히 설명하고 있다. 이런 구체적 조건들은 장애인 구직자와 고용주 모두를 보호하기 위해 설정되었다. 즉, 고용주에 의한 적절한 편의제공을 통해서, 혹은 그들의 편의제공 없이도 장애가 직업의 필수기능을 수행을 할 수 있을 때 장애인이 장애를 이유로 채용을 거부당하지 않을 수 있다. 한편, 고용주는 적절한 편의조치를 하더라도 장애로 인해 직업 필수 기능 수행이 불가능한 구직자를 채용하는 것으로부터 보호받을 수 있다. 초기 구직단계에서는 구직자가 특정 의료적 검사를 받도록 요구받지 않는다. 그러나 의료적 검사로 간주되지 않는 검사들은 구직과정의 초기 단계에서 구직자에게 시행될 수 있다. 그런 사례로는 구직자가 능력평가를 위해 실제 혹은 모의 직업 관련 과제를 수행하는 상황에서 그 전후에 신체 민첩성 검사와 혈압 검사 혹은 심장박동 검사 같은 전형적인 의료검사 외에 신체력이나 달리기 등의 신체기준을 측정하는 구직자 신체 적합 검사를 받지 않게 하는 것이 있다. 만약 고용주가 초기구직 단계에서 수집한 정보에 근거하여 사람을 채용하기 원하고 조건부 채용을 하고자 한다면 그들은 다음 채용 단계로 이행할 수 있다.

ADA는 지체장애인과 동일한 보호규정을 정신장애인에게도 제공하도록 하였으며, 잠재적 고용주들에게는 정보를 노출하지 않도록 규정하였다. 어떤 정보와 질문, 장애정보, 편의조치 등이 요청될 것인가는 내담자와 고용주의 상호작용에 앞서 모두 철저히 점검되어야 한다. 개인의 욕구에 따라 이런 정보를 노출할 때는 재활서비스제공자로부터 유용한 원조를 받도록 한다. 종종 정신장애인은 고용주에게 자신의 정보를 제공한 이후 적절한 편의를 필요한 만큼 받지 못한다. 이것은 고용주가 정신장애인을 다른 사람들의 건강과 안전에 큰 위협이 되는 존재로 인식하기 때문이다.

ADA 제2편의 A는 장애인이 공공기관의 서비스와 급여에 대한 접근성에 있어 평등기회를 가져야 한다고 강조한다. 이런 평등기회를 제공하지 않는 일례로 청각장애인 관련 회의에서 수화통역사를 제공하지 않는 것, 엘리베이터가 없는 오래된 관공서 건물 2층에 민원사무실을 배치하는 것 등이 있다. ADA 제2편 B의 제504조는 연방재정보조를 받는 대중교통 체계에 요구하는 점을 명료하게 밝히고 있다.

'Telecommunication Device for the Deaf(TDD)'는 작은 타자기와 유사한 키보드를 갖춘 장비로, TDD를 가진 다른 사람들에게 서면 메시지를 받거나 보내기 위한 매체로 사용된다. 이와 같은 릴레이 서비스 없이 구식 휴대전화로 의사소통해야 할 경우 저녁식사 예약이나 배관공 요청 같은 많은 단순 업무처리를 독립적으로 수행할 수 없다. ADA 제4편은 릴레이 서비스를 언어장애, 청각장애, 그리고 농인과 그렇지 않은 사람들 사이의 유용한 전화서비스로 보면서 기능상 동등성을 유발하도록 충분히 제공할 수 있게 규정하고 있다.

결국 직업배치와 구직활동 등의 장애인 직업재활에 있어서는 작업대 이용 가능성, 접근성, 출퇴근 수단 등의 환경적 조건에 대한 공학적 배려가 필수적이며, 이를 통해 동료 근로자와의 접촉이나 적합한 지도감독의 유형, 그리고 스트레스와 활동 범위 등 사회적 환경에 대한 수정, 적응훈련, 대인관계 같은 쟁점 역시 개선할 수 있으리라 예상할 수 있다. 또한 공학적 적용 대상을 장애인으로 국한하지 않는다면 그 필요성은 더욱 증대할 것이다.

참고문헌

강위영(1993). 중증장애인을 위한 지원고용프로그램의 모형. 직업재활연구, 3, 5-22.

강위영(1994). 발달장애 학생의 직업교육 프로그램. 국립특수교육원.

강위영, 권명옥(1998). 자폐성 아동의 이해: 부모상담 및 유아교사 지도서. 서울: 특수교육.

강위영, 조인수, 정대영(1993). 직업재활과 지원고용. 서울: 성원사.

김동춘 역(2002). 정보불평등[*Information Inequality: The Communications Industry and the Deepening Social Crisis in America*]. Schiller, H. I. 저. 서울: 민음사. (원저는 1996년에 출판).

김병하(2001). 특수학교의 재구조화와 농학교의 정체성: 한국적 상황과 과제. 한국특수교육총연합회.

김상득 역(2004). 생명윤리학[*Bioethics: A Christian Approach in a Pluralistic Age*]. Scott, R. B., Paul, C. M. 저. 서울: 살림출판사. (원저는 1999년에 출판).

김상미 역(2001). 쇼더플랜에 달려있다[*The Basics*]. Don, F. 저. 서울: 아름다운사회. (원저는 1996년에 출판).

김정원(1995). 적응심리에서의 동기와 학습. 서울: 상조사.

김충기(1988). 진로교육과 진로지도. 서울: 배영사.

김충기(1995). 미래를 위한 진로교육. 파주: 양서원.

노임대(2003). 장애근로자의 직업성공에 영향을 미치는 요인 연구. 대구: 대구대학교 대학원 박사학위 논문.

박석돈(2001). 장애인 직업진로 교육 및 지도론. 대구: 유림출판사.

박석돈, 이상욱, 정대영(1993). 지원고용프로그램의 계획과 실행에 관한 연구. 직업재활연구, 3,

23-59.
박용관(1997). 네트워크의 유형 분류와 그 형성 원리. 97년 후기사회학대회 자료집, 144-153.
박희찬, 김은영, 김선옥, 유병주(1994). 장애인 직업. 서울: 인간과복지.
박희찬, 양숙미(1997). 생활중심 직업전훈련의 체계와 프로그램. 서울: 서부장애인종합복지관.
박희찬, 이종남, 양숙미, 허경아, 이원형(1996). 장애인재활. 서울: 특수교육.
보건복지부(2006). 2006년도 장애인 복지사업안내.
보건복지부, 교육부, 노동부(1997). 장애인복지발전5개년계획(1998~2002): 종합보고서.
서광윤, 김용성(1998). 호주연방정부 장애전략. 서울: 한국아 · 태 장애인 10년 연구모임.
성희선(1999). 직업재활시설의 조달촉진 환경조성을 위한 실태조사 분석결과보고. 직업재활시설 조달환경분석 및 운영구조개선 방안 세미나자료집. 서울: 한국장애인복지시설협회.
송근원(1994). 사회복지와 정책과정. 서울: 대영문화사.
신현석(1997). 장애인의 자영업활동에 관한 연구: 부산 양지재활원수료자의 직무만족을 중심으로. 서울: 서강대학교 사회복지대학원 석사학위 논문.
안병즙, 강위영, 우재현(1984). 장애자의 직업재활. 서울: 형설출판사.
양용칠, 조용기, 이원희, 유승구, 한일조, 정일환, 권대훈, 이종원(2013). 교육의 종합적 이해. 서울: 교육과학사.
오길승(2001). 특수학교 전공과의 문제점과 앞으로의 방향에 대한 고찰. 직업재활연구, 11, 32-39.
유동철(2003). 장애인의 역량강화. 제 11회 RI Korea 재활대회 자료집, 29-47.
유애란(1999). 전환교육: 직업훈련의 이론과 실제. 한국장애인고용공단.
이경동(1985). 우리나라의 심신장애자 복지에 관한 사적 고찰. 서울: 서울대학교 보건대학원 석사학위 논문.
이근민(2003). 장애인의 정보격차 해소를 위한 지역사회 노력. 제11회 대구재활심포지엄 정보화시대의 장애인복지 자료집, 7-33.
이달엽 역(2013). 질병과 장애의 심리적 사회적 영향[*The psychological and social impact of illness and disability, 6th edition*]. Marini, I., & Stebnicki, M. A. 저. 서울: 시그마프레스. (원저는 2012년에 출판).
이달엽(1998). 재활과학론. 서울: 형설출판사.
이달엽(2011). 장애인을 위한 직업개발과 배치(2판). 서울: 학지사.
이달엽(2012). 장애와 차별탐구. 대구: 대구대학교 출판부.
이상열(1990). 사회정의의 원리. 서울: 분도출판사.
이상훈, 주명환(2001). 기능적 생활중심 전환교육 프로그램이 발달지체아의 사회적응력에 미치는 효과. 직업재활연구, 11, 12-13.
이은진(1993). 장애인 직업재활이 직무만족에 미치는 영향에 관한 연구. 서울: 연세대학교 사회복지대학원 석사학위 논문.
유엔인권위원회 편(1992). 인권과 장애. 서울: 한국장애인복지체육회.

이재규(2004). 피터 드러커의 경영전략. 고양: 사과나무.

이태영(1984). 심신장애자의 복지: 권리로서 추구되어져야 할 심신장애자의 복지문제. 제8회 전국 사회사업가 세미나 자료집. 서울: 한국사회사업가협회.

일본 노동성 직업안정국(2000). 장해자 고용가이드북.

정철수(1989). 사회심리학. 서울: 법문사.

조성열, 김백수(2005). 직업재활 과정으로서 장애인 창업자원의 필요성과 방향. 직업재활연구, 15(1), 205-228.

조인수, 장병연(1995). 발달장애아 직업전 훈련 프로그램. 안산: 국립특수교육원.

채기화(1999). 장애인의 사회통합은 연대적인 문화를 필요로 한다. 대구재활연구, 6, 109-119.

최해경(1995). 프로그램 계획과 평가방법. 사회복지개발원 미간행 연수교육 자료집.

한국보건사회연구원(2000). 장애인실태조사보고.

한국보건사회연구원(2006). 장애인실태조사보고서.

한국사회과학연구소(1980). 한국사회론. 서울: 민음사.

한국장애인재활협회(1992). 세계장애인의 해 기념 국제장애정책선언집, 82.

허창수(1996). 자본주의의 도덕성과 비도덕성. 서울: 분도출판사.

황경식(1996). 윤리학. 서울: 종로서적.

Acton, N. (1972/December). Statements of guidelines for the future in medical rehabilitation. *Vocational Rehabilitation.*

Alreck, R. L., & Settle, R. B. (1985). *The survey research handbook.* Homewood, IL: Irwin.

Anthony, W. A., & Liberman, R. P. (1986). The practice of psychiatric rehabilitation: Historical conceptual and research base. *Schizophrenia Bulletin, 12*(4).

Arnold, N. L., & Seekins, T. (2002). Self-employment: A process for use by vocational rehabilitation agencies. *Journal of Vocational Rehabilitation, 17,* 107-113.

Arthur, J. K. (1967). *Employment for the handicapped: A guide for the disabled, their families, and their counselors.* Nashville, TN: Abingdon Press.

Atkinson, D. R., Morten, G., & Sue, D. W. (1993). *Counseling american minorities: A cross-cultural perspective* (4th eds.). Madison, WI: WCB Brown & Benchmark.

Baron, R., & Rodin, J. (1978). The urban environment. In A. Baum, J. E. Singer, & S. Valins (Eds.), *Advances in environmentalpsychology: The urban environment, 1,* 145-192.

Bales, K. (2007). *Ending slavery: How we free today's slaves.* Berkeley, CA: University California Press.

Bellamy, G. T., O'Connor, G., & Karan, O. C. (1979). *Vocational rehabilitation of severely handicapped persons*. Baltimore, MD: University Park Press.

Bellamy, G. T., Rhodes, L. E., Mank, D. M., & Albin, J. M. (1988). Supported employment: A community implementation guide. Baltimore: Paul H. Brooks.

Beauregard, R. A. (1979). *A human service labor market: Developmental disabilities*. New Brunswick, NJ: The Center for Urban Policy Research.

Bond, S., Bordieri, J., & Musgrave, J. (1989). Tested versus self-estimated aptitudes and interests of vocational evaluation clients. *Vocational Evaluation and Work Adjustment Bulletin, 2*(3), 105-108.

Botterbusch, K. (1989). Transition from school to work models: a review of the literature. *Vocational Evaluation and Work Adjustment Bulletin, 22*(2), 65-70.

Brolin, D. (1985). Vocational assessment in the public schools. In R. Fry (Ed.), *The issues papers: Second national forum on issues in vocational assessment*. Menomonie, WI: Material Development Center.

Callahan, M., Shumpert, N., & Mast, M. (2002). Self-employment, choice and self-determination. *Journal of Vocational Rehabilitation, 17*, 75-85.

Carver, V. & Rodda, M. (1978). *Disability and the environment*. London: Elek Book Ltd.

Clark, G. M., & Kolstoe, O. P. (1990). *Career development and transition education for adolescents with disabilities*. Need Ham Heights, MA: Allyn and Bacon.

Brody, B. A. (1988). Justice in the allocation of public resources to disabled citizens. *Arch Phys Med Rehabil, 69*(5), 333-336.

De Jong, G. (1979). *Report of the national conference on independent living service regulations per P. L. 95-602*. Boston, MA: Tufts University medical Rehabilitation Research and Training Center.

Dowdy, C. A. (1996). Vocational rehabilitation & special education: partners in transition for individuals with learning disabilities. *Journal of Learning Disabilities, 29*(2), 137-147.

Doyel, A. W. (2002). A realistic perspective of risk in self-employment for people with disabilities. *Journal of Vocational Rehabilitation, 17*, 115-124.

Dunn, W. N. (1944). *Public policy analysis: An introduction* (2nd ed.). Englewood Cliffs, NJ: Prentice Hall.

Dwyre, A. E., & Trach, J. S. (1996). Consumer choice for people with cognitive disabilities: Who makes the choice in the job search process? *Journal of Applied Rehabilitation Counseling, 27*(3), 42-47.

Emener, W. G. (1980). Relationships among rehabilitation counselor characteristics and rehabilitation client outcomes. *Rehabilitation Counseling Bulletin, 23*.

Elmore. R. F., & Mclaughlin. M. W. (1988). *Steady work: Policy, practice, and the reform of American education.* Santa Monica, CA: Rand Corporation.

Feagin, J. R. (1982). *Social problems: A critical power-conflict perspective.* Englewood Cliffs, NJ: Prentice-Hall.

Frieden, L., Richards, L., Cole. J., & Bailey, D. (1979). *ILRU sourcebook: A technical assistance manual on independent living.* Houston, TX: Institute for Rehabilitation and Research.

Flett, R., Biggs, H., & Alpass, F. (1995). Job stress and professional practice: Implications for rehabilitation educatos. *Rehabilitation Education, 9*(4), 275-291.

Friedman, L. N. (1978). *The wildcat experience: Appraisal and status.* New York: McGraw-Hill Book.

Fulcher, G. (1996). Beyond normalization but not utopia. In L. Braton (Ed.). *Disability and society: Emerging issues and insights* (pp. 167-190). New York: Addison Wesley Longman.

Gardner, J. F., Chapman, M. S., Donaldson, G., & Jacobson, S. G. (1988). T*oward supported employment: A process guide for planned change.* Baltimore, MD: Paul H. Brookes.

Goldstein, F. C., & Levin, H. S. (1991). Question-asking strategies after severe closed head injury. *Brain and Cognition, 17*, 23-30.

Griffin, C. (2002). Introduction to special edition of self employment for people with disabilities, *Journal of Vocation Rehabilitation, 17,* 63.

Halpern, A. S. (1985). Transition: A look at the foundations. *Exceptional Children, 51,* 479-486.

Hanley-Maxwell, C. H., & Bordieri, J. E. (1989). Purchasing supported employment: Evaluation the services. *Journal of Rehabilitation Counseling, 20*(3), 4-11.

Haworth, L. (1986). *Autonomy: An essay in philosophical psychology and ethics.* New Haven, CT: Yale University Press.

Hogan, C. (2000). *Facilitating empowerment: A handbook for facilitators, trainers and individuals,* London: Kogan Page Limited.

Huh, C. (2006). A spiral dynamic between movement frames and counter frames within the larger cultural environment. *Doctoral dissertation.* Carbondale, IL: Southern Illinois University.

Isaacs, J., & McElroy, M. R. (1980). Psychosocial aspects of chronic illness in children. *The Journal of School Health, 50,* 318-321.

Johnston, W. A. (1996). Transfer of team skills as a function of type of traning. *Journal of Applied Psychology, 50*(2), 102-109.

Keim, J., & Strauser, D. R. (2000). Job readiness, self-efficacy and work personality: A comparison of trainee and instructor perceptions. *Journal of Vocational Rehabilitation, 14,* 13-21.

Kearney, D. S. (1994). *Reasonable accommodations: Job descriptions in the age of ADA, OSHA, and Workers Compensation.* New ork: Van Nostrand Reinhold.

Kosciulek, J. K. (1991): The impact of traumatic brain injury of work adjustment development. *Vocational Evaluation and Work Adjustment Bulletin, 24*(4), 137-140.

Laski, F. J. (1979). Legal strategies to secure entitlement to services for severely handicapped persons. In T. Bellamy, G. Oconner, & O. Karan (Eds.), *Vocational rehabilitation of severely handicapped persons: Contemporary service strategies* (pp. 1-32). Baltimore, MD: University Park Press.

Lee, D. Y. (1998). Vocational rehabilitation personnel development in Korea. *Journal of Vocational Rehabilitation, 11*, 65-74.

Levitan, S. A., & Taggart, R. (1977). *Jobs for the disabled.* Baltimore, MD: The Hohns Hopkins University Press.

Luft, P., & Koch, L. C. (1998). Transition of adolescents with chronic illness: Overlooked needs and rehabilitation considerations. *Journal of Vocational Rehabilitation, 10,* 205-217.

Lustig, D. C. (1996). Family adaptation to a young adult with mental retardation. *The Journal of Rehabilitation, 62*, 22-28.

McCue, M., & Katz-Garris, L. (1983). The severely disabled psychiatric patients and the adjustment to work. *Journal of Rehabilitation, 49*(4), 52-58.

Midgley, J. (1984). *Social security, inequality, and the third word.* New York: John Wiley & Sons Ltd.

Miller, S. R., & Schloss, P. J. (1982). *Career-vocational education for handicapped youth.* Rockvill, MD: An Aspen.

Mithaug, D. E. (1996). *Equal opportunity theory.* Thousand Oaks, CA: Sage.

Musante, S. E. (1983). Issues relevant to the vocational evaluation of the traumatically head injured client. *Vocational Evaluation and Work Adjustment Bulletin, 16*(1), 45-50.

Menderson, J. Z., & Brwon, P. S.(1989). Parents' perspectives on the transition process. In T. E. Allen, B. W. Rawlings, & A. N. Schildroth (Eds.). *Deaf students and the school-to-work transition* (pp. 31-51). Baltimore, MD: Paul H. Brooks.

Moon, M. S., Inge, K. J., Wehman, P., Brooke, V., & Barcus, J. M. (1990). Helping persons with severe mental retardation get and keep employment: Supported employment issues and strategies. Baltimore, MD: Paul H. Brooks.

Moore, J. E., & Cavenaugh, B. S. (2003/June). Self-employment for persons who are blind. *Journal of Visual Impairment & Blindness*. New York: AFB Press.

Nagi, S. Z. (1969). *Disability and rehabilitation: Legal, clinical, and self-concepts and measurement*. Columbus, OH: Ohio State University Press.

National Council on Disability. (1983). *National policy for persons with disabilities*. Washington, DC: Author.

Nisbet, J. (1998). Professional roles and practices in the provision of vocational education for students with disabilities. In R. Gaylord-Ross (Ed.), *Vocational education for persons with handicaps* (pp. 65-86). Mountain View, CA: Mayfield.

Nisbet, J., & Hagner, D. (1988). Natural supports in the workplace: A reexamination of supported employment. *Journal of the Association for Persons with Severe Handicaps, 13*(4), 260-267.

Obermann, C. E. (1965). *A history of vocational rehabilitation in america*. Minneapolis, MN: T. S. Denison on Company.

Oliver, M. (1996). *Understanding disability: From theory to practice*. London: MacMillan.

Olson, D., & Lavee, Y. (1989). Family systems and family stress: A family life cycle perspective. In K. Kreppner & R. M. Lerner (Eds.), *Family systems and life development* (pp. 165-169). Hillside, NJ: Erlbaum Associates.

Oscar, A. (1966). 18th World Rehabilitation International World Congress keynote speech. Auckland, New Zealand.

Perlin, L. I., & Schooler, C. (1978). The structure of coping. *Journal of Health and Social Behavior, 19*, 2-21.

Pollock, S. E. (1984). Human responses to chronic illness: Physiologic & psychological adaptation. *Nursing Research, 35*(2), 90-95.

Posavac, E. J., & Carey, R. G. (1992). *Program evaluation: Methods and case studies* (4th eds.). Englewood Cliffs: Prentice Hall.

Power, P. W. (1991). *A guide to vocational assessment* (2nd ed.). Austin, TX: Pro-ed.

Power, P. W., & Dell Orto, A. E. (2004). *Families living with chronic illness and disability*. New York: Springer.

Parker, R., & Szymanski, E. M. (2001). *Rehabilitation Counseling: Basics and beyond*. Austin, TX: Pro-ed.

Parker, R. M., & Szymanski, E. M. (1998). *Rehabilitation Counseling: Basics and Beyond* (3rd ed.). Austin, TX: Pro-ed.

Power, P. W. (1991). *A guide to vocational assessment* (2nd ed.). Austin, TX: Pro-ed.

Power, P. W. (2000). *A guide to vocational assessment* (3rd ed.). Austin, TX: Pro-ed.

Rape, R. N., Bush, J. P., & Slavin, L. A. (1992). Toward a member's head injury: A critique of developmental stage model. *Rehabilitation Psychology, 37*(1), 3-8.

Rawls, J. (1971). *A theory of justice.* Cambridge: Harvard University.

Reed, E. S. (1982). An outline of a theory of action systems. *Journal of Motor Behavior, 14,* 98-134.

Rogan, P., & Murphy, S. (1991). Supported employment and vocational rehabilitation: Merger or misadventure? *Journal of Rehabilitation, 56*(1), 45-51.

Roesseler, R. T., & Rubin, S. (1980). *Goal setting: Guidelines for diagnosis and rehabilitation program development.* Fayetteville, NC: Arkansas Rehabilitation Research and Traning Center, University of Arkansas.

Royse, D. (1992). *Programme Evaluation.* Chicago: Nelson Hall, 59.

Riggar, T. F., Maki, D. R., & Wolf, A. W. (1986). *Applied rehabilitation counseling.* New York: Springer.

Rubin, S. E., & Roessler, R. T. (1987). *Foundations of vocational rehabilitation* (3rd ed.). Austin, TX: Pro-ed.

Rubin, S. E., & Millard, R. (1991). Ethical principles and American public policy on disability. *Journal of Rehabilitation, 57*(1), 13-16.

Sands, H. S., & Radin, J. (1978). *The mentally disabled rehabilitant: Post employment service.* New York: Postgraduate Center for Mental Health.

Saxon, J. P., & Spitznagel, R. J. (1995). Transferable skills and abilities profile: An economical assessment approach in the vocational placement process. *Vocational Evaluation and work Adjustment Bulletin, 28*(3), 61-67.

Sawyer, H. W., Saxon, J. P., & Mitchell, M. E. (1984). Vocational assessment of acute care patients. *Vocational Evaluation and work Adjustment. Bulletin, 17*(3), 90-94.

Sawyer, T. H. (2001). *Employee services management: A key component of human resource management.* Champaign, IL: Sagamore.

Schriner, K. (1995). Improving rehabilitation education: A case for teaching policy to rehabilitation students. *Rehabilitation Education, 9*(4), 333-337.

Scroggin, C., Kosciulek, K. A., Sweiven, K. A., Enright, M. S. (1999). Impact of situational assessment an the career self-efficacy of people with disabilities.

Vocational Evaluation and work Adjustment, 32(2), 97-106.

Stebnicki, M. A. (1994). Ethical dilemmas in adult guardianship and substitute decision making: consideration for rehabilitation professionals. *Journal of Rehabilitation, 60*(2), 23-27.

Stephenson, M. (2007). *Young people and offending: Education, youth justice and social inclusion*. Devon: Willan.

Stevens, E., & Wood, G. H. (1992). *Justice, ideology, and education*. New York: McGraw-Hill.

Stancliffe, R. J., Abery, B. H., Springborg, H., & Elkin. S. (2000). Substitute decision-making and personal control: Implications for self-determination. *Mental Retardation, 38*(5), 407-421.

Tate, D. G. (1992). Factors Influencing Injured Employees Return to Work. *Journal of Applied Rehabilitation Counseling, 23*(2), 17-20.

Vash, C. L. (1981). *The psychology of disability*. New York: Springer.

Wehman, P. (1998). Work, unemployment and disability: Meeting the challenges. *Journal of Vocational Rehabilitation Editorial*, 1-3.

Wehman, P., Kregel. J., & Barcus, J. M. (1985). From school to work : A vocational transition model for handicapped Students. *Exceptitional Children, 52*(1), 24-37.

Wehman, P., Kreutzer, J., Wood, W., Morton, M. V., & Sherron, P. (1988). Supported work model for persons with traumatic brain injury: Toward job placement and retention. *Rehabilitation Counseling Bulletin, 31*(4), 298-312.

Wehman, P., & Moon, M. S. (1988). *Vocational rehabilitation and supported employment*. Baltimore, MD: Paul H. Brooks.

Weller, R. H., Terrie, E. W., & Serow, W. J. (1990). Migration and demand for developmental disabilities services. *Journal of Disability Policy Studies, 1*(2), 85-98.

Wendell, S. (1989). Toward a feminist theory of disability, *Hypatia, 4*(2), 104-124.

West, M., & Parent, W. (1992). Consumer choice and empowerment in supported employment services: Issues and strategies. *Journal of the Association for Persons with Severe Handicaps, 17*, 47-52.

Will, M. C. (1984). *OSERS programing for the transition of youth with disabilities: Bridges from school to working life*. Washington, DC: Office of Special Education and Rehabilitation Services. U.S. Department of Education.

Vandergoot, D., & Worrall, J. D. (1979). *Placement in rehabilitation: A career development perspective*. Austin, TX: Pro-ed.

Woods, D. E., & Akaba, S. H. (1985). *Employer initiatives in the employment or re-employment of people with disabilities: Views from abroad.* New York: World Rehabilitation Fund.

Wright, G. N. (1980). *Total rehabilitation.* Boston, TX: Litter, Brown and Company.

WHO Geneva (1997). International classification of impairments, activities, and participation: A manual of dimensions of disablement and functioning.

Yelin, E. H. (1992). *Disability and the displaced worker.* New Brunswick, NJ: Rutgers University Press.

Weiermair, K., & Mathies, C. (2004). *The tourism and leisure industry: Shaping the future.* philadelphia, PA: Haworth Press.

www.kdea.or.kr
www.kaed.or.kr
www.ablenews.co.kr
www.leftfoot.co.kr
www.wikimedia.org
www.workrerc.org

찾아보기

저자소개

이달엽

대구대학교 사회복지학 학사

연세대학교 대학원 상담교육 전공 석사

미주리 대학교 컬럼비아 캠퍼스 대학원 Rehabilitation Counseling M.A.

서던일리노이 대학교 카본데일 캠퍼스 대학원 Rehabilitation Research Ph.D.

서던일리노이 대학교 카본데일 캠퍼스 대학원 RA 및 TA

전 일본 정부 초청 쓰쿠바 국립대학교 특별연구원

미국 정부 초청 풀부라이트 캘리포니아 주립대학교 연구교수

보건복지부 평가 및 심사위원

정보통신부 국민정보화협의회 자문위원, 심사 · 평가위원

대구대학교 지방대특성화사업단 운영위원

BK21 핵심사업팀장

RI Korea 직업분과 의장

한국직업재활학회 회장

현 대구대학교 직업재활학과 교수

한국직업평가학회 회장

사회복지개발연구원 전문연구위원 · 부실장

한국뇌성마비장애인연합 이사

장애인 직업재활 방법론

2014년 3월 10일 1판 1쇄 인쇄
2014년 3월 20일 1판 1쇄 발행

지은이 | 이달엽
펴낸이 | 김진환
펴낸곳 • ㈜학지사

121-838 서울특별시 마포구 양화로 15길 20 마인드월드빌딩 5층
대표전화 • 02)330-5114 팩스 • 02)324-2345
등록번호 • 제313-2006-000265호

홈페이지 • http://www.hakjisa.co.kr
커뮤니티 • http://cafe.naver.com/hakjisa

ISBN 978-89-997-0339-3 93330

정가 19,000원

저자와의 협약으로 인지는 생략합니다.
파본은 구입처에서 교환해 드립니다.

이 책을 무단으로 전재하거나 복제할 경우 저작권법에 따라 처벌을 받게 됩니다.

인터넷 학술논문 원문 서비스 **뉴논문** www.newnonmun.com

이 도서의 국립중앙도서관 출판시도서목록(CIP)은 서지정보유통지원시스템 홈페이지(http://seoji.nl.go.kr)와 국가자료공동목록시스템(http://www.nl.go.kr/kolisnet)에서 이용하실 수 있습니다.
(CIP제어번호: CIP2014007359)